当代中国人文大系

李德顺 著

价值论

一种主体性的研究

（第3版）

中国人民大学出版社
·北京·

“当代中国人文大系”
出版说明

改革开放以来，中国社会的变革波澜壮阔，学术研究的发展自成一景。对当代学术成就加以梳理，对已出版的学术著作做一番披沙拣金、择优再版的工作，出版界责无旁贷。很多著作或因出版时日已久，学界无从寻觅；或在今天看来也许在主题、范式或研究方法上略显陈旧，但在学术发展史上不可或缺；或历时既久，在学界赢得口碑，渐显经典之相。它们至今都闪烁着智慧的光芒，有再版的价值。因此，把有价值的学术著作作为一个大的学术系列集中再版，让几代学者凝聚心血的研究成果得以再现，无论对于学术、学者还是学生，都是很有意义的事。

披沙拣金，说起来容易做起来难。俗话说，“文无第一，武无第二”。人文学科的学术著作没有绝对的评价标准，我们只能根据专家推荐意见、引用率等因素综合考量。我们不敢说，入选的著作都堪称经典，未入选的著作就价值不大。因为，不仅书目的推荐者见仁见智，更主要的是，为数不少公认一流的学术著作因无法获得版权而无缘纳入本系列。

“当代中国人文大系”分文学、史学、哲学等子系列。每个系列所选著作不求数量上相等，在体例上则尽可能一致。由于所选著作都是“旧作”，为全面呈现作者的研究成果和思想变化，我们一般要求作者提供若干篇后来发表过的相关论文作为附录，或提供一篇概述学术历程的“学术自述”，以便读者比较全面地了解作者的相关研究成果。至于有的作者希望出版修订后的作品，自然为我们所期盼。

“当代中国人文大系”是一套开放性的丛书，殷切期望新出现的或可获得版权的佳作加入。弘扬学术是一项崇高而艰辛的事业。中国人民大学出版社在学术出版园地上辛勤耕耘，收获颇丰，不仅得到读者的认可和褒扬，也得到作者的肯定和信任。我们将坚守自己的文化理念和出版使命，为中国的学术进展和文明传承继续做出贡献。

“当代中国人文大系”的策划和出版，得到了来自中国社会科学院、北京大学、清华大学、中国人民大学、北京师范大学、复旦大学、南京大学、南开大学等学术机构的学人的热情支持和帮助，谨此致谢！我们同样热切期待得到广大读者的支持与厚爱！

中国人民大学出版社

英译版前言

拙作《价值论》一书能够译成英文出版，是我和一些中外朋友多年的夙愿。因为，此书原本就是一部与西方学界对话的学术著作。

中国自古以来的哲学传统，习惯于以“天、地、人”的关系为出发点，以构建种种关于社会、国家的伦理政治体系为目标来进行理论思考。作为这一传统证据的是：历来在各家学说中，最重要的概念和范畴，往往是诸如“道德”、“仁义”、“善恶”、“美丑”、“贵贱”、“吉凶”、“祸福”等这类价值范畴，而不是欧洲哲学中最常见的“存在”、“实体”、“理性”、“经验”、“知识”、“真理”等存在论和知识论范畴。也就是说，与欧洲哲学传统相比，中国哲学更具有一种以价值哲学为主要线索的传统。由这一传统训练出来的中国人的思维方式，往往更重视事情的“应然”方面，并为此而积累了做人做事的丰富智慧；相比而言，我们以往对事情的“实然”方面进行更加系统的追究和构建，则显得少些。或许正是因为如此，中国传统哲学的这些智慧，曾长期停留于规范思考的层面，而缺少某些元理论的自我批判和逻辑化的梳理，这导致了它在一向注重理性和逻辑的西方哲学面前，未能及时得到应有的理解和重视，甚至不被看作是一种“哲学”。

如今这种情况开始改变了。这不仅是因为，哲学上的价值问题已经开始得到普遍的重视，价值研究的哲学地位明显上升了；还因为，随着中国社会实践的发展，中国哲学的思考和表达方式也发生了转变。我们通过引进和吸收西方哲学的一些长处，已经能够在新的理性批判和反思高度，整理和表达中国人自己的当代哲学。

摆在读者面前的这本书，正是力求表达一种基于中国文化传统，并运用新的哲学方法所进行的思考。这种新的方法，简单说就是以“关系思维”代替传统的“实体思维”，将人的社会存在和人在实践中的主体性权利与责任，当作理解价值现象和价值观念的客观依据，并力求通过对实践和主体性的分析，来回答有关价值的各种问题。这一方法最初来自马克思创立的“实践的唯物主义”。由于种种原因，马克思的实践唯物主义至今还不能说已经得到了充分的理解、应用和检验，因此它还是一种全新的方法。

本书思考的出发点，是尽可能立足于人类的实际生活本身，而非某种既有的、封闭的话语模式。在我看来，价值和价值关系，是与人的存在和实践相联系的一种普遍性、根本性的现象，决不应该把它仅仅局限于道德或文化领域中的“意向”、“规范”等特定的狭隘范围。从人在一切对象性活动领域中承担的权利与责任入手，才更有助于充分理解价值和价值关系的现实性和复杂性。当然，由于本书以这种广义的价值为研究对象，所以在分析论证时，势必要涉及许多现实的领域；而且在每一领域中，既要自我论证，又要与别人对话和沟通，因此本书不得不说了很多看似重新解释常识的东西。这一点还请读者有所准备。

本书思考的一个落脚点，是与西方已经很有影响的观点和结论进行对话。在与价值有关的话题上，本书选择的对话目标和伙伴，主要是分析哲学中逻辑实证主义和实用主义这两大学派。我认为，在如何理解和对待价值的问题上，这两派代表了两种各自都相当彻底，但却彼此完全不同的思路。不容忽视的是，它们之间的分歧和争论，使价值与真理各自的本质及其相互关系的思考，作为一个普遍性的哲学问题得到了充分的显现，从而使价值论的研究具有了现时代的高度。事实上，正是罗素、杜威等人的许多分析和论证，成为我进一步思考的基础和研究的起点。当然，我的观点并不是简单地认同和归属于其中某一方或其他现成结论，而是就它们之间的公共问题进行自己独立探索的尝试。

在长期以西方话语为母语的哲学圈子内，有中国人加入哲学前沿问题的讨论，这件事本身也许就有一定的象征意味。记得哈贝马斯教授应邀于 2001 年 4 月 16 日至 29 日访问中国期间，曾当面与我谈到了他的一点感受。据他的观察和体验，他认为在当代中国与西方之间的学术交流中，事实上存在着“严重的不平等”。这就是，西方学者对中国学界的了解，远远不如中国学者对西方学界的了解那样多。他的话给了我很大鼓励。也许正是这种相互了解和对话的愿望，使这本《价值论》于 1987 年初版后不久，即受到来自德国、苏联和日本等国几位前辈学者的关注。他们曾先后表示要用本国的语言加以译介。但当时以及后来的实际情况证明，这绝非一件易事。除了翻译中必然会遇到的语言对应性和其他技术性困难之外，在当代中外学术界之间存在的文化情境和意识形态方面的差异，也使这类交流往往难以实现。

如今我们要努力克服这些困难了。本书以 2007 年修订后由中国人民大学出版社出版的中文第 2 版为基础，并做了一些必要的调整后译出。在调整中，我一方面做了些必要的压缩，以使之尽可能适应西方读者的习惯，另一方面也修订和补充了第 2 版中一些后来发现的错误和遗漏。

在此，我必须对促成本书翻译成英文的孙美堂博士、闫琛女士等人，以及将其纳入出版计划的施普林格出版集团，表示由衷的感谢和敬佩！

希望本书英译版的出版，能够引来国际学界朋友们的批评和讨论，以帮助我将研究更深入下去。

李德顺

2011 年 7 月于北京

第1版序言

是“文化大革命”那个荒唐的年代，触发了李德顺同志探索价值论问题的动机。用他的话来说，价值问题就是平常所说的“好坏问题”。什么是好，什么是坏，对这个问题的错误答案，在“文化大革命”中可以说作了最充分的演示。同时，问题本身也在生活中显示了自己不容忽视的地位和特殊性质。“好坏问题”看似平常，实则有着相当的理论深度和难度。在我们过去的哲学原理体系中，这个问题却几乎是个空白。因此不难理解，研究这个问题在理论上和实践上都是有重要意义的。仅就个人感情而言，无论是作为一个从“浩劫”中幸存下来的人，还是作为对我们新时期生活和观念变革进行思考的哲学工作者，我都希望对价值问题进行专门的理论研究和回答。所以，当李德顺同志提出以价值论为博士学位论文的题目时，我是深为赞许并寄予厚望的。

如今，他的研究结果写了出来，并将公之于世了。这部专著能否如所期望的那样回答人们所关心的一些问题呢？读者阅后自有公论。在我个人看来，这本书的优点和缺点都很明显。最重要的是，书中表达了作者自己数年思考的一些明确意见，表现了在哲学原理研究中的一种新的倾向和意图，因此不失为值得参考的一家之言。在书中，很多以思辨的方式所说出的见解，颇多大胆和新颖之处，是会引起人们兴趣的（无论赞成还是反对）。作为作者的指导教师，我当然希望它能引起讨论，以促进研究的深化，并进一步活跃我们学术界的气氛。

萧前

1987年1月

第 1 版前言

本书原名为《价值、真理、自由——马克思主义价值论引论》，是作者于 1986 年答辩通过的博士学位论文。在正式出版前，曾对个别部分作了修改，并将书名定为《价值论——一种主体性的研究》。更改书名主要是出于两点技术性的考虑，一是为了简短些，二是为了使个人学术观点和方法的特征表达得更加鲜明一些。

立足于主客体关系的实践辩证法，着重从主体的地位和作用方面理解价值的本质和特性，是本书理论观点和思想方法上的一条基本线索。就这一点来看，本书的标题与内容之间，是“名副其实”的。当然，这种角度和方法究竟是否科学合理，是要经受检验的。读者读了本书以后自会得出结论。

正如大家所了解的，近年来国内学术界越来越多地谈论起价值问题和主体性问题。对于这种情况，人们有各种不同的看法。经过反复思考，我认为出现这种趋势不是偶然的，它有着深刻的现实根据和科学根据。我还认为，在价值问题和主体性问题之间有着高度的内在一致性。这种一致性简单说来就是：在理论上，价值问题是主体性问题的一个最典型的形式，而主体性问题则是价值论研究中的一个关键问题。一般来说，如果不从主体性方面入手，如果不以对主体性的深入把握为基础，价值论的研究不可能在现有的水平上取得突破。

“价值”这种现象的一个显著特点是，价值的性质和程度如何，主要取决于价值关系主体的情况，而不是由客体所决定的。犹如“水火无情”，它们既不一定利人，也不一定害人，本性向来如此。而水火的价值究竟如何，是利是害，归根到底在于人自己如何，人怎样同水火发生关系。这种特点，至今已为大多数研究价值的人所公认。然而，由此做出的判断却不同。有人叫它“价值的主观性”，而我则叫它“价值的主体性”。一个“主观性”，一个“主体性”，二者只有一字之差，随之得出的一系列观点和结论，却是大相径庭的。在价值的主观论者那里，价值的客观性、科学对象性等，都成为最大的疑问，或者干脆被否定，因此使价值问题成了与科学规范无缘的领域。而在我这里，却正是从作为主体的人的社会存在本质中，指出了价值的客观性、评价标准的客观基础、人的价值意识的反映论本质，以及建立科学的价值论的可能性等。因而可以骄傲地说，价值论这个新兴的重要哲学领域，可以在马克思哲学体系中得到独具特色的、科学化的开掘和拓展。

从马克思的哲学立场出发，区分“主体性”和“主观性”概念并不是一件困难的事。因为“主观性”仅仅是指主体人的精神特性；而主体人作为对象性关系中的行为者，首先必须是完整的、现实的人，即首先是作为客观的社会存在者，而不是也不能归结为孤立的精神、意识和主观。因此，“主体性”概念恰恰是首先同人的社会存在性质（客观性）相联系的，决不应把它与“主观性”彼此等同。在汉语中，这里的“一字之差”能够恰当地体现出马克思主义对于“人”的见解不同于其他学说的根本差别。

从理论上重视并理解主体性问题的性质、地位和意义，才能给“主体性”概念赋予独立的形式和地位。这一点是我们过去做得不够的地方。当然，确立“主体性”概念并不是问题的结束，而是问题的开始。国内关于主体性问题的文章不少，其中对问题本身及其意义的理解显然并不一致。从我研究价值论的体会来说，我认为主体性问题的确立和展开，在理论上起着某种改变思维模式和改进思维方法的重要作用。这是指它冲击着一种长期习惯了的思维方式而言的。长期以来，我们许多人习惯于把唯物主义当作一种类似“唯客体主义”的模式来思考问题，即把“物质第一性”当作“客体第一性”，把客观性、物质的根源性、规律的决定作用等，统统归结于对象即客体本身，却忽视或回避了人作为主体的地位和作用。这种思维方式不能解释迄今所发现的许多科学事实（如量子的测不准效应、互补原则、相对性原理等），更不能解释复杂多变的价值现象。例如，这种思维方式不能接受“价值因人（主体）而易”的事实，总是想用客体的属性来一劳永逸地解释价值。否则，它就会以为走向了主观主义、唯心主义或多元论。而突破这种“唯客体主义”思维方式的束缚，我所得到的结论恰恰相反。这是我研究价值问题所取得的重要收获。

确立和阐述中国自己的哲学价值学说，是时代和改革所提出的一项迫切的理论任务。20 世纪 80 年代以来，国内不少人发表了很多重要著述，开拓了这一领域的研究。价值问题进入正式的理论研究这件事本身就是一项重大的事件。与此同时，这些著述对于价值论问题的理论地位，价值论研究的实践意义和科学意义，价值概念的哲学含义和本质，价值的客观性及其他特性，评价认识的特点，价值与真理、价值观与真理观的关系，当代价值观念变革，中西传统价值观念的批判考察等一系列重要问题，也提供了可喜的研究成果。它们为价值论研究的繁荣奠定了良好的基础。

看到这些成绩的同时也不能不指出，价值论的研究和应用在我国总体上还处于开始的阶段。这项工作尚未取得它应有的地位，尚未获得与它的实际意义相符的充分理解和重视，工作本身也尚未达到成熟的程度。这里不妨举出一点情况来说明：不久前，在价值研究方面比较引人注意的举动，还是关于“价值真理”概念，以及与之相关的“价值真理是否有阶级性”、“价值真理是否是多元的”等问题的讨论。严格说来，这些问题实际属于真理论问题，并不是典型的价值问题。所以不管各方的答案如何，这种讨论本身就已表明价值论还未真正在它本身的范围内深入展开。稍后些，关于“评价性认识”与“反映性认识”的讨论进入到对价值的认识论研究层面，则比较地深入了一些。不过这场讨论的广度（无论就其内容的涵盖面而言，还是就其参加者和社会影响的范围而言）和深度（进入价值问题特殊领域的程度），都还有待于进一步发展。

价值研究是一项巨大而艰难的工作。本书所追求的，并不是一下子构成一个完整的理论体系，在任何意义上也都不能说它已经或正在完成这种工作。在这本书里，至多是继续做着这样一些准备性的工作：凭着个人有限的能力，试图清理一下价值论这片阔大的场地，把自己认为不属于这里的东西（概念、范畴、方法等）挑出来运走，把应属这里的东西留下或拾进来，略加分类堆放，以备将来建造大厦时选用。正因为如此，书中采取了对一个个主要概念进行批判考察的思路，这样就难免表现为叙述风格上较浓厚的书卷气和思辨色彩，使人读来也许会觉得吃力。书中所有那些不能尽如人意之处，是由个人水平的限制和理论研究本身的成熟程度所决定的，相信读者能够充分理解。

此书出版时，我的最大愿望是能够尽“引玉”之微功，通过大家的共同努力，真正形成我们自己的当代价值学说。到那时，本书也就得到了最好的归宿。

为此，我不揣冒昧地将本书献给那些更早更好地在这块土地上耕耘的学界同仁；献给一切理解和关心价值论建设乃至哲学原理体系改革，并肯于以任何方式提供批评意见的读者和专家；献给曾以无比深情厚谊和默默辛劳支持我进行这项工作的亲人、师友和同事。

谨对热情肯定此书并推荐和促成其出版的“中国人民大学丛书”编委会、中国人民大学出版社第一编辑室的同志们，以及将本书提要和目录译成英文的罗佳同志，表示诚挚的谢意！

作者

1987 年 3 月于北京

目 录

第二篇　价值的意识论研究

第三篇　价值的实践论研究

导论：价值问题与哲学

可以从“学科”和“学说”两个层面来理解价值研究的性质和意义。

在学科层面上，“价值”问题并不是哲学中一个低层次的、局部的个别问题，而是一个高层次的、全局性的普遍问题。价值作为人类生存发展实践中一个普遍的、基本的内容，使以它为研究对象的哲学领域——价值论，业已成为哲学基础理论的一个重要分支。

在学说层面上，我给自己提出的任务是：以科学的实事求是的立场、观点和方法，对价值问题做出自己有理有据、认真负责的回答，以建立和阐述中国自己的当代价值哲学。

一、“价值”问题的哲学地位

到目前为止，哲学上所说的“价值”，对许多人来说仍是一个既熟悉又陌生的字眼。说它熟悉，是因为人们每天都在说到它。说它陌生，是因为“价值”一词本身究竟是什么意思，仔细想来有许多问题还是不甚了了。例如，“哲学究竟有什么用?”这是经常听到的一个问题。其实“有用”本身就是一个最浅显的价值概念，而提问者却常常意识不到这一点。所以人们对自己的提问和回答，就难免有一种“身在哲学中，不知哲学味”的尴尬。

再如，“好坏”问题可以说是“价值”问题的最典型、最通俗的形式。在人类生活中，恐怕找不出几个比“好坏”使用得更广泛的字眼了。无数大大小小、正正反反的事实说明，“好”和“坏”并不是那样一目了然、一成不变的。于是人们不得不寻求哲理的启迪。而“好坏”的哲学表述，就是“价值”。生活语言中的“好”、“坏”

就是“正价值”、“负价值”。

汉语中的“价值”一词，对应于英语的 value，法语的 valeur，德语的 Wert，俄语的 ценность。马克思曾对它的词源作过考证①，引用的是一本名为《试论哲学词源学》的书。按照这本书的解释，“价值”一词源于古代梵文和拉丁文的“堤坝”，含有“掩盖、保护、加固”的意思。“价值”是在该词派生的“尊敬、敬仰、喜爱”意思之上进一步形成的。“价值”的本来含义就是“起掩护和保护作用的，可珍贵的，可尊重的，可重视的”。这是一般情况下所用“价值”一词的基本含义。

日常生活中的“好”有极为广泛的含义，它能够用来指是与非中的“是”，对与错中的“对”，善与恶中的“善”，美与丑中的“美”，利与弊中的“利”，吉与凶中的“吉”，福与祸中的“福”，优与劣中的“优”，得与失中的“得”，以及“应该”等。“是、对、善、美、利、吉、福、优、得、应该”等被叫作“好”的，是因为它们对于言之者来说，代表着有积极意义的、可珍贵的、可珍惜的境况，而被叫作“坏”的那些则相反。“好”和“坏”合起来，正是包含了正、负两种境况的一般“价值”现象。

作为哲学范畴的“价值”，是来自人类生活实践的一个理论抽象。这个理论抽象，客观上正是以人类生活实践和科学研究中各个具体领域的特殊概括为基础而形成的。例如在物质经济生活领域中，物与人之间的关系产生了“使用价值”概念，它最初用来“表示物的对人有用或使人愉快等等的属性”②；在实质意义上，“使用价值表示物和人之间的自然关系，实际上是表示物为人而存在”③。

与之相联系，在物与人的关系中还有比使用价值更广泛的价值关系，如产品的交换价值、物品的审美价值等。此外，在物质经济生活中还有比物的价值更广泛、更复杂的其他价值关系，如人与人的经济关系、合作关系、利益关系等。在人和人之间的全面社会关系中，还有以物质经济关系为基础的阶级关系、民族关系、个人关系、政治关系和伦理关系等，它们都产生一定的价值观念，如阶级利益观念、民族利益观念、政治价值观念、道德价值观念等。这是一个纵横交织的价值关系网络。在这张网的网结上，人们都普遍地

① 参见《马克思恩格斯全集》，中文1版，第26卷Ⅲ，327页，北京，人民出版社，1974。

②③ 同上书，326页。

运用着一定的是非、善恶、得失等价值标准，形成了相当丰富的具体价值观念系统。其中包括审美生活中的“美”和“丑”、“雅”和“俗”等价值观念。

在科学研究领域，科学本身的社会性质和作用决定了它把知识、理论内容的真假当作得失优劣的标准。对于科学来说，“真”是最高目标、是生命，是最宝贵、最重要的价值。

普遍寓于特殊，抽象来自具体，理论反映现实。正是在社会生活各个领域存在着共同性的普遍问题和普遍视角的前提下，由人类的生活实践和理论思考共同推出了一个新的普遍性的研究领域。这就是价值论作为一个学科分支的逻辑形成基础。

价值论作为一个学科分支的历史形成，是哲学经过高度分化之后，各种具体学科日渐成熟，并在实践中开始走向新的综合的产物。价值论产生的直接基础，来自哲学两大部门——伦理学和美学的变革，即“元伦理学”和美学元理论研究（“元美学”）的形成。

古代哲学作为当时的知识的总汇，就已经很明确地包含了关于善、美德和人世生活最佳状态的追求与思考。后来，随着各门自然科学、社会科学和思维科学部门先后从哲学中分化独立出去，有关善、美和最佳社会生活状态的思考也先后形成各种专门的学科，如伦理学、美学、经济学、社会学、政治学、法学、文艺学、宗教学等。其中伦理学和美学仍然作为哲学的部门，它们所探讨的善和美的问题对其他社会学科具有普遍性和指导意义。但是在很长时间里，伦理学、美学和其他学科都主要是致力于各领域具体规范的研究，因此也未形成彼此间共同的基本理论。

到了18世纪，先后由休谟和康德提出了“实然”与“应然”、事物的因果性与人的目的性、事实判断与价值判断的划分。这种区分后来多用“存在与价值”或“事实与价值”来表示。休谟和康德实际上确立和推广了哲学上的价值概念，使之具有了形而上的意义。

这一确立首先在美学的发展中得到反响。18世纪中期德国美学家鲍姆加登把美学界定为“关于审美价值的科学”，标志着美学从规范研究的层次进入了元理论研究层次。一般认为，这是美学作为一门学科正式诞生的标志。

价值概念也已被引进了伦理学。德国哲学家洛采根据康德的划分提出，要把价值和评价放到哲学研究的中心地位。他的学生文德尔班等人为了实现这一想法，试图构造一种“价值哲学”。20世纪初，英国哲学家摩尔以其“价值直觉主义”观点和提倡对“善”的语言分析而开始了“元伦理学”的研究。

在此期间，哲学本身也酝酿了价值论的独立。布伦坦诺、尼采等人纷纷就价值问题发表著述。美国哲学家厄尔本于1909年发表的《评价：其本性和法则》一书正式提出用“价值学”（axiology）来命名一门与认识论（epistemology）不同的学说。冯·哈特曼1911年发表的《价值学纲要》一书，则正式把它用作书名。一般认为，以上是价值学名称出现最早的记录。由于上述多位价值论的最初阐述者同时也是伦理学家，他们往往是从伦理学的角度切入价值论研究的，所以在西方很多地方，价值论至今还被看作是一种伦理学的形态，或干脆叫做“元伦理学”。这足以证明价值论与伦理学的亲缘关系。但是很明显，由美学和伦理学共同创造的这个新的理论境界，事实上已经进入到它们共同的形上层次——哲学，足以成为“元哲学”的一个新分支了。

那么，价值论是一个什么样的哲学分支呢？本书的回答是，从学科层面看：价值论（axiology）是继存在论（ontology）、意识论（gnosiology，包含epistemology）之后形成且与之在同等层次上并列的一大哲学基础理论分支。在哲学史上，这三大分支获得命名从而正式形成的大体时间，分别是：17世纪（存在论），18世纪（意识论），20世纪（价值论）。价值论之所以在晚近才真正形成，是因为它的内容最为庞杂，有待于前两者及其他具体人文社会学科发展的相对成熟作为自己的基础。

对象和问题，向来是形成学科的核心和标志。而哲学基本分支的形成，则更以具有重大普遍意义的“问题”为标志，以问题的层次为自身理论结构的层次。因此，当我们注视迄今所形成的三大基本分支的时候，可以看到它们各自针对着形上层面的一套普遍的、公共性的问题，并且这些问题之间也有着与历史发展相关的逻辑联系。用最简单的语言来表达就是：

存在论提出和回答的问题是：“什么是存在和非存在？什么存在着？怎样存在？”

意识论提出和回答的问题是：“人的头脑是否能够以及如何了解和把握存在？”

价值论提出和回答的问题是：“世界的存在及意识对于人的意义如何？”

这是我经过多年研究，对整个哲学迄今所形成的几个“一级问题”的理解和概括。当然，对于这种概括，对于“三大分支”及其名称的确定，甚至对哲学本身是什么的理解，学界都会有许多不同看法。但我相信，对这些问题及其相互联系的追问、展开、回答、批判和反思，能够引发和覆盖哲学学科领域的大部分内容，并能给予各种各样的学说流派以适当的辨识、梳理和包容。至少，它们是这本价值论研究的书所依据的概念框架和逻辑前提。我在阐述自己研究价值问题的体会时，感到如此理解和把握价值论的学科定位，不仅有助于开阔理论视野，也有助于加强逻辑的清晰度和思维的彻底性。

关于价值论在哲学上的学科定位还有不少疑问，这是由于对价值问题的含义理解不同所致。例如西方价值哲学兴起时，它就具有了“元伦理学”、“元美学”的称谓，表明价值论是伦理学和美学基础理论（元理论）研究的产物，并且为这些学科提供了新的理念和方法。事实也是如此。而在我国，很长时期里人们只以知识论的方式去研究审美，以阶级斗争和意识形态的观念去看待伦理道德。这种偏向曾造成了相当严重的理论贫乏和思想僵化。而哲学上价值问题的研究，显然负有提供深层理论基础和新的思想方法的使命。

在国际上，目前给予价值论以上述哲学定位的表述似乎并不明朗，更谈不上普遍一致。许多学者把价值论看作仅是伦理学的一个部分（元理论）。因此在他们的教科书中往往以伦理学代替价值论。这种情况也许与以下两点有关：一是这些哲学家大都不强调哲学理论的体系性和整体结构，而是比较注重实证的和应用的研究。当然，这一点并不意味着必然降低价值论的学科地位。二是他们有将伦理学泛化的理论传统，其所谓“伦理学”的领域极其广泛，几乎可与哲学上的价值论论域相重合。

在国内，有人对前阶段的研究有误解，以为价值论是从属于认识论的一个部分。这种误解与本书初版时的研究方式和表述形式有关。实际情况是，我个人当时确实是从认识论角度进入价值领域的，但进入以后，特别是形成结论的时候，则已经摆脱了这一角度，如上所说，我坚定地认为价值论是一个相对独立的、最高层次的理论领域，是与存在论、意识论相并列的三大基础理论分支之一，并不从属于哲学中的其他任何分支。

针对单纯认识论化的误解，还有人提出了另一主张：价值论应该“从属于历史观”，或“把价值论提升到唯物史观的高度”。我认为这同样是没有走出旧的思想框架，还没有看到价值论在哲学元理论层次上的独立意义，而是继续一心为它“找婆家”。实际上，恰恰是价值论研究开展以来，我们发现了原有历史观的缺陷，在于它仅仅是以哲学上的真理论为基础（表现为只重视历史的必然性和客观规律性），而缺少价值论的视角（忽视人们的价值选择对历史发展的意义）。在未就“历史观”重新做出批判考察和具体说明的情况下，断言“历史观高于价值论”根据不足，事实上也并无很大的理论意义。

二、价值问题与思想史

任何哲学范畴“充其量不过是从对人类历史发展的考察中抽象出来的最一般的结果的概括。这些抽象本身离开了现实的历史就没有任何价值”①。为此，不妨极其简要地回顾一下人类历史和思想史上的情况。

“价值”这一哲学概念的内容，主要是表达人类生活中一种普遍的关系，就是客体的存在、属性和变化对于主体人的意义。人类要生存发展，就必然要求自然界满足自己的各种需要。而自然界是不会自动满足人的，只能是人类用自己的活动来实现这种满足。不难想象，这种关系是自人类产生时起，就在人类同外界自然物之间存在着的。作为外界物对于人的意义，价值问题可以说是人类与生俱来的问题，价值关系从来就是人类实践的一个基本关系。在实践中，人要满足自己的需要，就不能不对自然界本身及其规律有所了解和服从，于是，满足主体需要的意识同把握客体现实的意识，就同时成为人类意识中的两个基本方面。恩格斯曾这样描写人类意识的形成：“随着手的发展，头脑也一步一步地发展起来，首先产生了对影响某些个别的**实际效益**的条件的意识，而后来在处境较好的民族中间，则由此产生了对制约着这些条件的自然**规律**的理解。”② 按照这个说法，在人类意识的形成和发展中，关于实际效益（属于价值问

① 《马克思恩格斯选集》，2版，第1卷，73～74页，北京，人民出版社，1995。

② 《马克思恩格斯选集》，2版，第4卷，274页，北京，人民出版社，1995。黑体字为笔者所标。

题）的意识，同关于客观条件和自然规律（属于知识、真理问题）的意识，是不可分割的两项内容。事实正是如此。

然而，事实如何，同人对它的理解如何，是不能等同的。人类对自己实践和意识中这两项内容的理解远不像事实本身那样明确，而是走着一条漫长曲折的道路。简要地说，人类对于价值问题的省悟，是逐渐从自发到自觉、从简单到复杂的过程；而对于价值与真理的关系的思想处理，则是从统一到分化甚至对抗，然后又开始重新走向统一。上述过程通过人类思想史上各个阶段不同形式的反映表现出来，构成一条重要的线索。

在原始时代，人们还没有形成“价值”和“真理”概念，这同他们还未能在意识中区分主体与客体、主观与客观有关。有关原始时代人们行为的许多研究材料表明，当时的人不能把客观事物、自然界的存在和本性，同自己对它们的感受、愿望、情绪加以区分。在他们那里，实在和效益、对客体的知觉和主体的情感是混沌合一的。“在他们那里，在集体表象中，客体的形象与情感和运动因素水乳交融：在那里，人在意识中拥有客体的形象，同时又体验着必然与客体形象一同产生的恐惧感、希望感、逃跑的愿望、感谢、请求等感觉和愿望。”① 图腾崇拜、巫术、原始的装饰、绘画、舞蹈、歌唱等，并不是原始人有意识的娱乐享受或自欺，而是与他们的生存劳动直接合为一体的活动。在他们心目中，似乎这一切都是使自己从自然界得到保障的必要活动，因而似乎也是自然界本身所具有、所要求的。例如，有些原始部落在渔猎的整个过程中，总是把成败的决定力量归于自然界或渔猎对象本身的某种神秘属性。为了引来猎物使之落网或被击中，原始人事先要通过舞蹈、斋戒、念咒等一系列形式施加神秘的影响；渔猎者本人及其亲属要严格遵守一系列禁忌；渔猎后还要为安抚被杀死的动物举行谢罪和解仇的仪式。②原始人的饮食也充满了礼节，表现出他们对食物和饮食活动所包含的天意的崇敬③，等等。在我们看来十分清楚的是，这些神秘仪式的实际效益，仅仅在于人自身的心理方面。但在原始人的意识中，它们却是与对象、客体本身不可避免地联系在一起的。客观实在与

① ［法］列维·布留尔：《原始思维》附录，456页，北京，商务印书馆，1981。

② 参见上书，220～235页。

③ 参见［英］马林诺夫斯基：《巫术、科学、宗教与神话》，24～26页，北京，中国民间文艺出版社，1986。

主观体验不分，这种原始意识的特点包含了对主体与客体、主观与客观、需要与条件、效益与实在统一的原始理解。它们是关于善与真、价值与事实统一的潜意识。

随着人类实践发展和抽象思维的形成，人的“需要”在意识中的反映也发展了。需要不限于对自然界的、物质的需要，还包括对人与人社会关系的需要和精神需要等。于是，客观真实性与人的需要之间、真理与价值之间的关系问题，便以“真、善、美”的分析与综合的形式，作为一个永恒的主题流传下来，并成为一个无止纷争的天地。

在中国和欧洲古代哲学史上，真和善统一的观念占主导地位的情况仍然持续了很长时间。不过这已不同于那种原始的混沌的统一，而是一种有区别的统一，并且是一方以另一方为根据的统一。大体上，古代思想家关于真和善的统一有两种类型：（1）善归结为真，人世的价值统一于世界的本性；（2）真归结为善，世界万物统一于人的价值活动或某种价值理念。分别属于这两种类型的，既有唯物主义者，也有唯心主义者。

例如古希腊的毕达哥拉斯和德谟克利特都认为善统一于真，但前者是统一于“数”的真理，后者是统一于原子运动的真理。古希腊人的“正义”观念很能说明这两种不同的统一：在他们看来，人世间的善恶美丑都是世界本身的内在秩序所规定了的。“正义”（它的含义相当于今天的“本分”）就是不能逾越永恒固定的界限。① 这是一种以自然真实为底蕴的朴素统一观，是善统一于真。在另一些人如柏拉图看来，正义、美德等在于对“善”这个最高理念的知识和追求，世界万物都是“善”这个最高理念的影像，人对一切事物的真知，归根到底都是认识或回忆它们之中所蕴涵的“善”。这是一种以最高精神价值为基础的真善统一观，是真归结于善。

在中国先秦时期，“天人合一”的思想占有突出的地位。“天”和“人”的含义十分复杂多样，我们取其中一种：当“天”作为世界本身或世界的本然逻辑（天命、天道、自然），而“人”作为伦理道德等人世价值的承载者（人为、人欲、人谋）时，天人之间的合一和相通就意味着真与善的统一。其中，认为“天”在根本上决定和制约着人世的善恶，因而主张人的价值追求就在于顺天知命的，

① 参见［英］罗素：《西方哲学史》，上卷，52页，北京，商务印书馆，1981。

大体近似于把善归结为真；而用各种方式把“天”说成是某种伦理道德的化身或最高意志的体现，直接或间接用人世的价值来说明天意的，则近似于把真归结于善。前者有“顺乎自然”和“返璞归真”等主张，后者则有“民之所欲，天必从之”和“天视自我民视、天听自我民听”等说法。

无论是先秦还是古希腊，真和善、美统一的思想都建立在真理和价值的概念本身还不够精确和完备的基础上，人们只是初步意识到了它们之间的区别，并未能以严格的方法对它们加以规定。这一点在中国古代思想家那里表现得更为突出。

古人关于善与真、价值与真理统一的朴素直观或思辨的见解中，潜藏着许许多多的矛盾和危机。因此，它们在当时就遇到了挑战。例如古希腊的怀疑论者皮浪就认为，绝不可能有任何合理的理由使人选择一种行为途径而排斥另一种，从而指出了客观真实与人的价值选择之间的不可通约性；智者普罗泰戈拉提出“人是万物的尺度”，但他未能意识到人作为“存在的尺度”与作为“价值的尺度”的区别，反而从理论上否定了不依赖于人的客观外在的“真”，既然取消了真和善的区别，也就取消了真和善的统一。亚里士多德提出“目的”概念，曾想用客观世界存在着一种主观目的这种说法来解决冲突。在中国，荀子的“天人相分”思想具有极大的冲击力量。他否定了天人之间无条件的自发的统一，而把人创造价值的活动看作是对“天”的控制和改造。这一实践的价值观点无疑是一束灿烂的思想之光。普罗泰戈拉的“人是万物的尺度”和荀子的“天人相分”、“人定胜天”思想，特别是后者，预示着后来的真与善、真理与价值问题的分化和深入。但是由于中国与西欧的历史条件和历史道路不同，它们带来了两种不同的后果。

在西欧，先是经历了中世纪的过渡。在这个时期，宗教统治一切，伦理学的善和认识论的真被上帝和教义所取代。信仰主义作为一种价值观念的思想体系，往往意味着排斥真理和理性，但它却总是把信仰和教义奉为真理。尽管如此，在一些经院哲学家（如阿维罗伊派）那里，仍然通过探讨双重真理（哲学真理和神学真理）问题，隐约地提示出追求客观真实的理性与信仰这种价值意识的区别。

随着文艺复兴和近代实验科学的兴起，真理和价值的直观统一终于被分化所取代。在这个新时期，科学、知识的巨大胜利把理性关于自然界的真理推上了思维王国的宝座，“宗教、自然观、社会、国家制度，一切都受到了最无情的批判；一切都必须在理性的法庭面前为自己的存在作辩护或者放弃存在的权利。思维着的知性成了衡量一切的唯一尺度”①。这种“思维着的知性”以当时的实验科学方法为其特征，在思维方式上受到形而上学的影响，保持了鲜明的时代特征。以它为尺度进行理性批判所产生的结果，是关于知识、真理的经验主义或理性主义倾向，关于价值的意志主义或非理性主义倾向。科学、知识、真理仅仅被理解为可以用实验科学方法加以经验验证和逻辑论证的东西，而价值如伦理、政治、艺术等问题，则被看作是与科学无关的，仅仅通过旨趣、契约、约定而决定的东西，不能应用事实与真理的标准。从此以后，“应然”与“实然”被严格地区分开来，价值和真理被明确地看作两个不同性质的问题，并处于彼此对立的状态。

这种分化带来的积极结果是：一方面，由于解除了社会政治、宗教、伦理方面的羁绊，以自然界真理为核心的科学体系得到了迅猛的发展；另一方面，由于可以不受关于自然界观察事实的局限，以人的价值为中心的社会理论体系如雨后春笋般成长起来。分化带来了学术上的繁荣，同时也埋下了分裂的种子：科学和价值成了互不协调的两极，关于科学和真理的社会价值问题，成了后来的一大难题；而关于社会、人、价值问题的学说，则由于被当作没有多少科学性和真理可言的领域，长期未能确立它的威信并发挥它的巨大作用。

在中国，这个分化的过程虽然开始得早（自荀子的“天人相分”起），却成熟得晚。因为思路的发展是沿着另一条路线进行的。从最初讨论天人关系时起，关于世界的真实本性及其与人世的价值关系这个问题，就集中在社会的伦理政治方面，大多数思考都是围绕社会现实的伦理政治这个中心展开的。孔子的“则天”思想，着重在引导人们去领悟“礼”和“仁义”；老子的“人法地，地法天，天法道，道法自然”② 所得出的结论是“无为”；墨子的“顺天而行”也归结为“兼爱”。他们都把对“天”的考察推到玄远的思辨中，而把注意力放在人世的价值观上。因此，分化实际是在价值问题的内部进行的。“天人”之辩、“义利”之辩、“理欲”之辩、“体用”之辩、“本末”之辩、“性习”之辩、“力命”之辩等，这些关于不同价值形式、价值标准、价值行为的争论，成为长期争论的主要问题。其中

① 《马克思恩格斯选集》，2版，第3卷，355页，北京，人民出版社，1995。

② 《道德经》第二十五章。

虽不能说关于客观真实性问题的成分一点也没有，但毕竟不是焦点。

这当然不是说，真理问题在中国古代哲学中不存在，或者它同价值问题没有联系，只是表明，由于真理问题同价值问题联系在一起，在当时被冲淡了。[①] 虽然荀子的“天人相分”思想带来过一度的冲击，但又被董仲舒的“天人感应”论所抵消。董仲舒的“王道之三纲，可求于天”[②]，把天归结为三纲五常的根基，使问题又回到了伦理政治范围之中。后来王充曾提出过“事莫明于有效，论莫定于有证”[③] 这类近似于实验科学的观点，却因未有实验科学及其方法的兴起，而终归被关于伦理政治的思辨所淹没。自此以降，虽然中间也曾几度起伏辗转，但中国哲学“重人伦轻自然、重修养轻知论、重了悟轻论证”等特点并未改变。因此，真理与价值统一的思想，长期保持在直观思辨的水平上。

张岱年把“一天人”、“合真善”列为中国古代哲学的基本特色，说得很清楚：“中国哲人认为真理即是至善，求真乃即求善。真善非二，至真的道理即是至善的准则。即真即善，即善即真。从不离开善而求真，并认为离开求善而专求真，结果只能得妄，不能得真。为求知而求知的态度，在中国哲学家甚为少有。中国思想家总认为致知与修养乃不可分；宇宙真际的探求，与人生至善之达到，是一事之两面。穷理即是尽性，崇德亦即致知。”[④] 这种“合真善”、“从不离开善而求真”的传统，有它巨大的长处，也有它巨大的短处。长处是它从哲学上锻炼出了一整套独具特色的价值范畴系列，并形成了关于社会人生问题的庞大而深邃的思辨洪流，对造就中华民族文化传统和民族心理起到了持续的强大作用。短处是它从理论上消磨了敲开自然界真理大门的意志，从而也堵塞了向大自然学习思维方法的道路。

中国哲学推崇善而降低真的地位，同西方哲学推崇真而排斥善，似乎是同一个分化过程的两极形式。而善与真、价值与真理从统一到分化，是人类进步发展一定阶段上的现象。

这种分化，在西方近现代哲学史上导致了两种不同的理论倾向：

---

① 这一点，从中国古代哲学范畴体系中，有关“真伪”的认识论范畴很少并且地位不很突出，就可以得到说明。参见张岱年：《论中国古代哲学的范畴体系》，载《中国社会科学》，1985（2）。

② 《春秋繁露·基义》。

③ 《论衡·薄葬》。

④ 张岱年：《中国哲学大纲》序论，7页，北京，中国社会科学出版社，1982。

一种倾向是继续寻求和论证真善美之间、真理与价值之间的统一，探索分化后的综合途径。如斯宾诺莎试图用哲学方法与当时的自然科学方法相结合来论证这一点。他在《伦理学》一书中，大胆地引进了几何学的方法来研究人的缺陷和激情，试图精确地计算某些人类行为的道德结果；洛克提出了他的“道德可证”论，也试图把价值问题说成是数学上可证的问题；康德用至高无上的道德律令来统一实践理性和纯粹理性，以解决从世界“是什么”向“应该如何”的过渡；黑格尔则通过对各个价值领域的哲学本质的揭示，指明它们与真理的一致关系，如“善是特殊意志的真理”，“美的生命在于显现”① 等。这些探讨在大方向上无疑是可贵的，有些分析也是极深刻的。但是，由于对科学性和科学方法的机械理解，由于脱离社会实践，以及对社会历史理解的唯心论基础，使得它们尚不足以真正解决问题。

另一种倾向则是把分化引向彻底分裂，根本否认价值与真理之间有统一性及其可能，认为科学愈是发展，愈证明价值和价值评断是不可能具有科学真理性的。对此影响极大的是休谟。他的非理性主义的信念论，在肯定信念的价值意义时，从根本上排除了信念对象的客观实在性，排除了信念与其对象之间的客观联系；尼采夸大人性与科学、生命与知识之间的冲突；叔本华的唯意志主义，边沁的功利主义，直到现代实用主义、直觉主义等，都以这种或那种方式把价值说成是与科学真理毫无共同之处的东西。在现代西方哲学思潮中，科学主义流派和人本主义流派的分歧集中体现了真理主义与价值主义的尖锐对立。各种唯科学主义者把价值问题看作是毫无意义的“形而上”问题或人的不可捉摸的情感问题，因而摈之于科学门外；而人本主义则从社会或个人价值的立场出发，提出了种种反科学主义的论点。但在这一点上他们却是一致的：科学、真理同价值之间，是不可调和的，如果统一，也只能是一个否定、吃掉另一个。

回顾一下中国古代和西方的部分历史，可以看到今天的价值问题的由来。罗素的一段总结对于理解这个历史有极大的代表性和启发性：

> 哲学在其全部历史中一直是由两个不调和地混杂在一起的

---

① ［德］黑格尔：《美学》，第1卷，7页，北京，商务印书馆，1984。

部分构成的：一方面是关于世界本性的理论，另一方面是关于最佳生活方式的伦理学说或政治学说。这两部分未能充分划分清楚，自来是大量混乱想法的一个根源。①

这里关于两个问题在哲学史上地位的看法是深刻的。“沧浪之水清兮，可以濯吾缨；沧浪之水浊兮，可以濯吾足。”这首古老的中国民谣形象地唱出了客观存在与人的价值尺度之间的统一。它极其简单、自然而又富于美好意蕴。然而，这个简单的事实经过了几千年之后，却发展成为一种尖锐的矛盾。这不能不使我们省悟到：过去朴素地理解和直观解释的简单现象中，往往包含了复杂的道理，而今天极其复杂化尖锐化的矛盾中，却可能仅仅同过去的一个简单结论相联系。

总之，价值与真理及其关系问题，是人类实践和理论上始终具有普遍意义的重大问题。对于这些问题的思想处理，不仅构成了人类思想史的内在线索，而且也自然地反映着人类在实践基础上所达到的思维方式和理论水平。

三、价值论与马克思哲学

20 世纪 80 年代，价值问题正式进入了中国哲学讨论的领域。这是自开展“真理标准问题”的全国性讨论以来一场思想解放运动的深入，也是实行改革开放、探索走中国自己现代化道路的理论伴音，更是世纪末期人类价值观念反思和变革的反映。

但是，从价值论进入我国学者视野的那一刻起，就有一个问题或挑战是不可回避的：“对于马克思主义指导下的意识形态来说，是否应该和能够建立一个属于它自己的价值论学说?”在以辩证唯物主义和历史唯物主义为名称的传统哲学体系中，价值论曾长期是一个空白。说它是一个“空白”，并不等于马克思的学说本身不重视或不包括对于价值问题的思考。就像不知道“散文”的人不等于不说散文一样。实际上，从它诞生时起，马克思哲学就有着自己最鲜明的价值立场、价值取向和价值目标。问题在于，这些有关价值的内容，或者作为论述者的背景意识和意向，或者作为一些不言而喻的逻辑

① ［英］罗素：《西方哲学史》，下卷，395 页，北京，商务印书馆，1981。

前提和结论，总是以“潜台词”的方式存在并表现出来。它们的理论内涵和逻辑前提并未成为自我反思和正面阐述的对象，因此价值论难以成为整个哲学体系的有机组成部分。

这种一度“空白”的理论现象，除了共同的历史原因，即在哲学上价值论形成得最晚这一点外，在我们的学术环境中主要还有两个特殊的原因：

一是非学术的社会因素。例如由于阶级斗争、政治和意识形态对立，对于一些首先由西方学者提出和发挥的问题一律采取警惕和拒斥的态度。当学科与学说不分，问题本身同它的某些倡导者或答案被混为一谈时，用一种学说遮蔽一门学科（分支）的毛病就会发作。于是价值论就遭到了“因噎废食”的待遇。价值论研究的最初遭遇就是如此。在苏联上世纪五六十年代一度兴起的马克思主义价值论研究，因被疑为与西方新康德主义有染，就在这一“杜撰的家谱”① 中被打入另册。直到 80 年代中期，苏联出版的哲学词典中，“价值论”还被界定为“一种资产阶级唯心主义哲学理论”②。这种思想禁忌曾经顽固地阻碍了马克思主义价值论研究的开展。当然，非科学的因素并不足以阻止对真理的追求。事实上还是有一些马克思主义学者，如苏联的图加林诺夫、凯列，日本的岩崎允胤、高田纯等人，勇敢地进行了价值论的开拓。而中国价值哲学研究的兴起和繁荣，则是直接得益于“解放思想，实事求是”的思想路线和改革开放的社会环境。

另一方面的原因更为实质性，就是传统哲学体系及其思维方式对于价值问题的“不可容纳性”资质。因为它有一个以认知主义为背景的思维方式和概念系统，含有明显的“客体至上”、“单向认知”和“知识本位”倾向，最终表现为对实践和人的主体性的忽视。而价值问题恰恰要以人的主体地位和作用为核心，因此旧的哲学思维不能真正理解和接受它。即使主观上感到了研究这一问题的必要，客观上也会受旧思维方式的限制而无力给以回答。正是由于眼界狭隘和思想僵化，造成了一种严重缺少理论自信的脆弱心态，使得至今还有人觉得，如果按照符合实践的方式谈论价值，就必然会走向“唯心主义”、“多元论”、“相对主义”、“实用主义”等，因此总是避

---

① ［苏］图加林诺夫：《马克思主义中的价值论》，129 页，北京，中国人民大学出版社，1989。

② （苏联）时代出版社 1985 年俄文版《哲学词典》。

之唯恐不及。

当然，上述两个因素势必会随着理论和实践的发展而逐渐弱化，但它们却不会轻易消失。由于价值问题不仅是一个新的领域，而且比起哲学中其他领域来，它与每个人的生活和社会意识形态的联系要更直接、更现实、更复杂些。这就意味着，这个领域的研究必然要面对许多十分尖锐、十分微妙、十分敏感、十分繁难的问题，意味着这个理论领域的建设要经过曲折漫长的道路。

例如，国内探讨哲学价值论的初期，就曾遇到了理论体系内的"话语统一"问题。有人认为，对于马克思主义来说，以往只有一个"价值"概念，即政治经济学中的商品价值范畴。如果要探讨哲学"价值"，那么它与政治经济学的"价值"是什么关系？难道可以有两个不同的"价值"范畴吗？……总之是由于先有了马克思政治经济学的价值概念，就自然而然地要求用它来观照哲学的价值范畴。显然，这类问题只有在马克思主义体系内才会出现，并且它也理所当然地立即引起了高度重视。当时就有不少热心的学者，为了保持这种"话语统一"，曾纷纷提出自己的解决方案。

方案之一：力图从马克思恩格斯政治经济学著作中直接找到马克思主义哲学"价值"范畴（"'价值'的普遍概念"）的词句和定义。然而这种尝试很快就遭受挫折。人们发现，被找出来并为许多文章一再引证用作马克思关于"价值一般"界说的一段话："**'价值'**这个普遍的概念是从人们对待满足他们需要的外界物的关系中产生的，因而，这也是**'价值'的种概念……**"云云，其实这并不是马克思自己的话，而是转述他所批驳的瓦格纳的观点。这从原文前后联系中看得出来：引文中被删节号所代替的后半句原话，则恰恰是一个带归谬意味的反语。接下来的原话则表明，马克思对上述意思是否定的！因而，许多人把前半句当作马克思关于"价值一般"的定义，纯系由于断章取义而导致的一个极大误会。

方案之二：比上述做法稍加深入，力图用政治经济学的"劳动价值论"来规定哲学"价值"概念。这种方案把马克思在他的政治经济学中关于"使用价值"的谨慎态度当作旗帜，坚决主张摈弃通过使用价值来抽象出一般价值的路径，而要"以商品价值为基础，以《资本论》的逻辑为工具"① 来建立哲学价值理论，如把价值规

① 陈述、赵守运：《再探"价值"与"真理"的关系》，载《中国人民大学学报》，1992（5）。

定为“客体（满足人类社会发展的一切产物，非自然物）中所包含的主体的劳动、创造和奉献”① 等。这种将“《资本论》的逻辑”画成地界，要人们只能在它的范围内思考问题，不得越雷池一步，以为这是坚持马克思主义立场观点和方法一元化的想法，其实是对马克思的一知半解。

事实上，马克思虽然坚决否定在政治经济学中把价值当作“价值一般”的说法，他却从不否认“使用价值”具有超出经济学领域的意义，甚至说：“作为使用价值的使用价值，不属于政治经济学的研究范围。”② 就是说，“使用价值”并非完全是个经济学范畴，不能忽视它在其他科学（如商品学、管理学、工程技术乃至伦理学等）领域的意义。正因为如此，当瓦格纳把马克思列入那些“主张把使用价值从科学中完全抛开”的人中间时，马克思断然地加以否定：“这一切都是‘胡说’”③。另外，这种方案的实际兴趣，似乎在于要把“劳动力价值”的经济学含义套用到“人的价值”上，强调“创造和奉献”的意义。其伦理意向固然可嘉，但在学理上却离题较远，显得牵强草率，所以只能不了了之。

方案之三：从前两种方式的缺陷中吸取教训，认为哲学与政治经济学的两个“价值”概念之间既然没有一致性，就应该抛开经济学，特别要否定其“价值”概念中把人仅仅当作提供价值的客体、工具的视角，完全以人文精神和人道主义方式来阐明哲学“价值”范畴。这其实是一个大的方向，围绕这一方向所提出的具体方案实际有许多种，如“人性说”、“超越说”、“内在价值说”等。它们所提出和探讨的问题，显然要比前两种方案广泛得多、深刻得多。所以本书后面的大部分篇幅，将主要与这些观点进行对话。

但就马克思哲学的价值论研究来说，我认为切断哲学与政治经济学之间的内在联系，甚至把它们对立起来，终究是既无根据也没有必要的。因为：

第一，不能认为，在马克思的语言中只有一种政治经济学的“价值”范畴。事实上，马克思很注意经济学概念同日常生活和其他学科概念的区别。他曾专门研究德语中 Wert（价值）一词的词源和

① 陈述、赵守运：《再探“价值”与“真理”的关系》，载《中国人民大学学报》，1992（5）。

② 《马克思恩格斯全集》，中文 1 版，第 13 卷，16 页，北京，人民出版社，1962。

③ 《马克思恩格斯全集》，中文 1 版，第 19 卷，412 页，北京，人民出版社，1963。

多种含义，并指出，其他一切用法“同‘价值’这个**经济范畴**毫无共同之点，就像同**化学元素的原子价**（原子论）或化学的当量或同价（化学元素的化合量）毫无共同之点一样”①。马克思和恩格斯曾多次在不同场合下使用过非经济学的、一般意义上的价值概念。例如马克思说，“如果形式不是内容的形式，那么它就没有任何价值了”②；恩格斯批评罗·贝奈狄克斯关于莎士比亚的评论“毫无价值”③；恩格斯指出“任何一个人在文学上的价值都不是由他自己决定的，而只是同整体的比较当中决定的”④；他称赞“席勒的《阴谋与爱情》的主要价值就在于它是德国第一部有政治倾向的戏剧”⑤；等等。这些从文化、社会意义上采用的“价值”概念，当然能够使人合乎逻辑地得出推断：马克思并非也不可能否认理论上的“价值一般”。而这种“一般”，必然是对各种“具体”和“特殊”的抽象。

第二，也不能以为，马克思在哲学上也像在经济学上一样，拒绝承认“使用价值”与“价值”之间具有“特殊”与“一般”的逻辑关系。因为只是在经济学中，价值和使用价值之间才是一切商品所具有的彼此并立的二重属性。但是，当马克思超出经济学范围，说“使用价值表示物和人之间的自然关系，实际上是表示物为人而存在”⑥，以及“这种语言上的名称，只是作为概念反映出那种通过不断重复的活动变成经验的东西，也就是反映出，一定的外界物是为了满足已经生活在一定的社会联系中的人……的需要服务的”⑦时，他就不仅为使用价值做出了哲学上的界定，而且也为“价值”提供了一个具有普遍方法论意义的本质规定方式：一切价值，实际上都表示“对象为人而存在”，即客体为主体而存在。如果注意到这一点，就不难找到马克思学说考察价值问题的基本立场和出发点。

第三，如果从更加广泛和完整的意义上理解马克思的思想，就可以看出，马克思的商品价值范畴，仍然与他对哲学上的价值概念的理解有着内在的一致性和逻辑联系。在马克思的完整理论中，无论“价值”还是“使用价值”，都是哲学的“价值一般”概念的具体

① 《马克思恩格斯全集》，中文1版，第19卷，417页。
② 《马克思恩格斯全集》，中文2版，第1卷，288页，北京，人民出版社，1995。
③ 《马克思恩格斯全集》，中文1版，第33卷，108页，北京，人民出版社，1973。
④ 《马克思恩格斯全集》，中文1版，第1卷，523～524页，北京，人民出版社，1956。
⑤ 《马克思恩格斯选集》，2版，第4卷，673页。
⑥ 《马克思恩格斯全集》，中文1版，第26卷Ⅲ，326页。
⑦ 《马克思恩格斯全集》，中文1版，第19卷，405页。

原型和特殊前提。在经济学中，直接与普遍的“价值”概念相近的是“使用价值”概念。但马克思的经济分析没有停留于“使用价值”，而是通过使用价值与交换价值的矛盾，深入地揭示出在经济生活中受特定历史条件决定而存在的特殊形态——商品的“二重性”，并经过一步步分析创造商品价值的历史条件和过程，最终揭开了资本主义的秘密。这一研究的复杂性和深刻性，使得经济学价值概念远比哲学价值概念有影响，以至于人们几乎忽略了它们之间的联系。然而，如果我们沿着几经转折的思路回溯马克思经济学价值概念与普遍价值概念之间的联系，那么就会看到，商品价值作为抽象劳动的凝结，是交换价值的内容，交换价值是商品价值的表现形式；交换价值，作为各种不同的使用价值（商品）之间交换时的数量比例关系，既以使用价值为物质承担者，又以实现使用价值为现实的目的，即交换的目的是为了获得商品或货币的使用价值。可见，商品的“价值和交换价值”是在商品经济中实现产品使用价值的具体历史前提。

在这里，两个“价值”之间概念层次上的不一致，恰恰表现出社会实践内在过程的现实一致性和科学思维逻辑自身的一致性。马克思政治经济学理论并不以谈论经济价值问题为最终目的。应该说，它一方面是揭示资本主义经济运动规律的科学体系，另一方面也是关于劳动和人的真正社会历史价值的更高层次的价值学说。这样，马克思经济学价值概念与哲学价值概念之间既有区别又有联系的历史与逻辑，就可以清楚地展现出来了。

在价值研究中，把哲学同经济学这两个层次的“价值”概念或者简单混同起来，或者简单对立起来，都是造成某些误解和困惑的原因。二十多年价值研究的进展已经表明，一旦走出了这个误区，所谓理论体系内的“话语统一”这个问题，就不再是一个难题了。

当然，真正的难题还是有的。真正的难题就是前面谈到造成“价值论空白”的两个原因。其中，传统哲学体系及其思维方式对于价值问题的“不可容纳性”，是学理上更大、更深刻也更复杂的问题。任何一个有基本理论素养的人都看得出，价值问题在马克思主义哲学中的确立和展开，显然不仅仅是“增加一个范畴”的简单问题，而是必然涉及用以思考问题的理论前提和框架，涉及究竟如何把握贯彻马克思哲学的精神实质和思维方式，涉及对整个传统哲学体系的反思、超越和创新。

四、价值研究的视角和意义

根据自己的研究体会，我认为关于哲学价值论的研究，需要通过以下最低限度的基本观点和思想方法，使之成为一种学科式理论阐述的基础：

(1) 把人类生活实践及其历史发展作为价值研究的最终“文本”。如同一切科学理论归根到底都是对于客观对象的“解读”一样，价值的研究要坚持以人类的历史和实践为解读的对象和文本，而且是唯一的最终“文本”。马克思说：

> 凡是把理论引向神秘主义的神秘东西，都能在人的实践中以及对这个实践的理解中得到合理的解决。①

作为哲学范畴的“价值”概念，是人类生活中一大类特有现象的总名称、总概括。这类现象普遍地存在于各个领域，存在于人的一切活动中，以多种多样的具体形式表现出来。相对于世界的存在、现实、事物的既有状态而言，价值现象具有某种超越的性质，它是产生于现实和实践，又高于现实的现象。要准确地把握价值现象的本质和特征，就必须深入全面地理解人类的生活实践，实事求是地考察人类生活实践的表现和逻辑，才能得出科学有效的结论。就是说，研究要始终坚持从实际出发，而不是满足于某些书本上或现成的观点话语，既不能把自己的主观想象和愿望当作出发点，也不能把注意力局限在解读前人的话语上。合理地对待已有成果的态度是，可以把它们当作是过去或他人在当时条件下“解读”的成果，以当时的实践及其条件加以再解读，并用我们今天的实际加以对照，以形成我们今天的认识。

(2) 深入到实践结构的内部去揭示价值现象的意义。实践作为人类的对象性感性活动，是人类特有的存在方式，人类生命活动的本质形式。只有从实践的内在结构和过程中找到价值现象存在和发生的根基，才能深刻地把握其本质和普遍必然性。价值并不是外在于人类生存发展活动的某种先验的、神秘的现象，它产生于人类特有的对象性关系即主客体关系及其运动即实践活动之中，产生于人

---

① 《马克思恩格斯选集》，2版，第1卷，56页。

按照自己的尺度去认识世界、改造世界的活动之中，价值是实践的一个内在尺度、一种基本指向。根据这一认识，我们可以从宏观上概括有史以来推动人类进步发展的两大动力——“追求真理”和“创造价值”。

(3) 价值联系着人的主体性存在，要用具体的历史的主体分析方法来把握。马克思主张“从主体方面去理解”① 世界，而“价值”这一概念恰恰反映出人的主体地位。我们在任何情况下谈到价值，谈论任何价值，人对任何事物（包括人自己）的价值判断，不管意识到与否，实际上都是、并且应该是以人自己的尺度去评量世界。人是一切价值的主体，是一切价值产生的根据、标准和归宿，是价值的创造者、实现者和享有者。万物的价值及其等级和次序并不是世界本身所固有的，从来都是人按照自己的尺度来排列的。物的价值因人而异，客体的价值依主体而定，具体的主体性是一切价值的根本特性。现实的人是具体的、社会的人，“人”有个体、群体和类等多个层次，所谓“主体”并不是抽象的、唯一的，而是具体的、多样的乃至多元的，社会上的价值取向和价值标准也必然呈现出多样化乃至多元化的情况。因此我们要有这样一种自觉的意识：一方面，在考察和评判任何价值时，都应该立足于现实的社会关系，首先明确是对于谁、对什么人的价值，并经过对主体的社会存在和社会意识进行考察和比较，才能做出正确的判断和选择；另一方面，每一主体对自己所做的一切价值选择、判断及其标准，都要有一个清醒的意识，承认并重视人自己在一切价值判断和选择上的权利、责任及其统一，自觉地承担，并不断地自我检验、自我完善和自我超越。如果没有这种健全的主体意识和具体化的主体分析，就必然会造成价值观的简单化绝对化，导致思想感情乃至行动的悲剧。

(4) 所谓价值，是指以主体的尺度为尺度的一种主客体关系状态。这是人类在经济、政治、科技、文化、道德、艺术、宗教、日常生活等领域中一切价值判断所具有的共同含义。这一界定包含了区分价值关系与非价值关系的根据，也提供了理解正负价值、各个不同领域、不同类型价值的共同本质、特征及其质量标准的基础。

这里使用“主客体关系”，而不用“人与物的关系”来表述，是因为价值关系不仅发生在人与物的关系中，也发生于人与人关系及

① 《马克思恩格斯选集》，2版，第1卷，54页。

其他一切可能的对象性关系中，“主体—客体”关系比“人—物”关系更具有普适性；用“主体尺度”，而不是仅用“主体需要”来界定价值，因为尽管人的需要本身有无限多的方面并不断更新发展着，但需要毕竟不是主体尺度的全部。现实的价值不仅表现为主体的一定需要得到满足，还包括超越需要、制约需要的主体其他方面，如主体的能力及其变化等。实际上，仅为主体所需要却不能为主体所接受者，并不对主体构成现实的价值。

（5）“实践的唯物主义”是马克思哲学的价值导向。马克思的实践唯物主义，是一种把“对象、现实、感性”理解为“实践”的全新唯物主义。[①] 马克思说：“对**实践的**唯物主义者即**共产主义者**来说，全部问题都在于使现存世界革命化，实际地反对并改变现存的事物。”[②] 这表明，马克思的哲学价值学说不仅是关于价值现象的科学理论，同时也产生着人类解放的价值观念和实践导向。共产主义是实践唯物主义价值导向的一个社会结论。

不难理解，价值问题确实是一个与知识、真理问题很不相同的领域，虽然不像有人夸大其辞的那样，“价值世界”是一个在“主体世界”和“客体世界”之外的“第三个世界”，但它毕竟是我们过去曾忽视或有意无意回避的问题领域。充分确立它在哲学中的地位，我们就将重新得到一片需要耕耘和播种的广阔土地，这是一个较大尺度的理论突破与创新。价值问题在现实生活中为人们所普遍关注，它对人们的思想和感情影响的程度，绝不低于任何一个其他哲学问题。当代科学和实践的发展，已经明确无误地把价值问题推向了人类思考的前沿。全球化背景下的文化竞争，将是以价值体系和价值观念为核心的思想和智慧之争。从这里，我们更不难理解价值论研究和建设的使命与意义。

所以，价值问题将把哲学同人、同社会生活更紧密地联系起来。价值论作为一个复杂而又富有活力的题目，它的展开必将促进哲学与社会思想文化的活跃和发展。

价值论也是哲学通向一些具体科学的宽阔桥梁。人类认识经过分化的过程，许多学科陆续从哲学中独立出去，如伦理学、美学、各门社会科学和自然科学等。但是任何科学要发挥自己的现实作用，都必须经过“面对价值选择”或“提供价值取向”这一关，因此它

---

① 参见《马克思恩格斯选集》，2版，第1卷，54页。

② 同上书，75页。

们最终都不能是“价值无涉”的。各门学科关于价值研究的丰富成果需要哲学的综合，哲学也需要综合各学科有关价值问题的经验成果。价值论的展开有利于加强哲学同各门科学的整体联系，促进科学向实践的转化。

研究价值问题，是为了揭示这一现象的本质、特点和规律，亦即探索其中的真理。因此，追求真理的大无畏精神和科学态度，在这里同样适用。任何人在获得真理之前都不能担保将会得到什么样的结论，以及这一结论会带来什么样的价值，因此在科学研究之前过多的价值忧虑是与科学的精神不相符的。但是总的看来，真理终究是有益于人类特别是人类进步势力的。正如恩格斯所说：“科学越是毫无顾忌和大公无私，它就越符合工人的利益和愿望。”① 基于这一点的信念，我们对于价值问题研究的价值，应该抱有信心。

① 《马克思恩格斯选集》，2 版，第 4 卷，258 页。

第一篇

价值的存在论研究

篇题释义

价值的存在论研究，即关于价值现象发生与存在的基础、本质和方式等问题的研究。

存在论（ontology）是关于“存在”的哲学理论。存在论的基本问题，内在地包含着两大方面：一个是“存在者”问题；另一个是“存在方式”问题。

“存在者”问题，即“什么存在着？有没有或什么是世界万物的始基、本体和终极存在？如果有，它是物质还是意识，是实体、粒子、场，还是观念、意志、神……”，这是当“存在”作为一个主词或名词时的存在论问题。它属于狭义的存在论即“本体论”，或我称之为“存体论”的问题。自从亚里士多德提出“存在”问题以来的两千多年里，哲学和科学的主要兴趣和关注重点曾一直是“存在者”，如各种“实体”以及它们的“属性”等。哲学把它作为“第一哲学”，确立为一切理性思考的最终根据，并对它的论证和阐述进行了反复不断的批判性反思和超越。科学则对世界的存在结构和物质形态，从宏观到微观都进行了不懈的探索和发现，为人类提供着既宏伟壮丽又无微不至、既变幻莫测又清晰可鉴的宇宙图景。这些都已成为人类文明的巨大财富和骄傲。

“存在方式”问题，即“什么是存在和非存在？存在者怎样存在？”运动、变化、联系、时间、空间、信息、价值等是存在还是非存在？它们与实体的关系如何？等等。这是当“存在”作为一个动词或谓词时，哲学必然要面对的另一个存在论问题，我把它叫作“本态论”或“存态论”问题。这个问题注定要与前一个问题一起提出来，所以哲学和科学自古以来就有对它的研究。但由于事实上的研究和思考需要经过一定的过程才能有所突破，所以它曾一直处于从属的次要地位，甚至在很长时间里没有独立的名称。①

在两千多年里，“本体论”一直保持研究的主导地位，这是研究

① 我认为，狭义的“本体论”即关于存在者—实体的理论，应该还有与之并列的“本态论”即关于存在方式的理论为补充，二者共同构成存在论。广义的“本体论”与“存在论”同义，可以合并使用“存在论”这个名称。在同样用汉语表达的日本哲学界，实际上早已这样做，把“本体论”改作“存在论”了。

发展的客观条件和逻辑进程使然，是一种历史的必然。因此它也造就了一个强大的理论传统，以至使我国哲学界很多人只知有“本体论”，不知有“存在论”，或者把它们完全当作一回事。① 然而从20世纪开始，科学和哲学出现了突破和转型，就是关于“存在论”思考和应用的重心，日益从“存体”走向了“存态”，从“实体”走向了“关系”。显然，20世纪以前的科学，是以“实体”或“实体型”对象和目标为中心的思维方式。而20世纪特别是中期以来，科学的发展更充分地揭示和关注于宇宙的普遍辩证法特征，科学的思维方式则走向了以“关系型”思维为主导的阶段。

所谓“关系思维”的特点，就是不再把“存在者”即任何客观的事物当作没有自身结构、孤立的、抽象的实体（实物个体、粒子、孤立的质点、不变的刚体等），而是从内外部结构、联系、系统、秩序、信息等关系状态来把握它的存在，从运动、相互作用、联系和关系即“存在方式”的意义上来理解现实世界，从而进一步把握丰富、深刻、动态的“存在”。

这一理论突破的先驱和最具代表性的哲学成果，应该说是马克思创立的实践唯物主义。实践本身仍属“关系”范畴。但它不是一种简单的自然关系，而是人的生命存在、主体性存在的本质方式。实践作为人所特有的对象性关系即主客体关系的运动，是有意识、有目的的主体性活动，是一种社会历史性的现实关系运动。所以，实践唯物主义的思维方式并不限于一般地进入“关系思维”，而且还依实践的特征赋予了它更加丰富、更加深刻的内容。

关于价值的基础、本质和存在方式等问题的研究，曾有过各种各样的思维方式，大体上不外是“观念说”、“实体说”、“属性说”、“关系说”等几种类型。在价值论研究的发展史上，“关系说”克服了传统的价值主观主义和客体主义局限，提出了“主客体统一”的新思路。但是，当它的理论基础和背景没有达到相应的高度——对人和人的特殊存在方式（社会与实践）有了全面的理解时，仍然不能做出更进一步的科学把握。而我是在“关系说”的基础上，采用马克思的“实践说”，进一步把价值看作本质上是人类实践的特有内涵，是实践的内在规定之一。我认为，这是研究价值问题一种必要的、合理的基本方式。

① 这也包括笔者在内。本书第1版中，本篇的篇名也是“价值的本体论研究”。

因此本篇对于价值的存在论研究，并不以寻找什么“价值实体”或“终极价值”为己任，也不赞成把价值看作是什么实体（主体、客体或独立的“第三世界——价值王国”）的属性，而是主要定位于存在论的第二个角度——“本态论”的视角和方法，力求以人的主体性存在方式来揭示价值的存在及其本质。

第一章
价值的基础

作为一个哲学范畴的“价值”，是指人类一种普遍的基本关系——主客体关系中的一个内容要素。为了确立这种理解，有必要首先对主体、客体，以及主客体相互关系的过程加以较为系统的考察。但是，由于要概括各种具体主客体关系类型的共性，才能达到对“价值一般”本质的概括，因此这种考察有时会显得比较抽象、比较思辨。然而下面所要说的内容本身，却是非常现实、具体和生活化的。

一、关于价值存在的不同理解

价值现象的存在具有特殊性。怎样看待价值现象的特殊存在，如何理解价值与世界万物存在的关系，是价值论研究的一个基础性或前提性问题。

从概念的历史起源和现实含义可以看到，各种各样价值现象的共同特征，各种形式价值表达的共同含义，都是指一定的对象（事物、行为、过程、结果等）对于人来说所具有的现实的或可能的意义。简言之，价值就是事物对于人（更确切地说，是客体对于主体）的“意义”。在这一结论上，各种价值学说的观点大体相同。但是，如何进一步理解“意义”的存在和实质，却在不同的哲学体系中有不同的基本回答：

第一种是**“观念说”**或“精神存在说”。这种观点把“意义”或价值归根到底看作人类的一种精神现象，是属于人的旨趣、情感、意向、态度和观念方面的感受状态。价值论的早期代表如奥地利哲学家迈农、美国的培里等人都曾认为，价值并不是一种客观的现实存在，它归根到底只产生于、存在于人们的评价意识之中，只是来自于人的主观精神表现。以各种方式持此种看法的，构成主观主义价值论或价值主观论。我认为，价值主观论夸大主观随意性，颠倒了人类生活实践中主观意向与客观过程的关系，所以导致价值相对主义。

第二种是**“实体说”**。这种观点认为，价值是一种独立存在的实体或现象体系，人们最终可以在世界的某个地方或某种状态中找到它的终极存在。持价值实体说者有不同的情况。例如客观唯心主义的“价值王国说”，认为价值是现实世界之外或之上的一个独立世界，是现实世界的最高或终极的本质状态。柏拉图的“理念世界”和文德尔班的“第三世界”（以“主体世界”为第一世界，“客体世界”为第二世界）、舍勒的“先验的实质的价值论”等，即包含了这样的看法。再如庸俗的唯物论，则把价值与价值物（客体）相等同，把一个有价值之物就叫作价值，譬如“糖就是‘甜’的实体”、“艺术作品是‘美’的实体”等。种种把价值的一般抽象当成独立实体的观念，最终会导致价值观上的绝对主义或神秘主义。

第三种是**“属性说”**。这种观点认为价值虽非特殊的实体，却是某些实体所固有的或在某些情况下产生的特殊属性。持属性说者对于价值是主体还是客体的属性亦有不同看法：“客体属性说”认为，价值是对象本身所具有的某种属性，犹如“营养”是食物的属性、“美”是花的属性、“有用”是产品的属性、“善”是人或人的行为的属性等。按照客体属性说，客体的价值由客体本身所决定，那么只要客体存在，它的价值就应该是确定的，不会因主体不同而不同。客体属性说往往为旧唯物主义和自然主义者所赞同，它的结果则会导致价值独断论、价值绝对主义，并且往往与价值形式主义相联系。而“主体属性说”或“人的本性说”则认为，价值就是作为主体的人自身所固有的本性、意识、意志等本身，人性就是价值。这种主张往往只限于从肯定人的地位出发做出种种宣示或断言，并不对价值做进一步的科学界定。在理论上，主体属性说往往为抽象的人本主义、非理性主义所采用，例如唯意志主义、情感主义、人格主义等。它们都把价值诉诸人的天性、意志、情感、冲动等，并因此也把价值的实现和创造归结为人的内在潜质和意识的自我运动。在我看来，这种思维方式，就像是因为要用尺子来衡量对象的长短，就把“长短”当成了尺子本身的属性一样，混淆了作为价值标准的主体与作为评价结果的价值。

与上述观点不同的是价值**“关系说”**。“关系说”认为，所谓“意义”本身是一个关系范畴，指相互联系和相互作用所产生的效果和影响。价值既不是某种独立的实体，也不是任何实体固有的属性，而是人所特有的对象性关系的产物。“关系说”也有主观论和客观论之分。例如“价值完形说”，借用格式塔（完形）心理学的方法，把价值理解为主体心态对客体的一种“完形”效应。由于这种观点把价值归结于主体的心态，就仍未超出主观论的范围；另一种“情境说”则不同。“情境说”肯定价值是一种现实的关系状态，它只能在特定的关系中、并以关系的形式存在和表现出来，就像“婚姻”一样。① “关系说”克服了传统的价值主观主义和客体主义局限，充分强调了主客体关系的情境在价值形成上的作用。这种说法显然更加合理并贴近实际。但是，当它的理论基础和背景没有达到对人和人的特殊存在方式有更全面彻底的理解时，也仍未能进一步指出“情境”的意义和实质。

我们所主张的是第五种——**“实践说”**。“实践说”在吸收“关系说”成果的基础上，阐述一种新型的价值学说。它首先承认价值是一种关系现象，指出价值是作为一种特定的“关系态”或“关系质”而产生和存在的；进而指出，价值的客观基础，是人类生命活动即社会实践所特有的对象性关系——主客体关系，价值是这种关系的基本内容和要素；价值产生于人按照自己的尺度去认识世界改造世界的现实活动；价值的本质，是客体属性同人的主体尺度之间的一种统一，是“世界对人的意义”②。因此，要从根本上弄清楚价值问题，就必须立足于人的世界本身，充分认识人类特有的存在方式和活动特征。

二、作为关系范畴的主体与客体

实践是人类特有的对象性感性活动③，主体与客体是构成实践

---

① 参见方迪启（R. Frondizi）：《价值是什么？——价值学导论》，118页，台北，台湾联经出版事业公司，1986。

② 这一提法来自李连科教授的《世界的意义》一书。该书由人民出版社于1986年出版。

③ 这是我根据马克思《关于费尔巴哈的提纲》和马克思恩格斯《德意志意识形态》第一章的有关提法给“实践”下的定义（请参阅《马克思恩格斯选集》，2版，第1卷，54～61、74～79页）。

的两个基本关系项。在现实的理解中，充分把握主客体概念的含义及其方法论意义，是一个重要的理论问题。

主体与客体

"主体"和"客体"这对概念，在哲学和其他领域中有各种不同的含义。例如："主体"这个词可以与"现象"等概念相对应，在"实体"、"本体"或"某种运动形式的承担者"这个意义上使用；也可以与"副体"和"次要组成部分"等概念相对应，在"主要组成部分"这类意义上被使用。这些并不是我所要说的"主体"的含义，尽管它们今天也还在一些场合下被合理地使用着。

我们所要考察的，是作为人类实践活动范畴的"主体"与"客体"。多年来，理论界曾就这对范畴进行了大量的研究和论证[①]，也取得了不少的一致意见。但分歧仍然是存在的。分歧似乎是以这种方式提出来的：主体与客体是否不可分割？例如在有人类这个主体之前，自然界作为客体是否存在？这个问题的实质是："主体"是否能完全等同于"人"，"客体"是否只表示"物"或"外部客观存在"？与此相联系，还有人提出，"在主客体问题上坚持唯物主义的反映论，就必须承认客体对于主体的优先地位和决定性作用，承认客体第一性，主体第二性"[②]。这又进一步涉及：是否能够把主客体关系等同于思维与存在、主观与客观的关系？等等。所有这些问题都根源于这样一点：究竟什么是主体、客体？

为了科学地说明问题，有必要重温一个形式逻辑的常识，就是要弄清楚概念的内涵和外延。一个概念的内涵是它的根本规定性所在。那么"主体"和"客体"概念的内涵是什么呢？根据概念的语义性质和在范畴体系中的位置，应该这样理解它们的特殊所指和规定性：作为人类对象性活动中两个既相对立又相联系的实体性要素，主体是指实践者、认识者或任何对象性活动的行为者本身，而客体则是相应地指实践的对象或认识的对象或任何主体行为的对象本身。简言之：

> 主体，是指对象性行为中作为行为者的人；
> 客体，是指这一对象性关系中的对象。

---

① 参见《社会科学辑刊》编辑部编：《主体—客体》，沈阳，辽宁人民出版社，1984。

② 《哲学研究》，1985（6），75页。

就是说，主体与客体这对范畴的特殊规定性和意义，不在于它们描述和反映了人与世界的一般存在或属性，而在于它们表述了双方各自在一定人类实践活动中的具体地位。换句话说，使人类与世界构成主客体关系的标志，不在于它们是否同期存在，不是指它们各自的存在本身（这只是前提），而在于它们是否发生着对象性的关系。发生了这种关系，那么作为唯一的实践行为者的人类就是主体，而那早已存在着的世界才成为客体。这种理解能够解释：为什么人类出现以前的自然界也成为“客体”？——无非是因为，今天的人类，正在通过种种途径把它作为认识和实践的对象。

逻辑一贯地把握主客体概念的内涵，就应该清醒地看到，在“人与世界”、“人与事物”、“人与社会”、“个人与他人”等形式上所说的“主体与客体”，都只是从概念外延方面所说的主客体关系类型，亦即现实的、具体的、特殊的主客体关系形式。其中任何一个都不应看作是唯一的、绝对的“主体—客体”形式。事实上，若以现实关系中“谁是行为者，什么是行为的对象”来区分，所看到的主客体关系就有着非常错综复杂并且时刻变动着的多样化形态，而不是只有一两种简单凝固的样式。

我们进行最粗略的分类概括，至少也能指出以下四个层次或类型的主客体关系：

（1）在总体的、最高的层次上，把自产生以来不断发展着的人类看作一个整体，那么人类活动便造就了这样的双重主客体关系：一方面，人以外部世界、自然界的一切事物为对象，这里的“人类—外部世界”是一种主客体关系；另一方面，人类的活动不仅向着人以外的世界，而且也向着人类自身，即人类也是自我认识、自我改造、自我满足和自我实现的对象，于是这里又有了作为自我意识和自我实践主体的人类，与作为自我意识和自我实践对象的人类之间的主客体关系——“人类自我主客体”关系。

（2）在次一级层次上，把某一特定历史阶段的人类（如现代人类）看作一个整体，同样存在着上述双重主客体关系：现实的人类是主体（时代主体）；现实的和以往的世界，包括以往的人类历史，都是它的客体；同时，现实的人类也以自身为实践和认识的对象，这是现时代的人类自我主客体关系。

（3）在更次一级的层次上，每一时代的人类社会都包含着各种不同的人的社会群体，如地区、国家、民族、阶级、阶层、行政单位、各种社会团体等，它们都有自己的具体活动范围。在这些范围内，它们每一个都以自己以外的一切为客体，因此也互为主客体，并且同时发生自我主客体关系。

(4) 最低一级的层次，就是个人活动的范围。在这里，个人不仅以社会和自然界的外部事物为客体，不仅同他人、社会、人类互为主客体，而且他的本质、需要和意识也与他自己的思想和行为构成主客关系。个人的自我主客关系，表现为他的自我实现、自我满足、自我意识过程。那主动地自我实现、需要、意识着的“我”，是“主体之我” (“主我”)；而被实现、用以满足需要、被意识着的“我”，则成为“客体之我”(“客我”)。

毫无疑问，在任何意义上说，主体都只能是广义的人，而不是物、神、“客观精神”或其他生命。但这个“人”必须从广义上理解，包括人的各种社会集合形式（如人类、群体、“法人”、社会组织、个人等)，而不能只归结为其中一种形式，如“人类”或“个人”。

同时要看到，人也绝不仅仅是主体。在任何主客体关系中，站在主体地位上的一定是人，但作为客体的却不一定是非人。人类很多活动的对象是人，如医学和心理学研究、社会交往、经济行为、军事行动、体育竞赛等。在社会内部，不仅人和人总要互为主客体，而且每一个人也都有“自我主客”关系。所以人总是同时既为主体又为客体，人是具体主客体的统一。

从外延上进行划分永远是相对的、具体的。例如医生给一位历史学家看病。在治病过程中，医生是主体，历史学家是他的客体；在历史学研究中，历史学家是主体，历史和历史资料是他的客体。这并不排除历史学家在感到不舒服时想到医生，把医生变成他求助的对象（客体)；或者医生的某些成就使他成为历史人物，因而成为历史学家描述的客体；等等。

在这里，主客体的区分显示出如此的灵活性和不确定性，也许会使人感到毫无意义。其实不然。这里灵活和变动不居的，仅仅是概念的外延，而不是概念的内涵和实质。就内涵说来，“主体、客体”这对概念，仅仅是指作为人类实践活动两端的实体在这一对象关系中的地位，并不包含关系和地位以外的含义。它们的划分和确定，也只有在这种关系中才成立。因此，一方面不能离开一定的关系范围和层次来谈论具体的主体和客体，不能把它们同仅在“实体”或“属性”意义上使用的其他概念混同起来。犹如“丈夫”和“妻子”固然分别表示着一定男士和一定女士的身份，却不能因此可以离开婚姻关系，而把男士一律叫“丈夫”，把女士一律叫“妻子”一样。同时也应该明白，这里概念（称呼）上的差别，并不仅仅是一种语言和符号形式的差别，而是基于现实的社会关系、生活内容和方式、具体人的具体权利和责任的差别。另一方面，不能设想没有主体的客体和没有客体的主体。正像没有对手的竞赛不是竞赛，既没有胜者也没有负者，有的只是运动员和场地一样，没有人和人对世界的关系，就既没有主体也没有客体，有的只是世界。

总之，“主体、客体”是一对关系范畴，并不是实体范畴。对它们一定要从关系思维的高度来把握，才能准确地理解和使用。否则，就可能使一对来自实践并且内容深刻的哲学范畴，蜕变成思想贫乏的话语重复，或文字游戏的简单道具。

主客体与主客观

在中文语境中，弄清“主体、客体”与“主观、客观”这两对范畴之间的关系，具有特殊重要的意义。它们之间的区别和联系含混不清，常常是引起误解、分歧和混乱的一大原因。然而在历来的经典作品中却很少见到对它们的清晰分辨，各种哲学词典中也往往语焉不详。而“价值是客观的还是主观的”辩难，则使这个问题变得十分明朗和尖锐了。

例如，据我研究的结果，对“价值是客观的还是主观的”回答是：“价值具有主体客观性”。这一回答对于持有“主体＝主观”先入之见和思维习惯的人来说，完全是无法理解、不可思议的。也正因为如此，需要在厘清“主客体”与“主客观”概念之间的关系方面，寻找一点共识。

“主客体”和“主客观”这两组范畴，分属不同的理论角度，各有其严格的含义和适用范围。主体与客体，是以人在对象性活动中的现实地位为标志的范畴。需要注意的是：主客体之为“体”，表明它们是“关系中的实体”，重在强调关系双方在这里具有独立的现实性和完整性，即主体和客体作为现实的存在者，必须是指具有自己全部属性和要素的整体，不可以把它们化解成其中的某些片面要素或抽象特征。如主体是现实的活人，不是一个单纯的肉体或灵魂等。这是掌握这对范畴所需要的理论思维方法之一。

主观与客观，则是以人的意识、思维的本性和特性为标志而建立的关系范畴。“主观”仅指“意识着的意识”，“客观”则指“被意识着的对象或状态”。主观性含有“为人的意识所固有的特性”或“依赖于人的意识的特性”之意，客观性则是指“非意识本身所固有的特性”或“不依赖于对它的意识的特性”之意。“意识着的意识”具有人的意识所具有的本性，如感觉、表象、观念的反映特性、反应特性，思维的抽象性、隔离性，表象或概念之间相互联结的意向性、自由度等；而一切被意识所观照、反映、思考着的对象，也总有一个普遍的、共同的意义，就是其存在并不依赖于对它们的意识。因此，任何对象不依赖于对它的意识而独立存在的特性，就叫作“客观性”。

人们常常要问某个对象“是主观的还是客观的”，对于这个问题，应该说只有在上述意义上的回答才能够保持逻辑上的清晰和一贯，也才能够切实有效。一旦超出了这个界限，就可能会改变问题的性质，造成概念的混乱。例如，客观性不等于物质性。世界上有些对象，特别是人类的思想行为、前人或他人的思想成果甚至我们自己的意识活动（如做梦），当它们作为意识的对象时，同样具有“不依赖于对它的意识而独立存在”的性质（我做的梦不依赖于我对它的回忆和解释），在这种情况下它们也是“客观的”，不是“主观的”。① 如果没有这样的区别，那么“主观、客观”概念就毫无提出和使用的必要，完全可以用“意识和物质”来代替了。

但迄今为止仍有些人不注意或搞不清楚“主观与客观”和“主体与客体”、“意识与物质”、“人类社会与自然界”等概念之间的关系，以为它们都是同义的概念，因此经常混用或互相代用。由于这种话语混淆而导致的逻辑混乱，有时甚至会造成基本观念和思想方法的变形，产生荒谬的理论结果。其中较有代表性的，就是将“主客观”与“主客体”相混同，得出诸如“客体第一性，主体第二性”，“客体决定主体”之类违背事实的、宿命论的结论，还自以为是坚持了唯物主义。

由于“人们已经习惯于以他们的思维而不是以他们的需要来解释他们的行为”②，致使对人的抽象化、主观化理解，造成了把主体

---

① 按照列宁的说法，思维本身也是既有主观性，又有客观性的：“人的概念就其抽象性、分隔性来说是主观的，可是就整体、过程、总和、趋势、来源来说却是客观的。”（[俄] 列宁：《哲学笔记》，2版，178页，北京，人民出版社，1993）

② 《马克思恩格斯全集》，中文1版，第20卷，516页，北京，人民出版社，1971。

归结或等同于主观、把客体同客观合而为一的深层基础和逻辑前提。在它那里，心灵、意志、动机、意见、思想等就是人的代称。它完全不了解或者根本忽视了马克思所揭示的“人的本质在于人的社会存在”这一结论。马克思并不否认人的意识和精神存在，不否认人的行为是受思想支配的；但是仅仅看到这些，而未进一步看到人的主观思想又是受人的社会存在，即人的客观地位、需要、能力、条件等所决定和制约的，就不会有唯物史观。

其实，是否“依赖于人”与是否“依赖于人的意识”，二者是可以完全区分开来的。人类社会中一切区别于自在自然物的特有东西，当然依赖于人，从而带有一定的人类主体性；但它们的发生和存在，则不依赖于人们对它的具体意识，因而是客观的；我们所谈论的既通过人及其活动而存在，又具有客观性的历史规律、社会存在、人们活动动机背后的动因、客观真理等，都是这样的客观存在。唯物史观要求唯物地理解人，即把人的本质不是归结于他们的主观意识，而是归结于他们的社会存在。作为主体的现实的人，总是一定精神和肉体、意识和存在的统一体。因此主体总有自己的主观和客观，即依赖和不依赖于自己意识的方面。现实的主体，都是活生生的具体的人，而不是抽象的人。任何人对任何事物（包括他自己）进行思考和冥想的时候，他的思维都要依赖他的长在活的身体上的头脑，而这头脑和身体又是许许多多自然和社会因素的客观产物与承担者。谁也不能找到这样的现实活动者：他是一个没有自己客观存在，或根本不受自己客观存在制约的、幽灵一样的纯粹“思维”或“精神”。

正因为如此，主体在任何现实的情况下都不可能是纯粹的、抽象意义上的“主观”。与以往观念不同的是，这里恰恰应该提出“主体的客观性”概念，通过重视并自觉探究人类活动的内在逻辑和客观必然性，去深化我们对社会历史和人的命运的把握。

三、主体性：人的对象性权利与责任

主客体关系之中，主客体各自表现出不同于对方的特性，一方面表现着主客体各自的存在，另一方面又不是其全部存在，而只是它们的本质在具体的相互关系中的表现。每当我们说到一对主体和客体，如“人和自然”、“医生和病人”的时候，所指的并不限于它们的客观存在和本质，同时还强调了它们在一定相互关系中的地位。如前所说，如果不是指这种地位，那么它们就不是主体和客体，只是“人类”和“自然界”这两个不同的世界组成部分、“医生”和“病人”两位不同的个人而已。总之，特性不仅表现本质，而且表现着一定的相互关系。

主体性并不等同于“人性”。主体只能是人，因此许多人把“主体性”当作“人的本性”的同义语，这也许是一种简便的理解。然而这样一来，就会产生许多逻辑上的矛盾，造成理论上的种种不彻底性。我认为，主体的特性，应该是指人作为主体时的特殊本质表现，而不是指能够作为主体的人的一般本性。所谓“人性”即人区别于物和“神”的本质特性，只是“主体性”的基础，还不等于主体性本身。应该说，就人类以自然界为对象而言，主体性便是指人类的现实本性；就人与人、人与社会之间的对象关系而言，就不仅是主体才有人性，而且客体也是有人性的。无论如何也没有理由认为，成为某一社会实践或认识对象的个人或人的群体，是没有人性的，或者在把他们当作客体时，可以把他们的人性排除在对象的客观属性之外。可见，“主体性＝人性”并不是一个普遍成立、普遍适用的结论。

人必须充当主体，才谈得上主体性。在人确立或造成自己与他物、他人的主客体关系时，他的人性才构成他的主体性。马克思说，在人的实践活动之前或之外，并不存在什么先定的抽象的关系，人“并不‘处在’某一种关系中，而是**积极地活动**”①，并通过活动来确立这种关系。人作为这种关系的建立者和推进者，才是其中的主体而不是客体。人的这种能力、作用、地位，体现着人性的精华，即人的自主、有目的、主动、能动、自由地活动的地位和特性。这才是“主体性”这一概念的确切指谓。因此，我们应该把主体性看作是人性的高层次、高水平的表现。

具体地说，构成现实主体性的主要内容，是人在主体地位上表现出来的以下特征：

（1）人自身的现实结构和规定性。一般来说，这是指人的身心结构的统一，人的自然属性和社会属性的统一，人的社会意识和社

① 《马克思恩格斯全集》，中文1版，第19卷，405页。

会存在的统一。人的物质存在是一种社会生命形式，它对周围自然界和社会的物质条件有着必然的依赖关系，又有着反作用的能力；人的精神存在是包括知、情、意等多个方面和多种形式的复杂结构，它们反映并调节着人的活动以及人与周围世界的关系；人本身的物质和精神结构产生着主体的需要，也决定着人的活动性质和方式。这些历史形成的人的现实规定性，都是使人成为主体的一般前提和条件。人类作为最高层次的主体时，其主体性的内容就是如此。在低一些的层次上，如个人、群体等作为主体，其主体性还表现为他们各自的特殊规定性。例如，使医生成为抢救治疗活动主体的特殊规定性，是医生所特有的社会职责和业务素质，而不是他与病人共同的人性。科学家不同于外行而成为科学研究的主体，也是同其社会定位、自身结构的条件等规定的特殊性相联系的。

（2）人在其对象性关系和行为中的“为我”倾向。“凡是有某种关系存在的地方，这种关系都是为我而存在的”①。动物并不懂得“为我”，而人类对自然界的主客体关系，正是以这种关系在意识和实践中的“为我”性质为标志的。没有“为我”，就谈不上主客之分，人也就只是动物一样的自然存在。因此从人类与自然界的主客体关系开始，“为我”就是主体性和主体性意识的一个重要标志。当然，这里的“我”依层次的不同而有“人类之我”、“社会国家之我”、“民族之我”、“阶级之我”、各种“群体之我”以至“个人之我”等大小范围之分。“为我”带有以主体的存在和活动为起点，以主体的生存发展为归宿的意思。“为我”不一定是一切主体的自觉的目的，然而它却是一切主体活动的实质目的。

（3）人的主动自为性。为我的主体在同客体相互作用时必然是自为的。表现在：主体按照自身的内在规定性和本质建立对象性关系，成为主客体关系的首动者；主体承认客体的客观存在，但还要通过自己的活动去改变现实；用各种方式力求保持自己在这一主客体关系中的主动地位；等等。总之，人的独立性、能动性、目的性、创造性等自为的特征，使主体一方面区别于客体物，另一方面也区别于“自在”的人，使人成为事实上的主体。犹如马克思恩格斯在描述“自在”的无产阶级的时候指出：在资本主义经济关系中，工人的劳动“既表现为**他人的客体性**（他人的财产），也表现为**他人的**

① 《马克思恩格斯选集》，2版，第1卷，81页。

主体性（资本的主体性）”①。只有在无产阶级逐渐成熟为一个“自为”阶级的过程中，它同资本之间的主客体关系才全面建立起来。可见，自为性是任何一个完整意义上的主体所不可缺少的特性。

（4）自律和他律的统一。所谓自律，就是人以自身的尺度和方式承担和衡量主客体相互作用的后果，并调节自己的需要、目的和行为，自我制约、自我调控。主体在与客体相互作用时，对于相互作用的后果负有责任，这个责任是由于主体的地位、需要、目的等本身所赋予的。主体履行这种责任的方式之一，就是随时检验相互作用的过程和结果是否符合自己的需要、目的、能力等，并依据这种检验来做出调节，调整自己与客体的关系。物与物之间的相互作用之所以不成为主客体关系，就是因为其中各方都不具有这些特点。人与物之间能够成为主客体关系，并且只有人才能是主体，也是由于这一点。在人与人之间，凡是形成了主客体关系的，也必然同这一点相联系。同时，主体的自律不是孤立的、纯然“内省”式的。这里也包含了他律的因素。他律，是指主体接受客体及各种客观条件的制约。从根本上讲，主体自律的能力和方法，是人在长期实践中所受他律的经验的积淀。因此，自律和他律是统一的。以自律为主，在自律中反映和吸收着他律，是主体特性的又一重要方面。

以上四点，就是人不是仅仅作为人，更不是作为客体，而是作为主体时所表现出来的特性，即“主体性”的基本内容。因此，我们关于“主体性”范畴的界定，可以做出这样的结论性表述：

> 主体性问题，实质是人在自己对象性行为中的地位和作用问题；
>
> 主体性，实际是指人在自己对象性行为中的权利和责任特征。

四、客体性：对象的性质和意义

客体性就是对象性。当任何事物包括人自己成为某一主体实践或认识行为的对象时，它们所表现出来的特性，除了它们本身必须是客观存在的，即具有外部客观性这一点以外，还具有以下一般特点：

---

① 《马克思恩格斯全集》，中文2版，第30卷，464页，北京，人民出版社，1995。

（1）与主体对立的自身规定性，即“异质性”。物为客体时，所谓客体性当然就是指物所具有的与人不同的本质、结构和条件等，这是显而易见的；而人（个体或群体）作为客体时，所谓客体性则是指他们与主体不同的个性或特殊性：在同一具体关系中，他们代表着与主体不同的地位、条件、目的和方向。例如学生对于教师的教学工作来说是客体，这是指学生是教师传授知识的对象。在这时，学生是并且被看作是缺少某些知识并从教师那里获得它们的人，而教师则是具有这些知识并把它们传播出去的人。如果超出了这个范围，他们的主客体关系就会不同。如教师和学生都是主体，知识则是他们共同的对象，这时教师和学生是“主体间”的关系。无论怎样，作为客体的人与作为主体的人之间，总是有着事实上的个体性质和地位上的差异。

（2）客体对于主体来说的自在性，即“异在、异向性”。客体本身的结构和规律对于主体来说具有外在的独立的性质，客体的存在和变化对于主体的“为我”和“自为”活动保持着异向的趋势。它不是这一主客关系中与主体天然一致的力量，而是主体活动所要驾驭或改变的因素。自然界作为客体时，这种特征比较明显。人作为客体时，这种特征有的不大容易看清（如被管理者对管理者的自觉合作），有的则比自然界表现得更强烈（如语言不通者之间的“聋子的对话”，或敌对者之间有意识、有组织的对抗）。客体对于主体的异在性和异向性，可以由于人的能动性而缩小或扩大，这会具体地影响主客体相互作用的过程。无论怎样，客体是不依赖于主体的“为我”目的而存在的，对于具有某一“（主体）为我”性质的整个主客体关系而言，客体是异向的、自在的因素。恰当地对待客体，是主体的权利和责任。

（3）客体对主体来说的他律性。这是客体的最重要的功能性质。整个主客体关系是以主体的“为我”性和自为性为主要标志的。黑格尔说：“主体在其规定的自在和自为的存在中所固有的对自己的确信，就是对自己的现实性和世界的非现实性的确信。”因此这种关系包含着主观随意的可能性，由于人的意识的能动性和意识对行为的控制，使人有可能做出超过合理限度的行为。然而实践的历史却告诉我们，人类的行为并没有走向主观随意化的失控，其根本原因，就在于客体始终起着对主体的制约、他律作用。当人处于主体地位上时，他只有通过客体即从对象身上才能直观自己的行为及其后果；

并且，客体对于主体来说也不仅仅是一面镜子，它还以自己的客观作用直接给主体带来实际后果，迫使主体调节其行为。

客体，无论是物质的存在还是观念的存在，无论是物还是人，它作为对象，在人类实践中总是具有上述特征和意义。这是客体同一般的“客观存在”所具有的不同意义。如果不注意从这方面理解“客体”和“客体性”，就可能使这对概念会失去它们的现实意义，同时也就失去了它们在理论上的独立价值。

五、主客体之间的双向作用

主客体相互作用构成了广义的人类实践。为了从存在论的高度理解并确定价值在人类生活及其理论体系中的地位和性质，就需要研究人类实践活动即主客体相互作用，首先区别它的内容和形式，即主客体相互作用的内在深层结构和外在表层结构。

主客体相互作用的外部形式

主客体之间相互作用的表现形式，就是人类的两项基本活动方式——实践和认识，包括它们的具体环节和中介。

需要说明的是，这里的“认识”和“实践”，都有广义、狭义之分。狭义的认识则仅指主体对客体的精神反映，不包含人的自我意识等非对象性的精神活动；广义的认识则相当于“意识”，包括对象意识和自我意识、理性和非理性等。

狭义的实践是指人所特有的对象性感性活动本身，特指其“感性（物质）”形式，不包含人的认识和意识等非“感性（物质）”的对象活动；广义的实践即人类生命活动的整体，包括作为其内在环节或阶段之一的精神活动——人的对象意识和自我意识活动。

主体与客体相互作用的两种形式本质上是彼此统一的。马克思说，人对自然界首先是“**实践的**即以活动为基础的关系”[①]。实践是首要的、根本的、总体性的形式。认识归根到底是实践的精神表现，它不能脱离实践。因此，实践和认识又是以实践为基础的现实统一。我们可以把主客体相互作用的基本形式统一地用“实践”来表述。

---

① 《马克思恩格斯全集》，中文1版，第19卷，405页。

在此前提下叙述它的结构时，则需要把狭义的实践和认识作分别考察，这一点与之并不矛盾。

说实践和认识是“形式”，主要是相对于“内容”即主客体关系的内在实质和目的性特征而言的。一切主客体关系中都含有具体的物质的、能量的、信息的、社会的关系内涵，特别是有主体的为我目的性内涵，而实践和认识正是把它们统一起来并表现为外在过程的方式和手段。内容决定形式，实践和认识包含着这些内容并为它们服务。内容总是活跃的，而形式则相对稳定。看整个历史就知道，在多少年不变的基本活动形式中，人类的实际追求和效果却总是在变化着，这就是内容和形式的差别。

将实践和认识总体上作为“形式”标识出来，可以明确或澄清一些概念之间的关系问题。例如，人们有时将价值关系看作是“实践”和“认识”之外的“第三种”关系，这就是将内容划分与形式划分相混淆了。因为可以问：难道除了广义的实践和认识之外，价值还有自己独立的其他外在形式吗？再如，有人曾对“实践是检验认识之真理性的唯一标准”提出这样的疑问：“实践中总有主体的目的、需要、价值导向等成分，那么人的目的、需要、价值导向等是否也检验真理呢?”这显然也是未能区分内容与形式所导致的困惑。

实践和认识是主客体相互作用的基本形式，但决不是内容空洞的抽象形式。实践和认识作为形式，不仅总是包含着主客体相互作用的具体内容，与内容不可分割地联系在一起，而且作为主客体相互联结的桥梁，也有着自己特殊的规定性和意义，它们是本身有内容的形式。

人的实践活动具有十分复杂的结构和过程。我们以最概括、最简单的方式将其归结成下列要素和环节：主体——主体的目的或关于实践后果的观念——工具——动作和行为——客体。这些要素和环节的相互联结，形成了主体作用达于客体、客体作用达于主体的往返过程。就像劳动是人去改变物和自然环境，同时也就是物和自然环境在改变人一样。实践是主客体之间的相互作用过程，它必然地表现为主客体之间作用与反作用的双向结构。主客体之间的认识关系也是如此。认识的最简单结构，由“从客体存在到主体观念”和“从主体观念到客体存在”两个方向所构成，这里也始终存在着主客体相互作用的双向结构。

在机械反映论看来，从客体存在到主体观念的过程，似乎只是客体进入主体、决定主体意识的一个单向过程。而从实践的观点看来，这里也同样存在着主体对客体的作用。因为客体进入主体意识，并不是客体自发的而是主体实践的结果，客体已经是在实践中受到主体作用的客体；而从客体存在变为主体观念，是主体在大脑这个空间对客体信息进行“改造”的过程。“改造”是一个多层次、多重飞跃的过程。以视觉知觉为例，客体的光学信息首先成为视网膜上的光学像；在光感受细胞内，它被转换成为神经冲动信号；然后传入大脑皮层的“视区”，在那里经过压缩和“特征抽提”，形成视知觉；视觉与其他各种感官知觉在大脑皮层的更高级部分综合，最后才达到对客体的较完整的知觉。这里经历了物理——神经生理——感觉心理——知觉心理四个阶段，以及它们之间的三次“转换”。其中每一阶段和每次转换中，都包含了主体对客体信息的选择和意识自身的“建构”过程。因此，经过多次选择和建构所形成的反映，已远不是客体的“镜像”，而是一种主体化了的客体形象。视觉如此，其他感觉也如此。至于从感性到理性、从具体到抽象的认识飞跃，虽然目前尚不能进行详尽的描述，但任何人都能看出，其改造的工程显然更巨大、更复杂。总之，如果说从客体存在到主体认识这个过程，总体上是客体作用于主体过程的话，那么在这个过程内部也同时包含了主体对客体的作用。

同样，从主体认识到客体存在也是双向作用的过程。在这个总的来说是主体作用于客体的过程中，客体对主体的作用至少表现在：(1) 在主体头脑中代表着客体一方的感觉、表象、知识、客观逻辑、理论等对代表着主体一方的欲望、情感、意志的制约和指导；(2) 主体必须把自己曾加以认识的客体同自己设想的未来客体加以对照、分析，即进行必要的“思想实验”，才能确定计划的方法和步骤；(3) 主体还必须把自己的理论、理想或目的、愿望还原为感性客体化的形式，才能付诸实践；等等。就是说，在认识向实践飞跃的过程中，也时时存在着客体对主体的作用。至于动手实践以后，就无须再说了。

综上所述，无论实践还是认识，都同时发生着、实现着主体对客体和客体对主体的双向作用。主客体之间的双向（相互）作用，在外部空间形式上是实践，在人脑内部空间的形式则是认识；在时间上它们则是同步的、连续的。实践是认识的现实基础，认识是实践的精神形式；两者的结构之间具有对应性，主体在头脑中对客体的观念的改造，同主体对客体的实践的改造之间，有着内在的一致性。观念的改造不仅为实践的改造提供着未来的模型，而且体现着后者的实质。从这个意义上说，实践改造也是观念改造的外在表现和继续。因此，我们只能从形式上抽象地把握主客体相互作用的双向结构，而不能从内容上把它们分开。例如不能以为“实践仅仅是主体作用于客体的形式，认识仅仅是客体作用于主体的形式”。社会历史实践作为一个现实的整体运行结构，它的外在形式是实践和认识互相联结、互相渗透、互相过渡和互相转化的统一，而它的内容，则始终是主客体相互作用的双向内容。

主客体相互作用的实践内容

相对于各种运动形式而言，物质世界相互作用的“内容”，是指作用双方之间质量、能量、信息的传递、交换、转化，也包括造成这种运动的原因、动力、规则和效果等。通过实践和认识所实现的主客体相互作用内容，一般是这样两个基本过程：(1) 客体对主体的作用和影响，表现为主体对客体的感受、反映、接纳以及对客体本性和规律的认知与“服从”，可以概括为“主体客体化”；(2) 主体对客体的作用和影响，表现为主体对客体的选择、建构、改造并使它为自己“服务”，可以概括为“客体主体化”。后一方面就是所谓“价值”的实质内容。

所谓**“客体主体化”**，是指主体作用于客体的内容和效果：主体依据自己的尺度，从物质和观念上去接触、影响、改造客体，在客体身上显现和直观自己的本质或“本质力量”，从而实现自己的发展。在这个过程中，使客体愈来愈带上主体所赋予的特征，就是我们所说的“客体主体化”。这个“化”的过程，包含着具体的物质的、能量的、信息的社会内容和精神意义。总的来说，是主体的本性、种种特征和尺度显现于客体。

具体说来，主体尺度的存在和作用主要表现在：

(1) 主体按照**“为我”**的方式建立主客关系。无论主体去感知客体，还是通过动作去触及客体，主体都只能按照自身的规定性即“尺度”去活动。这样，主体在一开始就规定了客体与自己相对应的侧面，从而使客体的自在规定性被加以选择和改造。“当物按人的方式同人发生关系时，我才能在实践上按人的方式同物发生关系。”①

---

① 《马克思恩格斯全集》，中文2版，第3卷，304页，北京，人民出版社，2002。

就是说，正是使对象成为一定意义上“为我”的客体，现实的主客体关系才得以建立起来。

（2）主体对客体的作用，处处都与主体的需要和目的有关。

“需要”是主体发起对客体作用的内在动因。“需要”产生于主体自身的结构规定性和主体同周围世界的不可分割的联系，是人的生存发展对外部世界及自身活动依赖性的表现。有什么样的主体结构，就产生什么样的需要；主体自身结构的每一规定、人同周围世界普遍联系的每一环节，都产生一定的需要。因此，人、主体的需要不仅是客观的，而且具有无限多的方面和内容，是极其丰富多样而不断变化的。

需要是主体本身的规定，但代表着主体与客体之间一种客观的联系。需要不同于对需要的意识即“想要”，需要不依主体意志或其他任何意识为转移。“在现实世界中，个人有许多需要，正因为如此，他们已经有了某种**职责**和某种**任务**，至于他们是否也在观念中把这一点当作自己的职责，这在一开始还是无关紧要的。”① 需要的满足，不论是物质需要的满足还是精神需要的满足，总是一个客观的过程，这个过程以主体使客体同化的客观结果表现出来。自然界对人的满足通过种种自然现象的“人化”表现出来，这里包括物质形态的“人化”，即成为人工的或为人的自然或物质产品；也包括精神形态的“人化”，即与人的感官和心理结构相一致，与人的美感相一致。

“目的”是需要的具体化和现实化，是主体对客体作用的定向机制。主体的需要不论是否为主体所意识，都必然成为它活动的真实目的。但是，目的不等于全部需要，它往往是主体在一定主客体关系中某些需要的特殊表现。所以，目的更集中更现实地体现了主体需要与客体特性之间的具体联系。尽管目的本身有不自觉和自觉之分，它本质上仍然是客观的。马克思说，人在劳动时，“他不仅使自然物发生形式变化，同时他还在自然物中实现自己的目的，**这个目的是他所知道的，是作为规律决定着他的活动的方式和方法的**，他必须使他的意志服从这个目的”②。这里清楚地表明，作为实践的内容之一，目的是主体活动的内部规定性，是起着决定活动方向作用

---

① 《马克思恩格斯全集》，中文1版，第3卷，326页，北京，人民出版社，1960。

② 《马克思恩格斯全集》，中文1版，第23卷，202页，北京，人民出版社，1972。黑体字为笔者所标。

的客观因素。

有了目的，主体对客体的作用就表现得更具体、更活跃和更顽强。在每一时刻，主体的实践和认识，他的能动性和创造性、激情和意志、经验和理智、体力和脑力都围绕着目的这个核心充分展开。黑格尔指出，目的的活动不是为了自己要把某种外部现存规定接受到自身中并融会它，而是相反，“目的的活动不是指向自己……而且为了通过消灭**外部**世界的规定的（方面、特征、现象）**来获得具有外部现实形式的实在性**”①。就是说，目的活动的特点，不是主体接受、承认和服从客体的规定，而是相反，使客体接受、服从和服务于主体的规定，是使客体主体化的活动。

（3）“客体主体化”最终体现于相互作用的效果之中。所谓**“效果和效益”**，就已经是一个以主体尺度为尺度的概念。实践活动的结果中总是包含着两个方面：或是能够满足主体需要和符合主体目的的东西，或是在主体需要和目的之外甚至与之相悖的东西。我们暂时用两个词来表达结果中的这两个方面：“效益”和“效应”。其中效益是对主体存在和发展起肯定作用的结果。在效益中，主体的需要和目的不再是“应该”的和“可能”的东西，而是“已经”的和“现实”的，即取得了客观形式的东西。主体对客体的作用通过效益而回到主体自身，主体通过客体直观自己，映现自己。到效益为止，主体对客体的作用表现了一个完整的过程。但是这种作用并没有结束，它还要在新的方面和新的水平上进行。已经获得的效益将在一定程度上内化为主体的结构。在新的结构基础上，主体还会产生新的需要和目的。因此，主体对客体的作用总是存在着扩大和深化的可能性。

主体对客体的作用，包含了从主体的结构和规定性出发，需要—目的—效益等方面的基本内容环节。其总的性质和趋势，是使客体同化于主体，为主体“服务”。因此，它构成主客体相互关系亦即实践活动中的“主体性内容”，或内容的主体性方面，即“价值”。

“主体客体化”。主体对客体的作用不是孤立的、纯粹的，它时刻都在受着相反方向作用的制约。客体以其自在的规定性影响、限制、制约和改变着主体，客体也在主体身上映现自己。这个过程使主体愈来愈带上客体所赋予的特征，就是我们所说的“主体客体

① ［俄］列宁：《哲学笔记》，2版，183页。

化”。这一点，通过对象对反映者的刺激作用、环境对人的改造、历史舞台对历史人物的制约等不难得到印证。当然，客体对主体的上述作用，并非纯然是以外在的、与主体活动无关的形式，犹如冥冥之中的巨手主宰命运或宇宙射线不知不觉地穿过人体那样实现，而是只能通过主体的活动即实践和认识来实现的。

作为对象而规定主体，作为外部规律和条件而制约和影响主体，产生效应而直接改变主体，这些是客体对主体所起的作用。这些作用有一个总体的性质和趋势，就是使主体在改造客体以为自己服务的同时，必须承认客体，尊重客体，理解和服从客体的规律。这是“主体客体化”过程的实质。就整个主客体相互作用而言，它构成了实践中的“客体性内容”。

主客体相互作用的动态过程

以上从形式和内容两个方面考察了主客体关系的一般结构。如果把这两个方面结合在一起，进一步较完整地描述主客体相互作用的现实过程，那么可以用以下图式做一个大概的表示（图中的实线表示主客体关系的形式，虚线表示内容）：

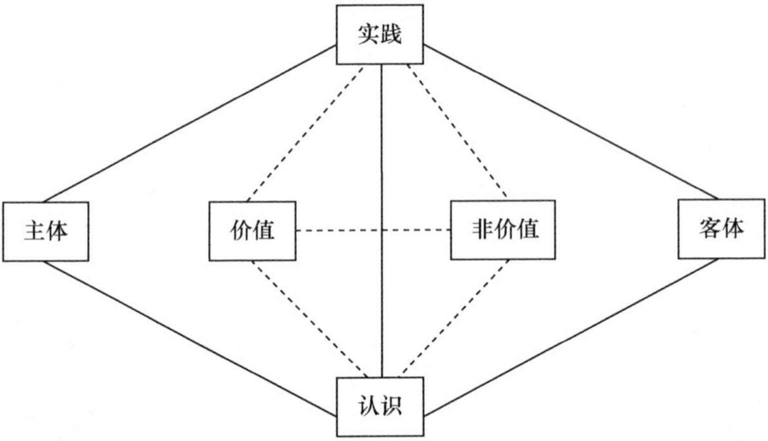

如果我们使这个菱形图示运动起来，让它向各个方向翻转和延续，亦即历史动态地理解，把它看作是无限延伸的链条上的一“环”，那么整个“链条”就可以想象为无数这样的菱形上下前后衔接起来的立体图景：实践和认识相互包含、相互促进、相互转化，使主客体之间的每一相互作用在完成之时又开始新的循环，其结果是客体愈来愈主体化，主体愈来愈客体化，主客体之间呈现出彼此

不断接近，但永远不会最终完结的无限过程。这个无限延伸的“链条”也许可以看作是我们人类历史文化的“遗传密码”——基因“双螺旋”结构。

以上描述是一种经验性的归纳。我认为，这是实际生活中的主客体关系，特别是人类与自然界的实际关系所走过的历史行程的凝缩。现代科学和哲学的发展正在给予更加充分的揭示和证明。对于考察主客体关系来说，这样做有利于我们看到一些以前不曾注意的东西，说明一些以前似乎很难加以说明的东西，特别是对于价值现象而言。

第二章
价值的本性

主客体相互作用的双向结构、内容和过程，实质上就是马克思所发现的人类实践活动中“两个尺度”的作用。通过两个尺度的作用，可以找到理解价值范畴本质和地位的一种理论根据，找到解开价值之谜的钥匙。

一、人类的“两个尺度”与价值、真理

我们所考察的“价值”现象，虽然有着极为多样化的情境和表现，但它的发生和存在却只有一个基础，就是以人为主体的各种各样对象性关系。① 主客体之间的相互作用不同于自然界的一般相互作用，其根本特点就在于它是一个社会的过程，它的全部因素和环节都具有人的、社会的、精神的特性。这种特性的集中表现，就是作为人的主体性活动，实践和认识始终显现着、遵循着人类特有的“两个尺度”。

马克思的“两个尺度”思想

马克思的《1844 年经济学哲学手稿》第一次明确提出了人类劳动“两个尺度”的思想。在分析劳动的异化之前，马克思首先谈到人的本性和本性的对象化。他认为，“自由的有意识的活动恰恰就是人的类特性”②，这种活动表现为劳动，与动物本能的活动有根本的不同。它“甚至不受肉体需要的影响也进行生产，并且只有不受这

---

① 关于自然物之间相互作用的意义是否也应该叫“价值”，学界曾展开过讨论。我认为，价值概念的泛化虽然也说得通，却并非有利于思想的深入，故这里暂不予考虑。

② 《马克思恩格斯全集》，中文 2 版，第 3 卷，273 页。

种需要的影响才进行真正的生产；动物只生产自身，而人再生产整个自然界；动物的产品直接属于它的肉体，而人则自由地面对自己的产品”①。在这之后他说：

> 动物只是按照它所属的那个种的尺度和需要来构造，而人懂得按照任何一个种的尺度来进行生产，并且懂得处处都把内在的尺度运用于对象；因此，人也按照美的规律来构造。②

显然，马克思认为真正的人类劳动，是一种自由的自觉的活动，是一种实现人类本质力量的活动。“劳动的对象是**人的类生活的对象化**：人不仅像在意识中那样在精神上使自己二重化，而且能动地、现实地使自己二重化，从而在他所创造的世界中直观自身。”③ “随着对象性的现实在社会中对人来说到处成为人的本质力量的现实，成为人的现实，因而成为人**自己的**本质力量的现实，一切**对象**对他来说也就成为他自身的**对象化**……对象**如何**对他来说成为他的对象，这取决于**对象的性质**以及与之相适应的**本质力量**的性质”④。这里更明确地把“对象的性质”同“本质力量的性质”相并提，以表明对象化活动的基础包括两个方面的性质：对象的和人的。因此，明确而完整地表述的两个尺度是：(1) “对象的性质”所决定的客体尺度；(2) 人的“本质力量的性质”所决定的主体内在尺度。

马克思说“动物只是按照它所属的那个种的尺度和需要”，而“人懂得按照任何一个种的尺度”，意思是说，动物只有自己的尺度，而人却不仅有自己的尺度，同时还遵循一切对象的尺度。“任何一个种的尺度”包括了人自己的尺度和一切对象的尺度。之所以这样解释，是根据马克思当时使用术语的一个特点：他多次用生物学上的“种、物种”(species) 和“类、属”(Guttung) 等概念来称呼人类，意在强调“人是自然界的一部分”⑤。人和动物及自然界其他物类可以看作是不同的“种类”存在，因此“任何一个种”就是指它们中的一切。在劳动这个具体的对象化活动中，人类按照两个尺度来活动，这是人类的根本特征。在一切主客体的对象关系中，这两个尺度就成为“主体的尺度”和“客体的尺度”。主体的活动总是要同时

---

① 《马克思恩格斯全集》，中文 2 版，第 3 卷，273～274 页。

②③ 同上书，274 页。

④ 同上书，304～305 页。

⑤ 同上书，272 页。

把这两个尺度“运用到对象上去”。

马克思关于两个尺度的思想，不是一个个别的、偶然的提法，而是他关于人类与自然界的关系、主体与客体的关系以及实践的本质和规律学说中一个一贯的、基本的原则。它体现了唯物论与实践论的统一、社会发展与自然界运动的统一、主体与客体的统一、人的主观能动性与客观规律性的统一。两个尺度，是人类认识世界和改造世界，包括人类自我认识和自我改造活动所特有的、普遍的内在尺度，是实践活动的内在尺度。这两个尺度具有客观的、必然的性质和作用，从而成为历史发展的基本法则。

两个尺度是统一的，统一于人、人的主体性活动。用两个尺度及其统一的观点来分析人类的实践和认识，就能够很明确地看到，主客体相互作用的内容，必然是一个不断实现“客体主体化”和“主体客体化”的过程。

“价值”的定义

马克思所说人的“本质力量的性质”所规定的尺度，即“人的内在尺度”，具体是指作为主体的人的自身结构、规定性和规律，包括主体的需要、目的性及其现实能力等，在主客体关系中，它就是“主体的尺度”。主体的尺度就是价值尺度，它决定了价值现象的本质和特征，它是价值的根源。

任何人作为主体，都有人的一般规定性和规律。人类作为制造工具进行生产劳动的社会动物，其特有的一般规定性是劳动、社会性、意识等。这些规定通过各个时期人在自然界中的特殊地位，人作用于自然界的特定方式和水平，人们相互关系的性质和特点，人认识世界和自我意识的能力、方式和水平等具体地表现出来。人的生存和发展过程，就是通过改造自然界和社会以及自己的能力以满足和发展自己需要的过程。这个过程所遵循的规律，即人和社会所固有的规律，是指物质生产、精神生产和人口生产的规律，物质生产方式发展的规律，社会关系运动的规律，社会存在与社会意识相互关系的规律，社会文明进步的规律等历史规律和认识规律。作为具体主体的人（群体、个人等），除了上述一般规定性和规律之外，还有自己的特殊表现，例如一个阶级的特殊经济地位和历史环境，一个个人的特殊生活条件和文化背景等。这些主体的自身规定性，构成了主体内在尺度的客观基础。

如上一章所说，**“需要”**是人的生存发展对外部世界及自身活动的依赖性表现。需要产生于主体自身的结构规定性和主体同周围世界的不可分割的联系。每一主体的自身结构和规定性都是历史地形成的，有什么样的主体结构，就产生什么样的需要；主体自身结构的每一规定、人同周围世界普遍联系的每一环节，都产生一定的需要。需要代表着主体与客体之间一种客观的、必然的联系。而主体的需要不论是否为主体所意识，都必然成为它活动的真实目的。需要与目的是主体内在的、客观的尺度之一。需要不同于对需要的意识——“想要”。“想要”往往只是人们对自己需要的自觉或不自觉的反映，它可能代表也可能并不代表偏离了真实的需要。检验人们“想要”的合理性和可行性的标准是实践，即需要是否得到实现。因为需要的满足，不论是物质需要的满足还是精神需要的满足，总是一个客观的过程，这个过程以主体使客体同化的客观结果表现出来：自然界对人的满足通过种种自然现象的“人化”表现出来，这里包括物质形态的“人化”，即成为人工的为人的自然或物质产品；也包括精神形态的“人化”，即与人的感官和心理结构相一致，与人的美感相一致等。在这一过程中，“想要”是否实现，就是对它的实践检验。而需要得到满足或目的得到实现的程度，是主客体之间价值关系发展程度的标志。

主体人的现实的能力，同需要一样，也是构成主体的人的自身结构、规定性和规律不可或缺的基本方面。能力不仅内在地显示着、实现着，也同时制约着活动主体本身，而且制约着主体对客体的作用。它从主体方面规定着实践—认识活动的范围、方向和方式，主体以实践的或认识的、物质的或观念的能力，在对象和对象的变化中“能动地、现实地复现自己，从而在他所创造的世界中直观自己”，显示自己的“本质的力量”，使主体的内在尺度外在地成为客体变化的尺度。

总之，主体的内在尺度是主客体相互作用中实现的客体主体化的动力和根据。这也就是价值和价值关系的独特基础与本质。

“价值”是什么？对“价值”这个词的解释、理解和应用，历来各种各样。但是，在这个历史地形成的概念中，毕竟有它最起码的、为不同观点的人能够共同理解的一般含义，即它的概念“内核”。考察各种不同说法的共同内核，可以使我们较为深刻地抓住它的关键。

较早使“价值”作为一个重要哲学范畴而风行于世的，是西方价值哲学流派。按照德国价值哲学创始人和代表者威廉·文德尔班的解释，价值是哲学为世界立法的“规范”，价值就是“意味着”，就是具有意义（Gelten）；我们就是借助于这种意义，才能构造出科学知识和文化的对象，即客观世界。① 另一个代表人物亨利·李凯尔特则进一步认为，价值是包括主客体在内的“现实”世界以外的另一个王国，只有存在和价值的总和才构成了世界。② 总之他们所说的价值，是指现实或世界的“意义”，或某个主体加给世界之“有意义”的“规范”。这种说法，在其抽象的程度上包含了某些合理的成分。

用“意义”来解释价值已为许多人所采用。例如，最新出版的俄文《哲学百科词典》，在“价值”条目下的释文就是：“哲学和社会学文献中广泛使用的术语，用以指明某些实际现象的人类的、社会的和文化的意义。”③ 这种解释当然正确，但它除了从功能上表明价值是一个应用概念以外，并没有说出更多的东西。况且“意义”这个词本身就是含混的、有歧义的。在这里，我们不需要讨论“价值”是否应该用“意义”来诠释。因为实际上“意义”在这里只是“价值”的同义语。问题在于：“意义”和“价值”共同的本质含义应作何理解？能够为回答这一问题提供最深刻的启示和最重要线索的，我认为仍然是马克思对于某种特殊的价值形态的科学分析。

马克思虽然未曾对“价值一般”下过定义，但是他对于“使用价值”、“财物”和商品交换价值的解释，却从一个方面揭示了价值的实质。他说：“人们只是给予这些物以专门的（种类的）名称，因为他们已经知道，这些物能用来满足自己的需要，因为他们努力通过多多少少时常重复的活动来握有它们，从而也保持对它们的占有；他们可能把这些物叫做‘财物’，或者叫做别的什么，**用来表明，他们在实际地利用这些产品，这些产品对他们有用……**”④“使用价值表示物和人之间的自然关系，实际上是**表示物为人而存在**。”⑤“物的 Wert 事实上是它自己的 virtus（力量，优点，优秀的

① 参见［苏］巴克拉捷：《近代德国资产阶级哲学史纲要》，257 页，北京，中国社会科学出版社，1980。

② 参见上书，260 页。

③ 苏联百科全书出版社，1983 年俄文版，765 页。

④ 《马克思恩格斯全集》，中文 1 版，第 19 卷，405～406 页。黑体字为笔者所标。

⑤ 《马克思恩格斯全集》，中文 1 版，第 26 卷Ⅲ，326 页。黑体字为笔者所标。

品质。——编者注)”① 等。这些说的都是物对人的价值，其共同点是指出物的价值在于它“为人而存在”，“对人有用”，为人所“握有”、“占有”、“利用”，以人的尺度去衡量物的属性（物的“力量”、“优点”、“优秀的品质”，都只能表示人依自己的尺度加以度量），等等。这些都体现了把人的主体尺度“应用到对象上去”的结果。同样，在马克思经济学中，商品价值作为“人类劳动的凝结”，也无非是在物（商品）中物化了的人的活动及其尺度。

从马克思关于物的价值这种特殊的、具体的价值形态的论述中，我们能够得到的一般原则和方法论的启示是：第一，从对象（物）的存在和属性与主体（人）需要的关系中理解“价值”；第二，价值产生于主体（人）对对象的实际作用，即“物的人化”，而不是对象的存在和属性本身；第三，主体（人）的内在尺度是价值的根本尺度，对象同主体的一致程度是价值的基本标志。由此可以从特殊上升到普遍，得出对“价值一般”本质含义的规定。这种规定，就是把马克思所分析的特殊关系——物与人的关系，合理地应用到一切客体与主体的关系之中，用“主体和客体”代替“人和物”的表述，用主客体相互关系、相互作用的内容来规定价值概念，也就是说，用“价值”这个概念来概括和表述普遍的主客体关系的一个方面：客体主体化的过程，亦即主体性的内容和尺度。所以我们的定义式结论是：

> “价值关系”和“价值”概念，是对主客体之间特定关系内容的概括：价值关系，是一种以主体尺度为尺度的主客体关系；价值，则是指这种关系所特有的质态，即客体对主体的意义。在实践活动中，客体的存在、属性和合乎规律的变化，是否具有与主体生存和发展相一致、相符合或相接近的意义，依主体尺度而区别为不同的性质：对主体的生存发展具有肯定的作用，或能够按照主体的尺度满足主体需要，即为正价值，反之则是负价值。
>
> 总之，**“价值”是对主客体相互关系的一种主体性描述，它代表着客体主体化过程的性质和程度，即客体的存在、属性和合乎规律的变化与主体尺度相一致、相符合或相接近的性质和程度。**

① 《马克思恩格斯全集》，中文1版，第26卷Ⅲ，327页。

在这一定义中，“价值”概念体现了人类对人的内在尺度、主体尺度的自觉意识，是这一客观尺度的思想表达形式和理论表达形式。事实上，我们在任何情况下谈到价值，谈论任何价值，即人对任何事物（包括人自己）的价值判断，不管意识到与否，实际上都是并且应该是以人自己的尺度去评量世界。所谓价值关系，即主客体关系的主体性内容，也就是以主体的内在尺度为特征的关系；价值关系的运动，也就是主体内在尺度的现实实现过程；价值标准，则是主体内在尺度的现实表现。人是一切价值的主体，是一切价值产生的根据、标准和归宿，是价值的创造者、实现者和享有者。万物的价值及其等级和次序并不是世界本身所固有的，从来都是人按照自己的尺度来排列的。物的价值因人而异，客体的价值依主体而定，具体的主体性是一切具体价值的根本特性。

重新理解“真理”的意义

马克思所说由任何“对象的性质”所规定的尺度，就是指客体的尺度。客体尺度是对象本身所固有的本性、规定性和规律的表现。它不仅规定着客体本身的变化，而且也是主体在实践活动中所反映和遵循的尺度。在主客体关系的运动中，主体必须认识和掌握客体的内在尺度，在认识和实践上不断地反映它、接近它、符合于它，才能实现自己的生存和发展。因此，这个尺度也规定着主体，制约着主体，使主体不断地向客体接近，走向同客体的本性和规律一致。

同主体尺度相比，客体尺度特有的作用是，使人的活动不得不面向客体、从“非我”出发、服从于客体规律。这种意义与价值、价值关系的性质和方向都有所不同，但又与之不可分离。为了表示这种区别，我们可以暂时把它称作是主体与客体关系中的“非价值性内容”，或者叫作“非价值关系方面”。如果要在哲学范畴系列中选择一个恰当的概念来表述这种非价值性内容的实质和作用，我觉得作为与“存在”和“事实”相联系，代表着知识与科学最高理念的“真理”范畴，比较合适。

当我们认真思考“真理”的含义和作用时，可以看出其中的内在联系。在马克思哲学中，真理反映着对象、客体的本性及其对于主体的作用。真理是知识、科学的核心和实质，是主体在实践和认识中所要接受和服从的东西。因此可以这样认为：真理是同价值处于同一水平上的，代表和体现着主客体相互作用基本内容的范畴。

真理范畴高度地概括了人类生活中普遍存在的一个基本内容——主体客体化或客体尺度的内容，并在现实中起着客体尺度所起的作用。所以，应该把真理这个范畴同主客体的全面关系相联系，把它现实地理解为主客体之间整体关系的范畴。

这里的结论似乎与通常对真理的理解有分歧。为了说明自己的观点，我尝试首先提出一个问题来进行思考："真理"仅仅是认识范畴，还是实践—认识活动的整体范畴？可以说，真理是一个认识论范畴，但不等于只是认识论范畴。从完整的意义上看，它更是一个实践论范畴。真理作为实践论范畴的主要表现是：第一，真理本身不是思想、认识中自生自灭的东西。具有真理性的认识、思想来自实践，又必然超出思想的范围进入实践领域，以实践为唯一标准。第二，真理本质上是人的表象中不依赖于主体的内容，它为实践活动提供着规范化的"客体"。因而真理代表着实践中不可缺少的客体性要素。第三，人、主体的实践活动，不仅必须在思想上，而且必须在行动上服从真理。真理是代表客体规律并作为条件制约和匡正主体行为的因素。因而成功的实践过程，也是真理掌握主体，主体执行贯彻真理的过程。总之，我们必须把真理不仅理解为认识中对象的真实性内容，而且理解为实践中行为的真实性内容，才能够避免使它成为一个僵化的概念。

我认为，在广泛的、全面的现实意义上，真理范畴和真理问题的形成和应用，体现了人类对客体尺度及其作用的自觉意识，它是这一"尺度"的现实的思想和理论形式。真理作为实践—认识活动的内在尺度，它的作用全面地表现在知识、科学和社会生活实践的一切正确内容的作用之中。

总之，价值、真理这两个范畴高度地概括了主客体相互作用中两个方面（主体对客体的作用和客体对主体的作用）、两个尺度（主体的内在尺度和客体的内在尺度）、两种性质（主体性和客体性）的内容实质，体现了它们在人类实践活动中的地位和作用。可以说，它们是处于同一个高度抽象水平上的、彼此相关的、具有一定对称性质的基本范畴，是构成主客体关系体系的一对矛盾概念。

人类实践和认识的发展史表明，真理和价值作为一对相关的问题，总是构成人们现实活动中的矛盾，要想排除这对矛盾是不可能的。在把认识论仅仅归结为知识论、真理论的情况下，价值问题虽然可以被排除在知识论范畴体系之外，但是价值意识同非价值意识的关系问题却总是不能在关于整个意识活动的更高理论层次上被排除。当然，这对范畴的关系可以变成认识论（知识论）与评价论的关系，但这只是理论形式问题，而不是实质。问题的实质在于：考察主体与客体、主观与客观的全面关系，考察意识对存在的全面反映时，主体性的内容和尺度与客体性的内容和尺度之间、价值和真理之间的关系问题，总是作为一对矛盾而存在的。因此，需要有更高理论层次上的意识论学说，能够把真理问题和价值问题的矛盾容纳在自己的范畴体系之中，使真理和价值成为自己的基本范畴。

价值问题与真理问题在理论上具有不可割裂和不可归并的相互对称性。它们之间既是相互联系、不可分割的，又是处于同等水平的、相互不可替代的。在西方哲学中，早从休谟和康德开始，就已认定了科学、真理同价值之间的本质差别。他们看到，在“实然”与“应然”、“事实”与“价值”之间存在着实质性的差异。在现代，真理和价值之间的互不归并进一步得到确认，如罗素说他承认“科学不讲‘价值’”，“关于‘价值’的问题完全是在知识的范围以外”①；而且，这种不可归并性还被一些人夸大为科学与哲学、真理与价值之间的绝对对立和分裂。如赖欣巴赫认为“科学与哲学之间的鸿沟现在显得是可以理解的了。唯理论哲学家（指试图用科学理性方法说明道德价值的人。——笔者注）从思想根部起就是反科学的。他的思想道德决定于想把科学结果和方法用来作为工具以达到非科学目的的逻辑外的动机”，“科学和思辨哲学之间是没有妥协可言的”②。他们在正确地指出这种不可归并性的同时，却忽视了一点：主客体之间的科学的逻辑的关系与价值关系，存在着现实的、实践的统一基础，这就是主体本身。如果不是把主体仅仅归结为知识、逻辑的主体，而是承认它同时还是价值关系的主体，那么就不能否认，而应相信一定能够找到两者之间的联系和统一。

与上述分裂的观点相反，还有一种试图把二者归结成其中一个的观点，或者是把真理归并到价值之中，看作是价值的一个种类或形式，例如实用主义者席勒所说的，“真理乃是一种价值形式，而逻辑判断则是一种评价”③；或者是把价值归并到真理之下，看作是真理的一种本质规定性、属性，例如，认为价值和真理一样，都是只

① ［英］罗素：《宗教与科学》，119、123页，北京，商务印书馆，1982。
② ［德］赖欣巴赫：《科学哲学的兴起》，61页，北京，商务印书馆，1983。
③ ［德］席勒：《人本主义研究》，198页，上海，上海人民出版社，1986。

对客体、对象及其关系的反映，提出“真理是科学性和价值性的统一”①，或把真理区分为“事实真理”和“价值真理”两种类型等。这两种看法都忽视了实际上已经明确了的不可归并性，而使问题变了形。

我认为，真理和价值之间不可分割的联系是在人的实践—认识活动整体过程中实现的，对此进行科学的研究十分重要。但是，在此之前，必须首先明确它们的区别，了解它们各自的特性和地位。

二、价值因主体而异的本性

作为“以主体尺度为尺度的主客体关系质态”，价值现象必然表现出“因主体而异”的“向主体性”或“主向性”鲜明特征，这正是价值现象的独特本性和标志之所在。对于这种本性，本文称之为“价值的主体性”，意即：任何价值现象的特点，都依主体的特点而形成，并主要表现出来自主体一方的规定性。

在现实生活中，这种特性往往表现为：同一客体对于不同的主体有不同的价值；同一客体对于同一主体的不同方面有不同的价值；同一客体对于同一主体的同一方面，在不同的时间也有不同的价值。这即是现实价值的多元性、多维性和时效性。

价值的个体性和多元化

价值总是依主体的不同而表现出每一主体的特殊性、个体性。因此只要问题涉及某一现象的价值（“某现象是好还是不好”），而不只是客体的事实（“该现象是怎样的”），就永远也不能回避这个现象“对谁来说”是好的或不好的。由于生活中的主体普遍地存在着彼此间的差异和个体性，所以在不同主体之间总会存在着价值关系上的差异甚至矛盾。当然，如果主体之间有一致性，那么也是可以得出共同一致的答案的，否则就不可能一致。

价值的**个体性**或独特性，根源于主体存在结构和生存条件的特

① 我认为，这一提法在逻辑上和历史上都是不能成立的。在逻辑上把价值作为真理的规定性之一，就可能与“有用即是真理”的实用主义犯同样的错误；在历史上，科学和科学性概念的形成要晚于真理问题的形成。把科学性作为真理的规定性之一，可能导致否认科学形成以前的真理问题的存在。

殊规定性。一个主体，它自身有什么样的结构和条件，就同客体发生什么样的价值关系。无数事例证明，在相同社会环境下，人们对相同客体的价值关系是不同的，而这种不同，只能用主体的不同来说明。

依人类现实的主体层次划分，可以看到各种价值现象特征也呈现出一定的层次性：（1）作为人们的社会存在关系，价值关系是整个人类在自然界中的独特关系，这种关系为人类所独有，而不为自然界所共有；（2）每一阶段上的人类社会也具有自己不同于以前和以后社会的客观需要，例如原始社会后期对私有财产的需要和资本主义末期对废除私有制的需要，这些不同的需要促成不同历史阶段的独特的价值关系；（3）在每一历史阶段的社会内部，不同的群体也有自己的独特价值关系，例如民族的特殊需要和特殊心理，使每一个民族都表现出不同于其他民族的价值个性，不同的阶级有不同的经济利益，因而价值问题上的阶级对立和分裂尤为强烈等；（4）说到个人，人们彼此之间的社会地位、需要、利益、能力和生活上的个性差异，通过价值形式表现出来的独特性，就更加细致和明显了。要言之：以人类作为主体的价值，具有人类性或社会性；以一定历史阶段上的社会为主体的价值，具有时代性；以民族为主体的价值，具有民族性；以阶级为主体的价值，具有阶级性；以个人为主体的价值，具有私人性。这是价值的一种普遍现象，即价值关系的个体性或独特性。

在这里，弄清主体的层次、范围，是理解价值的个体性或独特性的关键。在理解价值关系的特点时，不能忘记“主体”这个关系性存在的特定含义。一个人、一个群体，都可以而且必然是一定层次上独立的主体。在这种情况下，它们都是“个体”，它们的价值关系都具有个体性，但是分别属于不同层次的个体性，不应发生混淆。“面包的营养价值没有阶级性”，是因为阶级并不吃面包，这种价值关系的主体不可能是阶级，而只能是个人。而资本家作为一个阶级、一个集团、一个群体时的独特性或个体性，也是工人、农民、封建地主和贵族群体所不具有的。单个资本家作为独立的主体时，他自身的规定性仍然是资本，因此他有资本家这个阶级的共性，这是使他能够成为阶级的一员的前提；但是，在他身上，这种共性又带有他个人所独有的一系列特征，使他自己的价值关系同其他资本家的价值关系之间有着差异、矛盾和冲突。对于别的资本家有利的，对他来说可能并不有利。这就是这个单个主体的价值关系的个体性。所以，一个主体在什么样的具体层次、具体关系上成为主体，这一点决定着它有什么样独特的价值关系。

价值的这种个体性或独特性意味着，现实的价值总是随着具体的主客体关系发生或消失，它总是特定情境中的“这一个”。离开了具体的主客体情境，原来所发生的价值关系或情境就不复存在。因此，具体的价值是不可分割、不可替代和不可转移的。例如一份食物能够使人充饥或具有营养价值，这是在一般情况下可以做出的价值判断。做出这一判断的前提在于确认人的一般进食需要和能力。但如果进一步考察这份食物究竟是否解除了饥饿或给人补充了营养，则不能不依据进食者的情况，如他的食量、营养状况及消化吸收能力等因素而确定。于是结果必然呈现各不相同的情况。在现实中，同一份食物对于两个以上的人说来，就可能有（生理或营养方面的、经济的和道义上的等）多种多样性质不同的甚至彼此对立的价值，它们彼此之间是不可能合并、替代或分割转让的。就像不可能将一个人已经“吃饱”和另一个人的“饥饿”，合并成“平均的两个半饱”一样。“一个住着 200 平方米豪宅的先富一族，能与住着十几个平方米棚户区的下岗工人‘人均’住房面积吗？一个拥有几千万家产的小康家庭能与温饱问题都难以解决的平民‘人均’存款吗？一个有着博士学历的白领人士能与初中还没有毕业的辍学少年‘人均’受教育年限吗？显然不能。有很多数据，比如人们关心的住房面积、人均受教育年限、储蓄存款等等，是不能算‘人均’账的。……‘人均’账容易让人们迷失对问题真实情况的判断。”①

可见，充分地认识作为主客体关系具体结果的价值具有不可分割、不可转移、不可替代的性质，不仅是严谨的科学理论应该注意的事实，而且是社会实践更必须严格把握的一个基本出发点。

需要强调的是，要正确理解“主体”。前面已经说过，作为个体的主体，绝不仅仅是指个人。所谓个体性，仅仅是在主体的个性、特殊性意义上使用的。不同层次的主体如个人、集体、阶级、民族、社会、人类，每一个低级层次同它的高一级层次之间，都通过个性和共性的关系联系起来并统一着，这里无须再重述个性和共性关系的辩证法常识。

---

① 丁仁能：《有很多数据是不能人均的》，见 http://www.jxnews.com.cn，2006-03-24。

以个人为例，在现实生活中，个人总具有双重的主体身份：一方面他是个人，是独立的完整主体；另一方面他又总是一定集体、群体或阶级、民族、人类中的一部分，是更高层次主体的一个部分。在后一个层次上，个人不是作为个人，而是作为一个大主体的细胞参加着这个主体的活动，他身上体现着这个大主体的个性，即所有细胞的共性，他的价值与其他细胞的价值是有统一性的。双重主体的身份之间是互为前提、互相包含的，但作为不同层次的主体，两者的个体性和价值不完全重合。正因为它们不能完全重合，才能够实际地发生这种情况：为了共同的利益而牺牲个人利益，或者实现了共同利益之后，还要满足个人利益。马克思说，在阶级社会里，“种族的利益总是要靠牺牲个体的利益来为自己开辟道路的，其所以会如此，是因为种族的利益同**特殊个体的利益**相一致，这些特殊个体的力量，他们的优越性，也就在这里”①。这里所说的特殊个体的“力量”和“优越性”，我的理解，就是个人、个别阶级的双重主体身份，这个“双重主体”的两个方面是一致的，同时又是可以分离的，在暂时地分离的时候，人、主体本身不会消失。所以马克思又说，人类能力的发展，“虽然在开始时要靠牺牲多数的个人，甚至靠牺牲整个阶级，但最终会克服这种对抗，而同每个个人的发展相一致”②。马克思说的克服对抗，显然是指为了达到整个人类的共体性同每个个人的个体性相互高度一致，就要正确处理国家与公民、集体与个人的关系，离不开正确认识和处理价值关系的个体性问题。可见，承认个体性不意味着一定导致个人利己主义；相反，如果不承认这个事实，倒会引起更大的混乱。

承认每一具体价值的个体性或独特性，就必然进一步承认社会总体上的价值多元性。我们看到，在社会生活中，价值的表现是极其复杂的，是多层、异向、异质的。常常出现这种情况：对一些人是好的、有益的东西，对另一些人却是坏的、有害的东西；对一些人是善的、美的东西，对另一些人却未必是善的、美的东西；并且，各种不同的价值态度并非出自主体的主观意志，而确确实实是他们各自的实际情况。只要这个主体仍然存在并且没有根本改变，别人就无法用其他价值去取代他的价值。譬如人们饮食的口味之不同就是最明显的实例。在中国广东人喜吃生鲜，四川人喜吃麻辣，这是

① 《马克思恩格斯全集》，中文1版，第26卷Ⅱ，125页，北京，人民出版社，1973。

② 同上书，124～125页。

由地区间自然环境和文化传统造成的不同主体的不同价值。你能够解释广东人和四川人为何如此，却不能强迫广东人学四川人或四川人学广东人，因为既无必要，也无根据。假如设想，有一天人们用科学的方法证实，广东人和四川人都应该兼食麻辣和生鲜，那么其理由也无非是广东人的营养结构需要如此改进，四川人的营养结构应如此改进。这仍然是站在广东人和四川人各自主体的立场上，而不能脱离个别主体来谈论。在饮食上是如此，在其他事情上也无不是如此。

价值的**多元性**，是指在一定范围的社会生活中，现实主体的存在是多元的（并非只有单一主体），而每一个主体都有一套自己的价值坐标体系，不同主体之间在价值关系上不可能彼此等同、重合或代替。价值的多元化是在人类内部存在着多样化生存条件、多样化利益差别和多样化角色分工的情况下，一种不可避免的基本现象。

价值的多元性是世界无限多样性中的一种特殊情况。这里“元”的含义，是指“最终的根据、基础和标准”。如唯物主义一元论认为，万事万物的共同本质在于它们的物质性，物质世界是无限多样性统一的世界。这是一个存在论意义上的结论。如果我们注意并进一步考察世界“无限多样性”的具体表现，那么可以发现，在一元存在论的前提下，所谓“多样性”也有不同的具体情况，具体地说有两种：

一种是，现实的多样形态之间，可以在同一根据和基础上最终综合、统一、一致起来。就像一个物体的形状、颜色、硬度等多种属性之间是完全统一的一样，一个主体在自己的经济、政治、文化等多方面的利益和价值追求之间，是必须和能够综合、统一起来的。这种情况可叫作“一元的多样性”。

而另一种多样性则不然，如：一个物体的颜色形状并不与另一物体的颜色形状相统一，一个主体的经济政治文化利益并不能与另一主体相互等同一致，同一双鞋给不同人穿的效果必然不同，等等。它们之间如果要统一一致起来，意味着要一方吃掉另一方，一方否定另一方，或一方归属另一方。这是在现实意义上一种不能在同一基础上用同一根据加以综合统一的多样性。对于这种多样性，可以把它相对地叫作“多元的多样性”。总之世界的“无限多样性”，不仅仅是形式上、数量上的多样化，也有本质上、实质性、根本性的多样化。而多元性就是指那种根本性、根据性、实质性的多样化。

价值的多样性包括了上述两种情况。一般说来，“一元的多样性”适用于一元化的主体，包括现实中的个体和群体整体等；“多元的多样性”则是多元主体（个体之间、群体之间、个体与群体之间等）情境下的必然。可惜在现实中，人们往往囿于知识论的传统习惯，不能充分注意和理解后一种多样性，不能把握“多样性”和“多元性”两个概念的分量和它们之间的关系，从而经常有意无意将其混淆，导致对实质性的多样化有所忽视和误解。而充分注意并合理对待价值的多元性，是自觉的、清醒的价值观所应具备的条件之一。因为它意味着：

第一，要清醒面对多元化的现实。在价值和价值观领域，多元化是一个客观的、必然的普遍现象。人们之所以不能清醒地承认并自觉地按照这种情况去对待它，往往出自两个误区：一个是“事实与价值不分”——出于某种利害考虑或主观愿望，（因为其“可能有害”或“难以应对”等）而不敢正视、不愿承认或拒绝接受这种多元化的现实；另一个是“人我不分”，缺少具体的主体性思维，不懂得以独立、平等的眼光看待自己和他人，总是把某个被认定的价值标准或终极目标，当成一切人应有的价值归宿，等等。这些误区都包含着对社会和历史的现实，特别是对人的主体权利与责任的忽视。在现实的价值领域中，“普世一元主义”和绝对普遍主义，往往使强者产生“一元主义的僭妄”，成为他们推行霸权主义、专制主义的借口；而在弱者那里，则总是导致消极的屈从和依附心理、奴化主义倾向。面对这种情况，正视并承认多元化的现实，本身就具有十分重要的意义。

第二，要勇于坚持自我主体性。面对多元化，意味着要坚持主体性。只有懂得外部环境和不同主体的多元化现实，才能更自觉地把握坚持自我主体性的必要和可能。因为，不同主体之间的多元化，恰恰是以每一个主体的自我一元化为前提的。一个主体（个人、群体、民族、国家等）只有保持自身的价值一元化，才能够生存和发展。这就像：虽然世界上的人走路时，各自都有不同的方向，但对每一个人来说，却不可能也不应该选择“多元”的方向道路，而只能沿着一个方向，走一条道路。因此，一切所谓“自我多元化”之类的主张，如果不是出自无知，就是出自虚伪。只有充分把握主体自我权利和责任的统一，在经过认真选择和论证的基础上，坚定不移地“走自己的路”，才是多元化背景下的自觉的主体意识。

价值的多维性和全面性

任何层次的主体对外都表现为一定的整体性，成为一个个体。而在个体自身内部，其结构和规定性又是复杂的、立体的、全面的。因此，每一主体与对象之间的价值关系，都具有多维性或多向性的特点，其发展的指向则是人的全面性。

价值的多维性是指，每一个活生生的个人或个人的社会共同体，它自身结构和规定性的每一点、每一方面和每一过程，都会产生对客体的需要，都可能形成一定的价值关系。例如，人是自然的生物，这使人有饮食男女等自然的需要；而人作为社会的生物，又使这些自然的需要成为社会的需要。再如，人不仅是物质的存在，而且有意识和精神的特性，由此产生人的精神需要和精神上的价值关系。而在精神生活中，人的理性、感性、情感、意志等特性也都分别有自己的需要，形成与不同客体的多种多样的价值关系。由此可知，人类价值关系的多维性，原则上是一种"维"数无限的多维性。这是因为自然和社会的构成方面是无限的。

从人类起源于自然界来看，人和自然界本身是对应的，人不能仅仅把自然界的某一现象当作自己的对象、客体；从社会是人的社会来看，也不存在这种可能——社会上的某种现象不能成为人的对象、客体；从发展来看，人的本质规定和力量是在不断地丰富和扩大的，只要人类还存在，这种丰富和扩大就不会停止。无限寓于有限，主体各种各样的需要之间相互区别，单个看来它们都是有限的。例如，同视觉器官相联系的视觉需要，与听觉需要是截然不同的。失去视觉的人虽然听觉往往特别发达，能够弥补一部分行动不便的缺陷，但是色彩的价值对他来说就不同了。反之，如果听觉器官丧失了功能，那么音乐的价值对他来说也是不同的。不过，人不仅有各种各样相互区别的肉体感官结构，而且有各种各样相互区别的心理和精神结构、社会关系结构和实践活动结构。这些结构使人能够从不同的方面去鉴别、区分、接近和适应客体，改造客体。

正是人本身结构和规定的无限丰富性，使得人类生活有这样一个特点：对于所遇到的任何一个客体，主体都能够有相应的价值标准来衡量它，懂得想方设法使它对自己有利，尽量使它对自己无害或减少危害。就是说，可以同任何对象形成价值关系。这正是马克思所说的："人对世界的任何一种**人的**关系——视觉、听觉、嗅觉、味觉、触觉、思维、直观、情感、愿望、活动、爱，——总之，他的个体的一切器官……是通过自己的**对象性**关系，即通过自己**同对象的关系**而对对象的占有”①。

价值关系的多维性，还表现为人们具体的价值体验是可变化的、可选择的。这种变化和选择，往往是相互区别的价值方向之间的综合和转换。“忧心忡忡的、贫穷的人对最美丽的景色都没有什么**感觉**；经营矿物的商人只看到矿物的商业价值，而看不到矿物的美和独特性；他没有矿物学的感觉。”② 这个例子表明，人们的实际价值体验，往往只是反映了他的多方面的价值关系中最切近、最直接的部分，在穷人那里是心理状态压抑了感觉器官，在商人那里则是经济利益代替了科学认识。人们通常只是依据现实的条件和客体的直接特性，选择和发现自己本质和需要的方面。在这种体验的背后，还潜藏着无限多的深层的价值可能性。其他那些未被觉察的方面不是不存在，而只是在此时此地未被觉察。例如不排除下列可能：那个穷人有朝一日会从眼前的美丽景色中有所省悟，理解个人和人生中的一些道理；那个商人有朝一日会从矿物为什么有商业价值中了解到一些矿物学的知识，从而对利用矿物赚钱产生新的创意等。

事实上，人类进步的历史过程，本身就包含了人们不断发现和发展自己的本质、结构和规定性，从而使自己同自然界的价值关系在质、量和向度上不断地扩展的过程。马克思曾明确指出，人的价值关系的丰富性、感觉的丰富性，是随着人的对象化活动首先是劳动实践不断产生和发展的：

> 只是由于人的本质客观地展开的丰富性，主体的、**人的**感性的丰富性，如有音乐感的耳朵、能感受形式美的眼睛，总之，那些能成为人的享受的感觉，即确证自己是**人的**本质力量的**感觉**，才一部分发展起来，一部分产生出来。因为，不仅五官感觉，而且连所谓精神感觉、实践感觉（意志、爱等等），一句话，**人的**感觉、感觉的人性，都是由于**它的**对象的存在，由于**人化的**自然界，才产生出来的。③

所谓产生和发展，就包括从新的方面、新的性质和方向上形成

---

① 《马克思恩格斯全集》，中文2版，第3卷，303页。
② 同上书，305～306页。
③ 同上书，305页。

新的价值关系。这不仅适用于过去，而且适用于将来。以劳动为例：在过去的人们那里，劳动只具有一维的价值，即社会经济价值；在今天，由于科学的发展，劳动的生态价值问题，已经成为第二维了；在人类进入普遍以劳动本身为第一需要的未来社会时，它将具有新的普遍意义的第三维——人的肉体和精神享受价值。总之，价值的多维性不是静止的，而是不断生长着的多维。

承认并强调价值关系的多维性，对于理解人和人类生活的多样性、丰富性是十分重要的。前面说到的个体性告诉我们，对于一定的主体，不可用不同主体的价值标准去要求它、衡量它，而只能根据它本身的生存和发展去理解它；而个体价值的多维性则进一步告诉我们，对于每一主体，都不可只看到它的某些方面的需要和价值关系，而忽视或否认其他方面。正像对一个孩子，不能只强调让他身体健康或增长知识，而忽略或排斥他的日常生活能力和伦理情操的培育；对于一个成年公民，也不可只要求他理智地处理一切事物，而不理解或压抑他的情感的正常表露。人们社会生活丰富多彩的一切方面，都是人所需要的方面，都是人的价值关系的具体展现。我们只能具体地分辨这些方面的效果好坏，不能主观地决定它们的有与无。对于其中某些不好的、负价值的现象，人们可以通过时间一维的进展去改变和限制乃至消除它，但却不应试图取消某一价值方面。就像成年人可以努力去减少儿童可能因好奇心而带来的伤害，却不可以试图从根本上扼杀儿童的好奇心一样。

价值的多维性，实质是人的本质的全面性，人的发展的全面性。对象性的价值关系，就是“人以一种全面的方式，就是说，作为一个总体的人，占有自己的全面的本质”①。首先，全面意味着多维是不可取消的，取消或压抑意味着不全面；其次，全面也意味着多维之间是相互联结、相互补充的，是统一的；最后，所谓全面并不是抽象的、绝对的、一成不变的全面，全面性具有历史的相对性。人“自己的全部本质”是在历史中不断发展的。在每一发展阶段上，人类在整体上都是全面地占有自己的本质；而在迄今为止的具体表现中，则存在着分裂和对抗，多数人不能得到全面发展，他们的全面的价值关系被限制、割裂和扭曲了，变成了片面的、畸形的关系。

马克思重视社会分裂、异化、对抗和畸形发展的问题，他向往

① 《马克思恩格斯全集》，中文2版，第3卷，303页。

一种“以每个人的全面而自由的发展为基本原则的社会形式”①，并认为人的全面发展本质上是一个改造社会的历史进程，只有当社会达到了自觉地“以每个人的全面而自由的发展为基本原则”的程度时，人类真正的自由和解放才能够得到实现。②

价值的时效性和历时态

价值关系的个体性或独特性、多维性或全面性，是从同时态考察所看到的特性。从历时态来考察则应看到，具体的价值必然随着主体、客体及条件的变化而变化，表现为时间上的过渡或流变形态。

价值的时效性是指，每一种具体的价值都具有主体的时间性，随着主体的每一变化和发展，一定客体对主体的价值或者在性质和方向上，或者在程度上，都会随之改变。例如：在原始人那里曾有巨大精神价值的图腾崇拜对象，在今天早已丧失了这种精神价值，而只具有文化史、自然科学研究和实用的价值；畜力的使用曾具有解放人力的巨大价值，而在后来，使用畜力则越来越变成束缚人力的表现；一个新知识的获得曾起过推动思维发展的历史性作用，当它逐渐变为常识以后，它的真理性并未消失，但它的科学价值和社会价值却已经不被人们所注意了。

价值的时效性根源于人们的价值水准不断地改变、更新、转移和提高，取决于主体需要的不断增长和主体能力的不断提高。人的需要具有不断增长的特点，需要的每一次满足都产生新的需要，因此永远不会最终地满足。对于未被满足的新的需要来说，原来获得的价值就不再是价值，而是主体自身的条件了。这就必然会使具体的价值显示出时间上的有限性。这种情况，在日常生活中表现得最为明显。“时间就是生命”、“时间就是胜利”、“时间就是金钱”等这类激励人心的口号，无不是对这种时效性的深刻体会；木柴、煤、石油、水力和风能、原子能、太阳能等先后成为能源追求的主要对象，正是人们的实际能力和价值水准不断提高的结果。

---

① 《马克思恩格斯全集》，中文1版，第23卷，649页。

② 对于马克思把共产主义看作是“以每个人的全面而自由的发展为基本原则的社会形式”这一结论，目前的某些理解尚有一些歧义。例如有种说法把重点放在个人身上，觉得应该就此提出人们“应该如何全面发展”的设计、要求和规定等。我认为，马克思在这里的本意并不是面对个人，而是面对社会的，他所强调的是，共产主义是这样的一种“社会形式”：它“以每个人的全面而自由的发展为基本原则”。按照这一本意，那么重点就是如何以人为本，去实现社会的改造与重建问题。这两种理解之间的差异值得注意。

价值的时效性主要包含两种形式：一种是价值即时性或及时性。某些价值只能在一定时间内形成，过了这个时间就不是这种价值或不是价值。各种“急需”的满足，如“雪中送炭”、“及时雨”，就是即时性很强的价值。另一种是持续性，即一定价值对于主体来说存在时间的长短。例如，一次感官的满足很快就会过去，而一个理想的确立却能鼓舞人的一生。一般说来，任何价值都同时具有这两种时效形式，只是程度各有不同。例如，确立理想是人一生中都需要的，但比较而言，在青年时期则最为迫切，也最适宜。“急需”是特别紧迫的需要，但它毕竟不会是孤立产生的，因此急需的满足也常常具有长久的价值时效。

价值时效的转移或更迭，通常有两种渠道：一种是“刷新式”，即新的价值推翻、取代原有的价值，像原始“图腾”价值的否定，体育竞赛纪录的刷新，长处变成包袱等；另一种是“积淀式”，即新的价值在更大范围或更高的程度上扬弃旧价值，把它的有效成分作为新价值的因素继承和发展，使旧价值得以沉淀、升华。人类文明的总进程、知识的价值进程等就是如此。无论哪种形式，都是具体价值在时间上从产生到消失的过程，是人类需要和能力的自我发展和辩证否定。人类价值生活的特点，在这方面显得特别强烈。

价值的时效也同客体有关。如果没有客体的相应属性，就不会产生满足主体一定需要的价值，特别是在“机不可失”的情况下，客体提供的异常机会对于实现价值至关重要。但客体的存在和属性，包括它按规律发生的变化，都是自身确定的，并不随着主体的变化而变化。而客体在什么时候、对谁有什么样的价值，它的时效如何，主要还是看主体的需要和条件如何，主体是否具有改造它并使它产生某种价值的能力。例如观测哈雷彗星的价值就是如此。观测哈雷彗星所获得的资料的价值，归根到底取决于它们能使人类对宇宙、太阳系和哈雷彗星了解到什么程度，还需要了解什么，而不取决于哈雷彗星多少年出现一次。

主体的具体需要和能力，是主体发展状况和水平的标志。主体今天、此时有这样的需要和能力，就能使客体的属性有这样的价值；主体明天、彼时没有这样的需要和能力，客体的属性仍然存在，却不具有这样的价值。这就是价值时效性的秘密。

那么，有没有“永恒的价值”？不少人对此存在着某种迷信式的期待。譬如莎士比亚笔下的哈姆雷特、《红楼梦》中精彩卓绝的形象刻画，是否有永久的艺术魅力？回答似乎是肯定的。但这种肯定，却往往以概念的模糊不清和似是而非的满足为基础，缺少理性的批判。经过考察分析可以发现，人们通常所说的“永恒价值”，其实往往指的是价值客体，而非指某种价值。以哈姆雷特和《红楼梦》的“永久魅力”为例，它们的魅力之所以永久，无非由于两点：一是因为这些优秀的作品生动地再现了人类主体自身发展的某个“永不复返的阶段”①，它们代表这个阶段而成为后人认识的永久客体。正如马克思谈到古希腊艺术时所说：“他们的艺术对我们所产生的魅力……是同这种艺术在其中产生而且只能在其中产生的那些未成熟的社会条件永远不能复返这一点分不开的。”② 即使后人以同样题材写出思想性更深刻、艺术形式更新颖成熟的作品，也不能代替它们。二是因为这些作品可能给世世代代的读者以艺术的享受和智慧的启迪，即是说，它们对不同时代的鉴赏者都能给予一定的满足。这两点可以说是“永久魅力”的主要含义。然而恰恰由于这两点，它们同时又是不“永久”的。因为上述两点其实不过是一个意思：作为客体，它们是永久有魅力的。这等于说“它们可以永久地有价值”，但并不是“永远地有同样的价值”。毫不费解：《哈姆雷特》在当年上演时给观众的满足，肯定不同于今天上演时给观众的满足，更不同于给一个戏剧家、演员和“莎学”专家的满足。即使在当时，也会如人们所说的，“有一千个观众就有一千个哈姆雷特”，它对每个主体的价值都是不同的。同样，《红楼梦》对作者自己，对当时的评点者、后来的读者、红学家和历史学家的价值，显然是不同的。一个人初读、再读、精研《红楼梦》，每次的收获也是不同的。

可见所谓“永恒价值”，只能是在把人类或人的一般看作永恒的主体，把某些事物看作永恒的客体时，客体对主体的“需要的一般”的满足。如像“食物对人有永恒的价值”、“自然界对人有永恒的价值”、“知识对人有永恒的价值”一样，是一种存在于有限之中的无限式的永恒。实际上，谈论这种永恒倒是没有太多的价值。因为，主体、客体、人的需要和能力本身，究竟在何种程度上是永恒的，这本来就有相对的意义。正如马克思所说：

……物都是许多属性的总和，因此可以在不同的方面有用。

---

① 《马克思恩格斯选集》，2版，第2卷，29页，北京，人民出版社，1995。

② 同上书，29～30页。

发现这些不同的方面，从而发现物的多种使用方式，是历史的事情。①

价值和价值关系的时效性，表明了价值生活是一个动态的、发展的过程，而不是凝固静止的。更重要的是：在价值生活的时钟上，主体是指针。理解和把握这一点，会有助于我们某些思想观念的深化和科学化。例如，我们往往比较习惯于从客体方面来理解价值，经常倾向于从客体、事物、知识、真理本身中寻找某种似乎是一成不变的、永恒的价值，以为事物只要它本身是如此，它的价值就永远如此。表现在实践上，就是常常拿客体的尺度、规律、原则来衡量价值，而忽视主体当时当地的具体情况和需要，“见物不见人”、“见事不见理”。殊不知，在价值问题上是最来不得“刻舟求剑”的。这就像是对于幼儿来说，许多必要的监护是有益的，但是这些监护如果不随着时间推移而减少，代之以更多的放手和鼓励，那么有益的东西就会成为有害的东西。与此相似的是，对人的培养教育采取一套陈旧的僵化的模式，尽管这种模式过去对同类的被教育者是有益并有效的，但是在主体（被教育者）已经变化了的情况下，它却收不到应有的效果。这一类用外在的、客体的观念来衡量价值的做法，正是不懂得价值的主体时效性的表现，我们在实践中屡屡可见。

三、讨论：价值的“客观性”问题

“价值是客观的还是主观的？”这个问题历来是争论的焦点。有人认为，价值只是在人们的评价中才产生和存在，而评价归根到底又似乎只是人的主观欲望、兴趣、情感、态度、意志等的自我表露，所以价值是一个纯粹的主观现象。在持相反观点的人看来，客观性意味着价值来自客体本身的存在或属性，价值完全属于对象自身所具有的内在成分或要素，并强调唯此才能确证某一价值的真实性和客观性，并不是一种主观的意见或幻觉。

争论中的真正的问题在于，人们所说的“客观性、主观性”究竟被赋予了怎样的含义和意义？而反思“客观性”的前提，则根源

① 《马克思恩格斯全集》，中文1版，第23卷，48页。

于对“人、主体”的存在与本性的理解。

价值与客体的属性。价值并不是某种独立存在的实体。按我们已经指出的，价值是一个关系范畴，它表明主客体之间一种特定的关系质态。既然如此，就总要说明价值关系和价值现象的载体的客观性问题。因此不妨先从价值与客体的关系谈起。

“营养”是否是食物本身固有的一种属性？抑或是当人吃食物时，是否就使食物产生了被叫作“营养”的那样一种属性呢？人在赏花时所感受到的“美”，是不是花本身的天然属性或社会属性呢？哲学上的一个基本的判断是，“一物的属性不是由该物同他物的关系产生，而只是在这种关系中表现出来”①。这就是说，事物的属性由它的质和量的内在规定性所决定，属性如何表现出来，固然会依其外部关系的具体情况而有所不同，但属性如何、属性本身却并不取决于事物同他物的关系。食物中含有蛋白质、淀粉等成分和它们的物理、化学属性，在肠胃中能够表现出其物理和化学功能，但食物却并不具有“饱足”之类属性。一物在同他物的相互作用中，并不“获得”自己的属性，而只是作为它自己的客观存在、结构和规定性的功能，在相互作用中表现它自己。换句话说，属性只表现事物自己所固有的东西，这正是“属性”区别于“关系”之所在。

在具体的主客体关系中，在主体和客体所固有的东西之外“产生”或“获得”的，是其“关系”即相互作用的结果，它既不能归结于主体属性，也不能归结于客体属性，它不是两者中任何一个的属性。“营养”并不是食物或肠胃的属性，而是食物的物理和化学等属性与食用它的人的生理机制相互作用的结果；“美”并不是花朵或眼睛的属性，而是花的各种属性与人的审美结构相互作用的结果。当某一食物不是被食用而是被用来作为重物时，当花不是被观赏而是被食用时，不能说它们的属性因此而改变了，但这些属性同人相互作用的结果即价值，却大大地不同。食物作重物不足以与石头相比，花的食用价值不足以取代食物。这是因为，客体本身的结构和规定性是有质和量的限度的，它在任何相互作用的关系中，都只能在这个限度内表现自己，超出这个限度，它就未必能够达到与主体的目的的统一。如果不看到这一点，以为在任何价值关系中都可以使客体产生或获得人所需要的属性，必定会导致错误的结论。

---

① 《马克思恩格斯全集》，中文1版，第23卷，72页。

我们说，价值不是客体的属性，而是客体属性对主体的作用（关系），或者说，是以客体属性为一方的主客体相互作用。这一点表面上似乎与下列说法相矛盾：人们在做出价值判断时，通常是把价值与客体相联系，如说“某物的价值”，“某食物有营养”，“这朵花很美”等。实际上，犹如我们常说“太阳每天从东方升起”，而实际是地球带着我们每天朝向太阳一样，对于这类习惯说法背后的真实含义，需要加以科学的分析和说明。马克思曾说过：有些人认为，“价值”这个词“表示物的一种属性”，“的确，它们最初无非是表示物对于人的使用价值，表示物的对人有用或使人愉快等等的属性”①，但是，这不过是物“被‘赋予**价值**’”②，也就是说，是人把本来不属于物的东西看成了是物本身所固有的东西。“人们实际上首先是占有外界物作为满足自己本身需要的资料，如此等等；然后人们**也在语言上把它们**叫做它们在实际经验中对人们来说已经是这样的东西，即**满足自己需要的资料**，使人们得到‘满足’的物。”③ 于是这种语言上的表述就造成了一种假象：“他们赋予物以有用的性质，好像这种有用性是物本身所固有的，虽然羊未必想得到，它的‘有用’性之一，是可作人的食物。”④ 最后一句机智地嘲弄了“羊具有可食性”之类的说法，形象地揭示了将价值与客体属性等同起来这种思维和表达习惯的荒谬。

那么，什么是“有用”、“价值”与物、客体之间的本质联系呢？马克思认为，“财富”、“价值”等“这种语言上的名称，只是作为概念反映出**那种通过不断重复的活动变成经验的东西**，也就是反映出，**一定的外界物是为了满足**已经生活在一定的社会联系中的**人……的需要服务的**”，“他们可能把这些物叫做‘财物’，或者叫做别的什么，**用来表明，他们在实际地利用这些产品……**”⑤ “使用价值表示物和人之间的自然**关系，实际上是表示物为人而存在**。”⑥

这些由我们加了黑体的用语表明，在马克思看来，价值不是对物、客体及其属性的描述，而恰恰是对它们与人和主体活动关系的概括。物为人的需要“服务”，“物为人而存在”，都不是物本身所固有的属性，而只能在人**实践地占有**或**利用**物及其属性的意义上来理

① 《马克思恩格斯全集》，中文1版，第26卷Ⅲ，326页。

②③④ 《马克思恩格斯全集》，中文1版，第19卷，406页。

⑤ 同上书，405、406页。黑体字为笔者所标。

⑥ 《马克思恩格斯全集》，中文1版，第26卷Ⅲ，326页。黑体字为笔者所标。

解。物的价值就是物被人所同化，就是物的非自在而“为人”这种关系。总之，就客体方面说来，客体与价值的关系不是实体与属性的关系，而是实体及其属性同主体的关系。

在区分客体属性与它对主体的作用时，还要区分这种作用本身与产生它的原因、基础和根据。客体之所以能够形成某种价值，是因为它有某种客观的属性。“一物之所以是使用价值，因而对人来说是财富的要素，正是由于它**本身的属性**。如果去掉使葡萄成为葡萄的那些属性，那么它作为葡萄对人的使用价值就消失了”①。“珍珠或金刚石所以有价值，是因为它们**是**珍珠或金刚石，也就是由于它们的属性”②。客体的一定属性是形成一定价值的客观前提、必要条件和要素。当我们强调价值不是客体的属性本身时，丝毫也不意味着否认客体的存在或否认属性在形成价值过程中的地位。“巧妇难为无米之炊”，客体作为主体“满足自己需要的资料”，始终是不可缺少的。但是，前提毕竟不等于结果，原料毕竟不等于产品，形成价值的原因和条件毕竟不等于形成的价值本身。在没有人存在也没有人使用葡萄时，使之成为葡萄的那些属性依然存在，但是葡萄的使用价值却并不存在。而当人占有和利用葡萄时，它的价值也是各种各样、不断变化着的。所以，不能把价值看作是客体的属性本身，而应该把客体的属性看作是产生价值的基础、条件和原因之一。

总之，对人的益和害、好和坏，并不是客体本身固有的属性，而是主体对客体及其属性改造或利用的结果。因此，仅用客体及其属性的客观性还不足以说明价值为什么是客观的。要说明价值的客观性，还必须在承认客体的前提下，进一步提示主体及其活动的客观性。

主体性与客观性。价值客观性的基础，根本上决定于主体本身的客观性实质。也就是说，主体的需要、活动和实践的客观性，对于价值的客观性来说，是决定性的基础和标志。

例如“美”这种价值是客观的还是主观的？学术界曾长期争论不休，后来发现它归根到底同人、主体的审美结构和活动相联系。因此美学的研究正在朝着研究人、主体的方向深入。如：“对艺术的研究，是对人本身研究的一个必不可少的部分。”③ “关于‘美’的

---

①② 《马克思恩格斯全集》，中文1版，第26卷Ⅲ，139、176页。

③ ［美］鲁道夫·阿恩海姆：《艺术与视知觉》，7页，北京，中国社会科学出版社，1985。

本质的理论探讨（美的性质造成美的条件等）让位于对人的审美能力的探讨，对美的对象的描述让位于对人的内在感受能力的心理分析。”① 从价值论的观点看，这正是“美”作为一种价值所提出的必然课题。对于一切价值研究来说，对它的主体的研究才是问题的核心。

价值问题，本质上是一个关于主体、人的问题。而在谈到主体、人的时候，马克思的一个根本立场，就在于他并不把主体和人看作是一个抽象的主观存在，而是始终把人看作物质的、自然的、社会的、历史的现实存在，也就是说，是强调人、主体社会存在的客观性。按照马克思的观点，可以用人的、主体的客观性来说明价值的客观性。

所谓主体的客观性，是指人、主体所具有的不依赖于人的主观意志的存在、本质、本性、能力、条件和活动方式等客观规定性。它包括人、主体的需要、活动和实践体验等一切并非由人主观随意决定的表现。在本书第一章业已就“主体、客体”与“主观、客观”概念进行了必要区分的基础上，这里可以说，主体需要和能力的客观性，本质上是人的存在、生存、发展及其条件的客观性，是人的本质和本性的客观性。人的需要和能力，无论是生理的还是心理的、自然的还是社会的，也无论是物质的还是精神的，都从根本上同人的社会存在相联系，因此它有着不依赖于人的主观意志的客观性和必然性。

从人的需要和尺度的客观性方面，可以理解价值是一种客观的相互作用过程及其结果。在这个问题上，唯心论的思考方式最多只是用人们对需要的思考来理解价值，而不是把需要看作是形成价值的客观的前提，因此不可能从主体方面看到价值的客观性。旧的唯物论则把人的需要仅仅理解为自然的、生物的需要，不懂得需要是社会地历史地发生、发展和满足的，从而把满足需要的过程同人们自觉的社会历史活动对立起来，使之庸俗化。而对于马克思来说，承认价值的客观性，正是以揭示人、主体的具体历史客观性为依据的。例如他说：

> 假如我们想知道什么东西对狗有用，我们就必须探究狗的本性。……如果我们想把这一原则运用到人身上来，想根据效

① 滕守尧：《审美心理描述》，14页，北京，中国社会科学出版社，1985。

用原则来评价人的一切行为、运动和关系等等，就首先要研究人的一般本性，然后要研究在每个时代历史地发生了变化的人的本性。①

人的需要就是人的本性。需要既是一般的、基本的，又是历史地变化着的、社会的。从这一点出发，是揭开价值和评价之谜的关键。旧唯物主义是一种“唯客体主义”，往往把一切客观性都归于客体。这种观点必然不能理解主体、人的社会存在和活动的客观性方面，因此它不能把价值的客观性观点贯彻到底，不能真正驳倒主观主义的价值理论。

我们说，人、主体活动的客观性，即人的生存发展实践的客观性，归根到底仍然是物质世界不同形态相互作用的客观性。人有意识、有目的的特征，使这种相互作用内容更丰富、更深刻，形式更多样、更活跃，但并不改变其客观性的实质。在这种相互作用中，主体需要的满足与不满足同样是客观的，而“满意”、“不满意”只是对客观的满足与不满足的意识。后者的主观性并不能取消前者的客观性。主体在与客体打交道过程中的实际体验和感受，本身是一种主体性的客观事实（这一点我们将在第四章中专门加以论述）。了解了这种客观事实，就能够找到价值的客观存在形式。从这个意义上说，主体的客观性不仅是价值客观性的前提，而且是承担和体现价值客观性的最终形式。价值的客观性最终要通过主体生存发展的客观变化表现出来，并得到验证。

价值与人的社会存在。主体的客观性在于人的社会存在性。因此，价值的客观性问题，首先要在人的社会存在方式和过程中加以理解。

人与自然、人与社会、人与人之间的价值关系，是普遍地、必然地存在着的。价值关系是人们社会生活中的一种存在论关系。“人们的存在就是他们的现实生活过程”②。这里的“现实生活过程”，首先是指社会物质生活条件的生产过程，同时还包括受物质生产制约并反过来制约物质生产的其他过程，如现实的人的生命过程、生活过程和人本身的再生产过程，人们的全部社会关系和社会交往过程，等等，它们共同体现着人的活动的本性——客观社会性。而价

① 《马克思恩格斯全集》，中文1版，第23卷，669页注（63）。

② 《马克思恩格斯选集》，2版，第1卷，72页。

值关系，是贯穿在生产关系和经济关系、民族关系、阶级关系、政治关系、伦理关系等各种具体社会关系中的一项基本内容，并不是与它们相外在的单独形式。以物质生产为基础的全部社会生活，包括经济生活、政治生活、文化生活、伦理道德生活、个人日常生活等，本质上是人们的物质生活和以物质生活为前提的精神生活。在这所有的生活领域中有一个普遍的价值关系，即利益关系。

“利益”的特点、地位和作用，最集中、最充分地显示了价值关系的性质。第一，利益总是现实的人（或群体、人类）的实实在在的现实关系，它在每一具体的场合都表现为一定的客体对主体的价值关系。第二，利益是依主体不同而不同的。个人、群体、社会、人类等不同层次的主体有不同的利益，对立的主体之间根本利益也是冲突的。第三，利益总是主体活动的直接的、自觉的目的性基础。不管主体是否意识到，他总是把利益作为衡量自己与事物或他人关系的一个尺度，等等。总之，利益是人们社会生活中的主体性内容和主体尺度的表现。我们在承认社会生活是现实的人的现实的生活，而不是某种抽象的物质或观念的运动时，都必须承认利益关系的客观存在，承认它的主体性和主体尺度。

利益作为价值关系的社会形式，是人们社会生活中的一种基本关系内容，它的地位和作用永远不应忽视。但是，如果离开了对利益的前提、历史特点和实现过程的具体分析，把它抽象地夸大成人类社会生活的唯一本质关系，则是错误的。马克思恩格斯在批判边沁的功利主义时曾指出：“把所有各式各样的人类的相互关系都归结为**唯一的**功利关系，看起来是很愚蠢的。这种看起来是形而上学的抽象之所以产生，是因为在现代资产阶级社会中，一切关系实际上仅仅服从于一种抽象的金钱盘剥关系。”“这种利益的物质表现就是金钱，它代表一切事物，人们和社会关系的价值。”① 当然，这并不是人类历史上一切阶段的普遍特点，更不是人和人之间关系的唯一本质。在社会生活中，人们之间不仅还有着非功利的关系，而且就功利而言，人们之间的利益关系也是历史地发展进步的。

总之，作为人的社会存在方式之一的普遍价值关系，具有下列特点：

第一，客观性。即价值关系是人与自然、人与社会、人与人这

---

① 《马克思恩格斯全集》，中文1版，第3卷，479、480页。

些物质存在之间的客观关系；这些关系的首要的和直接的表现，是客体对于主体的物质存在和发展的保障，如需要、能力、权益、利益的实现；实现的过程是同一定的社会物质过程相联系的。

第二，社会历史性。即价值关系总是作为一定历史发展阶段上的具体的社会关系而存在的，它任何时候也不游离于现实的社会关系和条件之外。价值关系的表现及其实现过程，随着整个社会的历史发展而历史地改变着，同时它也反过来呈现着社会历史发展的水平。

第三，人的主体能动性与自然历史过程的统一。人们的社会存在本质上不是一种消极的静止的存在，它本身就是人的本质活动的过程。"这些个人是从事活动的，进行物质生产的，因而是在一定的物质的、不受他们任意支配的界限、前提和条件下活动着的。"① 人们的价值关系和价值活动最鲜明地代表了社会存在的这一本质。

---

① 《马克思恩格斯选集》，2 版，第 1 卷，71～72 页。

第三章
价值的类型

人类生活中的价值关系和价值现象，是一个极其丰富的、无限多样化的领域。一方面，人作为主体的现实形态是多样化的，不仅有层次众多的个体、群体乃至人类的整体，而且每一层次上的人的个体也形态各异；另一方面，人类实践所涉及的任何事物，无论是自然的或人工的物品，还是精神文化现象和人自己，都能在某一方面成为一定社会、群体或个人需要的对象，成为一定价值关系的客体。因此价值关系总是在不同领域、不同层次和不同时态上具体地形成和改变着，具有极其纷繁复杂的多样化形态。总体上，它是一个以人为中心的结构系统。

一、划分价值类型的方法

价值现象具体地表现为哪些形式？或人类价值关系的结构是怎样的？实际上，这里有两个不同的层次：具体的分类和一般的划分标准。

划分和归纳具体的价值类型，往往有不同的角度和方式。美国学者培里曾把人类生活的价值领域概括为八个方面：道德、宗教、艺术、科学、经济、政治、法律和习俗；舍勒主张，从低级到高级可以把价值分为感觉价值、生命价值、精神价值、宗教价值等；其他一些哲学家则提出，各种价值可分为两大类——目的价值与手段（工具）价值；还有的提出功利价值、道德价值，或工具价值、内在价值等划分系列；当代心理学家马斯洛提出了人的“需要层次说”，主张按需要的层次划分基本的价值，并排列它们的等级；等等。这些不同的划分方式体现了对价值本质的不同理解和不同的价值思维方式。

本文依据主客体关系理论，认为现实的价值必然由三个方面的因素构成并确定：(1)“什么或谁的价值”，即价值客体；(2)“对于谁或什么人的价值”，即价值主体；(3)“什么性质的，或适合主体哪一方面尺度的价值”，即价值内容。一般说来，一个完整的价值判断，必须是明确地或暗示地包含上述三个方面的要素，其完整表述是“××的××价值”。如：“产品的经济价值和艺术价值”，“矿藏的价值是它为人类物质生产提供资源”，“孔子的贡献（对于中华民族文化和世界文化来说）是宝贵的”。如果实际上缺少其中某个环节，那么这个价值概念或判断就是不完整、不确定的，在思考和实践中就会造成盲目性和随意性。

把握这三个方面的内容，可以将各种通常的划分归结为以下两种类型：

一种是**从客体方面划分**，即依据价值关系中客体的类型来概括价值来源、提供者，其表述形式是“××的价值”。这种表述比较简单和常见。用这种方法可以归纳出来的基本价值类型有：物的价值、精神文化现象的价值、人的价值三大系列。接着还能够就每一具体客体建立更详细的分类，如人工物的价值和自然物的价值、科学研究的价值和文艺创作的价值等。

但实际上，这种划分并不能真正地确定或指明价值，它实际上只是确定了考察的对象——价值客体，至于这一客体的价值是什么，实际上并未确定。例如，“杯子的价值”并不等于“可做饮具”；事实上杯子在同人的关系中还有其他可能的价值，包括也可用作礼品、艺术收藏品乃至容器和重物等。如前所说，某一客体对于主体的价值，必然依主体的情况而表现出多元化的个性、多维性和时效性等特征，从而具有无限多的可能。所以一般说来，“××的价值”这个概念，并不是某一具体价值的名称，而是许多事实上可能价值的总和。因此一般说来，不宜把“××的价值”作一种特定的价值类型来使用。

当然，把价值看作是由客体所承担的社会意义，已经成为一种普遍的习惯看法或说法。而从客体角度划分，实际上就是对人类认识和改造的对象进行价值分析，揭示对象或客体世界究竟在哪些方面或何种意义上能够服务于人的生存发展。它要求对一定客体与主体之间的具体价值关系及其变动进行多方面的考察。只有在进行历史的、实践的充分的考察的基础上，才能大体上比较深入地、但不是绝对地了解和想象出一个对象的可能价值。这对于启发和开拓人类的创造性有一定的积极意义。

例如“物的价值”，是指物以及物与物之间的关系服务于人的生存发展。物可以分为天然物和人工物两大类，但这两类物的价值都不改变其性质。而物对于主体人的价值，则可以包括物质价值和精神价值。如自然界的山水，在物质价值方面表现为人的生存环境、资源、能源、生态等价值；在精神方面则表现为审美价值、科学知识对象价值等。一般来说，物的价值是以物质价值为主，但也不能否认物对人的某些精神价值。特别是随着自然界日益被改造，人工物在人类生活中的比重越来越大，物的精神价值也越来越不容忽视。在环境规划、建筑等领域对人的精神、心理、审美享受和文明风格的意义，现在不是已经越来越受到重视了吗？可见“物的价值”不仅表现为人的物质生产和生活的必要条件、经济利益等物质价值形式，而且还包括一部分精神价值形式，如审美价值、科学价值、文化价值等。

同样，某些精神现象的价值，即通过一定外在形式表现出来的精神现象对于主体人生存发展的意义，也是如此。精神现象的种类繁多，总的来说可以分为感性形态和观念形态两大类，精神现象的价值除了直接表现为精神价值以外，还直接间接地表现为某些物质价值。这是由于对精神需要的满足，有时不能不引起主体物质方面的变化（如愉快的情绪对人的生理调节作用）；特别是人具有能动性，能够使“精神变物质”，如科学知识带来生产力发展等。所以，精神现象也能够在一定条件下产生物质价值。

总之，从客体角度划分价值的意义，在于总结世界同人的关系发展的状况。使用“××的价值”这个概念，与其说是提供了某种规定，不如说是提出了一个问题。这种划分必然随着实践和科学的发展而不断深化，同时又反过来指导和促进认识和实践的深化。

另一种是**从主体方面划分**。这是以主体和主体需要的性质及其被满足的情况来标识对象的价值，它的通常表达形式是“（某事物具有）××价值”。

一般说来，“××价值”是一种确定的价值类型概念。这个术语所表达的科学含义，是指由于满足了主体某一方面（“××”）需要所形成的价值。如：“物质价值”是指满足主体物质需要所形成的价值；“科学价值”是指在科学上或对于科学的发展所具有的价值；“文化价值”是指满足人在文化发展方面的需要；“实践价值”是指对于实践或在实践上的意义；等等。由于价值本身是以主体尺度为标准和界限的，同一客体可以有不同的价值，不同客体也可能对主体形成相同的或彼此可以替代的价值（如不同食品可以同样充饥，物质产品也能够产生精神价值等），所以，只有依主体的尺度来划分价值的类型，才能较准确地界定和区分具体的价值类型。这是价值分类最重要的基础性、根本性的方式。

从主体方面划分有多种角度：

依主体（被满足者）的形态和层次来划分，用价值主体的身份来标识价值，可以区分出“个人价值”、“群体价值”、“社会价值”、“人类历史价值”等，它们分别指对于个人、群体、社会和人类历史发展需要的满足；

如果按照所满足的主体需要的性质来划分，那么就有满足主体的各种物质需要（衣食住行等）的“物质价值”，满足主体各种精神需要（理性、知识、情感、意志等需要）的“精神价值”等；

另外，依据人的不同社会生活领域也可以区分为经济价值、政治价值、道德价值、审美价值以及科学认识价值和社会实践价值等；

依据所满足的需要在主体活动中的整体性质和地位，人们也常将价值区分为“目的价值”和“工具（手段）价值”；

同样，依据每种价值所实现的满足主体需要的现实性和程度，则可以划分出正价值和负价值、高价值和低价值、潜在价值和现实价值、真实价值和虚假价值、即时价值和长久价值等。

不难看出，从主体角度划分价值类型，既有精确的确定性，又有动态的开放性。这种划分方式的意义，主要在于引导人们充分注意和理解主体人的本质、需要、能力等内在规定的多样性、全面性和统一性，理解人的发展的无限丰富性和可能性。这无疑是最为根本的。

把握上述两种基本划分方法之间的区别和联系，特别应该注意“××价值”与“××的价值”两种表述之间的区别。

如：“物质价值”不同于“物的价值”——前者仅仅是指满足人的物质需要，后者则仅指确定的价值客体是物而非人或精神现象。

再如：“科学价值”是指“人的科学认识需要得到满足”的情况，而“科学的价值”则是指科学作为客体，它能满足人类社会的什么需要，也就是说，是科学所能够或将会具有的全部价值的总和。事实上这涉及技术、经济、文化、生活乃至政治和道德等无限多的方面。

同样，“文化价值”是从主体（文化）需要的性质方面来确定的一种价值类型，也不能把它等同于文化产品或文化活动（作为客体）可能的价值，等等。

把握表述上的这种差别，有助于观察了解人类价值生活的生动丰富性，对于活化和深化我们的价值思维具有积极的意义。相反，如果在思维中把它们混淆不清，那么我们对现实价值生活的理解，就会显得片面而贫乏。事实表明，在日常生活和理论研究中，由于概念和方法上的不清楚，往往会造成观察和思考上的简单、含混、僵化甚至偏激，妨碍全面深入地把握现实的价值生活。

应该指出的是，进行价值类型的划分和排列，在理论上并不是十分重要的。重要的是应该看到，上述价值分类角度和形式的极其多样化，反映了人类价值生活及其认识的复杂性和多面性。各种各样的价值在不同的条件下形成和演变着，它们彼此相伴而生，交织在一起，形成了无穷无尽的人类价值生活的网络，并且这是一个永远以主体尺度为标准，永远随着人的发展而处于动态演进中的生命网络。因之，企图以某种固定的模式来描述或设计它，不仅不必要，而且事实上也不可能一劳永逸地实现。

懂得价值现象的本质和特征，就要能够在每一具体的场合具体地认识和鉴别各种不同的价值，结合特定的主体、对象和条件来说明它们的基础和特征，即运用主体分析方法，掌握“从实际出发”和“具体问题具体分析”这一唯物辩证法的活的灵魂。

二、几种基本的价值类型

按主体人的尺度（需要、能力等，以下以需要来代表）划分价值类型，可以首先对人的需要进行基本的分类。在哲学上最具普遍性和基础性的分类主要有两种：一是目的性需要和工具（手段）性需要的划分；二是物质需要、精神需要和物质—精神综合需要的划分。当然还有其他很多种不同的分类。无论分类的角度如何不同，人的各种需要之间具有内在的联系和整体统一性，各种分类之间并没有绝对不变的界限。例如人的目的性需要必然会产生工具（手段）性需要，工具（手段）性需要也会在一定范围内具有目的性的意义；物质生活需要也往往同时表现为精神需要，反之亦然。因此，这些需要类型的区分一般来说只是一种合理的抽象，具有相对的意义。它们之间不是也不应该是相互排斥的关系。

目的价值和手段价值

依据所满足的需要在主体生存发展中的整体性质和地位，人们常将价值区分为“目的价值”和“手段（工具）价值”。目的是指对一定需要的满足本身，手段则是达到目的所依靠的条件和过程。目的和手段是两种最普遍的价值。一切具体的对象或客体，都可以按它们对于主体的价值划分为这两类：或者是目的，或者是手段（工具）。

当然，这种划分具有一定的相对性，特别是在人类活动无限发展的历史上，某些具体的目的与手段犹如链条上的个别环节一样，并不是孤立静止的，它们之间的区别仅仅具有不断发展转化中的过渡意义。有些需要的满足，是主体活动的目的本身，因此，客体满足这种需要所形成的价值，就叫作“目的性价值”；有的价值目标在局部看来它是目的，然而“这个目标进而又在更高的目标中具有自身的理由，对于后者来说，它又是工具性的了。这种与其他价值的实现与完善有关的价值就叫作工具性价值”①。但这并不妨碍我们对目的和手段的一般关系进行考察。

目的决定手段，手段检验目的。在社会生活实践的各个领域，包括经济、政治、道德、文化、艺术和日常活动中，都有目的和手段的关系。这种关系构成实践辩证法的内容，其中既有目的与手段之间相互作用的客观联系，又包含主体尺度和价值取向的能动作用。

作为实践的内容之一，目的是主体内部规定性的具体化和现实化，是主体价值选择的定向机制。马克思说，人的目的“是作为规律决定着他的活动的方式和方法的，他必须使他的意志服从这个目的”②。一般说来，在主体活动的每一时刻，他的体力和脑力、经验和理智、激情和意志、能动性和创造性都围绕着目的充分展开。在

---

① ［美］瓦托夫斯基：《科学思想的概念基础——科学哲学导论》，583页，北京，求实出版社，1982。

② 《马克思恩格斯全集》，中文1版，第23卷，202页。

认识中，主体按照自己的目的，把客体分解成能否“为我”的物质、能量、信息等成分，从中发现主客体关系的前景，并规划达到这一前景的途径。在实践中，主体尽可能采取相应的手段，把这些成分实际地变成自己现在和未来结构中的一部分。就是说，对于人的价值活动而言，内在目的本身具有一定的客观性、必然性，而手段（“活动的方式和方法”）则相对地具有一定的主观性、偶然性，它们之间本质上是决定与被决定、选择与被选择的关系。

目的决定手段、选择手段，这是人作为有意识的、自觉的价值活动主体的特征。作为价值思维，它的第一个特征是自觉明确目的，敢于坚持目的，积极选择手段来为目的服务。中国民间有句流传已久的格言：“黑猫白猫，捉住老鼠就是好猫”，就是对这种意识的充分表达。“猫论”是一个典型的价值命题。它首先强调了在目的和手段关系上的实效原则：“捉老鼠”是目的，“用猫”是手段；对猫的评价和选择，要以捉老鼠为标准和根据；它所提倡的是，只要目的正确，就要放开手脚，不挑剔手段，唯以达到目的为衡量手段的标准。不难看出，把这一原则应用于实际，就是倡导解放思想，不拘一格，唯实是举。

“猫论”的思维方式和原则，不论是否用这种方式表达出来，实际上都具有一定的普遍代表性，但它毕竟还不是理论。要把握它的合理前提和意义，就需要从理论上进一步思考。例如关于手段的合理性问题：是否只要目的合理，那么能够达到它的手段就一定是合理的呢？或者说，就可以“不择手段”呢？事实上，这里仍然是对目的与手段关系的深层理解问题。因为按照目的决定手段、选择手段的关系，强调手段应该充分放开时，对手段是有“择”的。人只要是有目的地活动，只要他是确实打算实现自己的目的，只要他不是处于意识错乱的状态，就总是对手段有所选择，不可能完全不择手段。有的“不择手段”本身就是手段：“管他是好是坏，先干起来再说”，“饥不择食”，“病笃乱投医”等，仿佛是失去了选择，但这种不选择其实就是选择，是在干与不干中选择了“干”，在食与不食中选择了“食”，在投医与等死中选择了“医”。只不过这种选择比较被动，带有一定盲目性罢了。我们通常所谴责的“不择手段”，其实是指没有采取应当采取的手段，特别是指没有选择正当的手段。那么，什么是手段“应当采取和不应当采取”、“正当和不正当”的标准呢？这里往往有着彼此不同又相互影响的两重标准，一个是主体目的标准，另一个是社会规范标准。

所谓**主体目的标准**，是指手段是否有利于达到主体的目的。对一定主体来说，有利于达到目的的就是应当的，反之则是不应当的。比如要去瞻仰天安门，目的确定了，行进的方式和线路就是手段。从原则上说，能够通向天安门的各种方案都可以选择。所以手段是可以充分放开的、有高度选择自由的；但是，放开手段并不是目的，目的是要快捷、安全、经济地到达目标，因此放开是为了选择最佳行进方案。选择手段的标准是：哪种方式和线路更快捷、安全、经济？为此就要解放思想，多几种选择和比较的可能，不能只是照习惯走老路。

一般说来，主体目的标准是任何主体自己选择手段的标准，它必然包含着“选择”。手段有“择”，贵在自觉。这是一种必然的、明智的态度。相反有两种实际上“无择”或“拒择”的倾向，则是愚蠢而有害的：一种是因手段而忘记了，或者不如说是放弃了目的。“运动就是一切，目的是没有的”这一机会主义态度，就像本应“选猫捉鼠”，结果却成了“为猫而猫”；另一种是以狭隘、凝固的眼光看待手段，不懂或不肯为了实现目的要灵活开放地对待手段，认定“只有从脚下画一条通向天安门的直线，才是唯一可采用的方案”，“只有白猫才能捉鼠，没有白猫，宁可让老鼠泛滥”。这种教条主义、经验主义的态度，可以和机会主义一样划入“不择手段”之列。它们都是导致主体碰壁之道。

所谓**社会规范标准**，就是指行为是否为社会的政治、经济、法律、道德等各方面的规则所允许，允许的是正当的，不允许的是不正当的。但社会规范标准不仅仅用于衡量手段，更在于衡量目的。从社会规范的标准来看，所谓不择手段，是指采用了社会规则和人们的道德原则不允许的手段。出现这种情况的实质原因，主要不在于手段本身，而在于目的。我们可以看到，抱有不正当目的的人，必定会采取不正当的手段，这是他自己不会放弃的；而抱有正当目的的人，即使有时采取了某些不正当的手段，他自己也能加以改正和弥补。这就是目的对手段有决定性和约束力的表现。譬如目的是帮人和救人，那么发现手段有不利于人的效果时，目的就会出来纠正手段；只有目的就在于害人、损人利己时，那样的手段才会继续下去。

因此，现实中的手段问题往往同目的有关，更多的是出于目的本身的不明确、不完整，或者在执行过程中偏离了目的。例如，采用盲目扩大基本建设、重复引进生产设备、片面追求产值和产量、无计划地乱采滥伐等手段来搞经济，以为有利于实现“发展生产力”的目的。这些其实是对发展生产力的错误理解造成的。在头脑里没有弄清“生产力”与对自然的“破坏力”的界限，没有掌握生产力发展的标志是提高生产率，没有把提高长远经济效益和长远社会效益当作发展生产力的真实效果等，把发展生产力仅仅当成扩大生产规模和产量，甚至当成“抓钱”的同义语。以此为目的，结果恰恰损害了生产力的发展。而真正明确、完整、科学地理解发展生产力这个目的时，绝不应是如此。我国现代化建设的目的，归根到底是为了人民生活得更美好，这是不容怀疑的。但是，人民生活得“美好”是指什么？仅仅是指物质富裕？如果世上还有剥削和压迫，还处在必须由一部分人的贫困来保证另一部分人的富裕、一部分人的愚昧是另一部分人“文明”的基础、一部分人的劳动是另一部分人享受的源泉、物质富裕与精神迷惘相联系的情况下，能够真正使人民生活得美好吗？显然不能。社会发展的目标实际上是一个整体，是许多具体目标的统一体。这些具体目标之间，固然有着一定的因果先后、轻重缓急的关系，但是它们不应彼此割裂和孤立。

可见，在选择手段上出现的问题，归根到底要从目的上加以解决。在实际生活中，有时会发生手段与目的相冲突、这一目标同那一目标相冲突的情况，例如经济与政治相冲突、功利与道德相冲突等。这里的关键问题还是对整体目标、对各具体目标之间的根本关系如何把握。如果孤立地、片面地强调某一具体目标，忽视了这一目标同其他目标的关系和在整体目标中的地位，就势必造成顾此失彼、左右为难、相互抵触、相互抵消的局面。当然，其中有某一目标背离了公共正义的宗旨，是造成冲突的更深刻原因。譬如追求经济效益同提高道德水平之间，当追求经济效益仅仅是为自己捞钱，而不是为人民和社会增加有效财富的时候，或者提高道德水平只是用一套陈旧的观念来要求现实，并不是服务于人民创造新生活的时候，它们之间的冲突就是不可调和的了。

对于个人来说，也存在着同样的问题。如果一个人为自己选定的人生目标，是在生活、学习和工作，物质和精神，个人、家庭和社会全面的意义上加以考虑的，是想使自己成为一个完整、健全意义上的个人，那么他的兴趣爱好就会很广泛，选择自我实现、丰富和发展自己的手段就会很灵活、很主动、很有效，他在社会生活中的乐趣和自由就会很多。反之，如果一个人为自己选择的人生目标很狭隘、很片面、很模糊，那么他所面对的矛盾冲突就会很多，现实中使他不愿或不能选择的东西会越来越多，他的人生的道路就会越走越窄。

综上所述，在目的和手段的关系上，依据主体性的价值思维，可以得出两个简短的结论：

首先，要明确目的，使它更完整、全面、系统，不应脱离了目的而就手段说手段。过多地限制和挑剔手段，对于有不正当目的的行为来说，只能治标，不能治本；对于有正当目的的行为来说，则会使人过于拘谨，束手束脚，思想僵化，不能充分发挥创造力，无法开拓新局面。所以，总的态度应该是“端正目的，放开手段”。

其次，应该把实施手段的过程当作反映和检验目的的镜子。目的本身是要在实践中不断具体化，不断丰富和发展的。目的和手段之间不是单向决定的。在主观上，手段的选择受目的的决定，目的是检验手段的标准；在客观上，手段还受条件的限制，手段也检验目的。端正目的包括要接受手段的反馈。如果一个目的是用任何手段也实现不了的，那就证明这个目的没有客观的现实根据，是一个不合理的目的。我国过去许多超越历史阶段所追求的社会发展目标，之所以用尽各种手段也终归失败，其根源就在于此。所以，充分放开手段，对于选择和确证合理有效的目的，也有重要的意义。

目的价值与“内在价值”。在国内外学术讨论中，经常出现一些疑似“目的价值”的概念，例如一些人用来指称某种与“工具价值”或“手段价值”相区别、相对应的价值类型时，习惯使用“内在价值”、（自然界或物种、环境）“自身的价值”，或“人本身的价值”、“主体价值”等提法；还有些人在描述某种不依赖于具体关系而存在的永恒价值现象时，使用的“终极价值”概念；甚至在韦伯提出的“工具理性与价值理性”的区分中，也使其“价值理性”的含义带有了类似的意义。所有这些，都涉及究竟如何看待价值的本性，如何理解目的价值与工具价值，特别是如何判定价值的“内在”与“外在”性质问题。

在学术讨论中，这是一个很不容易通过交流而达到统一的问题。不仅因为对它们的理解和使用多而杂，更因为这里实际上涉及价值思维方式的根本差异。

按照通常的语言和逻辑，“内在价值”应是相对于“外在价值”而言的。那么何谓价值的“内在”和“外在”呢？我国自古就有“物自有贵贱”与“物本无贵贱”之争，可说是这一讨论之滥觞。儒家认为贵贱是天地之性所为，如孔子说“天地之性人为贵”①，便实际上主张了“物自有贵贱”的“内在价值”说；道家认为天地之性本无贵贱，如庄子说“以道观之，物无贵贱。以物观之，自贵而相贱。以俗观之，贵贱不在己”②，便实际上主张了贵贱是相对而形的“外在价值”。儒道两家的观点分别与后来的“属性说”和“关系说”比较相近。但古人的注意力往往停留在“外在”还是“内在”上，却对“贵贱”即价值本身没有给以足够的注意，这是思考方式的一大漏洞。

这种思考方式，是沿着事物（天地万物）或主体人“内在地具有价值”这个前提和方向去设定寻求“内在价值”。而与它们全然不同的关系思维，则恰恰是从这里提出问题：价值，它是可以为任何事物本身内在地固有的东西吗？回答是否定的。因为事物的价值并不是事物的存在和属性本身，而是它们同主体关系的内容。因此它绝不可能单独地“内在”于主客体任何一方，也不可能脱离一定的主客体关系而单独地“外在”于何处。所以，犹如“性善论”与“性恶论”之争，答案应该是：“善恶非性也”！

有人认为，就像衡量长短者自身必有长短，衡量轻重者自身必有轻重一样，客体的价值，应以主体先在地具有价值为前提；这种先在的主体价值，或者说尺度本身的价值，就是“内在价值”。在这种论证方式中包含着的，依然是对“价值”概念把握的错位，未能区分这里的事实性描述与价值判断。人自身当然有重量和长短，但在这里它同对对象“轻重长短”的评价是同一个概念吗？犹如脚的大小是衡量鞋的“可穿性”的尺度，难道脚本身必须先有“可穿性”吗？可见这种理解“内在价值”的方式，是难以成立的。

尽管在不同的思维方式中，“内在价值”和“外在价值”有着不同的含义和规定，联系着不同的逻辑，可以各成一家之言。但是比较而言，立足于传统“属性说”的方式来解释它们，远不如“关系说”的方式在理论上更合理清晰和彻底，在实践上也更丰富和具体。按照“关系说”，要确立严格的“内在价值”和“外在价值”概念，

① 《孝经·圣治章》。
② 《庄子·秋水》。

首先应注意区别“什么性质的价值”和“什么东西的价值”。因为二者实际上不是一回事。事物的属性不论其内在还是外在，对于形成其价值来说是必要的前提和基础，但不是价值本身。对于价值来说，所谓“内在”与“外在”的界限并不在于客体，而在于主体。犹如“右（左）侧通行”的交通规则中，“左”和“右”的方位并不固定于马路本身，而是取决于行人一样。

这样，我们对内在价值和外在价值的理解与规定就是：不论客体本身和它的属性如何，只要它满足的是主体的内在需要，就具有“内在价值”；满足的是主体的外在需要，就具有“外在价值”。这种规定方式当然也有它的困难（即区分“内在需要”与“外在需要”的麻烦），但这一困难并非只在这里才有，而是一个普遍性的问题：任何以某种方式建立“内在价值”概念的努力，都会实际上面临种种理论上、逻辑上、实践上的否定性挑战，所以不如“目的价值”准确。

物质价值和精神价值

依人的物质需要和精神需要的划分，可以概括出价值的三种类型：（1）物质价值，指人的物质需要的满足。经济利益、物质生产和生活、肉体生理的维系、生态条件、社会人身保障等性质的价值属于这一类。（2）精神价值，指对人的精神需要的满足。对人的种种心智情理需要的满足，知识的增长、思维能力的提高、情感的发育、信仰和理想的实现、精神文化生活的效果、人们相互之间志趣的联系等属于这一类。（3）物质—精神综合价值，指对人的物质和精神共同需要的满足，或物质价值与精神价值的统一。例如，人和自然界彼此高度和谐、社会文明程度的提高、人和人之间相互关系的充分合理化、个人身心的健康全面发展等，单纯归到物质价值或精神价值之中都不合适，应该看到它们含有精神和物质两种价值各自不能完全包含的情况，是一种现实的、全面的价值。

从主体方面深入地考察需要和需要的满足，可以看到无论是物质价值还是精神价值，都存在着目的性价值和工具性价值之分，这就是：在物质价值中，有物质消费价值和物质生产价值；在精神价值中，则有精神享受价值和精神生产价值。

物质消费价值与物质生产价值。满足人的物质生活和消费需要的价值，叫做物质消费（生活）价值；而满足物质生活资料生产需要的价值，则叫作物质生产价值。从总体上看，这两者有目的和手段之分。物质生活资料的消费作为主体本身生存和发展的内容，具有目的的性质。我们把满足人民日益增长的物质和文化需要作为生产的目的，就表明了这一点。物质生活资料的生产是达到上述目的的根本条件和保证，因此它具有手段、工具的性质。但是，这种区分在实际生活中具有极其相对的意义。消费和生产不仅互为前提和条件，互相转化，而且往往互为目的。这种辩证关系，马克思曾经作了十分精辟的分析。①

区分物质消费价值和物质生产价值，可以启发人们深入全面地理解物质价值，避免和纠正一些可能出现的片面性。例如割裂和孤立地看待两种物质价值形式，强调一个忽视另一个。有时候，人们往往只看重物质消费价值，一谈“物质价值”，就以为仅仅是指满足物质生活需要，指的是物质享受，而忘记了比这更直接的、作为前提的物质生产的发展。因此而形成的片面追求消费和享受的倾向，势必造成消费和生产的对立。也有时候，人们孤立地看待生产，以为只要使生产发展得快就达到了目的，忘记了生产本身具有的手段性质。因此而形成的盲目扩大生产基本建设和不顾社会效益、破坏环境和资源的倾向，也势必破坏生产和生活的平衡。社会物质消费价值和物质生产价值的统一与和谐，表现为它们相互转化和相互促进，形成一种良性的循环。这是加快物质文明发展步伐的基本条件。

容易产生片面性的另一种表现，就是忽视精神现象的物质价值。作为客体的精神现象，能够直接或间接地产生出物质价值，即满足主体的物质需要，这是在创造物质价值时不应忽视的重要方面。例如必要的知识在某些物质消费过程中的作用（营养知识在饮食消费中的作用，技术知识在使用家用电器方面的作用等）就是如此。没有人们的一定知识或兴趣，某些商品的物质消费价值就不能充分实现，至于知识、兴趣、情绪、意志等在物质生产中的作用，也能够直接或间接地作为物质价值表现出来，就更无须多说了。“知识就是力量”、“科学是直接的生产力”足以表明这一点。忽视或轻视这一点，以为“物质价值”包括它的两种形式都只是由物来承担的，因而“见物不见人，见人不见思想”，乃是一种落后于时代的、不科学的陈旧偏见。

---

① 参见《马克思恩格斯选集》，2版，第2卷，8～12页。

精神享受价值与精神生产价值。人的精神活动也包括两大基本部分，即精神生活本身和精神生活的生产。人们对精神财富的占有和享用，满足各种精神需要的本身，如求知得知，艺术鉴赏，道德心理上的充实，人们之间情感的沟通和表现，理性思维的完整、清晰和自洽，权力和利益的实现，快感体验等，是人在精神上的一种自我实现和确证。这一类可以叫作精神上的生活或享受价值。同时，人的精神生活也和物质生活一样需要不断地再生产和扩大再生产，因此也需要对精神产品进行储存、传播和新的创造。具有这方面性质的精神现象和活动及其物化形式，就具有精神生产价值。精神生产价值的实现，是人在精神上的另一种也是更重要的自我实现和确证。

精神生产同物质生产相比，有两个特征更明显、更强烈：第一，精神生产同精神享受的区别，比物质生产同物质消费的区别更不明确，界限更不分明。因为精神产品的每一次享用，都同时生产出新的精神状态，带来新的后继产品。因此，精神享受的过程在直接的意义上也是精神生产的“后加工”过程。第二，精神生产是不可重复性的生产，它每一次生产出的精神产品都是新的、独一无二的，而不像物质生产那样，可以成批生产出同一型号规格的产品。就像一本小说，如果不是翻印或抄袭，无论作者本人或别人，都不会再创作出完全一样的第二本来。在读者那里，也是每个人每次读它，都会产生出新的感想、印象和评价等。精神生产的这两个特点，也就是精神价值两个方面的不可分性和动态性的表现。就是说，每一精神价值，都同时既是精神享受价值，也是精神生产价值。

按照这种理解，我们可以进一步考察几种精神价值的形式。这里主要有两种类别的价值：一种是实现精神价值的活动形式，有娱乐价值和教育价值；另一种是精神价值的内容特征，有认识价值、道德价值和审美价值等。

(1) 娱乐价值和教育价值。娱乐是人们占有和享用各种精神产品、满足自己义务以外的其他精神需要的主要形式。因此它所带来的主要是精神享受价值。但是，在娱乐的当时和以后，娱乐者也从娱乐中进一步了解了自己、他人和社会，因此也总会产生新的情绪、态度、想法甚至信念。这就是说，在娱乐时也伴随着一定的精神生产，娱乐也有一定的精神生产价值。教育是储存、传播和再生产精神产品的主要形式。无论是学校正规教育还是其他社会教育，也无论是科学文化知识教育还是思想品德修养教育，都是针对被教育者的情况，对已有的精神产品进行再加工的过程；对被教育者来说，接受这些产品是占有和享用社会精神产品的过程，它也带来精神享受的价值。成功的教育能够使教育者和被教育者得到精神上的提升、满足和快乐。

从精神享受价值和精神生产价值的统一来看娱乐和教育的关系，应该使它们合理地互相衔接、互相渗透。可以根据娱乐的特点"寓教于乐"，也可以根据教育的特点"寓乐于教"。因为这两者之间是有着同型价值的。绝不应该把它们对立起来，要么玩起来不顾一切，要么处处严肃死板。无论是忽视娱乐中的精神生产，还是忽视教育中的精神享受，都是片面的，都不可能实现比较完整的精神价值。当然，根本否认精神享受价值，企图把娱乐完全变成教育，或者根本否认精神生产价值，把教育与娱乐混为一谈，则更是荒谬的。精神价值的两种形式都是人类所不可缺少的，更是先进的精神文明所不可缺少的。

（2）认识价值、道德价值和审美价值。认识价值，是指对象或人的活动对于认识本身形成和发展的意义，表现为满足人求知的精神需要和提高人的精神活动能力这两个相互联系的方面。由于人类劳动的本性和生活实践的必然性，渴求对外部世界和人自己的了解，这本身已经成为人的一种普遍的基本需要。因此，获得知识本身在一定程度上就是人的一种目的，达到这种目的，就具有精神享受价值。同时，知识的精神价值还不止于此。获得的知识及其方法，还不断地积淀为人的精神能力，如感受能力、理解能力、抽象能力、逻辑推理和判断能力等。这种精神能力的不断提高，比获得知识本身具有更深远的意义。它是人类进行一切实践活动、创造一切价值的根本性条件。从这个意义上说，提高人的精神能力和思维能力，是手段和条件，它具有无比巨大的精神生产价值。我们通常指出某一知识或思想具有"认识价值"、"科学价值"或"理论价值"、"学术价值"，往往同时包含了上述两个意思，其中更重要的是指它的精神生产价值。在科学认识和科学的发展中，知识对求知需要的满足，即知识的精神享受价值，往往是短暂的、局部的、相对的。而知识的不断发展，旧知识的不断突破，人类思维能力的不断提高本身，则有更持久、更全面、更绝对的意义。

道德价值，是人们行为的社会价值，指这些行为对于人与人之间社会关系和伦理秩序的意义。例如，一个遇到困难的人得到了他人的关心和帮助，他人的这种行为具有道德价值，意味着这里人们一定的伦理需要得到了满足，或者作为道德标准的规范得到了体现。道德生活的特点表明，在这个领域中，道德规范的生产和道德需要的满足之间保持平衡、同步和相对稳定的关系，是十分重要的。因此，道德的精神生产价值和精神享受价值，是处于大致同等的地位上的。

审美价值，是指主体审美需要的满足。审美价值同样也是精神享受和精神生产的统一。后者包括人的审美能力（审美知觉水平和审美判断力等）的提高、审美趣味的发展等。但审美价值的精神享受的特征更为鲜明些。审美价值同认识价值和道德价值相比，它的可感性和时效性特别强。审美的需要总是随时随地产生，随时随地得到满足，审美享受总是作为需要走在这种精神生产的前头，并作为结果而结束每一次审美创造。

认识价值、道德价值和审美价值这三方面内容，各有其特殊性。根据这些特点，无论在认识领域、道德领域还是审美领域，都应该重视精神生产和精神享受的有机结合，不应把它们割裂和孤立；同时又要各有侧重，适合于不同价值内容的特点。

在认识活动领域，精神生产的意义是首要的。应该自觉地把保证满足精神生产的需要放在首位。不可把满足科研、创作、教育需要的物质和精神条件，降低或混同于一般人的一般精神享受条件；不可为了满足一时的急需，而忽视和放弃基础理论、知识和方法的研究。

在道德活动领域，道德的精神生产和享受并重，应该更加重视道德规范本身的制定和发展完善与道德宣传教育、道德实践和评价的统一。在实际生活中，新的道德规范的形成往往落后于道德实践的发展，人们的道德感受与道德标准之间常常发生冲突。由于这种情况，加强道德规范的制定与道德教育之间的动态结合，就有着更为实际的意义。

在审美活动领域，则应尊重审美主体的享受权利，更强调审美创造要适合于审美主体的需要，充分发挥审美主体的享受自由。审美形式的多样化、不断翻新，是审美生活健康发展的必要条件。正是在这种健康发展中，审美能力才能够不断提高，艺术的精神生产才能够繁荣。

人类理想境界：真、善、美

划分价值的类型，还有一种特殊的方式，就是按价值关系的完美成果程度，主要是以人们所追求的理想境界为标志。那么，人类所创造和追求的理想价值或最高价值目标是什么？考察历史上形成的一些共同的基本价值观念，可以发现其中最典型的是“真”、“善”、“美”。它们所表达的，是人类健康的价值目标和理想境界。

对于真、善、美的理解历来不完全一致。特别是：作为“价值”的真、善、美究竟是什么？处于何种地位？德国“价值哲学”创始人文德尔班认为，真、善、美是一种绝对的判断，它们是作为最高目的的、独立自存的价值意识：思维的目的为真，意志的目的为善，感情的目的为美。真、善、美本身是超现实的、先定的价值类型。[①]在我国，张岱年把真、善、美概括为：“真为认识的价值，善为行为的价值，美为艺术的价值”[②]。如前所说，这是以一定社会现象（知识、行为、艺术）为客体承担者所划分的价值类型。而李连科则只是在涉及精神价值的地方谈到了真、善、美：“知识价值、道德价值和审美价值，是精神价值中的三种主要形式。三者之间的关系，就是真、善、美之间的关系”；此外与精神价值并列的，则是物质价值、人的价值，他认为这三者才是价值的基本类型。[③]

上述三种说法的共同点，是把真、善、美都看作是价值的具体类型。除此之外还有一种观点，认为“真”并不是价值，只有“善”和“美”才是价值。例如罗素说：“科学不讲‘价值’”[④]，R. S. 科恩说：“科学在道德方面是中立的”[⑤]，等等。按照这种理解，真、善、美之间就不只是各种类型的价值，而且包含价值与非价值之间的关系了。显然，这一切都取决于如何理解界定“真、善、美”等概念的含义和实质。

本文认为，价值作为人类的目标和尺度，总有对现实的某种超越意义。人类把真、善、美当作现实中的理想价值，表达了人们对价值实现的目标和标准的深刻理解和完整把握。“真”、“善”、“美”

---

① 参见［美］梯利：《西方哲学史》，下册，270 页，北京，商务印书馆，1979。

② 张岱年：《中国古典哲学的价值观》，载《学术月刊》，1958（7），14 页。

③ 参见李连科：《关于价值的哲学分类》，载《天津社会科学》，1985（2），24 页。

④ ［英］罗素：《宗教与科学》，119 页。

⑤ 转引自［美］瓦托夫斯基：《科学思想的概念基础——科学哲学导论》，581 页。

都是人类生活实践中达到主客体统一的高度和谐境界，它们从不同方面、不同层次上概括了人所创造的各种价值的本质特征和崇高目标。作为价值形态，它们都表现出人的主体性尺度，也存在着层次性的差别和分工，代表着价值的不同方面和阶段。立足于这些基本的看法，我们可以对"真"、"善"、"美"的含义和实质，做出更进一步具体的考察和表述。

真

"真"是人类所倡导和追求的第一种理想价值境界，其特殊含义是指：获得真理，在思想、感情和行动上享有真理所提供的价值。真理代表人类实践和认识中对外部世界客体必然性的把握，是一种建立在客体尺度基础上的主客体高度统一状态。没有这种统一就不会有人的任何成功和自由。换言之，"真"是真理的价值，但不限于真理的认识价值，还包括真理的实践价值。人不仅在思想上达到真理性认识，而且在实践中遵循真理，使自己的意图获得外部现实性，用列宁的话来说，就是"为自己绘制客观世界图景的人的活动**改变**外部现实，消灭它的规定性（＝变更它的这些或那些方面、质），这样，也就去掉了它的外观、外在性和虚无性的特点，使它成为自在自为地存在着的（＝客观真实的）"①。这种结果的境界，就是"真"。所以人类把"求真"、"守真"作为自己的价值目标和理想。人不仅在认识上，而且在行动上和情感体验中都能够达到这种统一，从而实现一种崇高的价值。

具体说来，"真"的思想境界表现为"真知"和"信仰"两种形式：

"真知"作为一种价值境界，是指充分满足人对世界的认识需要。人类认识世界的成果如知识、科学和真理等，本身并不是价值，但是获得关于世界的知识和真理，却成为人类特有的需要，即求知求真需要。这种需要的满足，即构成了一种特殊的价值类型——认识价值。它表现为人们在知识、科学和真理面前的理性满足感、信赖感和心理充实感。认识价值包括两个相互联系的方面：满足人求知的精神需要和提高人的精神活动能力。由于人类劳动的本性和生活实践的必然性，渴求对外部世界和人自己的了解，这本身已经成

① ［俄］列宁：《哲学笔记》，2版，187页。

为人的一种普遍的基本需要。因此，获得知识本身在一定程度上就是人的一种目的，达到这种目的，就具有精神享受价值。同时，知识的精神价值还不止于此。获得的知识及其方法，还不断地积淀为人的精神能力，如感受能力、理解能力、抽象能力、逻辑推理和判断能力等。这种精神能力的不断提高，比获得知识本身具有更深远的意义。在科学认识和科学的发展中，知识对求知需要的满足，即知识的精神享受价值，往往是短暂的、局部的、相对的。而知识的不断发展，知识的不断更新，人的思维能力的不断提高本身，则有更重要的意义。真知或认识价值的特点，在于"如实地把握世界的本来面目"，这一点本身对于人类的精神发育，特别是对于文明程度愈来愈高的人类精神生活来说，具有普遍意义。

"信仰"是人的一种价值意识形态。人类精神生活的特征之一，就是要有信仰。在知识和理性不发达的情况下，信仰往往是自发的、盲目的，例如迷信。在知识和理性发达的情况下，信仰往往带有一定自觉性。但信仰总是包含着对知识所未达到的某些范围的信念。这种信念的意义，在于形成人对未知或未来世界的价值取向，成为人们进行价值判断和选择的精神支柱和起点。因此，满足人对信仰的需求，提供这种精神上的支撑，就构成一种特殊的价值——信仰价值。从原始图腾到宗教再到现代的各种社会信仰和社会理想，显示了人类信仰形态发展的历史线索，其中宗教属于信仰的一种特殊形式，即社会组织化了的信仰形式。

真知和信仰既相互区别又相互联系，在人的生活中，它们常常是相互补充、相互转化着的，真知引导着科学的先进的信仰，真诚的信仰也促进着真知的渴求，二者共同构成人类文明的精神基础。

善

"善"是另一种高度普遍性的理想价值。"善"历来被理解为人与人之间关系的价值，而且多半被作为伦理学的解释。但是如果把人与人之间的经济关系、政治关系也包括进去，那么"善"就不仅仅是一种道德价值，而且是人与人之间的一种综合价值。中国古代关于"义利"统一、"利德"统一为"善"的思想，西方以"幸福"为善的思想，就是对"善"作这样理解的。应该说，除了伦理学上的狭义的"善"以外，还存在着一个广义的、作为世界观、人生观、一般价值观的"善"的概念。它既包括道德的"善"，也包括经济利益、政治利益的“利”，而它们在现实生活中总是成为一个整体。由于“善”和“利”都是指人和人之间的社会关系，过去使用它们各有侧重，一个偏重于精神、意识形态，另一个偏重于物质、经济生活，所以还需要一个从更高层次上统一它们，表达人们社会关系整体状况的范畴。这正是广义的“善”所承担的任务。

“善”的基本含义犹如“好”，可以理解为主要是指“对于人和人类的生存、进步、发展具有普遍的肯定性意义”。“善”与“真”、“美”等不同之处，在于它主要代表着人的主体必然性。“善”指这样一种境界：在社会生活中，人的言行达到了同人的社会关系结构和秩序高度一致的结果。这种理解，既适用于道德评价，也适用其他非道德化的社会评价。所以“善”是以主体的必然性为尺度所实现的主客体统一。在价值的阶梯上，“善”高于以客体必然性为尺度的“真”，而低于以主体自由为尺度的“美”。

在现实中，善是一个应用范围最为广泛的价值概念，可以覆盖人类价值生活的大部分领域。它的完整内容和主要表现形式，可以大体归纳为功利价值和道德价值两大方面：

所谓**功利价值**，是指满足主体现实生存发展的直接需要。通常人们把在物质、经济、政治、社会日常生活等方面所获得的功用、效益、使用价值等，叫作功利价值。“功利价值”的特点，在于充分显示了同主体现实利益相联系的实用性。历史上的功利主义者往往把功利定义为使人幸福和愉快，这含有将功利范畴扩大范围的迹象。但是他们对“幸福”和“愉快”等的具体理解和使用，则表明他们所强调的功利仍然带有上述特殊性质。

所谓**道德价值**，是指人的行为能够满足人们社会关系的需要，维护和促进人与人相互关系的结构和秩序的稳定和发展。社会道德是一个用以调节人与人相互关系的价值体系，它本身反映了一种由人的现实社会性所决定的人际关系结构和秩序。在人与人的相互关系上，一定的社会有自己的一定结构和秩序，一定的群体有自己的利益、需要和追求，道德规范是这些结构和秩序，利益、需要和追求的反映，社会和个人用这些规范去衡量人的言行和其他社会现象，将其区分为道德的和不道德的，这是社会道德生活和道德评价的共同特征。作为一种价值的道德，主要在于突出人与人之间关系的状态对人和社会的意义。狭义的道德仅仅针对人们之间的伦理关系结构，重在规范个人的行为；广义的道德则扩展到经济、政治等所有人与人之间关系的领域，包括了对人的整体化、组织化行为的规范。

功利价值和道德价值体现了人本身现实生活的不同方面：前者侧重于人的个体存在和发展，后者则侧重于人的社会关系存在和发展。全面地理解人的现实存在和发展的基础，应该看到它们之间是不可割裂的。功利和道德的统一，实质是人的现实生存和发展的统一。

美

“美”是在真和善基础上达到的价值境界。“美”即审美价值或美感，是指人的一种超越了功利需要的满足和自由。审美价值的产生，在于主体人从客体那里体验到了自己生活中积极的、健康的、充分和谐和自由的内容与形式。对这些内容与形式的需要，即审美需要，实质是人对实现自己自由创造能力的需要，它的满足构成美和美感，即审美价值。

“美”是这样一种境界：客体的存在和属性满足了主体身心的一种特殊需要——“美感”的需要，它是客体某些方面达到了与主体的高度统一与和谐。“美感”需要不仅是一种观念的需要，作为人的一种感性状态，美感包含了人的感觉、理智和生理、物质状态的统一。人以任何事物为对象，包括自然物、艺术品和人在内，都可以产生美感，获得审美价值，关键在于是否能够通过它们自由地、能动地创造自己的生活。作为一种价值，美和美感的特殊性在于，审美需要及其满足是非功利的、无私的，是对自由的一种感觉和体验。“美”同“真”、“善”之间有本质上的同一性和整体性。美的东西首先必须真，美本身也是一种高水平的真；美本身也是一种善，至善的东西必然是美的。

真、善、美是人生理想境界的完整标志。但是它们之间在侧重点和层次上也有区别：

“真”侧重于主体外向的统一，也就是说，真所代表的境界，是主体通过掌握和运用不依赖于主体的客观规律所达到的主客体统一，客体的必然性在这里占有核心的地位；

“善”侧重于主体自身各种社会规定性的统一，即是说，人只有满足自己和社会的需要才能达到善，这里的核心是主体——人的必然性；

“美”则侧重于充分主体化的统一，即是说，美是主体在前两者的前提下，比较自由地把握客体，从而充分地达到自我实现的境界。在“美”的境界中，人的本质的确证和人的自由发展居于主导地位。

正像海森堡所说“美是真理的光辉”那样，美是“真”和“善”的统一和升华，美是一个更高层次上的综合，是“最高的统一”①。李泽厚主张“以美启真”、“以美储善”②，似乎是这个意思。我认为，从价值论的角度看，这种说法是能够成立的。

总之，“真”、“善”、“美”作为人类在思想和实践中所追求的理想境界，代表了彼此密切联系而又有区别的三种综合价值类型。“真”是客观必然性的最高价值，“善”是主体必然性的最高价值，“美”是包含了两者统一的主体性自由价值。

三、人的价值

“人的价值”问题无疑是一个最根本、最重要的价值问题。但“人的价值”并不是一个具体的价值类型，而是整个价值论的基本理念或普遍性基础。因为从总体和实质的意义上来看，可以这样说：“归根到底一切价值都是人的价值”。这是我们在讨论人的价值问题时，必须首先明确的一个前提。如果没有这个共识性前提，那么讨论中就将失去对话的基础。

然而在这个问题上也存在着最多的概念歧义和理论难点。考察这些歧义和难点，可以发现它们起源于对两个初始性概念的基本理解：首先是怎样把握和应用“人”的概念。“人”是什么？是现实的人还是抽象的人？是生物的人还是社会的人？是孤立的人还是社会地联系着的人？等等。其次是怎样把握和应用“价值”的概念。是依据“观念说”、“实体说”、“属性说”？还是依据“关系说”和“实践说”？等等。由于最深层的和起始性的观念与思维方式不同，很多歧义并非发生在同一范畴层次之内，所以很难取得有效的沟通和一致表述，但问题的实际意义却不容回避，并且各种意见之间彼此也有着密切的关联。

“人的价值”含义辨析

当人们说到“人的价值”时，各自头脑中的实际所指往往是不同的。除了一种最粗俗的说法：“人的价值就是人的价格，人值多少钱”，是把商品交换观念用于理解人的价值的方式之外，还有“人的

---

①② 参见《李泽厚哲学美学文选》，148～178页，长沙，湖南人民出版社，1985。

价值是指人世的价值，非人世界无所谓价值”，“人的价值是指人能提供什么，有什么用处”，“人的价值是指人活着（生存、生活）的意义”，“人的价值是指人对人的意义”，“人的价值是指人之为人的本性、特质、特性等，即人性本身。因此应该说人就是价值、人的生命和存在就是人的价值、人的自由就是人的价值”，“人的尊严就是人的价值”，等等。这些不同的说法包含着复杂的深层理论差别。其中关于“人”的说法包含了对于人的本质和社会关系的不同理解，对“价值”的理解和应用则分别反映了关于价值本质的“关系说”和“属性说”等不同的方式。

一切价值都是人的价值

在就这些具体观念进行讨论之前，有必要先对“一切价值都是人的价值”这个语境和逻辑前提做个交代。“一切价值都是人的价值”的意思是，人是一切价值的主体，是一切价值产生的根据、标准和归宿，是价值的实现者和享有者，总之一句话：任何事物的任何价值归根到底都是人的价值。因为“价值”这一概念本身，从来就是同承认人的主体地位不可分的。人类用“价值”来概括自己可以选择、创造和追求的内容时，赋予它的含义正是“适合于人的尺度”。所以我们在任何情况下谈到价值，谈论任何价值的时候，人对任何事物（包括人自己）进行评价和价值判断的时候，不管我们自己意识到与否，实际上都是以我们自己的尺度去评量世界。价值关系是一种属人关系，是以人为主体和标准的关系，人的主体性是一切价值现象的“普照的光”。

只有人而不是神或其他存在物，能够成为名副其实的价值主体。人类的这种地位不是来自上天的赐予，也不是大自然所固有的秩序，而是来自人类自己的奋斗与发展。人类依靠自己的力量从自然界发展起来，不再仅仅是大自然中的一个被选择者，同时也是强有力的选择者。世界上有“价值”关系和标准，本身就是人取得主体地位的表现。人类不仅在事实上或实践上具有这种选择的力量，而且也在观念中、在意识与自我意识中显现这种力量。如马克思所说，“人不仅通过思维，而且以**全部**感觉在对象世界中肯定自己”①。万物的价值如何，它们的价值等级和次序是怎样的，并不是世界本身所固

① 《马克思恩格斯全集》，中文 2 版，第 3 卷，305 页。

有的结构、秩序和等级，实际上是人按照自己的了解和尺度来排列的。我国古人就已发现，世界万物本身是没有高低贵贱之类的价值等级之分的，“物固无美恶”；而那些看起来似乎从来如此、永恒不变的“贵贱之分”，实际都是人“随其心成而识之”的，是人的“我见”和“自我观之”①。万物的价值及其高低贵贱等级，其实是就事物相对于人类的价值坐标所在的位置而言的。随着人类自身的发展，一切价值的具体标准、形态和等级也是改变着的。正因为如此，承认人类的价值主体性，就意味着人要有一种自觉的反思意识，对自己所做的一切价值选择、判断及其标准有一个清醒的意识，意味着承认并重视人类自己在一切价值判断和选择上的权利和责任，自觉地承担起它们，有一个高度自觉的权利与责任统一意识。

在承认人类的根本的、普遍的价值主体地位时，对于人本身及其主体地位也不应作抽象化、简单化、绝对化的理解。“人”并不是一个抽象凝固的唯一实体，而是无限多样化并且历史发展着的人的实体的总和。因此人的价值主体性也并不是抽象的和凝固不变的，它只能是在一代又一代、此一部分和彼一部分具体人的具体主体性中存在和表现出来。在现实中，我们不能忽视人的具体历史性。“人是主体”实际上总是表现为以一定的具体人（个人、群体、社会等）为主体。这样“主体”就不是抽象的和唯一的，而是具体的和多元的。在现实中，“人”有个体、群体和类等多个层次，对于其中某个层次主体的价值，与对于其他层次主体的价值之间，可能一致也可能并不一致。从总体上说，这里存在着统一性，即人类历史进步发展的尺度是最高的和最根本的价值标准，对任何个体或群体有价值的东西，其价值最终也要由整个人类历史来判定。但这并不意味着上述区分没有意义。例如阳光对于人类生存发展来说，其价值是不言而喻的；但是对于某些有特殊需要（比如需要暗房工作条件）的人来说，阳光的价值就未必如此。二者之间虽然根本上并不对立，但如果否认它们之间区别和联系的意义，无视这种价值上的差别和多样化，也就事实上否认了人的现实存在和发展。

谁是“人的价值”的主体？

按照“关系说”和“实践说”，“人的价值”这个问题的本意，

① 《庄子·齐物论》。

在于探究在各种情况下“人对于人的意义”问题，即人处于客体地位上的价值问题。人既是一切价值关系的主体，也是人的价值关系中的客体，这种对人的理解，就开始走向现实化了。正如通常所说，“人用双手为自己创造一个世界”。这里的“人”是指人类、人类社会中现实的、历史的人。

任何一个现实的人都同时具有两种身份：一种是主体身份，即他是社会主体的一部分，也是独立的个人主体；另一种是客体身份，即他总是一定社会关系中的客体，又是自己通过行为来满足自身需要的客体，是自我意识和自我调节的对象。因此，现实的每个人都是主客体统一的人。在价值关系中，人是目的和手段的统一，是个人和社会的统一，是权利、利益和义务、责任的统一，是需要和供给的统一，是物的价值和精神现象的价值、物质价值和精神价值的统一，等等。我们在理解和考察人的价值时，不可不具体地区分人的两种身份和两种价值地位，但也不可割裂它们。这样，人作为主体与客体统一的人，同时作为自己价值关系中的一个主要客体，人的“价值”问题就不再是空洞的抽象问题了。

在现实生活中，“人”的形态不是抽象单一的，而是具体多样的，既有单个人的个体形态，也有多种多样的群体（民族、阶级阶层、行业、团体乃至家庭等）形态，一定范围的社会（各个时期的国家、公民社会、公共空间等）整体形态，还有作为无限整体的人类形态，等等。现实的人有无数个体和群体，它们都是实实在在的“人”；每个层次的“人”都必然地、现实地同他人或自己构成一定的对象关系；在人的这些对象关系中，需要与被需要，满足与被满足，作为客体的人对于作为主体的人的意义，就是“人的价值”的实质。

着眼于“人”的这些现实形态来考察“人的价值”的主客体关系，看到的是“人”的多种形态之间的具体关系：个人、群体、社会、人类对于个人、群体、社会、人类的价值关系（前面“人”的系列代表人的客体形态，后面系列则代表人的主体形态）。具体一点说，就是每一个具体形态的“人”，都可以而且必然参与两种不同的主客体关系系列，表现出两个方面的价值：一种是，他作为一定社会主体（人类、社会、群体、他人）的价值客体，这时他所表现出的价值可以叫作**“人的社会价值”**，即个别人（群体）对社会主体尺度的符合；另一种是，他把自己的行为作为自己的对象即客体，在自己的需要和行为之间构成主客体关系，在这种情况下，他的价值可以叫作**“人的自我价值”**，即人的行为对自身需要的满足。在这两种情况下，人的价值都既有目的价值，又有手段价值，既表现为物质价值，又表现为精神价值。不难看出，在两个系列的个体之间，可以构成多种交叉的价值关系。这些错综复杂的价值关系在现实中是存在着的。例如，人们在理论上很少讲人类对个人的价值，不是因为不存在这种关系，而是因为这种价值太明确了，是不言而喻的。又如，我们常常讲到个人如何热爱祖国，如何憎恨黑暗的社会，这正表明，社会对于个人也有价值问题，由此而产生了人们改造社会的权利和责任。同样，个人对社会、对人类的价值问题也是很明确的，并且更为人们所关注。

有人觉得，承认人是客体，意味着把人当作了“物”，因而贬低了人。其实“客体”并不等于“物”，它只是“对象”即对象性活动的被指向者。“价值客体”的含义是“需要的对象”，即人赖以满足自己需要、借以实现价值的条件、手段等那一方面的存在。在现实中，人是人的需要的对象，这一事实是普遍存在、无法否定的。因此在人是客体的意义下思考人的价值，并不意味着混淆人与物的界限。

也有人觉得，把人当作价值客体，就等于当作工具或手段，这就与“人是目的”相违背了。实际上，问题不在于人是不是、可以不可以成为工具和手段，而在于是谁的目的或手段？因为在人类历史上曾经存在的，往往是一部分人把另一部分人当作手段，而仅仅把自己当作目的的情况，这是以人与人之间的分化和对立为基础和实质的历史现象。对我们说来，应该否定人压迫人、剥削人、造成人与人之间分裂和对抗的不合理的社会形态，而不是否认“人成为自己的手段”这一不可避免的前提。总体上，人作为目的同作为手段之间是不可分的，真正认识到“人是自己的手段”，是对“人是目的”的一个必要的、合理的补充，是一种理论上的自觉。对于人是目的和手段的任何割裂、抽象化和片面化，都是有害的。

把人的价值问题放在人与人之间的相互关系之中，作为人类社会存在、社会关系的一项本质内容来理解，它的前提是承认：现实的人是具体的、历史的、具有多样化社会形态的人，而不是把“人”当作一个抽象的单一的、没有个性和不可分析的概念。只有这样才能真正看到现实的而不是虚幻的、具体的而不是抽象的“人”，才能具体地谈论人的价值，而不是陷入对人的某种单纯意向化的冥想。

以承认人的现实形态的具体多样化为基础，就可以进一步看到，在现实中，人对人的价值和意义、人对人的需要和满足，是通过人们相互之间具体的历史的社会关系、社会交往和交换等表现出来的。“人对人的意义”问题不仅存在于物质的经济的领域，也存在于精神的文化的领域。它们正是人的社会生活中一个普遍的本质的内容。这个内容只有在人以人为对象、人和人互为对象的基础上才会存在，而非自然界的物—物关系、社会中的物—人关系所能包括的。并且这些社会关系随着人的具体形态（个人、群体、社会、人类等）的多元化、多层次及其不断演化而不断发展变化着。

人的价值问题表明，人类作为价值主体所进行的选择和创造，不仅是面向世界万物的，也是面向人自身的；人能够以任何存在为对象，同时也要而且必然要以自己为对象，使人自己也成为价值实践和价值评价的客体。承认“人是主体”同承认“人是客体”之间，并不是相互否定的。完整地考察人类生存发展的历史，我们不能否认一个最重要的基本事实：人既是一切价值的主体，同时也是自己价值关系的一个对象即客体。就是说，人的一切需要归根到底都表现为对人自己和自己活动的需要，人的一切价值追求的实现和满足，都最终依赖于人的活动、实践和创造，此外无他。因此人也是人的价值关系中最根本、最重要的客体。“人是主体”同“人也是客体”之间非但不冲突，相反却可以丰富我们对人的现实地位和作用的认识。有史以来，人类不仅以外部事物为对象，也同时总是在事实上和观念上以人自身为认识的对象、依靠的对象、评价和改造的对象，进行自我意识、自我评价和自我改造。

“人”在根本上的这种双重地位，表明人是现实的主客体的统一，目的与手段的统一，价值的享有者与创造者、价值的归宿与源泉的统一。

人的社会价值：贡献与享用

人在作为主体的同时，可以而且必然成为两种意义上的价值客体：他作为他人、群体、社会的价值客体，这时，人的价值就是“人的社会价值”；而他作为自己个体需要的满足者，他的价值就是“人的自我价值”。

所谓“人的社会价值”，是指以“人”的任何形态为客体，以他之外的人和社会为主体的价值关系，即人对他人和社会的意义、“为他价值”。无论个人还是群体，他对他人、社会需要的满足所做的贡献，都具有广义的社会性质并且受到社会的评价，这就是人的“社会价值”。个人对他人、集体、国家和社会等的价值，是“个人的社会价值”；一个群体对于其他群体、个人和社会的价值，是这个“群体的社会价值”……人的社会价值是人的社会存在社会生命的表现。它表明任何人的存在都不可能与他人和社会相脱离，人不仅作为价值主体而享有人类社会的文明财富，而且也时时作为价值客体承担着贡献的责任，并且正是这一点决定着每一个人和群体在这个世界上的真实价值，决定着每一个人在历史上的命运。

个人的社会价值，简单地说就是个人对社会需要的满足。每一个健全的正常的个人，都在多种意义上是社会所需要的对象。因此个人具有多方面的价值：作为社会物质生产者的物质价值，作为社会精神生产者的精神价值，作为社会生活系统细胞的综合价值；甚至仅仅作为人类文明、文化的继承者，作为种族的继承者和延续环节，个人生命的存在本身也有着普遍的社会价值。这些都是从一般的意义上说的。至于具体到不同的个人，那么谁的生命和生活符合这些社会需要，谁就确实具有社会价值。他满足社会需要的程度越高，他的价值也就越大。反之，不符合甚至破坏社会需要的，对于社会来说就没有价值甚至有负价值，成为社会淘汰的对象。因此，个人的社会价值，就其本意来说在于贡献。“贡献”属于社会生产价值——为社会的生存和发展创造必要的价值。贡献可以是物质上的，也可以是精神上的；可以是经济的、政治的，也可以是道义的、文化艺术的、科学的和技术的，乃至日常生活的；等等。由于社会的需要具有无限多的方面，所以个人能够在任何领域中成为有价值的个人；由于社会需要是不断发展、前进的，所以个人愈是能够不断地创造，就愈能够适合社会的需要，也就愈有价值。古往今来，一切个人的社会价值无不取决于他为满足社会发展需要所作的贡献和创造，取决于他的社会“生产价值”。

人的社会价值同社会对人的评价之间，既有联系又有区别。在人们的活动被社会制度、所有制和分工等历史因素隔离开来的情况下，人对社会的贡献不容易直接地、及时地得到社会的公正评价，这种现象是常见的。相反，人们在很长时间里习惯根据一个人在物质上或精神上所占有的东西来评价他，例如出身门第、财产、地位、权力、资历、收入、生活水平等。如果这些东西不是由于个人的贡献而得到的，或者与他的贡献并不相称，那么根据这些来评价个人，并不能真正反映他的社会价值。历史上许多做出伟大贡献的科学家、革命家、思想家、艺术家和担负社会生产基本任务的广大群众，他们生前穷困潦倒，备受磨难，所得到的社会评价是很低的。但是，这种评价并不能反映他们的真正社会价值。他们的贡献毕竟是客观的，因此他们的社会价值也是客观的，历史的发展终将给他们以客观的评价。而客观的评价，终将与他们的真正社会价值相符合。无数事实已经说明了这一点。

那么，人的社会价值是否排斥人的获取、享用、消费呢？完全不是这样。因为人不仅仅是社会需要的客体，他同时还是社会价值的主体。社会毕竟是由个人组成的，个人的需要构成社会需要，没有了个人也就没有了社会及其需要。个人作为社会的主体是个人成为客体的前提；如果不是首先作为主体，那么个人也就没有充当客体的责任。只是在人的主客体地位发生分裂、对抗，即马克思所分析的“异化”情况下，才会存在人的社会价值排斥人的社会权益这样歪曲颠倒的现象。在未来的理想社会里，个人作为社会主体提出社会需要，又通过个人之间的合作创造出能够满足这些需要的价值，然后和其他社会成员一道享用这些价值。这是人作为主客体的统一，理所当然地表现出来的需要和供给的统一、生产和享用的统一。如果不承认这一点，那就是把剥削制度、剥削阶级的价值关系当作了普遍的、永恒的价值关系。

把个人的社会价值理解为只是社会满足个人，只是个人向社会索取，只是占有和享乐，这是寄生虫的价值观；否认实现个人的社会价值的社会前提，认为对社会作贡献的人无权享用社会的价值成果，这同样也是寄生虫的价值观。两者的片面性出于同一个社会分裂的根源。而人民争取自己的主体地位，不是要放弃自己个人的社会价值，而正是要夺回曾经失去的那一部分价值，实现人民自己主客体地位的统一，价值创造者和占有者身份的统一。

理想中“人的社会价值”，是指人民中每一个成员都是社会的主客体统一这个完整形态上的价值。“贡献”是个人的社会价值的实质，“享用”是实现个人的社会价值的条件。为了提高个人的社会价值，个人应该致力于贡献、付出和创造。贡献必然要大于享用。因为只是把享用的东西再贡献出来，仅仅意味着价值的转移，而没有增长，这就不是名副其实的贡献。“给多少干多少”、“按酬付劳”的态度，是一种降低或抛弃个人社会价值的态度。对于社会、集体、他人来说，要提高个人的社会价值，则应该保证其应有的条件，为人的成长和发挥创造才能提供适宜的环境，及时地、客观地评价个人的贡献。这两个方面都是不可缺少的。在缺少后一方面的情况下（这是实际生活中有时不可避免的），有高度自觉性的个人则是担起两副担子，把社会主体和社会需要对象的责任集于一身，在做贡献的同时，也争取条件，把创造条件也作为自己贡献的一部分。这样，个人则可能做出比原来更大的贡献。经验证明，没有条件可以争取；而没有创造精神则无可救药。历来有较大社会价值的个人都是如此，无一例外。这就是提高个人社会价值的辩证法。

人的自我价值：自主与担当

所谓“人的自我价值”，是指任何形态的人既是价值客体，又是价值主体的情况，即“为我价值”。它适用于理解人的“类”和个体与群体等各个层次。例如对于人类整体而言，既然人类在本质上是主体、是目的，而人类又以自己为客体和手段，那么这种价值关系必然在普遍的和根本的意义上是一种自我主客体关系，即人类自我实现、自己满足自己、自己丰富和发展自己的价值关系。由此可以指出，所谓人的价值，就人类整体而言只有一种类型或含义，即“人类的自我价值”。人类绝不是为了别的什么（神、绝对理念、自然物等）而去实现价值，一切正是为了人类自己；人类也不是依靠别的什么，而只是依靠自己，才创造和实现一切价值。在这种意义上，使人看到的正是人在世界上的权利与责任的统一。

就个体和群体的人而言，事实上也存在着个人、群体自己满足和实现自己生存发展需要的自我价值问题。自我价值是自己满足自己、自己发展自己，这是任何人的价值的一个基础。对此要有科学的概念，不能把它与向他人、社会索取混为一谈。拿个人来说，一个人通过自己的努力来满足自己的需要，实现自己的发展，这是他“个人的自我价值”；拿群体来说，譬如一个企业，它通过挖掘自己的潜力而实现自我发展，能够在市场上占据自己的阵地，这是这个企业“群体的自我价值”。相反，如果是由他人和社会来满足他们的需要，给他们提供价值，那是他人和社会对他们的价值，如“社会（保障）的个人价值”、“国家（政策）的企业价值”等，而不是他们的自我价值。

总之，人的自我价值，简单地说就是人对自己需要的满足。人的生存和发展有物质精神等各方面需要，也有与这些需要相联系的能力条件。人通过自己的行为来满足这些需要、适应和提高自己的能力，就是实现他的自我价值。他越是能够为自己创造这样的价值，他的自我价值就越高。可见，人的自我价值意味着人的自我负责、独立进取、自力更生和自我发展完善，自我价值并不是索取和享受的同义语。实际恰恰相反，一个人越是依赖他人和社会，越少依靠自己努力，索取越多而贡献越少，他的自我价值就越低。

有人以为，“自我价值”的提法和上述对它的解释，似乎潜藏着极大的危险性，容易造成不良的社会后果和思想混乱。这其实是由于对它的错误印象和肤浅理解造成的。人的自我价值问题是一个客观存在的问题，对这个问题的各种错误回答，不能归咎于问题本身，而是产生于对“自我价值”的各种错误理解。例如以下几种话语：

第一种，是把“自我”仅仅理解为精神，理解为个人的意志和观念，抹杀人的社会存在本性。在这种理解下，就把自我价值混同于主观化的自我评价。实际上，由于人们有时并不真正理解自己的客观需要，所以他对自己行为的评价并不一定反映他的自我价值。例如一个知识贫乏、精神空虚的人，不能使自己的知识和头脑丰富起来，却用“假文凭”之类表面的欺骗来满足自己的虚荣心。这时他的自我评价可能甚好，然而他的自我欺骗却只有负的自我价值。“自我”其实并不是这种抽象的精神自我，而是作为活生生的、现实的人的个人自己，是个人的存在与意识的统一。因此，个人的自我价值同他的自我评价不是一回事。

第二种，是把“自我”理解为自私，因此认为追求自我价值就意味着自私自利、损人利己。毫无疑问，个人的需要构成私人利益，私人利益同公共利益、“利己”同“利他”之间常常是矛盾的。但是，用私人利益损害公共利益、用“损人”来利己，却并不是必然的、普遍的。如果把二者直接等同起来，势必导致根本抹杀一切人的正当利益和需要，因而也就取消了社会的公共利益和一切“他人”利益。问题不在于承认自我，而在于看到个人和他人、社会的联系，看到这种联系的发展趋势和前途，从而指出处理好“自我”与“非我”关系的正确方法和途径。有“自我”固然会有自私，但这只是问题的一个方面。问题的另一个方面是，没有自我也就不会有“自我牺牲”、“自我改造”和“自我解放”。可见，把自我等同于自私的观念，是一种片面的狭隘的观念。

第三种，是把“自我”仅仅看作是需要者、消费者、享受者，而不是同时看作供给者、生产者、创造者，因此认为实现自我价值就仅仅意味着索取、占有、享用。其实这恰恰是与“自我价值”的本意背道而驰的。一个人的自我价值，正是他“自己”满足自己需要的程度，而社会、他人满足某个人的需要，则是社会、他人对于这个人的价值。这两者不仅完全不同，而且可能正好成反比。个人越是不能够发展和提高自己的能力，越是没有本事和无所作为，他的自我价值也就越低。在现实生活中，一些人产生自己是“多余的人”的心理压力，不能说与此无关。许多人在迅速发展的形势面前所产生的“落后感”、个人紧迫感、“失落感”，也是同自我价值降低的意识有关的。当然，造成这种情况的主要原因，根本在于使个人和社会分离开来、对立起来的社会状况。

第四种，是把“自我价值”理解为孤立个人的封闭式的自我满足。因此认为，实现自我价值就是孤立的“自给自足”、“自我奋斗”、“自我表现”、“自我扩张”，就是同社会、集体和他人相分离、相对立、相抗衡。某些极端个人主义的自我价值观，就是把“自我”说成是人的一切，用以割断个人和社会的联系，抹杀人的社会性和社会联系，甚至认为“他人就是地狱”，个人在世界上，除了仇敌、缧绁、障碍之外，什么也得不到；除了超凡脱俗的灵魂“自由”或极端利己的物欲享受之外，什么也不用追求；主张用“自我”来屏蔽一切、排斥一切、取代一切、吞没一切，主张只有这样才是“人的价值”，即“自我价值”……不难看出，这种“自我价值”观中的“自我”，是不要社会的个人，不要肉体的意志，不要付出的索取，不受约束的自由，归根结底是一条：不要社会。不懂得，“人的本质不是单个人所固有的抽象物，在其现实性上，它是一切社会关系的总和”①。任何现实个人都是社会的人，他的“自我”绝不是社会关系以外的自我。离开了社会关系，个人没有参照物来区分“自我”，因此他不可能知道什么是“自我”；他的“自我价值”也绝不是什么个人抽象本质的空灵式显现，而只是他在一定社会关系中对自己需要的满足；个人对自己需要的满足，绝不能不通过社会，不表现于社会。社会、人与人的关系才是实现个人自我价值的前提和基础。

---

① 《马克思恩格斯选集》，2版，第1卷，60页。

人的自我价值并不是一个抽象孤立的体系，而是人的社会价值在他自己身上的现实反映。也就是说，个体对自己的价值如何，实际上往往在于他的社会价值如何；因此他表现出什么样的社会价值，也就有什么样的实际自我价值，这两者常常是一回事。因为任何个人的存在都是一种社会的存在。由个人所构成的社会，使个人的需要上升为社会的需要，个人的需要也没有一项不是同社会有关的。包括衣食住行文化娱乐等在内，个人的一切需要都是在社会中才有的、对于社会的需要。因此，个人的一切需要也都是社会性的需要。包括"自我价值"在内的一切对于个体的满足也都处于社会价值体系之内。个人要满足自己的需要，离不开现实的社会生活。他要满足自己的物质需要，不能不取自社会已有的物质条件；他要满足自己的精神需要，不能不依赖社会所积累的精神财富和手段；他满足自己任何需要的能力及其提高，也是社会赋予他的，而他满足自己需要的方式和过程，又不能不时刻同他人、集体、社会发生关系；等等。这样，任何个人自我价值实现的过程，实际上都是占有、实现一定社会价值成果的过程，是一个社会生活的过程。所谓完全封闭的个人"自给自足"、"自我实现"，是根本不可能的。鲁滨逊在荒岛上实现一个欧洲文明人的自我价值，全是靠他掌握和运用当时的文明成果，否则他就不会有超过当地土人的"自我价值"。至于每天生活在社会人群中的个人，就更加如此。总之，个人的社会价值中有其自我价值，个人的自我价值中有其社会价值。这就像俗话所说的："大海中有滴水，滴水中有大海"。

与之相联系的是，人的自我评价同时也是他对自己的社会价值的认识。一个人根据什么来评价自己呢？如果他只根据自己的欲望、需要、野心等，那么评价不可能是现实的。如果他根据自己的实际地位、权力、名誉、财富等，那么就是在根据自己对社会价值的占有和享用来评价。虽然很多人是这样自我评价的，但这种自我评价仅仅是外表现象。因为根据这些，他可以得出两种不同的自我评价来：一种结论是，"我不过是这些享用价值的占有者和奴隶。为了它们，我可以不择手段，不顾一切，从人格到生命"。如果是这样，那么他即使重权在握，腰缠万贯，实际的自我评价也是很低的。另一种结论是，"这些对我来说不过是条件，拥有它们是为了使我的生命能够创造和贡献更多的东西给人类。我不会为了它们而放弃自己生命中更宝贵的东西——创造和贡献"。如果是这样，那么他即使个人所获不多，也会因自己有能力做出创造和贡献而自豪。这两种结论都表明，一个人如果不发生错觉或幻觉的话，他愈是看到社会、他人需要自己，愈是感到自己有能力满足这些需要，愈是看到自己的行为产生了预想的实际社会效果，就会愈感到个人生命的价值，他的自我评价就愈高。反之，感到自己在社会上是可有可无的、多余的或被社会所遗弃的人，除了得出悲观的自我评价之外，是不能有其他结果的。

可见，个人的自我评价虽然不完全取决于社会对他的评价（因为社会的评价受种种历史原因的限制，有时不符合个人的实际社会价值），但终归是对个人的实际社会价值的反映。个人只能从社会生活中，从他自己的实际社会贡献以及与之相称的社会地位中，看到个人的自我价值。如不是这样，那么一切“自我反省”、“自我欣赏”和自我评价，就只能是主观的、幻想的、脱离实际的。

把握“自我价值”的确切含义，不仅是科学上的严密性和准确性的要求，也有积极的现实意义。至少它告诉人们的是：追求“自我价值”，意味着要多些独立自主的进取性，少些“等、靠、要”的依赖和惰性，不是只会“眼睛向外”，伸手索取，坐享其成。我们应该提倡的，正是这样的自我价值观念。现实中损人利己的卑下境界与舍己为人的高尚境界之间，实质的区别并不在于人想“满足自己的需要”，而在于人们怎么理解“自己”和“需要”。一般说来，前者心目中的“自我”往往是孤立的、片面的，同他人和社会相互脱离甚至排斥的，因此他对自己需要的理解，也往往是非常狭隘、目光短浅的；而后者心目中的“自我”，则一定有“大我”，他把承担自己对他人和社会的责任也纳入了自己作为人的需要之中，所以才有乐善向仁、急公好义的襟怀。应该看到，这意味着更高度、更全面的自我价值境界。

“残疾人的价值”与人道主义

关于人的社会价值与自我价值的区分，意味着每个人都可以在他具备能力和条件的方面，为社会和个人创造自己的价值。但是这一分析与人们的思维习惯不大符合，所以常常引起误解。有人以为，以人对社会的贡献作为人的社会价值标准，会导致忽视人的尊严，特别是轻视那些缺少劳动能力的病残人的价值。他们这样提出质疑：“如果人的价值就在于贡献，那么怎样看待老、幼、病、残人的价值？——那些失去或并无贡献能力的人，岂不就没有价值了吗?”他们认为，似乎在“客体人满足主体人的需要”这个意义上理解人的价值，就不能包括甚至不利于体现人道主义。这种简单的疑问中包含了多重的概念误解，但它无疑提出了一个尖锐的现实问题。

那么，什么是“残疾人的价值”？什么是“人道主义”？这两个问题都值得研究，但不应该混淆。我们知道，人道主义是指人类社会或者每个人都要尊重或保护人的生命，这是一个整体如何对待个体生命的原则，也就是说，它是一个社会整体性的行为规范；而所谓“残疾人的贡献和价值”问题，则是指某些个人作为客体而对于人和社会有什么意义，这属于个体性的选择和行为问题。二者之间虽有联系，并不冲突，但不属于同一个层次的概念。就像“父母应该怎样对待自己的孩子”，同“这个孩子的表现好坏”并不是一回事，没有直接的对等关系一样。

回答“残疾人有什么价值”的问题，首先须纠正一种可疑的先入之见：断定“某些（如残疾）人注定会有与其他一般人不同的价值”。事实上，人的价值是普遍平等的。也就是说，任何人都有选择和实现自己人生价值的权利。虽然人与人之间能力条件上的不同，每个人所做的社会贡献必然会有量的大小、深浅、久暂的差别，但这种差别并不能改变人的价值的实质，不应以量混淆和取代了质。否则就会导致消极的结论。

强调人的价值是普遍平等的，这是人的尊严所在。进一步说，人的价值由什么决定？是取决于人的先天或自然的状况，还是主要取决于人在自己的具体社会关系中的选择和创造？在这个问题上，我的结论恰好是：任何人的价值都主要取决于人在自己的具体社会关系中的选择和创造。而这一点则意味着，残疾人和其他人在人的价值关系中是一律平等的。无论是谁，他的“自我价值”如何，取决于他自己解决自己生存和发展的问题、自我实现的程度；他的“社会价值”如何，取决于他对他人和社会的意义如何，包括他的贡献。这正是“人的价值普遍平等”这一命题的含义。在现实中，每个人都有自己的得失长短。“人固无完人”，一位叱咤政坛的巨人在体育和艺术上完全可能不如某些残疾人。难道事实不是如此吗？既然如此，那么对残疾人另眼相看，以为他们的人生价值问题是个难点，其实是对整个“人的价值”问题思考不充分所致。

那么，我们是不是要无视残疾人的特殊性？其实相反，恰恰意味着永远要做具体的分析。一般说来，身体残疾意味着缺少或失去了某些能力（从广义上说，并不仅仅是老幼病残人才缺少某些能力），这对于一个人可能实现什么样的人生价值，当然会有一定影响，但却并不等于一定会有什么样的结果。事实上，身体有特殊困难只意味着有了特殊的需要和需要进行特殊的选择，并不等于一个人的价值本身。相反，特殊的需要经过特殊的选择和实践却可以形成特殊的价值。例如一个双目失明的人不再可能从欣赏自己画作中获得享受自我价值的乐趣，但他却可能有发展自己听觉的需要并享受其新的自我价值；一个人可以在他失去能力的方面不再为他人和社会做出贡献，但他可以在他仍具有的能力方面做出别的贡献。

我们无须举例来颂扬古今中外那些创造了许多连一些健全人也做不到的奇迹的残疾人。他们的事迹足可以证明：残疾人完全可以根据自己和社会的需要，经过自己的选择和实践，创造他们自己的人生价值，而不能由他人来规定和包办代替；不仅如此，他们在格外艰难条件下战胜厄运创造奇迹的精神和过程，还格外能显示人类文明的力量和人性的光辉。这恰恰是残疾人的事迹最能够使人类引以为荣之处，是他们所能做出的一个最独特的“贡献”。

在看到一些残疾人的这种辉煌价值的同时，也可以看到在现实生活中，绝大多数病残者的人生价值其实是和所有人一样，各有各的情况，各自走着自己的路。大家都有如何对待自己、如何对待他人和社会的问题，每个人的自我价值和社会价值都在这个过程中实现，有好有坏，不可以简单而论。所以应该如实地区分残疾人自己的权利与责任和社会的权利与责任，通过具体的分析做出具体的回答。在实践中属于个人自己权利与责任的，应该尊重个人自己的选择；属于他人和社会的权利与责任，应该由大家和社会承担起来，不能简单化地一概而论。

“那么完全丧失了或从来就没有任何贡献能力的人，他们有什么价值呢?”有人喜欢把问题推到极端，来引发更彻底的思考。其实可以说，只要人还活着，就不能说完全没有任何能力，至少他起码的生命能力还在。仅此一点，即使他自己不做任何事，他人和社会也可以赋予他各种意义，使他仍可以作为一个“人”而有“贡献”。比如：他作为一定社会关系的承担者，只要活着就会享有一系列法定的、宗教的、道德和文化传统等方面的权益，这是家庭和社会赋予他的主体权益，同时也就使他不仅可以为自己，也可以为家庭、他人和社会提供各种各样的机会，包括权利、责任等。看看现实就知道，我们通常所面对的病残人的价值问题，大都是围绕这些权责和机会而发生的；再极而言之，他的仅存生命还可以为人类提供一个尝试挽救和延续人的生命、创造医学奇迹的机会，用以检验和发展人类战胜病患的能力。注意，这里用了许多“可以”。“可以”就是“可能”，或许还有“应该”的意思。这些“可以”，就是一些可能的自我价值和社会价值。可能的价值总是各种各样，有的最终成为现实，有的实现不了。在变成现实之前，任何人的价值都只是“可能”，不独残疾人才如此。但在残疾人这里却最清楚地显示了人的价值更深刻的一面：实现人的价值的社会和历史条件问题，也就是人的价值的社会历史性问题。

再谈谈人道主义。当然要弄清楚“人道主义”的价值含义，但首先要弄清楚人道主义是谁的“主义”。这里有两种情况：(1) 个人作为“自我价值”的主体，有选择生死和如何生活的权利，选择的出发点是他的需要和他对生命与生活的理解，这是“人道主义”对于个人自己而言的含义；(2) 社会是“人的社会价值”的主体，个人实际上是被他人和社会所选择、评价的对象，选择的出发点却是社会的需要和社会对此的理解。一个人的社会价值如何，不仅取决于他本身如何，还取决于他周围的“社会”如何。例如他的家庭、他人和社会对他的需要如何，人们通过他来实现这些需要的能力、方式和条件如何，等等。这一切对于实际地形成个人的社会价值是有某种决定作用的。特别是当个人没有选择的能力或选择超出他的能力限度时，这种决定作用就完全明朗化了。因此，个人的社会价值如何，所反映出来的实际上是一定的“社会”。而所谓“人道主义”的价值原则，实际上正是社会和代表社会的人们“怎样对待他人和个体的生命权益”的一种价值追求和原则。就是说，“人道主义”主要不是对被关怀救护者的要求，而是对他人和社会的要求，它反映的是人和人类对待个体生命的态度、需要及其特征和水平。

世界上是否有所谓的“人道需要”？这涉及对人的本性和需要的理解。我认为这种需要是存在的，它是由人类的生存发展本身对于个体生命的依赖所决定的一种基本需要。例如人类一切活动对于生命的依赖，并由此使人懂得珍重生命，这就是基本的**“人道需要”**；人类必须在一切活动中保持符合自己本性的尺度，否则便不能实现自己作为“人”的生存和发展，这就是基本的**“人性需要”**。这些需要作为人类日益丰富起来的本性，本身并不是价值，对它们的满足和实现才是价值。现代文明人类的这些需要含有多方面的具体内容。马斯洛所说人的五种基本需要，就是现代人的一些“人性需要”。例如其中“爱与归属的需要”、“尊重的需要”等，其满足和实现，难道不正是“人的尊严”的体现吗？而把个体的人性需要当成社会的需要，把他人的人性需要当成自己的人性需要，则构成一定的“人道需要”，是现代人道主义精神的精髓。

我的这种看法的主要根据，在于对人类的历史和现实的具体考察，即人道主义和人的价值历史地发生和发展演化的事实。有人以为人道价值是一种“只要是人就具有的价值”，人道主义的精神就是无条件地维护一切人的生命。这种观念作为一种主张、态度、信念或信仰是无可厚非的，而且我赞同这种态度中所包含的高尚博爱精神。但这种信念是从哪里来的？它难道不是来自人类生存发展对个体生命的依赖和需要的事实吗？难道不是来自人类如何对待自己个体生命的实践吗？原始人类是否有“人道原则”尚不可臆断。即使有，也肯定是与我们现在不同的。那时把俘虏和老弱杀死吃掉，人的生命的价值显得如此低下，正是因为那时人对人的需要和满足需要的能力不过如此；而我们今天不但高度珍惜人的生命，甚至（在某些宗教信仰或生态主义那里）还把“人道原则”推广到动植物界去。之所以如此，恐怕主要是由于人类自己发展了，对人和生命的需要更丰富、更全面了，同时人们用以实现这种需要的能力和条件也大大完善起来了。

而迄今为止，人类社会对待个体生命的方式一直是：一方面有从道义和实际上尽力维护和延续个体生命的无限动机，另一方面也有不断地选择甚至淘汰某些个体生命（刑罚和战争等）的大量事实。现实中的“人道主义”总是有限和有条件的，并不像人们想象和期望中那样对一切人都没有差别。这一点足以证明，对于“人道”和“人道主义”的理解，绝不能仅仅着眼于一般的个人和个体生命本身，而应该首先看到那个怎样对待个人的社会和时代，着眼于理解人类（作为人的价值的最高主体）历史地形成和发展着的人道需要，以及人类社会自己对这一需要的理解程度、方式和处理能力。

若不是对神圣的人道主义信念仅仅抱有激情，而是对它也有一定的理性反思，若不是以自己的主观愿望和想象代替现实，而是把观念建立在对现实科学分析的基础之上，那么就不应该忘记历史，忘记现实。假如照“人就是价值，人的生命本身就是价值”这种观点，自然是人口越多人的价值就越丰富，而且一切人最终的生命存在都是等值的。那么如何理解诸如节制人口和优生，处死罪犯，实行“安乐死”的理由？这些现实的表现究竟是人道主义和人道价值的肯定还是否定呢？是贯彻还是违背呢？提出这样的反问也许显得冷酷，但它毕竟是事实。科学研究不能无视事实，也不能片面化地只看事实的一面而不看另一面。

事实上，人道主义是人类自己的文明发展起来所形成的一个原则。人类既然自己产生并实践着这一原则，那么这一原则就必然具有人类主体自身具体的、历史的内容和特征。无论人们怎样对它做出超越历史、超越现实的绝对化解释和宣传，都不应该忘记这一点。

第二篇
价值的意识论研究

篇题释义

价值的意识论研究，是关于价值关系和价值现象在人的头脑即意识或精神中的活动的研究。

本文所谓的“意识论”，是指一个能够包括人的精神心理现象，即对“知、情、意”进行统一的整体研究的领域。然而我发现，要为这个意思的名称找一个对应的英文译名，却颇费周折。我曾就此专门请教过几位懂英语的同行专家[①]，得到的答案有一点是共同的：传统的 epistemology 或 theory of knowledge 显然不适用于此；至于采用哪种译名合适，意见却非常不一致。我却一直觉得源于希腊文和拉丁文的 gnosiology 比较理想。我想，不同的名称和译名可以共同使用或暂且存疑，并不妨碍这里内容的实质，所以可留待继续讨论。在得出新的统一结论之前，我仍然保持自己的选择，并作如下的探讨。

gnosiology 来自希腊文和拉丁文，其词根 gnōsis 有“知识”、“智慧”、“觉知”、“心灵的直观的认识”等意思，是一个表示行为、过程、状态、条件等的抽象名词。在形而上的意义上，gnosiology 的对象一般是指“精神事物”，即人的认识、思想等精神活动本身；而 epistemology 的词根 epistm 在希腊文中就是“知识”，即 knowledge，指“从学习和研究中接受事实、真理或原则”，或指“人类在实践过程中积累起来的真理或事实的总体”。因此 epistemology 相当于“theory of knowledge”，是“关于认识和知识的理论”。总之，它们一个泛指关于精神事物的认识，一个专指关于事实和真理的认识和知识。在我看来，两者之间是一种整体和部分、属概念和种概念的关系。

随着实证主义思潮的兴起，出现了一种趋向，认为一切不能接受科学验证的知识都是“形而上学”，是空洞的哲学公式。因此以认识本身为对象的认识论（gnosiology）应该取消，而只保留科学知识论或知识论（epistemology）。这一趋向虽然未必能够得到所有人的认同，但它却把一个重大的问题提了出来，这就是：人的“精神事

① 为此要特别感谢江怡、余纪元、李秋零、杨学功、赵斌等教授。

物”与“认识”和“知识”究竟是何种关系？对于以汉语语境来思考的我们来说，这其实是如何理解和把握“认识”这个概念的范围和论域问题。

何谓“认识”？通常人们下定义时，总是强调认识是指精神对客观世界的反映。如果把这种理解贯彻到底，那么就应该看到，“客观世界”并不只是人以外的客观现象，还应包括人本身的客观存在和活动。既然如此，那么凡是属于精神反映客观世界之结果，其中包括反映客体情况的知识，也包括反映主体情况的自我意识，以及反映主客体之间各种关系和相互作用的其他意识形式等，都应该看作是认识，都应列入认识论对象的范围之内了。然而历来的认识论研究却并非如此。它并不是越来越扩展自己的领域，尽可能全面地进入人的心灵，而是走着相反的道路，变得越来越细化和专门化了。上面说到的西方实证主义方式、苏联 20 世纪 30 年代以来的传统解释，都“把认识看作是反映在人的意识中的客观实在”[1]，但其核心却是只把人类面对的外部现实看作是唯一的客观实在，从而把认识活动限定为“充实新知识的过程”[2]。总之这样的认识论就是知识论，这里只是有“科学知识”和“哲学知识”、大知识和小知识、感性知识和理性知识、一般知识和个别知识等之分。至于在知识之外是否还有非知识性的精神活动，诸如潜意识心理、情绪、社会情感等，则被推到了认识论甚至哲学之外。

有鉴于此，我主张恢复哲学上的 gnosiology 研究，代表关于“精神事物”的总体研究领域。其中既包括传统的认识论即关于人类知识的理论，也包括关于人类非知识性的精神活动，如欲望、兴趣、情绪、情感、意志、信念、信仰等与价值生活特殊相关的意识形式的理论。这一调整的意义在于表明，“认识”只是哲学关注的人类精神活动的一部分，并不是全部。在理论上，我们不应该固守原来的哲学传统，像翻译西方哲学和传统马克思主义哲学原理表述中的那样，把人的全部思想意识活动都归结为一定的反映性认识活动。当欲望、兴趣、情绪、情感、意志、信念、信仰等传统上被置于哲学体系之外的这些意识现象，被从理论上揭示为与人的价值生活特殊相关的意识形式之后，关于它们的研究也就像价值论本身一样，正

---

[1] ［苏］柯普宁：《马克思主义认识论导论》，49 页，北京，求实出版社，1982。

[2] ［苏］康斯坦丁诺夫主编：《马克思列宁主义哲学原理》，第 6 版，161 页，北京，人民出版社，1985。

式进入了哲学的视野，成为人的精神现象总体研究中一个正式对象，成为一个新的相应的研究领域。

“意识论”提出和回答的问题是：“人是否能够以及如何了解和把握存在?”依此而言，所谓价值的意识论研究，就是着眼于人类的价值关系和价值现象在人的头脑即意识和精神活动中的存在和存在方式的研究。这种存在包括两个主要的方面：一是主体自我价值意识的显现，即表现在意识和潜意识中的价值性精神活动，如欲望、兴趣、情绪、情感、意志、信念、信仰等，可以概括为人的价值心理和价值观念；二是对价值关系中的客体和主客体关系状况的反映性认识，可以概括为价值意识中的认知和评价。因此，我们对于价值的意识论研究，就将围绕着人的价值心理、价值认知、价值观念和价值评价来进行。

第四章
人的价值意识

“价值意识”这一提法，目前尚不多见。那么究竟有没有这种意识呢？如果有，就应说明它是什么。马克思恩格斯说：“我们的出发点是从事实际活动的人，而且从他们的现实生活过程中还可以描绘出这一生活过程在意识形态上的反射和反响的发展。”① 在价值意识研究中，我们看到的正是社会价值生活过程在人们意识中的“反射和反响”，其中既包括个人变幻无常的情绪和个性，也包括往往被神秘化的社会意识形态的基础和本质。

一、价值意识与非价值意识

同价值关系普遍地存在于人的社会关系中一样，在人们的社会意识中，也普遍地存在着反映和表现这种关系的价值意识。价值意识，是人们关于自然界、社会和思维的全部意识中有关价值内容的心理、思维、精神活动的总抽象、总概括。它是人们社会意识结构的一个纵剖面。价值意识同意识中的非价值性成分相互区别、相互联系，共同构成社会意识内容的整体。

“态度”与知识

对价值意识的了解和把握，要从它同非价值意识的区别谈起。

粗看起来，我们的意识总是包含着两个方面：一个方面，总的来说是我们对于被意识对象本身的了解，包括对它的视、听、嗅、味、触等知觉和印象、表象、经验、概念、理解、描述等。这些了

① 《马克思恩格斯选集》，2版，第1卷，73页。

解的最典型形式就是知识。不论对象是客体物、客体与主体的关系还是人自己，对它们的知识都是认识者对对象情况的了解和反映。例如："我的眼睛能看见东西"，"我看见了一朵花"，"它是大的、五瓣的、红色的"，"它是野生（或人工培养）的"，"它能够（或不能够）移植成活"，"如果把它吃下去，会在肠胃里发生如此这般的化学反应"，"这种反应会使人体发生如此这般的变化"，"为了抑止或强化这种变化，医生会采取如此这般的措施"，"这些都是经验或者别人告诉我的，是实践证明了的"……上述意识内容包含关于一系列不同对象的不同水平的知识。它们的共同特点是意味着对象之必然的或现实的事实。没有这一特点，它们就不成其为知识。

另一个方面，则是我们对被意识之对象、我们同它的关系和我们自己行为的选择，包括我们的态度、目的、设想、理想等。它们的最典型形式是"态度"。态度并不是来自知识本身，而是对知识所提供的多种可能的主体选择和定向。在知识所提供的事实范围内，主体享有一定选择的自由；在知识的范围以外，这种选择的自由就更大些。例如上述关于花的一系列知识，并不能直接决定下面的不同态度：我是否去看花？是否喜欢红色的五瓣花？是否移植它？还有：把花吃下去以后引起的人体变化是否受人欢迎？应对的措施是为了救人还是害人？等等。这些不同的态度都不违背知识，但其后果却是截然不同的。

可见，态度可以在知识的范围以内，也可以在知识的范围以外。其中，人是否相信并依靠自己的眼睛，是否相信并依靠实践，这种态度只能在知识或常识的范围以内解决。就是说，只有在实践中获得关于视觉的经验和知识，只有由实践本身来对我们的态度做出回答，才能从根本上决定我们对它们的态度。一个执意不肯按实践的提示而生活的人，不可能生活下去，因此也不可能再有"态度"了。这是态度在知识以内的情况。但是，像"我喜欢或不喜欢红色的花"这类态度，就不是或者至少不完全是知识的问题。事实上，如果不是作为专家在有意寻找这种花的话，人们常常并不根据植物学的知识去喜爱或不喜爱花。有关知识至多用来解释喜爱或不喜爱的原因，而不能代替赏花时的审美感受。花被吃下去之后引起的生理反应是否受欢迎，是因人而异的，它取决于谁吃，为什么吃。这里牵涉到某些文化或道德等社会领域的问题，也不是知识所能够完全解决的。

态度既在知识之内，又在知识之外，表明它们是彼此区别的、各自有独立性的意识。为了说明这一点，再把二者作一个比较：

（1）知识是以理性化、概念化、逻辑化的形式存在的。知识不管沉积为常识，还是扩展为科学体系，都有其严密的意域和逻辑，有其具体的原型；知识与知识之间的联系，也可以用特定的方法和推理规则来确定。而态度则以极不相同的多种形式存在，语言、情绪、意志、信念、动作等，都可以表现态度；态度没有固定的外在原型，而主要是以主体的感受、情绪、经验和观念为基础；态度与态度之间的联系，不一定遵循严格的理性逻辑，但却依据实践而过渡。一个人过去讨厌花，现在却喜爱花。这种转变可能在实践上有充分的理由，但在逻辑上它们却不是互相推导出来的。

（2）知识的内容是客观地决定的、一义的。知识对象的现实规定了关于它的知识的基本方向和结果。只要客体不变，人的思维方式和认识规律不变，知识的内容就是共同的，对于不同主体具有统一的含义。而态度的内容则是主观多义的。态度意味着选择，它的内容直接取决于主体主观条件的特点和水平。因此尽管客体不变，主体的基本思维方式和一般的认识规律不变，而只要主体的某些条件不同，态度也会不同。不同主体或在不同情况下的同一主体，对待同一客体的态度可以是不一样的、非一义的。

（3）知识和态度两者能够互为对象和条件，互相转化，但各自的作用却不能互相替代。知识可以以态度为对象，如关于人们态度的实质、根据、特点和发生规律等的认识，都可以成为科学知识。态度也可以用于知识，如对知识是信仰还是蔑视，是追求还是摈弃等。知识和态度能够在一定条件下相互促进和转化。如“艺高人胆大，胆大艺更高”：医术高明可以使医生态度冷静、亲切、乐观；对病人的高度负责态度和细心关怀体贴，可以帮助医生发现新的治疗途径。但无论在什么情况下，知识和态度所起的作用都不能互相完全代替。知识为人们指出事情发展的原因、条件和可能，为人提供选择的外部根据，它本身并不意味着选择。就像“原子核裂变释放出巨大能量”本身并不意味着要制造原子弹还是建设核电站一样。选择是主体对其中多种可能性的态度，态度是选择本身。不论知识能够在指导选择和态度方面有多么重要的作用，知识本身总不能排除它所提供的全部多种可能性；同时知识本身也总有它未能达到的范围，在这个范围内也无法用知识指导选择。因此，态度问题是永远存在的，不能由知识完全包办。

（4）知识的根据是主体按照思维规律对客体的反映。无论是关于物还是关于人、精神现象的知识，都表现为不依主体需要和情感为转移的外在规定性。因此，知识是对象的尺度、事物的尺度、客体的尺度在人的意识中的显现。以真实性、真理为实质和核心的知识，是一种客体性的意识内容。而态度的根据，则是主体自觉或不自觉的内在尺度和需要。一个人对某现象或关系采取什么态度，取决于他的主观条件；而深入下去考察，这些主观条件又是受主体自身（物质和精神）结构制约的，并同主体的需要直接或间接地联系着。一个人认为大家都觉得美的东西是不美的，如果不是有其他原因，那么多半是因为他有与众不同的感受特性和文化心理结构。只有当一个人硬是把使自己身心愉悦的东西说成丑，或者把自己感到难以忍受的东西说成美的时候，他才是主观随意的。即便是有意说谎，在这种说谎的动机和目的的背景中，也还存在着主体不受其意识左右的规定性。可见，态度不是纯粹主观随意的，它总是这样或那样地反映着主体的规定性和尺度。

总而言之，态度和知识是内容上不同的两种意识类型。以态度为代表的这一类意识，是一种主体性的、体现着主体内在尺度的意识，它以价值判断为主要形式。因此，我们把这一类型的意识叫作“价值意识”。以知识为代表的另一类意识，则是属于客体性的、体现着客体尺度的意识，它的内涵不直接成为价值判断或评价。在这个意义上，我们把这一类型的意识叫作“非价值性意识”或“非价值意识”。

在人们的现实精神活动中，这两者的区别往往是极其细微的、短暂的。这是因为，只要有可能，人们总是在非价值意识中贯以价值意识，或把非价值意识迅速地转化为价值意识，它们总是被自觉或不自觉地结合在一起。“某物有毒”，这原本是一个知识，因为“有毒”意味着对某物的一种生理化学作用的了解；但它同时也成为一种价值判断，“毒”的含义是对人“有害”。在日常生活中要把这两者区分开来也许并非必要，那么区分价值意识和非价值意识是否毫无意义呢？当然不是。假如有人误服了某物，医生抢救他时，就必须把“对人有害”同那种生理化学作用区分开来：对于医生来说，前者已经不成为问题了，而必须掌握的则是后者，这是十分明显的。

同样明显的是，对于研究人、人的社会活动和人的意识的一切科学来说，区分人的思想和行动中哪些是价值性的，哪些是非价值性的，有着重要的理论和实践意义。例如，我们对于那些与我们地位、立场和生活方式不同的人们的思想、理论的处理方法，就要首先区分它的两个方面：对那些属于非价值性的意识内容，即客体性知识、经验、方法等，由于它们是客观的、一义的，所以应该积极地吸取、接受，而不必犹豫；对那些属于价值性的意识内容，即对方的主体性态度、评价等，则应加以分析。分析的出发点，应当是主体之间，即我们和对方之间本身的异同，而不应该是别的。因为价值意识是主体性的意识内容，是多义的，所以必须以“我”为准，而不能简单地照搬。这种分析的工作是极其精细而严格的，做起来不像说起来这样简单。但是，我们要做好一切学习、继承、引进的工作，就非如此不可。同样，对待我们自己的思想、言论和行动，也应该进行这样的区别和分析，以便知道哪些是必须坚持的，哪些是可以灵活掌握的，从而有一个自觉的、清醒的自我意识。不然的话，在思想和意识形态的领域中，要想避免“以感想当现实”、“以感情当政策”，就很难有一个明确的标准。

价值意识的社会形式

“价值意识”概念不仅是在与非价值意识相对区别的意义上而言，而且是就人们一定社会意识的内容实质和本性而言的。它是人们社会意识的一个普遍的基本内容。

价值意识的特殊客观基础，是人们现实的价值关系。马克思和恩格斯指出，对于各种意识，正确的、符合实际的观察方法，“则从现实的、有生命的个人本身出发，把意识仅仅看作是**他们的**意识”①。现实的人是社会的人，他们的任何意识都必然同社会有关。在这个意义上说，人的一切意识都属于社会意识，价值意识当然不例外。

但仅仅这样还不能把握价值意识的具体特殊地位。进一步考察人的意识，它有一般意识、关于社会的意识（狭义的社会意识）、社会意识形态和意识形态的各种形式（如哲学、宗教、艺术、道德、政治法律）等一系列层次。社会意识形态及其各种形式是人们关于社会关系、社会生活各个方面的观点体系。在社会意识形态中，人

① 《马克思恩格斯选集》，2版，第1卷，73页。

们基于自己的社会地位而抱有的社会立场、态度和观点居于主导地位，因此它们主要是具体的价值意识体系。

但也不应否认，在各种意识形式中，也不同程度地包含一定的知识内容，如关于社会、历史、人、自然界和思维的知识。这些知识并不依赖于人们的立场和态度。例如关于天体运行的知识并不依赖于宗教的利益，关于审美的知识不依赖于个人的兴趣，关于阶级斗争的知识不依赖于某个阶级，等等。因此，总体上属于价值意识的社会意识形态体系中，也不可避免地包含一定的非价值意识。至于把关于社会的意识同关于自然界的意识相比，把社会意识形态同科学技术相比，价值意识同非价值意识的并存就更加明显了。自然科学反映的是不依赖于人的自然本性和规律，因此它主要地是非价值性的社会意识。但是谁也不能否认，在自然科学中，时时都包含着人关于自然界对人们生存和发展影响的意识。在关于自然物的资源价值、生态环境价值等问题上，表现出人类关于自然界的价值意识，而研究和应用自然科学的目的性、科学向技术的转化，则成为人们自觉的价值意识表现。因此，人们关于自然界的意识中，也存在着价值意识与非价值意识的统一。人类关于语言、心理、思维、逻辑等精神现象的了解，都与此有类似的特点。

总之，无论我们考察人类意识的哪一方面内容，无论是关于自然界、社会还是关于思维，也无论是人的意识内容的哪一个层次，都存在着“世界是什么，怎么样，为什么”与“应该做什么，要什么，选择什么”，即“实然”与“应然”之间相区别的内容，存在着描述与评价、知识与态度的对立统一，即存在着非价值意识与价值意识的对立统一。价值意识和非价值意识都不是人们的具体社会意识之外独立存在的意识形式，而是人们的具体意识所共有的基本倾向。因此在我们关于人的意识的范畴系列中，价值意识和非价值意识处于一般意识（或社会意识一般）与各种具体意识（意识形态等）的中间位置，是对最高层次（人的一般意识、社会意识一般）起具体化作用、对以下各层次起抽象概括作用的承上启下的中间环节。

从价值意识和非价值意识的统一来理解社会意识，有其特殊的意义和作用。例如，以往我们仅仅从是否属于上层建筑、是否具有阶级性这一角度来区分各种社会意识形式，把它们区分为社会意识形态的（如哲学、宗教、艺术、道德、政治法律等）和非社会意识形态的（如科学）。这样的区分并未抓住根本。因为它还不足以表明，属于上层建筑的所谓社会意识形态，本身就是一定社会主体的价值观念体系。一般说来，社会意识形态仅仅是指一定政治群体或社会阶级的意识形态，它同特定群体和阶级本身的历史地位相联系，反映着群体或阶级的利益、愿望和要求等价值取向和价值导向。那么，在非阶级性质的思想文化领域中，特别是在消灭了阶级的情况下，世界上是否还有区别于科学知识而类似于“意识形态”的思想文化现象呢？回答显然是肯定的。就是说，从人类总体的精神生活来看，意识形态仅仅属于价值观念的一种特殊历史形态，即与存在着阶级和国家政治这一点相联系的历史形态，而在超出了阶级和国家政治的生活领域和层面上，在未有阶级和国家或者它们已经消失了的历史阶段上，意识形态也不复存在，而人们的价值观念则始终存在并表现出来。懂得这一点，有助于理解社会意识形态的具体性和历史性，破除对意识形态的神秘感和恐惧感，树立面对多元价值观念的健康心态。

价值意识的精神形式

价值意识既然主要地体现着对主体自身需要和内在尺度的意识，那么它必定反映出主体本身所特有的、不能像知识一样可以还原为客体原型的东西。我们可以把“这朵花是红的”这一认识，用各种方法还原为对客体特性的描述，但是对于“喜欢”或“不喜欢”它这一态度的来源，却只能从主体得到解释。价值意识固然以客体的存在为前提，因客体的属性而发生，但却并不意味着客体本身的现实，它主要反映着主体的现实。

从这一特征入手，我们可以在人们多种多样的精神活动中，区分出下面这些价值意识的特有形式：欲望、动机、兴趣、趣味、情感、意志、信念、信仰、理想，等等。这些精神活动形式的特点，一是同知识等意识形式有明显的区别，二是有鲜明的主观性特征。在欲望、动机、兴趣、趣味、情感、意志、信念、信仰、理想等之中，知识的成分不是直接的主导的因素；知识可以用科学的逻辑的方法加以确立或反驳，而欲望等的确立和检验，则主要依靠主体的内在尺度和客观需要。欲望、动机、兴趣、趣味、情感、意志、信念、信仰、理想等依次对思维逻辑规律的依赖性越来越强，但它们本身并不必然是一定逻辑推理的产物，其中直觉的、感性的和非逻辑性的成分不同程度地存在着。

欲望等是人的意识所特有的、以主体性内容为主的精神形式。它们从精神上反映和表现着人们的价值关系，并且它们是人的这种意识最常见、最普遍的形式。关于这些精神形式，过去曾分散在哲学、心理学、伦理学、美学、宗教学、社会学和政治学等学科中，分别加以研究。今天，我们从哲学关于价值意识的角度看到了它们的一致性和联结点，这有助于从一个整体的高度，进行综合性的、带有系统性的考察。

这里提到的几种价值意识形式（当然还不是全部，还应包括其他什么，有待于进一步研究），可以依人们精神活动的层次特征，按照它们的意识活动水平加以分类。这就是：

（1）欲望、动机、兴趣、情感、意志，就其表现特点来说，大体上处于人们意识活动的个体心理水平上，可以称之为“价值心理”。

（2）信念、信仰、理想等，相应地具有较为自觉的、理性的特点。它们往往能够比较直接地构成一定目的明确、系统而完整的社会思想形式，并且较多地吸收和凭借知识的成分，能够自觉地指导实践，可以称之为“价值观念”。

（3）评价或价值评判，是人们以一定自我意识为基础的认识活动，它是人的自我意识与外部活动相统一的综合形式，是在这种活动中应用于客体的价值意识。因此，可以把评价看作是价值意识的整体的、对象性的活动水平。

二、价值心理

作为心理学研究对象的心理现象，一般都具有如下特点：个人精神活动，并且这些活动同大脑的生理机能较直接地联系着，甚至可以找到它们在大脑中的相应机制，并且与人体的整个生理机制和过程也有相应的可察联系，因此它们在一定程度上较多地反映着个体的肉体和实际生活情况，等等。欲望、兴趣、情感、意志等精神现象具有上述特点。它们是处在心理水平上的价值意识形式，简称价值心理。

个体的心理也是人们的社会心理。因为个人总是一定社会群体、共同体中的主体，个人的心理总是受一定共同体的社会心理影响，并且表现为这个共同体的社会心理。无论作为一般的个人心理还是社会心理，其中都突出地表现着人们的价值意识。

处在心理水平上的价值意识，有两个方面的突出特点：一个是，由于心理比起自觉的理性思维来，同人的切身实际感受更直接、更密切地联系着，因此它们也比观念形态的价值意识更直接、更迅速地反映人们的价值存在关系。显然，人在饥饿时所表现的对食物的欲望、兴趣、情感和意志，要比“民以食为天”这种观念直接得多、具体得多。但也因为如此，心理水平的价值意识不如经过周密思考的、系统的价值意识来得深刻、普遍和持久。另一个是，由于上述同样的原因，人们的价值心理能够作为人的精神需要本身，成为一种客观的精神价值尺度。就是说，满足人的一些心理需要，如求知欲望、交往欲望、道德欲望、审美欲望等本身，即构成精神价值。因此，人的价值心理不仅是反映价值关系的一种形式，它本身在一定情况下也就是价值关系的一个方面。

价值心理的这些特点，不同程度地表现在欲望、兴趣、情感和意志等形式之中。

欲望、愿望、动机

需要，是激发人的意识活动的基本动因，是价值意识的深刻基础。人的需要转化为人的主观意识“想要”的第一种形式，就是欲望。欲望是价值意识的最初形态。马克思指出：

> 人作为自然存在物，而且作为有生命的自然存在物，一方面具有**自然力、生命力**，是**能动的**自然存在物；这些力量作为天赋和才能、作为**欲望**存在于人身上；另一方面……欲望的**对象**是作为不依赖于他的**对象**而存在于他之外的；但是，这些对象是他的**需要**的**对象**；是表现和确证他的本质力量所不可缺少的、重要的**对象**。①

欲望是人在一定现实情况下的需要的直接表现形式。它直觉地、直观地表达着主体的需要，如人在饥渴时就有饮食的欲望，在孤独时有交往的欲望，在受到束缚时有解脱的欲望等。最初表现出来的欲望，往往是自发的而不是自觉的，是专一的而不是多向的，是现

---

① 《马克思恩格斯全集》，中文2版，第3卷，324页。

实具体的而不是抽象一般的，是未加自我限制的而不是经过理智或意志调节的。因此，一般说来欲望的即时性很强，随着某一欲望的满足，它就会转移到其他方面。

欲望在意识中稍加发展，就成为**愿望**（想要）和**动机**。在愿望中，欲望带有了比较清晰的明确的目标和目的意识；动机则是欲望延伸到人的行为领域，同行为相联系的结果。因此，欲望、愿望是从需要产生动机的中间环节。对于欲望的考察，不应该是孤立的、静止的，首先至少应该把需要、欲望、动机当作一个整体，其次要把它们的现实表现同一定的社会历史条件联系起来。

欲望、愿望和动机在社会生活中的作用是巨大的。“就单个人来说，他的行动的一切动力，都一定要通过他的头脑，一定要转变为他的意志的动机，才能使他行动起来”①。“许多按不同方向活动的愿望及其对外部世界的各种各样作用的合力，就是历史”②。欲望、愿望和动机的这种作用在于，第一，它们反映着人们的社会存在；第二，它们构成人本身物质存在和精神存在的统一的内容；第三，它们是在符合历史客观规律的限度内才得到实现的。在这三点前提之下，充分承认和揭示人们价值心理的作用，是马克思主义者的科学态度。它主张对待人的欲望的态度，既不是简单地否定，也不是盲目地推崇。首先是实事求是地承认它的存在和作用；同时要进一步揭示它的客观基础和性质，实现欲望的社会历史条件，个人欲望和社会需要之间的关系，人们从欲望开始的思想进程的特点等，从而全面地给以说明，指出人们的意识从自发欲望上升为积极改造世界的觉悟的正确道路。

欲望是人的价值意识的起点，但不是人的社会存在和社会生活的起点，这是任何时候考察欲望等价值意识都不能忘记的。在这方面最容易犯的错误，就是在抽象的“人”的基础上谈论人的一般欲望，而总是忘记人是具体的，欲望也总是具体的人的具体欲望。恩格斯在批评费尔巴哈把追求幸福的天生欲望当作道德基本准则的前提时，曾以极其尖锐的语气嘲弄了这种迂腐之见：“费尔巴哈的道德或者是以每一个人无疑地都有这些满足欲望的手段和对象为前提，或者只向每一个人提供无法应用的忠告，因而对于没有这些手段的人是一

---

① 《马克思恩格斯选集》，2版，第4卷，251页。

② 同上书，248页。

文不值的。”[1] 而“要从费尔巴哈的抽象的人转到现实的、活生生的人，就必须把这些人作为在历史中行动的人去考察”[2]。把欲望看作是具体人的具体的欲望，就不能不把欲望同人的具体社会存在联系在一起，揭示欲望背后的客观需要。这样，也就是对人的欲望、愿望和动机进行社会历史的分析，区分它的主体的不同层次，区分合理的、不合理的欲望和动机性质，区分按其反映现实的深度不同而具有的不同作用时效。所以正确地对待欲望的态度，既不应该是禁欲主义，也不应该是纵欲主义，而应该是科学地认识现实，提高道德情操和文化修养，使之能够引导人的欲望向着积极、健康的方向发展。

当然，在考察欲望、愿望和动机的时候，不应该忽视它们作为人的精神活动的特点和弱点，不能在任何情况下都等同于人的、社会的客观发展需要。它们作为从客观需要到客观行为的最初的中间环节，是有精神的主观特征的，是有其精神活动的主观随意性因素或环节的，这就是在从欲望向愿望、动机的转化中，可能受到多种已有的主观因素的影响。

> 愿望是由激情或思虑来决定的。而直接决定激情或思虑的杠杆是各式各样的。有的可能是外界的事物，有的可能是精神方面的动机，如功名心、“对真理和正义的热忱”、个人的憎恶，或者甚至是各种纯粹个人的怪想。[3]

欲望作为一种初级的心理状态，它不仅尚未达到系统的自觉意识水平，而且受到主体原有心理和文化结构的制约，具有一定的主观狭隘性和片面性。因此，从需要转化为欲望那一刻起，它就可能变形、分化。同时，它的继续发展也有极不相同的方向。一个人的合理欲望，如果同人的其他欲望和需要相协调，同人的能力、条件相符合时，它就可以发展成为有益的兴趣、健康的情感和清醒的意志。如果不是这样，某种欲望片面地膨胀起来，成为不受人的理智和客观情况调节的嗜好、情感和意志，那么它就造成人的整个价值意识和价值观念系统的变形、歪曲和颠倒。人们常常用来批评受欲望驱使的各种不良现象的说法，如“贪得无厌”、“人欲横流”、“欲

---

① 《马克思恩格斯选集》，2版，第4卷，238页。

② 同上书，241页。

③ 同上书，248页。

壑难填”等，正是对欲望恶性膨胀所击响的警钟。

其中特别重要的是，对于考察社会历史性的价值意识来说，“问题涉及的，与其说是个别人物、即使是非常杰出的人物的动机，不如说是使广大群众、使整个整个的民族，并且在每一民族中间又是使整个整个阶级行动起来的动机；而且也不是短暂的爆发和转瞬即逝的火光，而是持久的、引起重大历史变迁的行动”①。人民大众的共同的、普遍的愿望，能够成为标志社会客观需要的重要信号，满足这些愿望，就是满足社会发展的需要。“大势所趋”与“人心所向”之间，在这里是统一的。

兴趣、趣味

在心理学中，兴趣是个人对客体的一种积极的选择性态度，表现为主动关切的兴奋状态。人对某些客体的欲望经过沉积，逐渐形成比较主动的自由的心理状态时，就成为兴趣。兴趣的萌生以人的需要为基础，需要使某些兴趣成为必要。但“兴趣的形成并不总是从意识到需要、使命或社会职责开始的”②。由于实践活动的进行，某些客体的特性呈现出同人的一定个性相符合的趋势，因而会在不知不觉中引起人的兴趣。在这种情况下，兴趣是自发地产生，然后人才意识到兴趣对象的意义，也就是意识到人对它的需要。可见，兴趣的产生并不在于人自己意识到了这种需要，而在于人本身确实有这种需要。由于人的规定性和需要是多维、多重、多变的，所以人的兴趣有无限多样的发展可能性。

兴趣产生于需要，表现着需要，因此，兴趣的满足也在一定程度上成为对人的需要的满足，兴趣的发展也在一定程度上意味着人的发展，对兴趣的尊重也在一定程度上意味着对人的尊重。兴趣本身能够构成一定的精神价值关系，它既是价值意识的形式，又成为价值意识的对象。人们在评价某些社会现象的精神价值时，用是否“有趣”，是否“使人感兴趣”来衡量，就表明了兴趣在这时已经成为价值关系的一方——价值主体的需要。

比起欲望来，兴趣在价值心理的水平上提高了一步。它意味着主体对客体的选择有了一定的自由。但一般来说，兴趣仍然未超出感性心理的水平，它常常表现为人们自发的、直觉的和直观的态度。

---

① 《马克思恩格斯选集》，2版，第4卷，249页。

② ［苏］波果斯洛夫斯基等：《普通心理学》，73页，北京，人民教育出版社，1980。

并且，由于主观自由程度的增强，兴趣的主观随意性也可能增大。兴趣的具体倾向、性质和特点，是由具体主体的特殊规定性，即需要、能力、社会条件等决定的。个人多方面兴趣发展的不平衡性、个人之间的兴趣差异充分说明了这一点。由于这些原因，我们也必须像对欲望那样，对兴趣加以社会的、历史的、具体的分析。

一个人或一些人的各个方面的兴趣之中，贯穿着这个人或这些人的一定精神本质特征，反映着主体特殊的生理或心理、社会特点，这种特征被叫作该主体的**“趣味”**，即他的兴趣活动的基本取向和能力。趣味如何，是鉴别人们兴趣的尺度，通过趣味可以看到人们各种兴趣的实际意义和社会性质。例如，同样是对艺术欣赏感兴趣，但有的人趣味单调、粗俗、低级，而有的人则趣味丰富、高雅、高尚。两者之间的区别意味着主体之间的区别以及各自兴趣活动的不同社会后果。当然，也有一些趣味上的差别，并不标志着文明和愚昧、进步和落后的差别，而仅仅是个人特点和条件之间的差别，例如喜欢下棋同喜欢打球的差别。不论何种差别，都根源于主体，表现着主体。主体的兴趣指向受他的趣味水平的制约，兴趣活动的巩固反过来也会影响和改变趣味。

趣味比兴趣更深刻地体现着人的客观需要、能力和条件。人的兴趣是能够通过趣味的变化加以调节的。当人们意识到自己的真正需要、利益和实现它们的途径时，人们的趣味就会有一个自觉的、有目的的改变，因而也就能够比较自觉地调节和掌握自己的兴趣。而在社会兴趣方面，人们的这种自觉性更为突出。在人类历史上，一切有卓越成就的伟大人物都有这样的共同特点：他们在广泛的、多方面的兴趣背景上，自觉地确定了对社会生活和社会发展有重大意义的中心或主导兴趣方向，把自己的全部注意力和精力都用于这个兴趣目的，为之坚持不懈，虽历尽艰难曲折，犹感其乐无穷。

情绪、情感

在现代心理学中，把与主体有机生理需要相联系的态度体验称为**情绪**，把与人的社会关系需要相联系并受社会关系制约的态度体验叫作**情感**。情绪和情感是人对周围现实和对自己的独特的个人态度，它通过具有特殊色彩的体验形式（表情、动作、音调、修辞风格）表现出来，如满意不满意、愉快不愉快、紧张松弛、兴奋抑制等。我国传统说的“七情”（喜、怒、哀、欲、爱、恶、惧）概括了情绪的基本类型。

情绪和情感的区别具有相对性。它们的共同本质，是以心理体验的方式反映主客体之间的价值关系，表达主体对于客体的价值态度。“同人的需要毫无关系的事物，人对它是无所谓情感的；只有那种与人的需要有关的事物，才能引起人的情绪和情感。而且，依人的需要是否获得满足，情绪和情感具有肯定或否定的性质，凡能满足人的需要的事物，会引起肯定性质的体验，如快乐、满意、爱等；凡不能满足人的渴求的事物，或与人的意向相违背的事物，则会引起否定性质的体验，如愤怒、哀怨、憎恨等。情绪和情感的独特性质正是由这些需要、渴求或意向所决定的。”①

情绪和情感比起欲望和兴趣来，更具有外在的、综合的特征。欲望和兴趣总是通过情绪和情感表现出来，它们本身也在一定意义上属于情绪的类型（如爱、喜、欲）。但是情绪却比它们更富于体验的完整性。在情绪和情感中，主体自身、自我也成为对象，情绪和情感能够表现主体对自己行为举止的自我评价。例如，人往往不以自己为明显的欲望对象或兴趣对象，却能够对自己产生满意与不满意、荣耀与羞辱等情绪。这表明，情绪和情感的内容比欲望和兴趣更广泛、更深刻，也更灵活。

情绪和情感在意识水平上的实质性进展，在于它们同认知和知识有了比较深入的、牢固的联系。这种联系表现为，情绪和情感是通过认知活动的“折射”而产生的。就是说，来自外界环境的影响，要经过认知并加以评价，才能产生情绪和情感。美国心理学家阿诺德的“情景→评估→情绪”模式指明了这一过程。阿诺德认为，譬如一个人在森林里看见一头熊会引起恐惧，而在动物园里看见一头关在笼子里的熊就不会产生恐惧。这个区别明显地在于对情景的认知和估价。估价的实质是刺激情景对人具有什么意义，它是否符合人的需要、愿望和渴求。② 认知和评价能够唤醒情绪这一联系表明，人的情绪和情感是能够通过增强理智能力和丰富知识等自觉的理性活动加以控制和调节的；同时也表明，情绪、情感等态度体验，并不能简单地归结为认知活动，它是以一定认知过程为基础的整个有机体的复杂活动，是比单纯的认知更生动、深刻和丰富的价值意识活动。

---

① 曹日昌主编：《普通心理学》，下册，42页，北京，人民教育出版社，1980。

② 参见上书，60～61页。

人类的高级情感即社会情感，是认知与评价心理活动高度结合的形式。社会情感的三种基本类型——道德感、美感和理智感，充分地显示了这种结合。道德感是关于人的举止、行为、思想、意图是否符合社会道德准则和是否具有客观的社会价值的情绪体验，如尊严感、荣辱感、义务感、责任感、集体感、是非感等。美感是对事物的美的体验，它同主体审美需要的满足相联系，如愉悦感、和谐感、韵律感、形态感、色彩感等。理智感是在人的理智活动过程中产生的体验。它同主体的求知欲、认知兴趣和智力兴趣的满足，同对真理的探求相联系。人们在求知认知过程中所具有的批判的怀疑感、追求感、审慎感、逻辑感，以及在新发现面前的惊讶感、喜悦感、不满足感等都属于理智感。这些基本情感的共同特点在于，它们都是与主体的一定原则和标准、一定的社会要求相联系而产生的。在这个基础上，心理水平上的情感能够直接通过自觉的理性途径，上升为观念形态的道德、审美、科学的理想和能力。

情绪和情感在社会生活中的作用是巨大的。马克思曾把情感列入构成社会上层建筑的一个精神因素："在不同的占有形式上，在社会生存条件上，耸立着由各种不同的、表现独特的情感、幻想、思想方式和人生观构成的整个上层建筑。"① "激情、热情是人强烈追求自己的对象的本质力量。"② 健康的、积极的和高尚的情绪、情感，为人们提供追求崇高理想的精神活力，它能够激励人们进行创造性的探索和大胆独创，能够促进人们之间的思想和意志交流，达到增进团结统一的效果。重视情感和情绪的社会教育、熏陶和自我陶冶，在生活中不仅是可能的，而且是必要的。

意志

意志是人的价值心理的最高形式。在心理学上，"意志就是人自觉地确定目的并支配其行动以实现预定目的的心理过程"③。这意味着，意志是这样的一个心理环节或过程：它在需要、欲望、愿望、动机、兴趣、趣味、情绪和情感等价值心理的基础上，把它们的内容综合成为目的，并且使之向持续性的行动转化。不仅如此，意志还对上述价值心理以及其他价值意识、行动，起着控制和调节的作

---

① 《马克思恩格斯选集》，2 版，第 1 卷，611 页。

② 《马克思恩格斯全集》，中文 2 版，第 3 卷，326 页。

③ 曹日昌主编：《普通心理学》，下册，74 页。

用。意志能够通过发动或抑制某些欲望、愿望、动机、兴趣、情绪和情感等，使之为达到这一目的服务，支配行动以使之符合目的的要求。总之，意志是人的价值心理达到了自觉、综合程度的形式。尽管这种自觉并不一定是理论的自觉，综合不一定是科学的综合，但它毕竟是达到了最高心理水平的价值意识。

意志是主体高度自主的心理活动，它对心理、意识和行动的控制、调节作用，使之表现出一定的随意活动性质。例如，某些欲望可以随意志的指挥而强化或弱化，某种兴趣、情绪和情感可以因意志的调节而激发或抑止等。意志又是规定和追寻目的的心理活动，因此，以目的为核心的人的价值意识和价值活动，更多地带有意志而不是认知的色彩。这一切，都是不应否认，也无法否认的。

那么，人的意志是否能够绝对自由而不受约束？是否无须任何客观依据呢？这是一个有关“意志自由”的老问题。事实上，人的思想和行动具有随意志性（简称随意性），但意志本身却不是完全随意的。这可以从意志的心理生理机制和意志内容的客观性两方面得到说明。从随意活动的生理机制来看，人的意志不是脱离肉体的，也不是先天的。19 世纪 70 年代以来，心理学的发展逐渐揭示了人的随意活动的生理机制。通过对大脑皮层运动区的解剖生理研究、神经系统的内导（即反馈）机制的研究和中枢神经系统整体活动的研究等，已经可以说明，人的随意运动是以神经系统的暂时联系机制为基础的、对来自外部刺激和人体内部刺激的灵活的整体反映。这种反映建立在个体后天形成的暂时性神经联系之上。从意志的内容上看，其核心是目的。目的作为人的价值关系和需要的现实形式，本质上并不是主观随意的。在实践中，目的和意志必然受到来自客观条件和主体需要两个方面的检验和制约。归根到底，“意志自由只是借助于对事物的认识来作出决定的能力”①，而每一种意志“又是由于许多特殊的生活条件，才成为它所成为的那样”②。

现代心理学把人的心理活动划分为三个基本方面：认知过程、情感过程和意志过程。这三者之间，意志是起调节作用的过程。认知是意志产生的前提，意志调节认知过程；情感可以成为意志的动力，意志对情感起控制作用。同时，意志又是从价值心理向价值行动转化的环节。行动是意志的反映，意志调节行动。目的正确而明

---

① 《马克思恩格斯选集》，2 版，第 3 卷，455 页。

② 《马克思恩格斯选集》，2 版，第 4 卷，697 页。

确、意志自觉和坚强，对于人们的健康生活有着重要的意义。锻炼意志，是一切旨在谋求有益成果的活动取得成功的必要条件。坚定顽强的意志，是人的心理特别是价值心理达到成熟的综合标志。

三、价值观念

人们的价值意识，在具有社会共同方式的自觉水平上，成为价值观念。价值观念不同于严格意义上的“价值观”。严格意义上的价值观，如同物质观、时空观、真理观、历史观等，作为一门理论分支，是关于某个对象领域的学说系统。而价值观念，却是指人们内心深处的价值取向或价值理念。价值观念之于价值观，犹如人的道德之于伦理学、宗教徒的信仰之于宗教学、罪犯的心理之于犯罪学一样，属于价值意识与非价值意识的关系。所以，时下社会上经常说及的“价值观”，应该当作“价值观念”来解释。

关于什么是价值观念，简要的回答是：作为人类特有的一种精神形态，它是人们关于基本价值的信念、信仰、理想的系统。价值观念的基础和来源，在于它是人们价值生活状况的反映和实践经验的凝结；价值观念的功能，在于它成为人们内心深处的评价标准系统。

信念、信仰、理想是价值观念的特有形式

“价值观念是人们关于基本价值的信念、信仰、理想的系统”这句话，概括了价值观念特有的一般思想内容和思想形式。就是说，从内容方面看，它是人们关于什么是好、什么是坏，怎样为好、怎样为坏，以及自己向往什么、追求什么、舍弃什么、拥护什么、反对什么等的观念、思想、态度的总和。从形式方面看，价值观念具有不同于科学认识和知识系统的特殊精神形式。如果说概念、判断、推理等是科学认识和知识系统的固有形式的话，那么，构成价值观念的思想形式则主要是信念、信仰、理想等。

价值观念比起价值心理来有两个突出特点：第一，价值观念是比较有自觉意识的。价值观念代表人在价值方面的自我意识。这种价值意识不管在哪种形式中，总是包含着“我应该这样想、这样看，因为有如此这般的理由”这种成分。为什么“应该”这样想和这样看的理由，也还是价值，即“这样才好，才有益、有效，才能成功”。至于更进一步的理由，对于有些人来说是存在的，对于另一些人来说则不在思考之内。这比起一般来说只意味着“我要如何”的心理水平，在理智上是前进了。就是说，它们已经从直接受制于个人心理和生理的状态，上升到比较不受这种制约的、抽象精神活动的高度。第二，与上述特点相联系，它们具有某种可以系统化的、进行社会交流的思想形式。信念、信仰、理想等观念形式，一般不再是仅仅个人才有的精神形式，而往往是为一些人所共有的、可以讨论和交流并可以适当地用外部方法（科学检验、实践证明）来确认的东西。因此，它们不仅在内容上，而且在形式上都真正成为社会性的意识。它们的作用也不仅在于个人，而是更多地在于社会。总之，价值观念是以人们的价值关系和价值现象为对象的思想内容，它与客观的价值关系（包括物质的和精神的价值关系）之间已经有了实质性的距离，成为纯粹的、相对独立的第二性现象。

信念、信仰、理想，是三种最典型、最重要也是最普遍的价值观念基本形式。

信念

“信念”是一个人们常常使用但在理解上有着尖锐分歧的重要概念。信念问题联系着复杂的哲学理论。例如罗素认为，信念是“有机体的一种状态”①，同用行动表示出来的信念相区别的那种精神状态，叫作“静止的信念”，“静止的信念是由一个观念或意象加上一种感到对的情感所构成的”②；柯普宁则认为，“信念是理念客体化的主观手段”③。他把信念和信仰看作是一回事，认为它是一种对于改造世界有工具价值的精神形式。这也只是说明了信念和信仰的功能本质。在波果斯洛夫斯基等著的《普通心理学》中，信念被定义为：“人对在生活上所遵循的原则和理想的深刻而有根据的信仰。”④用信仰来解释信念，似乎颠倒了二者的层次。我不打算在这里展开讨论这些不同的理解，而只是在最一般的、起码的意义上，考察作为人们的一种价值意识形式的信念。

---

① ［英］罗素：《人类的知识》，179页，北京，商务印书馆，1983。

② 同上书，183页。

③ ［苏］柯普宁：《马克思主义认识论导论》，268页。

④ ［苏］波果斯洛夫斯基等：《普通心理学》，80页。

我通过对生活中大量信念行为的观察，倾向于对概念作如下界定：信念是人对某种现实或观念抱有深刻信任感的精神状态。例如“开卷有益”、“性格决定命运”、“无风不起浪”、“善有善报”、“正义必胜”等，都是不同层次的信念。信念含有以经验和记忆中的某些事实为根据的想象、预料和推断。例如，以往由于采取正确读书方法所获得的效益，是“开卷有益”的根据。对“正义”的社会性质和力量的理解，历史上正义战胜邪恶的事实等，是“正义必胜”的根据。

信念的功能在于使人把握思想和行动上的有效原则或目标。信念起作用的地方，不是对象对人的关系已成为既定事实的地方，而是人尚未完全把握它同自己的真正关系的地方。正是在这里，信念告诉人们“应该怎样，不应该怎样”。它所起的作用，首先是解决价值判断问题，即人怎样才对自己有益，才能满足自己的需要。“开卷有益”告诉人多读书，“正义必胜”告诉人坚守正义。它们之所以能起到激励和劝诫作用，正是因为有益和胜利是人们所需要的。凡是信念，它所揭示的内容总是同人们应当持的态度和应当采取的行动有关，而信念所反映的现实、知识等则作为观念上推理的函项，价值判断才是它的结论。总之，信念的内容是从价值角度对现实和观念所作的价值判断，信念的功能是价值定向。

也可以说，信念是在人们生活实践中实际地体验了怎样想和做才有益、有效的基础上，所形成的一些活动模式。这些模式使认知与愿望、情感结合起来，提供为价值目的服务的选择途径。例如，“我确信外星人是存在的”，这无疑是一个信念。在这个信念中，除了关于我们人类在地球上存在的体验和知识，以及关于宇宙天体的某些知识和假说以外，必定还导致这样一层价值的含义：相信这一点比不相信这一点更有益。因为对于一个尚未证实的观念，我们除了尽力探求证实的方法之外，还必须从可以想到的价值关系角度上，现在就做出自己的抉择。“不相信有外星人”的信念，其理由与此也是相同的。

不同的信念是不同价值实践经验的初步总结。说是“初步的”，是因为如罗素所说，同用行动表示出来的信念相区别的那种精神状态，本身还只是“静止的信念”。单纯的信念一般来说是静态的或静观的，它可以从零星到系统，在多种层次上互不相干地形成。人们的信念往往只是告诉人们“应该”怎样做或怎样看，还不是直接告诉人们必须就要去那样做或那样看。信念不像信仰那样具有强烈的激发和督促作用，它常常是思想和行动中被恪守的东西，而不是被贯彻执行的思想和行为本身。这就像仅有“正义必胜”的信念，同有“舍生取义”的信仰意志之间，存在着静动之别一样。信念可以是对某一方面的、个别的、具体的、零散的，例如“锻炼身体可以不吃或少吃药”；也可以是系统的、全面的，如世界观、人生观的信念。一个人可以有许多信念，它们之间并不一定形成自觉的系统。

信念有科学和不科学、正确和错误之分。由于信念的作用，这种区分和鉴别十分重要。一般以为，信念中包含的科学知识越多，这种信念就越可靠。这当然是正确的。但仅仅这样是不够的。因为知识再多也是有限的。而且知识往往同已经成为过去事实的东西有关，在未来面前，知识本身也是需要验证的。因此，信念的合理性和可靠性不仅依赖于知识，更在于思维方式和方法的合理性和先进性。只有培养和确立先进的科学思维方法，使之同进步的社会立场相结合，才能从根本上确立合理先进的信念。

信念往往是具体的，可以表现为人对一时一事的现象持有某种观念和态度，也可以表现为对宇宙人生的一定总体性、普遍性的观念和态度。但当它成为人的一定总体性、普遍性的观念和态度时，信念就成为信仰。

信仰

“信仰”是人们关于最高（或极高）价值的信念。这里首先肯定了信仰是一种信念，同时又指出了信仰不同于一般信念的特殊性。一方面，信仰是一种信念，即对于某些尚未被证实的客观状态或观念的确信。正像信仰和信念都有“信”一样，不相信的东西当然不会成为信仰对象。信仰具有信念的基本特征。另一方面，并不是一切信念都成为信仰，信仰是一种特殊强化了的、最高或最终的信念。只有关于极高或最高价值的信念才能够成为信仰。历来正式为人们所信仰的东西，如宗教的神、大自然的造化、命运，或社会思想体系及其代表人物，或其他具有无上人格力量的化身，如科学、知识、财产、权力等，无不是同一定时代人们的根本生活利益、人的命运、社会的前途有关的对象。而某些零星的信念，如“开卷有益”，如果不是发展到本本主义和教条主义，是不能叫作一种信仰的。

可见，信仰是在两种意义上强化了的信念：内容上强化和作用上强化。例如“正义必胜”这一信念，在一般情况下还不成为信仰。当人们对什么是正义有了完整具体的理解，譬如想到正义就是充分尊重每一个人的自由或消除不平等以后，对这种正义的追求就成为信仰。

最重要的是，构成信仰的内容，在人的价值意识中起着调节中枢的作用，使人的整个精神活动以它为核心并围绕它形成一个完整的系统。成为信仰的信念能够调动人的全身心，包括意志、情感、智慧和力量去为之奋斗。这就像“仰”字和“念”字的区别一样：“念”只是一种意念，“仰”则是一种整体性的精神姿态。不论人们以什么为信仰对象（神、自然、人、科学、道德等），信仰这种精神形式的特征，都在于把某种特殊的价值信念置于思想和行动的统摄地位上。

历史证明，信仰的精神力量是无限的。在引导和激励人的思想、感情、行为的作用方面，信仰的力量比任何其他意识形式都更巨大、深刻、持久得多。信仰是以最高信念为核心，使人的精神活动形成了一个完整的导向，并调动各种精神因素为它服务。因此人们关于自己的信仰，总是在感情上对它倍加珍惜和保护，在理智上千方百计为它寻找和建立证据。通常看到的“诚则灵”这一有趣现象，其实有着深刻的根据，它所表现的正是信仰的最大效应和突出特征。不论人们以什么为信仰对象，信仰这种精神形式的特征，都在于始终把某种价值信念置于思想和行动的统摄地位上，成为人生的“主心骨”。

信仰是不是人类所特有的、具有普遍意义的精神生活？不同的意识形态对此做出了截然不同的判断。在西方文化传统中，信仰与宗教往往被视为一体，作为一种不言而喻的社会现象加以理解。而自从马克思揭露和批判了宗教的唯心主义实质以后，在国际共产主义运动中，宗教迷信和信仰主义在理论上被宣判了死刑。在这一背景下，我国长期以来着重于揭示信仰与宗教和信仰主义的历史联系，而较少地注意它们之间的区别。但只要仔细领会有关论述就不难发现，马克思在把批判的锋芒对准信仰主义和宗教的时候，并不曾一般地否认信仰的存在及其作用，并不曾把信仰同宗教看作完全是一个东西，更不曾认为人可以没有信仰、不要信仰。马克思说：“相当长的时期以来，人们一直用迷信来说明历史，而我们现在是用历史来说明迷信。”① 把宗教迷信看作是人类发展的一定历史阶段上的现

① 《马克思恩格斯全集》，中文2版，第3卷，169页。

象，而不是看作人的精神生活的永恒本质，这是马克思的一个基本观点。恩格斯则进一步指出："即使是最疯狂的迷信，其实也包含有人类本质的永恒规定性，尽管具有的形式已经是歪曲了的和走了样的"①。当然，迷信不过是一种病态的、失去了理智的信仰。马克思和恩格斯认为，信仰具有巨大的社会力量，有没有信仰和有什么样的信仰，其作用是不同的。对于包括迷信在内的各种信仰，不仅要在现实的历史中找其原因，而且要从人的本质和本性中找到其根基：

> 中世纪的强烈信仰无疑地曾以这种办法赋予这整个时代以巨大的能量，不过这是一种并非来自外部，而是已经在人的本性之中的能量，尽管它还是不自觉的和未开发的。信仰逐渐淡化，宗教随着文化的日益提高而瓦解，但人还是没有看清，他正在把自己的本质当作一种异己的本质来朝拜，并加以神化。人处于这种不自觉而又无信仰的状态，不可能有什么内容，他对真理、理性和大自然**必定**绝望……②

就是说，对宗教神的信仰破产了，代之而来的实际上是对人自己本质的信仰。当人们还不理解这一点时，他们就感到精神上的空虚。可见，人们信仰什么（神、宗教教义、伟人、权力、金钱、道义、知识、科学和真理等）总是有所不同，并且随着历史发展而演变，但人对信仰的追求和依赖，却是随着文明进步日益强化起来的一种精神生活方式。可以认为，信仰是人类特有的精神存在和精神生活的本质形式之一。信仰是人类文化和文明的内在条件之一。人类的精神生活中不能没有信仰。没有信仰的人就像没有灵魂一样，只是一个躯壳。在人类的精神生活中，信仰是全部价值追求的指向机制、定向机制、导向机制。

区别信仰与宗教，并客观地分析它们在一定历史条件下的联系，是理性地对待信仰和宗教现象的一个理论前提。信仰作为人的精神生活的一种必然的本质形式，同它在历史上变化着的各种具体表现如宗教、信仰主义、迷信等，是可以加以区别的。迄今为止的人类，不论在什么历史条件下和对什么形成信仰（大自然、神、人、科学等），事实上总是以信仰为自己精神生活的一个重要支柱，在追求着。宗教并不是唯一的信仰方式。对宗教的不信仰，可以是对科学、

① 《马克思恩格斯全集》，中文2版，第3卷，520页。
② 同上书，517页。

真理、人的本质力量的信仰等。这样，就可以在撇开某些个别形式的抽象水平上，把信仰作为人所特有的一种普遍的精神现象加以考察。我认为，这是尊重人类精神生活发展的多元化历史现实的态度，是一种必要的、合理的态度。

人们信仰的确立，既是有社会意义的，又是一种社会的精神活动过程。信仰不像个别信念那样可以通过个别方面的实践就能够形成，它是由人们的全部社会条件、经历和知识以及能力所决定的，需要经过自觉的探索、总结和反省才能够形成。因此，信仰主要受社会历史条件的制约，并受社会文明的发展和传播的影响。充分认识信仰现象的本质、基础、形成演化规律及其社会文化意义，在实践中予以科学的对待和积极引导，是当代文化建设的一项重大历史任务。

理想

理想具有最典型的价值意识性质。在各个不同学科中，对它有共同的理解。如在哲学和美学中，有人指出“理想——这是人的行为、人的活动的目的的典范”①；在心理学中，“理想这是个人在目前所遵循的同时决定自我教育方案的形象”②；而我国《辞海》给“理想”作出了两种释义：（1）“同奋斗目标相联系的有实现可能性的想象”；（2）“符合希望的；使人满意的。”③ 总之可以看到，“理想”这一价值意识形式含有下列基本内容：第一，它是以一定信念和信仰为基础的价值目标体系；第二，这种目标体系以关于未来的实际形象为标志；第三，它为人的思想和活动及其结果提供着自觉的典范或“样板”。这些也就是理想作为观念形态的价值意识所具有的特征。

理想产生于信念，但不同于信念。信念中所包含的知识、经验、逻辑等理智成分，即为主体所确信和把握的关于客观世界的知识，是理想得以形成和确立的基础、前提之一，它们决定着理想是否科学、正确、可信，是否可能实现。因此，愈是对自然界、社会的本质和规律有正确的了解，愈是能够形成和确立远大的理想。但是，

---

① ［苏］斯托洛维奇：《审美价值的本质》，156页，北京，中国社会科学出版社，1984。

② ［苏］波果斯洛夫斯基等：《普通心理学》，80页。

③ 《辞海》，合订本，2776页，上海，上海辞书出版社，1979。

对于信念中所提供的具体价值选择来说，理想却不是它们的简单相加，而是它们在最高层次上的综合、整合、升华，是使它们从属于一种信仰的目的和意志。

理想是信仰对象的未来形象，是具体实践着的信仰。理想的内容指向取决于信仰。人们信仰什么，就决定了人们按照什么方向和原则形成自己的理想。例如信仰上帝或神，就把进入天堂、与上帝或神同在当作理想；信仰真理，就把追求和获得真理当作理想；信仰马克思学说，就把实现共产主义当作理想。但理想并不停留于信仰，它还意味着把信仰的对象同现实的条件及其未来发展联系起来，同自己的生活道路及其未来成果联系起来，使之成为一种具体的、具有现实感的形象体系。在理想中，包含了信仰和为信仰所预示的社会图景的统一。因此，理想是信仰对象的未来形象，是具体现实化了的信仰。它比信仰更具有丰富而具体、确定而完整的实际内容，也比信仰更具有目标的明确性和情感、意志的感召力。有时候，人们有一定的信仰，但不知道这种信仰意味着什么样的社会结果，因此他们还没有社会理想。例如有些信仰金钱或权力的人，不能给自己描绘出一种靠金钱和权力所造成的美好社会形象，这样的人就只有社会信仰，而没有社会理想。

理想要通过自觉的意识，依据一定的信念和信仰，把它们合乎逻辑的推论与社会合乎规律的运动结合起来，以造成对主体具有号召力和感召力的具体形象，才能够形成。所以，从内容上看，理想是信仰中最高（或极高）价值目标的具体形象；从形式上看，理想则是知识、逻辑和情感、愿望、目的等的统一。理想是对现实的反映和对未来的价值预测、价值导向的统一。这些统一表达对主体所追求的价值成果的具体描述、选择和期待。

在理想中，人的价值意识从心理水平到观念水平，形成了一个完整、自觉的观念和形象系统，并且同知识和理智紧密地结合在一起，成为指导和推动人的实践活动的精神力量源泉。理想的巨大鼓舞和激励力量，来源于它提示着人们生活中最高的或极高的价值，而且这些价值是具体的、形象生动的、在现实生活中可以看到通向它的具体途径的。理想所描述的境界愈是完善和完美，也就愈能满足人的最高需要；这个境界愈是具有现实的条件和可能性，也就愈能显示出实现的必然性。这两方面结合起来，这种理想对人的吸引力和鼓舞力量就强大。因此，理想的确立要求人们把具有明确的长远目标同清醒的现实态度结合起来。人确立了成熟理想的基本标志是：他在对最美好的未来的追求中，有了使自己的思想和行动与之相适合的规范，从而使迈出的每一步都向着这个目标接近。理想好比是人的生活形象的“底片”：对过去和现在，它是生活的“曝光”和“显影”；对今后和未来，它是“底本”、“样板”和“蓝图”。理想的力量正在于此。

“理想”是价值意识的最高范畴。理想的培养和确立，是人的精神生活的最高层次。崇高理想的实现，是人的生命的最高价值。古往今来一切仁人志士，在为崇高的理想而奋斗中，成就着自己的人生。

价值观念的基本构成

价值观念作为人们关于基本价值的信念、信仰、理想的系统，究竟包括哪些基本内容？虽然价值观念总是具体多样、“因人（主体）而异”的，但既然都叫价值观念，就应该有基本相同、可以相互对应的结构和要素。这就像世界上每个人都有一张自己的脸孔，没有两张面孔是彼此完全相同的，但因为它们毕竟都是人的脸孔，也就都有大体相同的“五官”要素和布局。否则我们将不会有“脸”这个概念，更谈不上对脸的美丑妍媸进行“横向比较”，或者对同一张脸的发展变化进行“历史比较”了。由于我们从根本上把价值观念看作是主体的“灵魂形象”，所以认为应该和能够描述它所特有的“五官”，为价值观念的研究走向现实和具体化提供一个相对完整、清晰的理论框架。

为此，我多年来进行了一番相当吃力的调查和研究，尝试通过考察人们价值观念的实际状况，从中找出各种价值观念通常都要包含的那些问题和内容，作为共同性的要素。结果发现，由于人的精神世界的多元具体性、极端复杂性和高度灵活性，这种概括只能在哲学层面上进行初步的尝试。尽管如此，依照我对价值观念的理论界定和实证分解，还是尽力将其一般结构和要素加以提炼，概括为以下五个方面：

（1）主体的定位和自我意识，简称**主体意识**。一种价值观念“是谁的，最终为了谁”，就会以谁的地位、立场、利益为根据，反映和代表谁的意志。所以构成任何一种价值观念的第一个基础，就是确立价值主体；而每一价值主体确立自己价值观念的第一个基础，则是要充分认识自己的社会角色、地位和使命，包括责、权、利的定位。

主体意识首先即主体自我定位的意识。如："我"究竟是谁？从哪里来，到哪里去？"我"与他人、社会是什么关系？"我"在社会生活中扮演什么角色，有怎样的权利、责任和归宿？等等。一个主体只有对这些有了明确的定位，才有自己价值观念的立足点和出发点。主体意识是全部价值观念的核心和灵魂。

价值观念承担着评价标准系统的功能，它如同人们心目中的价值"坐标系"，而主体意识就是这个坐标体系的"原点"。主体定位决定了整个坐标系统的定位，坐标的其他各个向度（轴线），都是从这个原点伸展开来的。构成价值观念这个坐标系的其他主要维度还有以下几点。

（2）关于社会结构和秩序的理想、信念，简称**理想和信念**，包括个人的人生理想和信念，也包括人们关于社会的理想和信念：人应该是什么样子？生活应该是什么样子？人与人的关系应该是什么样子？社会应该是什么样子？等等。人们关于社会生活的结构和秩序总是可以有不同的选择的，如等级与平等、效率与公平、自由与秩序、人治与法治、富裕与文明、自上而下与自下而上……面对这一切可能的样式，社会的组织结构和运行秩序怎样选择才是最合理、最优越的？人的地位应该怎样把握，人的一生怎样度过才是有价值的？等等。在这些重大问题面前，不同的人们从自己现实的地位和条件出发，都不仅十分关切，而且必定形成自己的根本看法和期待，寻求各自的理论、学说甚至信仰，产生对社会、人生命运和前途的价值追求。这些就是他们的社会人生信念和理想。

理想和信念往往与人们的目的性联系在一起，是构成人们思想感情和行为取向的最明显的总体性标志，因此也是我们通常观察到的价值观念的集中表现。这些理想信念的形成并不是一朝一夕的事，但它们对于人生和社会的意义却是无时不在的。有了这些理想和信念，人们不仅用它们去衡量、评价现实生活中的现象，而且更要把它们变成自己的社会立场和为之奋斗追求的目标，坚持不懈。

（3）关于社会规范的立场和选择，简称**规范意识**。人是社会化的生命存在。社会生活中的各种规范，包括经济规范、政治规范、法律规范、道德规范以及其他文化和日常生活规范等，是由社会生活的结构和秩序所规定的人的行为准则、规则系统。它们构成日常生活中的各种评价标准，如经济规范成为人们评价经济行为的根据，政治规范成为人们从政治上评价事物的标准，法律和道德规范分别以“硬性”、“软性”的方式充当着判断人的行为正当与否的出发点和判据。

一定的规范代表着一定的社会体系，反映出一定主体的权利和责任。社会规范总是具体的、历史的、带有一定主体性印记的。如经济规范的契约和交换性质，政治规范的阶级或集团利益性质，法律规范的国家意志或社会公共性质，道德规范的民族文化性质或行业群体性质等。因此，现实的规范意识也常常是多元的，并不是简单划一的。

规范意识的多元化通常表现在元规范意识和行为规范意识两个层面：

所谓**“元规范意识”**，是指在诸多规范及其历史的变化中，一定主体与某些现实规范之间处于何种关系，其客观利益和主观认同如何：是彼此一致，因而主体能够将规范的制定、修改完善和贯彻执行都纳入自己的权利责任之中？还是主体的客观利益和主观认同都与现实规范相互异己、根本排斥？在社会上存在着利益对立的情况下，人们的“元规范意识”之间的对立也表现得最明显：“那是你们的规范，不是我们的规范！”主体对某一规范体系的接受和认同情况，以及对待其他规范的立场和选择态度，往往直接决定着他们与现实社会的关系，并影响到社会结构和秩序的稳定和效率。

所谓**“行为规范意识”**，是指人们对生活中各个方面具体规范的理解和执行意识，如对“左侧通行”与“右侧通行”交通规则的选择和落实。人们对某种规范理解的方式和程度如何，认同和执行的自觉性程度如何，处理各方面具体规范的方式如何，当规范之间（如经济规范与政治和道德规范之间，家庭角色规范与社会角色规范之间）发生冲突时的具体态度如何，等等，即是人们的具体规范意识。这方面的思想意识活动是大量而具体的。在日常生活状态下，价值观念的冲突和变革，往往在这个层面上表现得最为明显和强烈。

（4）关于实践行为的心理模式，简称**实践意识**。这是指人们在一定价值观念的形成、应用过程中所依循和表现出来的深层思维和心理特征。例如：不同人做同样的事情，当他们面对同样条件而各自确定自己目标的时候，有的人表现出好高骛远的倾向，有的人却显出慎重切实的风格；在目的已经确定，需要选择手段的时候，有的人强调对手段加以理性化的严格约束，有的人却奉行充分放开的实用化态度；当手段与目的发生冲突或背离的时候，有的人往往首先调整或改变手段，再作尝试，有的人却着眼于反思和校正目的，调整方向和战略……这些差异意味着人们价值实践的方式、思路和风格各有不同。这些特征往往是极为个性化的、微妙的和不易觉察的，但它们却造就了主体特有的行为模式或逻辑线索。它主要来自深远的文化遗传和积累，是价值观念中最为隐秘和难以描述的一个部分。

（5）最后是关于首位价值或本位价值认定，简称**本位意识**。一般说来，在一个成熟的价值观念体系中，必然要形成一种特殊的价值，它成为各种不同价值的“通项”（其他价值都可与它换算）；并且当其他价值与它有冲突时，最终也要服从于它。这种特殊的价值，即是所谓“首位价值”或“本位价值”。例如：在封建宗法等级制度下，以“官级”为标志的“权本位”价值；在资本主义制度下，以商品交换关系为实质的“钱本位”价值；等等。本位价值是社会价值系统的集中标志。

价值中的本位形象来自于生活中某一价值体系的普遍化。一个社会或一个群体形成什么样的本位价值，是人们特有的共同生活方式本身明确或成熟的表现。因此，价值本位意识也是社会价值共识的形象表达。就其现实意义而言，本位价值的形成和改变，只是反映出社会价值体系发展和演变的历史特征，认清它的情况，有助于深入地把握现实。但“认清”与“认同”并不是一回事，也不应该要求它们是一回事。对于价值观念的建设来说，任务往往在于提出可供认同的新的本位价值，用以指导人们改造现实。而这一点则从属于前面所说的理想和信念系统。

以上五个方面，是力求以最低的数量和尽可能具有普遍性、准确性的抽象描述我所理解的价值观念的基本内容结构。这些内容之间是整体性地联系着的。它们存在于人的头脑之中，就像一个完整的坐标系，以主体为原点，向四面动态地伸展开来，投射到生活的各个角落，显示出人的精神世界。

这是我们力图比较深入地把握价值观念时，所形成的一个工作性的结构假定。经过多年的考察和验证，表明它在理论上多少是有效的。因为迄今为止还没有看到别的类似工作，能够把它展开得更广泛、更明确、更系统些。

价值观念的特性

价值观念作为价值意识的自觉化、理性化的发达形态，是人类内心深处最富有激情和动力的精神形式。由于价值的本性所决定，价值观念的主要特性是它的“主体性”和“超知识性”；由这些基本特性决定或衍生出来的外在特性，则是它在现实社会中的“多元性”，它的功能的深刻性和相对稳定性等。

价值观念的主体性是指，任何价值观念都只能是一定主体的价值观念，一切信念、信仰和理想都只能是什么人的信念、信仰和理想，世界上不存在所谓“无主体”或超越一切主体的“绝对价值”和“终极价值”；任何价值观念的思想内容和倾向，都不是头脑中纯粹自生的，而是主体自身社会存在及生活经历的一定反映，并因此而具有该主体的具体本性和特征。价值观念的主体性通过主体特有的、个性化的立场、态度、取向、旨趣特别是评价标准表现出来，往往带有较浓厚的主观性和情感化的色彩。不同主体之间价值观念的异同，必然与主体存在、生活方式、地位、需要、利益和经历等之间的异同相联系：如果主体之间在这些方面有共同性，那么他们的价值观念也会有相同之点；如果主体之间在这些方面有所不同，那么他们的价值观念也就必然有所不同。

价值观念的主体性来自价值和价值标准的具体主体性。把握价值观念的这一根本特点，对于观察和处理价值观念问题，有以下两点重要的启示：

首先，在考察任何价值观念的时候，都要首先明确“这是谁的价值观念”，并进一步以主体的社会存在去说明他的价值观念。是谁的价值观念，“谁”就是主体。绝不应混淆各种不同的主体，或无视现实主体的多样化形态，采取一种“单一化”的态度，以为可以彼此不分、推己及人，用一个角度、一个思路、一套标准来判断和理解所有的价值观念；更不应颠倒了社会存在与社会意识之间的地位，以为可以不联系人们的实际生活去谈论价值观念，甚至可以反过来用人们的价值观念来说明人们的地位、需要和利益等，从而将价值观念的问题统统主观化。这样会导致以表面化、简单化的形式主义方式去处理。

其次，每一主体在论证、反省和建设自己的价值观念的时候，要首先把握好自己的社会定位和历史定位，认清自己的根本利益、需要、能力、条件和历史使命，始终明白“我（们）是谁，我（们）应该和能够要什么，不应该和不能够要什么”，依此来提高自觉性的程度，掌握好价值判断的标准。这样才能正确地提出和规定价值观念建设的任务和目标。价值观念的先进性只能与主体历史地位、生活方式的先进性相联系。在价值观念建设上，最忌讳的是忽视了切实的自我认识、自我把握和自我改造，从单纯的愿望和想象出发，把“想要”当成需要，把“应该”当成必然，在现实中陷入抽象的、盲目的幻觉；或者缺乏对于主体之间在生存状况及其条件上现实异同的分析比较，对他者的价值观念采取简单追随、模仿，或一味排斥、“对着干”的极端态度。

价值观念的超知识性是指，价值观念的存在和作用往往表现于已有知识的范围以外，不是知识所能包含或代替的。构成价值观念的信念、信仰、理想等不同于知识、理论和科学，二者有交叉关系，但不重合。人类的知识系统表明人们“知道什么，懂得什么”，而价值观念系统则表明人们究竟“相信什么，想要什么”。知识能够为价值观念提供一定的基础和选择范围，价值观念则指导人们在已有知识的基础上，按照人自己的尺度进行价值选择、定位、定向。一般说来，“知道什么”还不等于“就要什么”。特别是，越是在知识和经验达不到的地方，信念、信仰和理想就越起作用。

知识和信仰的关系是一个争论已久的复杂问题，这里不拟多说。但有一点看法需要明确：以往单纯地肯定知识，而对信仰（不等于宗教）采取否定和排斥的态度，从而漠视人类价值观念的存在及其作用，显然是不合适的。诚然，人类知识的发展是无限的，但任何时候人类现有的已知却总是有限的。既然如此，那么在全部已知的边缘和界限以外，当人们遇到问题而需要做出回答或选择的时候，就只能凭借信念、信仰和理想了。所以，知识和科学永远不能代替价值观念，反过来亦是。

观察社会上（包括宗教和非宗教）的信仰现象，我们不难发现这种超知识性精神活动的特殊存在及其巨大作用。面对各种迷信现象，我们深为愚昧无知所造成的悲剧而扼腕叹息。但经常引起人们困惑的一个现象却是：对宗教甚至某种低级迷信抱有虔诚态度的信徒们，并非一定是科学知识贫乏的愚昧之人，他们中甚至有一些职业科学家、高级专业人才。这足以证明，信仰和迷信（迷信只是一种极端化的、病态的信仰而已）是发生于知识之外的。无论什么人都永远不可能掌握全知全能的知识。再伟大的科学家，他们在自己专业领域之外也都可能是无知者。而事实上，往往越是真有知识的人，越能感觉和注意到自己有所不知或无知，因此也越需要建立信仰。可见，并不是什么样的知识本身，而恰恰是知识的有限性，使任何人都需要寻求信仰。

把握价值观念的超知识性这一特性的重要启示是：

首先，价值观念的主体性意味着个性化，而它的超知识性则意味着必然含有某些非理性、情感化的因素。因此社会上的价值观念不大可能像知识、科学、真理那样高度合理和统一，也不可能像普及科学知识那样，不必考虑人们的个性需要，仅仅通过传播和灌输，就能够用一套结论来统一人们的头脑。事实上，价值观念是不能强求一律的。在这个领域，首先要充分尊重人们选择执行自己信念、信仰和理想的权利与责任，并理解人们形成自己价值观念的多样性、条件性和过程性。在此基础上，可以通过对话、交流、建议、示范和合作等方式来寻求共识，以有效地发挥先进价值观念的作用。

其次，价值观念的超知识性并不等于无理性。事实上，人类的发展越来越需要和依赖于理性的引导，价值观念也越来越需要进行自觉的反思和自我校正。在这个层次上，人类价值观念的发展不是越来越远离科学，而是相反，越来越需要和依赖于广义的科学。人类的科学知识是有限的，而人类的科学精神、科学态度却能够超越这种有限性。彻底的科学精神是沟通知识与信仰的桥梁，是预防迷信的解毒剂。而历史证明，哲学和人文社会科学在这里起着比自然科学更为深刻普遍的作用。因此在价值观念建设中，需要把倡导和培养科学的理性精神、科学的思维方式，特别是哲学批判精神和人文精神放在首位，这样才能从根本上预防和减弱各种迷信及病态心理的发作。

价值观念的多元性是指，在一定范围（指并非只有一个主体的）的社会生活中，由于现实主体的存在是多元的，而每一主体都有自己的价值观念（在每一主体那里，价值观念应该并能够是一元的），不同主体之间的价值标准和价值观念，不能彼此等同或替代，因此总体上就呈现出多元化状态。这是在人类内部存在着多样化生存条件、多样化利益差别和多样化角色分工的情况下，一种不可避免的基本现象。

价值的多元性中“元”的含义，是指“最终的根据、基础和标准”。“多元性”不同一般“多样性”的含义在于，它是指那种根本性、根据性、实质性的多样，即非“一元的多样性”，而是“多元的多样性”。如：一个物体的颜色形状，并不与另一物体的颜色形状相统一；一个主体的经济政治文化利益，并不能与另一主体相互等同一致；同一双鞋给不同人穿的效果必然不同；等等。一般说来，在价值问题上，“一元的多样性”适用于一元化的主体，包括现实中的个体和群体整体等；“多元的多样性”则是多元主体（个体之间、群体之间、个体与群体之间等）情境下的必然。

在现实中，以往人们往往囿于知识论的传统习惯，不能充分注意和理解后一种多样性，不能把握“多样性”和“多元性”两个概念的分量和它们之间的关系，从而经常有意无意将其混淆，导致对实质性的多样化有所忽视和误解。因此，我们有针对性地重点提出价值和价值观念的“多元性”概念，并认为，充分注意并合理对待这种多元性，是自觉的、清醒的价值观念所应具备的条件之一。

把握价值和价值观念多元性的重要启示是：

首先，要清醒面对多元化的现实。在价值和价值观念的领域中，社会上的多元化是一个客观的、必然的现象。人们之所以不能清醒地承认并自觉地按照这种情况去对待它，往往出自两个误区：一个是“事实与价值不分”，即出于某种利害考虑或主观愿望，（因为其“可能有害”或“难以应对”等）而不敢正视、不愿承认或拒绝接受这种多元化的现实；另一个是“人我不分”，缺少主体性思维，即不懂得以独立、平等的眼光看待自己和他人，总是把某个被认定的价值标准或终极目标，当成一切人应有的价值归宿，等等。这些误区都包含着对社会和历史的现实，特别是对人的主体权利与责任的忽视。价值领域中的“普世一元主义”和绝对普遍主义的危害是：在现实中，它往往使强者产生“一元主义的僭妄”，成为他们推行霸权主义、专制主义的借口；而在弱者那里，则总是导致消极的屈从和依附心理、奴化主义倾向。面对这种情况，正视并承认多元化的现实，本身就具有十分重要的意义。

其次，要勇于坚持自我主体性。面对多元化，意味着更要坚持主体性。只有懂得外部环境和不同主体的多元化现实，才能更自觉地把握坚持自我主体性的必要和可能。因为，不同主体之间的多元化，恰恰是以每一个主体的自我一元化为前提的。一个主体（个人、群体、民族、国家等）只有保持自身的价值一元化，才能够生存和发展。这就像：虽然世界上的人走路时，各自都有不同的方向，但对每一个人来说，却不可能也不应该选择“多元”的方向道路，而只能沿着一个方向，走一条道路。因此，一切所谓“自我多元化”之类的主张，如果不是出自无知，就是出自虚伪。只有充分把握主体自我权利和责任的统一，在经过认真选择和论证的基础上坚定不移地“走自己的路”，才是多元化背景下的自觉的主体意识。

价值观念的“评价标准”功能

从更深层的方面来理解，价值观念“是什么”的问题，离不开它“如何是”（怎样形成、怎样作用、怎样变化）的问题。这就要进一步考察它的功能及其发生、变化等各方面的动态特征。功能是体现意义的主要形式。可以十分肯定地说，价值观念之所以重要，正在于它对人的思想、感情、言论和行动起着普遍的整合和驱动作用。而这一功能，最重要的就在于价值观念构成了人们内心深处的评价标准系统。

人们关于任何价值的信念、信仰和理想一旦形成，就会成为人们心目中用以评量事物之意义、权衡得失轻重、决定褒贬弃取的“天平”和“尺子”。人们用这样的天平和尺子去称量、评判一切人和事物，从而得出自己的态度和选择。因此可以反过来说，人们用以把握一切价值的有效评价标准就是价值观念。这是价值观念在现实生活中起的最普遍、最重要的作用。

关于价值观念功能的深入考察，将在下面两章中专门加以说明。

第五章
评价、认知与反映

在很多情况下，“价值评价”乃是一个赘语。因为所谓“评价”就是“评定价值”，无关价值评定的就不是评价。所以本文以下一律以“评价”来表述。

评价，是价值意识朝向客体的对象性精神活动，即价值意识在主客体价值关系中的现实表现。在评价问题上，历来争议较大的问题是：评价同科学认知的区别何在？它是不是认识？是不是反映？存在着能够使评价成为一项科学活动的前提和对象吗？这些都关系到对评价这一精神活动如何理解。

一、评价与认知的区别

评价是生活中无时不在的一种精神活动。在日常生活中，评价产生并表现为人们对价值客体的态度。例如，人们在某一自然现象面前，会从各种不同的角度表现出对它的各种不同的态度：觉得它美不美，因而喜欢或不喜欢它；感到它是有利或是有害，因而欢迎或是拒斥；根据对它的知识，决定是利用还是回避它；等等。这些不同的精神心理活动都是评价。

评价活动的形式

评价表明在主客体之间一定的价值关系中，客体是否能够或已经使主体的需要和愿望得到满足，客体是否适合主体的需要并使主体意识到这种适合。因此，评价有两种基本的结果：肯定和否定。主体的满意、满足、接受等表示，是肯定的评价；不满意、不满足、拒斥等表示，是否定的评价。在复杂的客体和复杂的关系中，或者在价值关系的历时变化中，肯定和否定常常以相互并存、相互渗透、相互交叉和转化的面貌表现出来。

人们以何种精神活动方式表现其肯定或否定的态度，是评价的形式问题。不难看出，人们评价事物的方式是极其多样的。从无意识的、不自觉的反应，到有意识的、自觉的论证，从难以名状的感受，到有计划有步骤的行动，应有尽有。可以说，人的一切精神和肉体、个人和社会的活动形式，都在一定情况下成为评价的形式。正如李连科所说，评价“不只是以抽象思维的形式，而是以多种意识形式：认识（对价值的判断）、情感（对价值的态度和体验）、意志（对价值的自觉的保证）等综合形式表现出来”。“当客体满足主体的需要时，主体便以内部体验的感情（爱、恨、亲、疏）、外露的表情（喜、怒、哀、乐）和兴奋状态的情绪（兴奋、颓丧、激动、平静）等情感，来表达对价值的评价”①。

需要补充的是，除了观念形式、情感、意志以及语言等以外，人的动作和行动也表达评价。处于下意识或无意识状态的人的某些反应，如本能式的自我保护、“吓一跳”之类的动作和心理反应，体现着客体对人的作用同人的自身结构和需要之间的直接关系，它们也是现实的评价行为。至于自觉的行动，如改造一件自然物的整个活动，则是在最高的水平上表达着人对它的评价。这是一种自觉的、系统的、物化了的评价活动。马克思说的“物质的批判”、“实践的批判”就是这种最高形式的评价。

概括地说，评价形式有以下几个层次和水平：

本能的生理反应形式。这是主体在没有相应的精神准备的情况下，对来自客体的刺激所采取的价值反应。这种行为尚未达到情感等心理的水平，但是它体现着业已到来的客体作用同主体结构和需要之间是否一致、是否和谐。主体对此是肯定还是否定，以瞬间的本能反应形式表达出来。这一类反应动作并不是对客体的认知（认知和情绪等是反应以后随之而来的），而是表达主体一种不自觉的态度，它属于低级的评价行为，或者叫“潜评价”、“前评价”。

心理水平的评价。这是以意识的心理水平表达评价态度的形式。某些价值关系及其后果，使主体对它们形成一种也许是未经思考的欲望、愿望、动机、兴趣、情绪和意志等，这些也就是评价。心理水平

① 载《学习与探索》，1985（3），6页。

的评价是大量的、自然而然地发生的。它是主体价值心理的直接外露，是价值心理的对象化形式。这种评价往往适用于可感觉的对象。

理论和观念水平的评价。这是经过自觉思考的评价形式。在这种评价中，主体认知、知识、信念、信仰和理想起着重要的作用。主体对客体及其作用的认知和知识，使主体对价值关系的效果能够有比较深入的了解，然后根据自己的信念、信仰和理想做出态度上的判断或决断。这种评价比前两种具有理智感强、持久、稳定、深刻等特点，它能够对心理水平上的各种评价形式起到调节的作用。这种评价适用于包括不可感觉的事物在内的一切对象。

活动或实践水平的评价。这是以前面三种评价为基础的综合评价形式。它的最大特点，是使评价成为一个动态的、现实的过程。它既不像本能的反应那样，只是当下的短时刺激的反射活动，也不像心理和理论那样，把现时和未来的评价局限在精神的活动领域，而是把价值关系的现实和未来结合起来的一个现实的整体过程。这种评价活动，是把肯定和否定、价值和负价值区别开来，把可能的价值变为现实的价值，使评价获得外部现实性的活动。通过这种评价，事物该肯定的价值才能够现实地得到肯定，该否定的价值才能现实地被否定，一切心理的或理论的评价才能够真正实现和证实。因此，活动的或实践的评价，是真正彻底的、完整的评价。

上述四种评价形式，可以在不同主客体的不同价值关系中各自独立地表现出来，但就人类社会的发展而言，人们对自然、社会和思维现象的评价，总是使它们成为一个逐层提高的整体过程。就是说，人们的社会评价活动，是一种有层次的、不断深化的动态过程，而不是凝固的、静止不变的直观和观照。总之应该说，评价是一种综合的、整体的价值意识活动。它已经不是价值意识内部的子系统层次，而是各种价值意识形式综合起来、互相过渡的层次整体，并且是这个整体朝向对象的现实活动。

评价与认知的不同

同样是人的对象性意识活动，评价与认知有何不同？由于过去长期以知识论的方式看待评价，理论上对这个问题一直说得不很透彻。以对一朵花的认知和评价为例。对这朵花的认知或知识是：“这朵花是红色的、多瓣的”，“它的花瓣中含有大量红色色素”等；而评价则是：“这朵花很美，它使我愉悦”，或“这朵花很平常，并不算美”等。那么，这两种表述的区别究竟在哪里？是怎样形成的呢？常见的回答是：“前者表达的是对花的认识和描述，后者表达的是对花的感受和态度”，“前者说的是花的存在和属性，后者说的是花的价值（美不美）”，“前者是描述，后者是判断”……不难看出，这类回答事实上只是在重复“认知”和“评价”两个概念的含义，或者只是说出了二者表面上的不同，并没有真正回答问题。

真正的问题是：对一朵花的认知和评价两种反映，指向的是同一个对象即客体吗？评价为何总是并且必然地表达着主体的感受和态度？评价所表达的主体的感受和态度，完全是主体意识的自我投射吗？它究竟与客体有没有关系？如果有，是一种怎样的关系？抑或是在认知与评价之间，事实上存在着不同的对象和不同的主体角色？这些问题，是深入地把握评价及其特性的切入点。

我认为，首先需要辨明的，是评价与认知之间的主体角色差别。

知识和真理的普遍性和统一性表明，知识和认知的主体并不是特殊的、个别的主体，而是普遍的、统一的主体，即发展着的人类整体。而价值和评价则不然。价值和评价的主体常常是具体的、特殊的、多元的。对于同一个对象的评价，总会因为主体的不同而有不同的结果。因此考察评价及其与认知区别的时候，弄清楚这里的主体状态就是十分必要的了。

关于认知和知识的常识告诉我们，知识和认知的对象，是主客体关系中的客体。例如关于花的认知，是以一种描述或解释的方式提供了花的内容。“花”、“花瓣”、“红色”和“色素”是认知的对象内容，亦即该客体的特性。知识的内容中必须是客体本身所固有的东西，它愈少带有主体的因素，也就愈可信和有效。而评价则不然。评价所说的“美”和“愉悦”等是不是花所固有的某种属性？或者，与花本身有何种联系？这个问题往往成为最大的疑问。而对这个问题的回答，往往有三种大体的模式：

第一种，按照价值主观论的看法，认为“美”和“愉悦”皆在于主体的意识或精神自我之中，只要“我”的内心有“美”和“愉悦”，有兴趣，这朵花就是好的，否则相反。而这些都与客体无关。这种将评价者的精神自我与对象合而为一的观点，至少没有把引起美感和愉悦感的客体因素考虑在内。试想，当“我”的内心充满了“美”和“愉悦”，很有兴趣的时候，看到的却是受污染而凋零的花朵，那么还会是同样的感受和态度吗？

第二种，是“客体属性”说的看法，认为“美”和“愉悦”都只是花的属性，强调评价归根到底就在于反映客体的固有属性。这种看法往往是说：“没有人看它的时候，花本身也是美的!”这种把价值归结为客体特性的思维方式，显然是混淆了价值与客体的存在。因此它很难说明，面对同一客体时人们的评价却是多元化的这一普遍事实。

第三种，是我们的“关系说”的分析。这一观点首先肯定，评价所反映的对象，并不是某一价值关系中的单纯客体，而是主客体之间的一种关系，一个相互作用的过程和效果，“美”和“愉悦”都是花引起的我的感受。就是说，成为评价对象的基本内容和标志的，是这一价值关系的结果或成果，即“价值事实”。价值事实是一个重要的理论概念，本文将在下一节中加以重点说明。

当然，并非只要以价值关系或它的结果为对象的意识，就一定成为评价。因为实际上，恰好有些对价值现象的描述和判断，仍然属于认知或知识。这里不妨以我国古人修筑了长城这一历史事件为例，考察一下对于价值现象的评价与认知之间，有何不同。

这里的认知，是把长城对于修筑它的古人的价值（如它是巩固了秦王朝还是加剧了秦王朝的灭亡）当作外部对象和客体事实来对待。这里的长城和古人都是我们的对象，它们之间的价值关系，对我们来说是客体之间的关系，这与天文学研究两个天体之间的关系并没有本质上的不同。因此，这里是与天文知识同属“知识”范畴的历史知识，它们是任何与长城毫无价值关系的人都能掌握的科学研究成果。如果把“长城对古人的价值”和“甲对乙的意义”这类具体认识都叫作评价，那么评价和知识的差别也就不存在了。

而作为评价，则是把长城作为祖先留给今人的遗产，指出它对于历代后人特别是对于我们今天的意义。作为历史的继承人，今天的人们仍然同修筑长城这一历史事件和长城本身保持着一定的价值关系。如长城的历史启示和文化意义，乃至长城的旅游价值等，都使它成为今天人们对长城倍感关切和珍惜的真正原因。而这种态度和情绪，同关于长城的纯粹的历史知识、建筑知识之间，有着明显的区别。

可见，仅仅把一定价值关系和它的结果当作认识的对象，还不一定就是评价。只有当一定价值关系的结果与认识者处于一定的价值关系之中时，这里的认识才是评价。换句话说，评价中总是有主体的“我”在场，即只有一定价值关系的主体自己来认识这种价值关系的结果时，他的认识才是评价。

这里的区别就在于：评价总是评价者对一定事实与自己的价值关系的认识。而当这种事实（即使是价值事实）并不在与评价者相联系的价值关系中被考察时，对它的认识就成为知识。例如美学知识和审美评价的区别就是如此：一般地考察审美客体与审美主体的关系及其规律，这是美学知识的领域；主体自己去从事审美活动，则是审美评价的领域。当人们研究出什么样面庞和身材的姑娘穿着什么样的服装才显得优美时，他们是在提供着审美知识；而当人们欣赏着一个姑娘穿着合适的衣服，或姑娘自己对着镜子欣赏时，他们和她，才是在进行审美评价。

总之，“主体在场”是评价这种精神活动的根本特征。任何客观的价值关系都既能够是评价的对象，也能够是认知、知识的对象。评价与对一定价值关系的认知、科学研究之间的根本区别，在于这里主体的地位。当被认识的价值关系的主体仅仅是被认识客体的一部分，而非同时也是评价认识的主体时，这种认识仍然属于认知；当被认识的价值关系中的主体身份一身二任（既是价值主体，又是评价主体），或者评价主体与被认识的价值主体合二而一（评价者自己处于被认识的价值关系主体范畴以内）时，这种认识就成为评价。其图式如下：

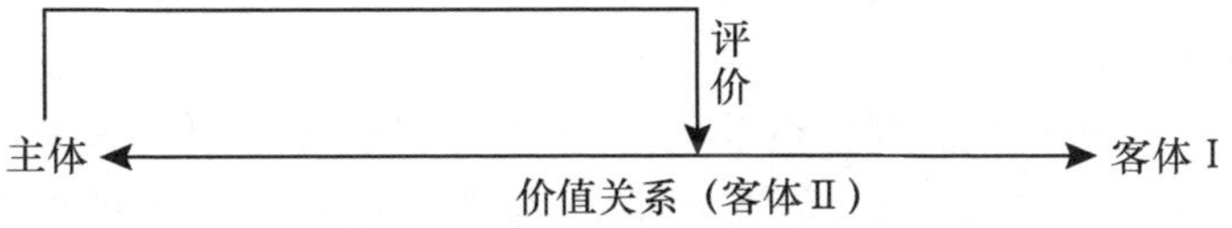

评价活动的主客体结构

总之，虽然“评价是价值意识朝向客体的活动”，但在“朝向”外部存在的时候，价值意识本身并不是一张“白纸”、一块“白板”或“蜡块”，而是本身已有一定主体性内容（取向、尺度、标准）的意识。这正是“评价”区别于“认知”的根本特点。

当然，在现实中主体的上述两种身份往往难以从空间和时间上截然分开，因此人们的认知和评价也往往不能截然分清。认知中总是有评价，评价中总是有认知。但是它们毕竟在性质上有所不同，在极严密的科学活动中，在高度抽象化的思考中，必须严格地加以注意。如果不在理论上弄清楚，就会引起对评价本质理解上的混乱，科学与非科学活动的界限就将被彻底混淆，科学认知、知识与评价之间的区别，最终也将无从把握。

二、评价所把握的对象：价值事实

“评价说明评价者”，这是我所得到的启示。但是在评价问题上还有一个十分尖锐的问题是不能回避的。这就是：评价是否是在表达或者能够表达某种客观存在的事实？许多深刻的哲学家对此有过思考。比如罗素就曾认定：“当我们断言这个或那个具有‘价值’时，我们是在表达我们自己的感情，而不是在表达一个即使我们个人的感情各不相同但却仍然是可靠的事实。”① 瓦托夫斯基在转述实证主义观点时也说，评价“是命令、规定、规则；是态度、信念或愿望的表达。也就是说，它们所传达的是谈话者的情感状态，而不是关于某种‘客观’事实的信息”②。

我认为，在上面的引文中，这两位以逻辑和语言分析的严谨性见长的学者，却犯了一个逻辑上和科学上十分不“严谨”的毛病：他们在说出了评价的语言“表达感情”或“传达情感状态”之后，立即断言这些是同任何客观事实毫不相干的。这里就暗含着一个前提：“凡是感情或表达感情的，就不传达任何客观事实的信息”。在我看来，恰恰是这个前提本身，是需要从头论证的，而不应该是直观武断的。

如果进行一点批判性的思考，应该说“事实”原本只是一个与“观念”相对立的概念。而在普遍的意义上把它与“价值”对立起来，却是源于一种成见，主要是对于人的意识的一种偏见。如人的态度、情感等是无缘无故发生的吗？它们是先验决定了的，还是因一定客观事实而形成的？

譬如，当某个人 X 面对某一客体 Y 的时候，他能够不管 Y 与自己有何关系，不管自己有何实际感受，就随意地抱有某种态度或情感吗？X 能够给一个使自己作呕的现象 Y 不违心地作出“美”的评价吗？显然，如果 X 是一个正常的人，他就不会如此。就是说，态度、情感等也是同一定实际情况相联系的，它们也有自己所包含的

---

① ［英］罗素：《宗教与科学》，123 页。

② ［美］瓦托夫斯基：《科学思想的概念基础——科学哲学导论》，576 页。

实际内容，即传达着一定客观事实的信息。例如，当 X 说“Y 是美的”，应该理解为：这句话表达了他对 Y 的喜爱、肯定的态度和情感；而进一步理解这种态度和情感，则应该承认：这是同 Y 对 X 的身心有一种引起愉悦感的作用相联系的，也就是说，传达了 Y 对 X 的“作用”这种“客观事实”的信息。

这在一般情况下就是说，评价的外在形式，表达着主体的态度和情感等；而态度和情感等，则表达着对主客体之间价值关系的一定客观状态的意识。人对事物的态度和情感，归根到底是以事物同自己价值关系的实际状态及其理解和感受为转移的。事物使人的需要得到满足的情况，以及人自己对这一情况的感受和理解是怎样，他的评价也就怎样。总之，评价所表达的，是人对一定“价值事实”的感受、理解、情感和态度。在这里，被感受、被理解、被应之以态度和情感的东西，就是评价所反映的对象，即我们所要说的“价值事实”。

什么是“价值事实”?

价值事实是指，主客体之间价值关系运动所形成的一种客观的、不依赖于评价者主观意识的存在状态，它既是客体对主体的实际意义，又是一种“客观”的事实。在任何价值关系中，主客体之间的相互作用是一个客观的过程，它的效果、后果必然也是客观的存在。对于价值的观测、验证，就在于对这些实际后果的观测、验证。

这一点，对于各种物质性的价值关系后果即价值事实来说，是不难做到的。犹如食物的能量和营养价值，自然界对人类的生态价值，一项生产技术活动的经济效益，等等，完全可以用经验的方法加以观察和测定。任何人只要在一般的意义上承认客观事实，就没有理由不承认，物质方面的价值事实同“科学事实”之间，在客观事实性方面没有实质的差别。

然而谈到精神、社会方面的价值后果，情况就不一样了。许多人往往是在道德的意义上谈论价值，所以他们以道德、社会关系的精神特性为理由，否认价值能够构成任何事实。瓦托夫斯基所举的“谋杀案”分析的例子，可以说是这种观点的一个典型。他说：假定有某个价值标准调查研究者，去到某个非他所属的 S 社会进行实地研究。他“客观地观察到”，在这个 S 社会里，谋杀被看作是正当的，是必要的社会治疗。于是瓦托夫斯基设问：“S 社会成员和该调查研究者所谈论的是同一种事实吗？抑或存在着两种不同的事实？**谋杀和必要的社会治疗**哪一个是事实呢？”他的回答是，一个人被杀死了，这件事是“谋杀”即犯罪事实，还是“必要的社会治疗”即正当行为事实，取决于不同解释者本身的特定社会习惯。因此，作为价值的事实本身是不存在的，存在的只是对事实的价值解释。他把评价中的这一类事实叫作“奇怪的事实”，实际上是说这是一种非事实。①

显然，这里的问题是，瓦托夫斯基在指出了对同一事实的不同解释取决于解释者不同的社会“习惯”之后，就停止了对事实的考察，而去按照自己的意向解释了。实际上这里可以追问的正是：人们用以“解释”事实的“特定社会的习惯”是什么？如果说这是人们的一些社会的、法律的和道德的观念，那么它们意味着什么呢？传统的观念总是回避这样的问题，而我们恰恰要在这里指出：“这些个人所产生的观念，或者是关于他们对自然界的关系的观念，或者是关于他们之间的关系的观念，或者是关于他们自身的状况的观念。显然，在这几种情况下，这些观念都是他们的现实关系和活动、他们的生产、他们的交往、他们的社会组织和政治组织有意识的表现，而不管这种表现是现实的还是虚幻的。”② “甚至人们头脑中的模糊幻象也是他们的可以通过经验来确认的、与物质前提相联系的物质生活过程的必然升华物。”③ 就是说，人们的“习惯”和评价标准，是同人们自己的社会存在的事实、社会的事实、历史的事实相联系的，是这些事实在他们意识中的反映。“习惯”意味着主体对自身事实的理解和保持。

在我看来，评价，实际就是主体把客体事实同自己本身的事实联系起来的思考和反映。这种联系的客观的、现实的基础，是一种事实性的结果。如果S社会的成员把杀人评价为犯罪，那么必定是由于在这个社会中，至少在他们自己看来，杀人能够带来使他们的需要和利益遭受否定的结果，如社会秩序被破坏、人身安全受威胁、道德规范被削弱、民心离散等。实际上，不论人们主观愿望如何、评价标准如何，只要杀人的事实发生了，这件事就总会带来一定的社会实际后果，如给杀人者、被杀者、他们的家庭和社会造成的利

① 参见［美］瓦托夫斯基：《科学思想的概念基础——科学哲学导论》，572～576页。

② 《马克思恩格斯选集》，2版，第1卷，72页注①。

③ 同上书，73页。

害影响等。而这些，正是评价中的事实，是价值事实。

在这里，价值事实仍然是可以用经验的方法加以观察和验证的。价值事实存在于价值关系运动的效果或后果之中，或者作为这种效果、后果而存在，这对于物质方面的价值和精神方面的价值来说，都是成立的。评价有时是对已有价值效果的反映，有时是对可能价值后果的预见。这些效果和后果，同科学认识中的"科学事实"具有同样的客观性质和效力。例如，对于一个评价说法，可以设想用它同价值事实的符合程度来检验，如同对一个科学观点可以用实验结果来验证一样。当然，在许多场合下，要了解全部价值事实是很困难的，但不能否认这种检验在原则上的可能性。譬如，当 X 说"Y 是美的"时候，按照美学关于审美评价的理解，这是指 Y 使 X 产生了美感或愉悦感。那么，Y 究竟引起 X 的何种身心感受，就可以作为价值事实去验证上述说法是否真实。虽然目前世界上检测人的身心感受的手段尚不充分，但是没有理由因此认为，人的身心感受不是客观事实，或者这种事实不能随着科学和实践的发展而终于有一天会被精确了解。

作为一种主体性事实的价值

要确立"价值事实"概念，需要理解这种事实的特殊性。价值事实的存在是与价值关系的存在相一致的。在客观地存在着价值关系及其运动的地方，价值事实就作为它的结果、现实效果而客观地存在。

而以往否认价值事实的理由，可以归结到一点：价值判断不符合"科学事实"的规定。其理由是，只有"描述性的陈述"才表达事实，评价或价值判断是属于"规范性的陈述"，或"伪陈述"，它不可能表达任何事实；而区分"规范性"和"描述性"陈述的方法和标准，就是看它是否能够经过经验研究而确定其真伪。能够确定真伪的，就是"描述性的"或"事实性的"陈述。例如，"X 相信谋杀是犯罪"和"Y 感到 Z 是美的"是描述性陈述，它们可以用诸如民意测验一类的方法确定真伪；而"谋杀是犯罪"和"Z 是美的"，则是规范性陈述，因为无法确定其真伪。① 不难看出，这里所说的"事实"和"科学事实"，是按照严格实证化原则规定的、适用于各

① 参见［美］瓦托夫斯基：《科学思想的概念基础——科学哲学导论》，576 页。

种能够形式化的具体科学对象的狭义概念。

这种对“事实”的实证化理解和规定，有一个根本性的弱点，即它排除了主体性的视角，把属人的、社会的、主体的事实统统置于“事实”范围之外。在我看来，“X相信谋杀是犯罪”和“Y相信Z是美的”之所以被说成是“描述性”的、可验证的，究其原因，无非是X和Y作为被描述的价值关系主体，在这里只是描述的客体；而“谋杀是犯罪”和“Z是美的”被说成是“规范性”的、不可验证的，究其原因，无非是因为这两个评价判断的主体与被描述的价值关系中的主体合而为一了。如果把评价中的双重主体地位展示出来，它们实际上正是“X确信谋杀在他看来是犯罪”和“Y感到Z对自己来说是美的”。由于评价是由价值主体自己表达出来的，它们与前两个“描述性”陈述的关系不容易看清楚。然而，只要我们指出这里的主体，那么就会看到，在“X相信谋杀是犯罪”与“X确信谋杀对X来说是犯罪”之间，在“Y相信Z是美的”和“Y确信Z对Y是美的”之间，即“描述性”和“规范性”之间，并没有绝对分明、不可逾越的界限。

评价本身包含了一部分主体的自我描述内容，这正是评价和描述之间似乎绝对不同的奥秘之所在。如果不了解或不承认评价中主体的这种双重地位，因而把主体的介入完全归结为主观性的介入，认为价值事实包含了“不容分辩的主观性”①，因而不是一种事实，就难以成立了。因为它等于说，凡是与人、主体、社会有关的，都不是客观的，都不能被验证，都不是“事实性”或“描述性”的存在。这除了与他们把价值的基础仅仅看成是主观“欲望”的唯心观点有关以外，还暴露了对“事实”本质理解的狭隘性和片面性。

必须指出，“事实”并非只有一种，即上述意义上的“科学事实”。就其本质来说，“事实”是物质运动的现实状态或环节，“事实的意义就是某件存在的事物，不管有没有人认为它存在还是不存在”②。区分事实与非事实，只能根据这一本质特征，而不能根据某些事实例如物理学或生物学事实的描述性特征及其测定方法。根据“事实”的本质规定，应该承认，一切自然物和客体的存在是事实，人、社会、主体本身的存在也是事实。上述意义上的“科学事实”，从其根本规定和表现来看，主要是指对科学研究对象描述，是客

---

① ［美］瓦托夫斯基：《科学思想的概念基础——科学哲学导论》，575页。

② ［英］罗素：《人类的知识》，177页。

体性的事实。与此同时，并不能排除对主体性事实的描述之客观性。而评价正是对主体性事实的一种认识和描述。可见，认为评价不是描述客体性事实或不同于反映客体性事实的科学描述，是正确的；但是认为评价不反映事实，或者价值事实根本不是事实，则是偏颇的。

价值事实不同于科学事实之处，正是价值事实特殊性的所在。这种特殊性集中到一点，就在于它主要是一种主体性的事实。所谓“主体性事实”，就是通过主体本身的存在和变化而表现出来的事实。在价值关系中，主客体之间相互作用的客观效果和后果及其对于主体的影响，以主体本身存在、结构、功能及活动变化的方式存在和表现出来，构成主体性的事实，包括主体的生理事实、心理事实、社会组织事实、社会关系事实和社会活动事实。像“满足”、“愉悦”，人的“发育”、“成长”、“温饱”、“心理平衡”、“健康”、“知识结构”、“能力”，社会的“进步”、“发展”、“效益”、“福利”、“团结”、“和平”、“解放”、“自由”……这些概念和它们的反义词，所描述的都是不同层次的主体性事实。

价值关系是以主体的内在规定性为尺度的客观关系，价值事实都是主体性事实。主体性事实具有客观性，即它是同主体在一起的客观事实。上述事实中，有些是同精神现象有关的，如心理事实等。但它们对于评价来说都是客观的，不是主观的。例如，某一知识的精神价值，是指它满足求知的精神需要和增强思维能力的需要。这种满足是否形成了一定的心理事实，是可以客观地加以验证的；对知识的精神价值怎样评定，必须和能够以这种心理事实为对象，并可以用这一心理事实来核对。尽管在目前看来，这种核对尚有具体困难，但它不是根本不可能和不存在的。在关于人、人体和思维、人工智能的各门科学飞速发展并取得了重大成果的今天，主体物质和精神活动的客观基础、机制和规律的秘密正在揭开，使科学对精神、思维、情感的研究面临着新的突破。这些，都为认识和把握主体的客观性提供着有力的工具和证明。

应该看到，作为主体性事实，价值事实是一种有特定“质”的事实。即这些事实总是对主体的实际肯定或否定，是价值关系的现实状态。肯定和否定的质的界限不在于价值客体，而在于主体，在于主体本身的规定性、结构和需要，即主体的内在尺度。主体的内在尺度作为客观的价值标准，使客体对主体的作用和影响在主体身上区别开来，显示出肯定或否定的性质。如人的生理化学机制，使食物的化学成分区分为营养和非营养的；人的社会关系和地位，使社会现象区分为同己的和异己的、有益的和有害的；人的文化心理结构，使各种精神现象和行为区分为可接受的和不可接受的、美的和丑的、善的和恶的，等等。这些区分不依赖于主体的主观愿望，却依赖于主体历史地形成的客观现实。由于主体的现实性，这种区分是必然的。而这种“区分”正是每一价值事实的特质。

主体性事实是因主体不同而不同的事实。这是主体性事实与客体性事实、价值事实与“科学事实”不同的最经常可见的表现。科学上所说的事实，对于所有人来说，只要客体是一个，事实也是一个。而价值事实则是：尽管客体是一个，有多少主体就有多少事实，主体之间如果有共同性，那么他们的价值事实也有共同性，如果主体之间没有共同性（这很少见），那么他们就没有共同的事实；价值事实的共同性视主体的共同性而定。所以，用科学的眼光来看，科学事实是“一”，价值事实是“多”。在科学中，排除了谬误、错觉、幻想、评价等主观因素之后，结论是统一的或能够统一的。在评价关系中，越是排除了谎言、虚伪、幻觉、强制等主观随意的因素，越是显示出丰富的多样性、个性；不同的评价之间只有在承认多样性的基础上才能得到统一和综合。价值事实的统一来自主体社会存在和活动的统一。在个人层次上不统一的价值事实，在一定社会群体和整体层次上则表现出事实的统一性。“仁者见仁，智者见智”，在既具备“仁”又具备“智”的因素的群体和社会这个层次上，则能够见到“仁”和“智”的统一。在我们社会生活中，每个个人的正当利益都有其各自的特点，因此对于每个人都有不同的价值事实。有的以物质的、经济的事实为主，有的以精神的、文化的事实为主。而就整个社会来说，社会物质文明和精神文明的全面协调发展，则是这些个别价值事实的高度统一。因为个人作为社会的主体，彼此之间在根本利益上是统一的。

总而言之，价值事实是一种主体性事实。这种事实是属人的、社会的、历史的客观事实；主体客观性、主体特质性和多样性，是它的基本特点。这种事实不同于通常所说的“科学事实”即客体性事实。但是，主体性事实归根到底也是事实，只要破除狭隘僵化的观念，按照事物本身的客观存在去理解和揭示事实，并且不否认人、社会本身的客观存在性，那么就能够见到并承认这种事实。

讨论："价值事实"观念的意义

迄今为止，人们还很少在理论上探讨作为客观事实的主体性事实和价值事实。这不是因为这个问题不存在，而是因为长期以来，许多人习惯于把主体仅仅作主观来理解，仿佛人只是意识、精神和思想，而意识、精神、思想又完全是主观的。因此，主体性被主观化了，或者遭到旧唯物主义式的片面蔑视，或者受到唯心主义式的片面推崇，因而模糊了问题的本来面目。

事情正如马克思说的，旧唯物主义"对对象、现实、感性，只是从**客体的**或者**直观**的形式去理解，而不是把它们当作**感性的人的活动**，当作**实践**去理解，不是从主体方面去理解。因此，和唯物主义相反，**能动的**方面却被唯心主义抽象地发展了，当然，唯心主义是不知道现实的、感性的活动本身的。费尔巴哈想要研究跟思想客体确实不同的感性客体：但是他没有把人的活动本身理解为**对象性的**［gegenständliche］活动"①。他主张不要只从客体的形式去理解事物、现实、事实，而要从主体和实践方面去理解。我们在哲学上确立主体性事实的概念和观念，在价值论中确立价值事实的概念和观念，正是贯彻这种精神的一个尝试。

"价值事实"概念作为一个观念和信念，包括下列几层内容：第一，真正的价值（不论正价值还是负价值）必定构成一种客观存在的事实，它在主客体相互关系的运动中存在，并且不依赖于评价者的主观意向；第二，价值事实是一种主体性事实；第三，价值事实是评价和一切价值认识所反映的对象，同对象的一致也是评价或价值认识的标准；等等。

价值事实概念和观念的提出，不是一种纯概念的书斋式议论，它同社会实践的思想和方法有着实质性的密切联系。"价值事实是一种主体性事实"这一观念告诉我们：评价所要认识的不是单纯的客体事实，也不是主体本身的主观意图；在评价中，客体是什么和有什么、主体需要什么和能够接受什么，这两者都是前提；它们的动态结合，即客观的效果和结果事实，主体已经或能够从客体那里得到什么，客体已经或能够给主体带来什么，才是所要认识的对象。因此，作为评价结论的前提，认识客体固然重要，主体"认识你自己"也同样重要。

---

① 《马克思恩格斯选集》，2版，第1卷，54页。

了解评价的正确前提，对于纠正评价中“见物不见人”或“见人不见物”的偏向，无疑是有益的。在我们的生活中，习惯于以价值客体为评价的重点或价值标志的现象是常见的。有些人总以为价值是一种客体本身的事实，只要客体、某一事物本身未变，它的价值就是一定的。然而实践总是表明：同样一个东西，对于不同的主体的价值是不同的，对同一主体过去、现在和将来的价值也是不同的。用一套不变的得失利弊信念去给变化着的主体设框框，用“以不变应万变”的方法去寻求物对人的价值效果，没有不碰壁的。这就说明，必须从主体方面去理解评价的对象，需要树立“价值事实是一种主体性事实”的观念。

认识主体性事实比认识客体性事实要复杂一些，困难多一些。惟其如此，才应该深入把握主体性事实的特性，创造和制定尽可能充分地认识主体性事实的方法。也就是说，要把它作为客观的事实来对待，而不能用主观的印象、想象、意向去代替自己的切身事实。应该说，在这方面的教训是很多的，但解决问题之规则和方法的总结和运用，却很不够。可见，确立“价值事实”和“主体性事实”的观念，在实践方面的意义不可小看。

根据价值事实观念，我们也可以对两种评价论加以区别：

按照“主观评价论”，评价只是表达主体的情感，不反映任何客观事实。那么评价当然只能是主观的，不可能有客观的评价，也无法客观地判定评价之真伪。这样一来，评价就可以完全凭着评价者的意志、愿望、自我感受行事，而不必受任何客观对象的制约了。而“客观评价论”则认为，评价是对客观的价值即价值事实的反映，评价者的态度和情感归根到底受客观的价值事实所制约。因此，评价可以是客观的，并且，在评价时力求克服主观随意性不仅是必要的，而且是可能的。依据客观事实能够鉴别评价之真伪，这样一来，评价就不是一种主观随意的行为，而是受着主客体及其相互关系的客观存在制约的反映过程。

按照客观评价论的观点，我们所要求的是尽量对事物做出客观的评价。所谓“客观”评价，是指表达不依赖于评价者的主观意志的价值内容。当然，仅仅这样说似乎过于简单。因为评价的对象毕竟不同于知识的对象，主体性的事实要比客体性的事实更难于把握，更易于受主观性的影响。因此，由主体来反映主体性的事实，要想做到客观，就必须有一系列的特殊条件作为前提和保证，否则“客观的评价”就是一句空话、一种幻想、一种抽象的可能。

不难想到这些前提和保证是什么，即除了与科学认识相同的各项条件和要求以外，对于评价来说，最重要的特殊前提和保证，在理论上无疑仍是下列两点：

一是准确地把握“价值事实”即评价对象。这是在评价中容易引起混乱或导致主观片面性的关键一环。价值事实不是客体性的事实，而是主体性的事实；不是客体本身怎么样、有什么和能够有什么，而是客体在主体活动的范围内给主体带来了什么和能够带来什么；当然，也不是主体本来是什么、有什么和需要什么，而是主体通过实践从客体那里得到了什么和能够得到什么。这样，把握价值事实就既不是孤立地考察和反映客体，也不是对主体作孤立的考察和反思，而是切切实实地考察主客体相互关系和相互作用的实际过程和结果。只有这样，才能够进行既区别于对客体的知识性认识或认知，又区别于主体自我意识或主观自省，同时将二者熔于一炉的客观的评价。

二是把握客观的或正确的评价标准。这一点，将在下一章加以论述。

三、评价论与反映论

依据上述论证可以说，评价本质上仍然是意识对存在的一种反映。但与通常熟悉的认识论相比，评价所反映的对象、主体和形式都已经超出了传统的反映论界限。因此，这里需要对反映论本身进行重新反思和界定。

传统反映论的局限

反映论和决定论一样，是唯物主义和一切科学理念的哲学根基和逻辑前提。对思维与存在关系的反映论立场，是唯物论及其认识论最重要的基石，抽掉了它就等于从理论上全盘推翻了唯物主义。所以每个认同并坚持唯物主义立场的学说，都必然要承认并坚持思维与存在关系上的反映论。

那么，究竟应该怎样把握“反映”和反映论呢？这里首先需要澄清的问题是：应该在什么样的层次和范围内理解反映论，是在思维与存在的全面关系即人类实践活动的整体范围内，还是仅仅在狭义认识论即知识论的意义上？看看我们的哲学教科书就知道，对反映论的传统理解和阐述，总是把重点放在强调反映是知识和认知的本质，很少涉及知识以外的领域来考察思维与存在的关系。这种视野上的缺陷看似无足轻重，却由于同时存在的某些基本概念上的混淆，进而导致一系列理论上的偏差和僵化。其直接后果，是使反映论窄化，成为仅仅是知识论的方法；其间接的、更加消极的后果，则是把唯物主义原则狭隘化，进一步使它成为一种“唯客体主义”的思维习惯。后者是一个更大的理论误区。

例如在以往的一些表述中，似乎反映既是思维对存在、主观对客观的关系，也是主体对客体、人对世界的关系，这些说法被看作是完全同义的，这就是本文前面说过的那种“主客观与主客体不分”的概念混淆。例如：“主观性与客观性，它们同主体性与客体性的含义是一致的，主观性基本上就是主体性，客观性就是客体性”；客体性“也是我们经常谈到的不以人的意识为转移的客观实在性。……客体同客观的东西实际是一回事”①。既然如此，真不知道哲学家们何以制造出两对含义完全相同的概念来。

事情当然不会如此简单。这种将不同概念简单对应和混同起来的一个效果，就是可以将主体的客观地位和作用问题隐匿起来，或置于主观化的可疑地位。这样的概念以一种先入之见将主体主观化，把主体与客体、人与物的关系完全置于反映者和反映对象、被决定和决定的位置上，从而排除了在思维反映中，还有一个对于主体自身存在和活动的反映方向。于是，对客体的认同和尊崇，成了反映论的第一原则，唯物主义变成了“唯客体主义”。它不仅无意把主体的存在视为反映论的第一前提，甚至也不曾想到：必须有反映者和反映对象的同时存在，反映的关系和过程才能成立。

在反映论中忽视或排斥主体性思考的结果，必然产生一系列的偏见和成见。而“客体至上”便是其中之一。既然“客体＝客观，主体＝主观”，那么在尊重客观的唯物主义原则下，必然走向推崇客体；在人与物的关系中，就是唯“物”是瞻；在谈论事物、现象的客观性时，就是只顾着眼于对象物本身，力图从客体方面找到解释一切的原因，而忽视或否认人、主体自己的客观存在及其作用。举

① 黄枬森：《哲学的科学之路》，286～287页，北京，北京师范大学出版社，2005。

例来说：假如一个人被针刺痛了，那么“疼痛”是主观的还是客观的？这种思维方式的回答，肯定不会想到应该承认“疼痛”是人的一种客观生理反应，而是认为，首先要考察“疼痛”是不是针尖的一种固有属性？如果是，那么疼痛就是客观的；如果“疼痛”不是针尖的属性，而仅仅是人的一种反应，那么它就纯粹是一种主观现象！更有甚者，把这种“唯客体是客观”的观念与唯物论捆绑在一起，并加以引申，结果居然还得出“客体第一性，主体第二性，客体决定主体”的宿命论结论！

可见，客体至上的观念看似坚持唯物论，其实只是停留于机械唯物论和片面的知识论。当这种视角用于观察属人的、社会的、精神活动的现象时，它非但不能说明错综复杂的主体性事实，不能容纳关于价值这类主体性问题的充分思考，而且在实质上还会憎恨或回避人和人的实践，从而在社会历史观上终究走向唯心主义和机械决定论。这正是旧唯物论的历史教训。恩格斯在评论英国唯物主义的发展时指出：“唯物主义在它的第一个创始人培根那里，还包孕着全面发展的萌芽。一方面，物质带有一种令人愉悦的、诗意的诱惑力，以迷人的笑靥引人注目。”但是，“唯物主义在以后的发展中越来越片面。……以感觉为基础的知识，失去了诗情画意……唯物主义开始带有憎恨人类的倾向。它既然要战胜对手，即憎恨人类的、没有肉体的唯灵论，并且要在后者自身的范围内战胜，它就只好抑制自己的情欲，变成禁欲主义者。这样，它就从感性的东西变成理性的东西；可是，它因此也就发展着理性所特有的不顾后果的全部彻底性”①。这就是将思维与存在的关系简单化成主体对客体的单向反映，将人类的精神活动归结为单线的理性认知过程，将人的思维使命归结为单一的获得知识目标的后果。

“反映”的多维化

针对旧唯物主义及其反映论的缺陷，马克思指出，它的主要缺点就是“对对象、现实、感性，只是从**客体的**或者**直观**的形式去理解，而不是把它们当作**感性的人的活动**，当作**实践**去理解，不是从主体方面去理解。因此，和唯物主义相反，**能动的**方面却被唯心主义抽象地发展了”②。这里明确地表示：对事物，不能只看到它是客

① 《马克思恩格斯选集》，2版，第3卷，699页。
② 《马克思恩格斯选集》，2版，第1卷，54页。

体，不能只对它作直观的理解，而应该把它同主体联系起来，从实践方面，包括从主体方面去理解。如果上述理解不错的话，那么应该说，马克思倡导的反映论，是以充分发展了主体能动性的全面的反映论，而不是机械的片面的反映论。

“全面的反映论”根本不同于机械反映论。机械反映论是一种片面的观点，它只强调人的意识对外部世界的反映，而看不到在思维对存在的反映中，还包含着对主体自身的反映和对人类实践历史进程的反映。全面的反映论认为，意识作为对存在的反映，是对各方面存在形式的全面的反映，是大脑对主客体相互关系中各个侧面或环节的、以多种形式表现出来的综合反映。具体说来，这种“全面”包括内容和形式两个方面的多样性统一：就内容来说，意识不仅反映着客体，也反映着主体，更反映着实践的过程及其条件。就是说，在人的全部意识的过程和结果中，都不仅有（1）对客体的存在和运动、属性、规律等的认识；也有（2）主体的动机、目的、想象、情感、意志等自我意识；还有（3）经常被忽视或淡忘的“主体心理和思维模式”。

“主体心理和思维模式”，即人的心理和思维的一定结构和方式，曾被当作是先天的或先验的东西。事实上，这些对于个人来说往往具有“先验”、“先天”性质的心理结构和思维模式，并不是超出人类经验反映的成果，它们只是通过文化遗传而赋予每一代人的历史积淀。这些心理结构和思维模式来自对人类实践进程的反映和积累，其中，人类以往的实践经过无数次的重复，不断地反映到人的头脑中，积淀为人的心理结构和思维结构，包括思维的逻辑等；而现时的实践也不断反映到意识中来，构成现实意识活动的基础和动力，并成为检验认识的标准，从而不断促进人的感觉和思维发展进化。

以上关于思维反映存在的三个系列对象和内容，可以画出这样的简单图示：

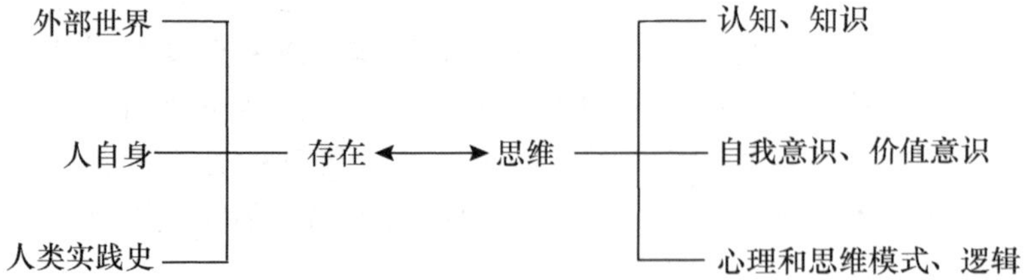

思维反映存在的具体对象和内容

就形式来说，内容的全面性决定了反映不可能是单一类型的、直线式或平面式的，而是多类型的、立体的或四维的。反映不仅有关于客体的感觉、知觉、表象、概念、判断、推理等形式（它们都可以看作是关于客体的意识形式），而且有关于主体自身的和关于实践的潜意识、意识、情感、情绪、愿望、幻想、目的、意志、信仰、选择、评价等形式。

反映的全面性和能动性不能彼此脱离。只有能动的反映论才能真正揭示反映的全面性，也只有在全面的反映中，才能充分体现出反映的能动性。从全面的意义上来理解的能动的反映论，就是以意识对存在的“反映”及其过程为实质和核心，以全面的、多样形式的反映之统一为基础来理解人类的意识本质和意识活动，其中包括：对象意识和自我意识的统一，知识和非知识性意识的统一，认识和实践的统一，反映和改造的统一，认识形式的多层次化、多样化的统一，等等。这样才能以反映论为基础，充分展开对人类极其丰富多彩的精神世界的研究。

究竟如何阐述以全面的反映论为基础的意识论体系，目前还是一个有待落实的重大课题，甚至可能需要动员哲学和心理学及全部精神科学、生命科学和其他社会科学等一起来做。因此这里提出的还只是一个原则。但我相信，哲学应该在比各门具体科学更高的层次上来研究人类意识的综合过程。至少，它不应该撇开丰富多彩的其他方面和过程，只见树木，不见森林。它可以而且应该随着实践的发展，把那些日益显露出来的、属于人类生活实践的普遍基本内容的东西，把那些不仅同认识的客体有关而且也同主体有关的东西，把那些对人的思想感情来说具有不可避免性和重要影响的东西，纳入意识论研究之内。

第六章
评价标准与价值标准

评价标准和价值标准是人们在评价时所依据的价值尺度。自从价值问题引起理论上的注意时起，评价标准和价值标准的问题，就成为一系列重大疑点和难点的发源地。正如瓦托夫斯基所说，价值标准理论构成了哲学学科中“最困难、最严谨的领域之一”。其所以特别困难，关键还在于如何理解评价及其标准的客观性。如果它们确有客观性可言，那么评价问题和价值理论就有可能成为一门科学的理论内容。否则，价值和评价的问题，就将永远被拒绝于科学之门外。

一、评价标准与“标准的标准”

评价的标准是否可能是客观的、有规律可循的？这取决于它是否来源于、依赖于某种客观的基础。这就是说，在主观的评价标准背后，是否还有着客观的价值标准？

在评价标准的背后

人们心目中的“应然”，是评价标准的最一般模式。每一条评价标准所讲的，都是事情“应该”怎样。人们用它同现实“是怎样”（“实然”）相比较，从而得出评价判断。所以自休谟和康德以来，哲学家们就把世界“是什么”和“应该怎样”看作是两个基本的法则，并且认为，“应然”是价值和评价的领域。“应然”带有愿望、想象、信念、理想、指令、规范、意志等的味道，因此它常常被说成是确证评价标准主观性的证据。

然而，“应该”一词本身有着极大的模糊性和不确定性。在世界上，“应该”被使用的次数和表达的含义的种类，简直无法统计。它可以用来表达极不相同的含义。例如有一种是主观的、仅仅同意志相联系的“应该”（“应该让地球永远存在”），也有一种是表达某种不可违背的客观必然性的“应该”（“应该准备地球有一天毁灭”），这两种“应该”显然相去甚远。而问题的实质和关键在于：人们根据什么提出“应该怎样”和“不应该怎样”？“应该”和“不应该”由什么决定？究竟是否“应该”最终能否验证？用什么来验证？等等。这样，就必须追究一切“应该”的背后，即对评价标准的来源、基础、依据和检验标准即“标准的标准”，加以探究。

那么，人们根据什么提出“应该怎样”和“不应该怎样”？比如：“应该多读书”和“读书是好的，不读书是不好的”，“应该坚持正义”和“坚持正义的是好的，不坚持正义的是不好的”，是一种评价标准。人们是根据什么提出和抱定这样的信念呢？如果对信念本身加以分析就会看到，“应该多读书”来自“开卷有益”和“人应该追求对自己和社会有益的东西”这两个信念；“应该坚持正义”来自“正义必胜”和“人应该坚持使社会发展前进所必需的东西”这样两个信念。对“人应该追求……”和“人应该坚持……”同样还可以继续这样分析下去。这种分析也许可以变成概念上来回兜圈子。但是有一点却是很重要的，即深入分析的线索，本质上必定不断地逼近和不能脱离两个最根本的前提：其一是人的、社会的需要和能力；其二是客体、现实的本性和规律。

这就是说，决定人们信念的，或决定人们提出什么样的“应该不应该”的，首先是人们自己的需要和能力。需要和能力是客观的，它们以各种方式反映在人们对待事物的态度中，就成为评价的标准。在人们对自己的需要、能力有起码正常反映的条件下，他们不会提出在可见范围内与之相冲突的“应该”，而是把它（与需要和能力相冲突的情况）看作是“不应该”或“应该不”。一个人在感到自己需要生存和发展的时候，绝不会把使自己灭亡的东西看作是应该的。这最简单不过地表明了决定评价标准的最起码的限度。同时，还有客体、现实的情况。这些情况以“可能”或“不可能”的条件形式决定着人们认为“应该”和“不应该”的界限。客观的各种可能性和不可能性，依人们对它们了解和理解的程度，反映在人们对待事物的态度之中，就成为评价标准的另一方面内容。这方面的内容常常以极隐蔽的形式存在于评价标准之中，使人们不易觉察，以至于以为评价可以不以它为根据，但实际上它是起着作用的。例如，人们曾一度把制造“永动机”看作是应该努力做到的，但是自从科学定律揭示了这种机器的不可能性以后，制造“永动机”就成为不应该的徒劳了。总之，主体的需要和能力，客体、现实的本性和规律，这两者作为最深的基础决定着人们的评价标准，制约着人们提出和把握什么样的“应该”和“不应该”。

从宏观上考察人类评价标准的历史变迁，可以看得比较清楚。例如人是需要美的，而我国历史上，人们还曾一度以这样的标准来衡量人体和装束之美：男人峨冠博带、长袍宽袖，女人裹脚束胸。到了今天，这种标准已经被淘汰了，或者被修改了。为什么会发生这种变化呢？可以从经济的、政治的、文化的、思想的等方面解释其原因。但归根到底，无非是那些装束方式对人的身体和行动不利，不能满足人们发展着的生活需要和审美需要。就是说，在实践中产生的价值事实是人们鉴别有关评价标准的凭证，而客观的需要和能力，即客观的价值标准，则是衡量评价标准的尺度。一种评价标准是正确的还是错误的，可靠的还是不可靠的，有效的还是无效的，总是可以这样通过人的社会实践来检验的。

当然，检验和发展评价标准的实际过程，远比刚才的例子复杂得多。在社会生活中还有这样一些情况：有些评价标准的更替，似乎并不是由某种确凿的利害事实造成的，而仅仅是人们主观趣味本身追求的结果。例如个人日常生活中的消费观点，艺术风格的不断翻新等。这些并不影响上述结论。因为只要经过具体的考察就可以说明，这些评价标准的更替同样依赖于人们客观生活条件的发展，是人们在实践中不断发现和发展自己的客观需要之丰富性的表现，它们在实践中的结果归根到底并不超出人们自己的客观需要和能力的限度。否则，任何新的时尚都不能保持。

总之，从评价标准和“应该怎样”之类的信念中，能够揭示其来源和依据的客观性，这就是人本身及其外部世界的客观性，是人的需要、能力与客观现实之间统一的客观性。

价值标准与主体存在的同一

在评价标准背后决定着它的，是价值标准。价值标准来自主体的本质、存在和内在规定性，来自人的生存和发展同整个世界的联系。作为主体的内在尺度，价值标准本身是与主体存在直接同一的。

在主体的客观存在之外，价值标准不需要其他的客观前提。问“为什么说价值标准是客观的”，就像问“人的存在及其需要为什么是客观的”一样，除非是为了把问题引导到什么是“客观的”上去，否则是个无意义的问题。

价值标准与主体的存在具有同一性。换句话说，主体的客观存在本身，在价值关系中就具有“尺度”的性质和功能。所谓“价值标准”就是指此。在人们的实践活动中，客体给予主体的任何影响，都会同主体的客观需要和能力之间形成一定的关系状态，对主体或是“肯定”，或是“否定”，或是“中性”。犹如呼吸时，空气进入人体或被血液所吸收，或被排出体外；在人和人的交往中，他人对个人的影响或者作为友谊、信任、支持或报偿而使个人的社会联系得到加强，或者作为排斥、冷落、疏远和挫折而使个人的社会联系受到削弱，或者不产生何种影响的痕迹；等等。这些肯定、否定、中性的状态，都是以主体本身的结构规定、需要、能力为尺度，从而在实际上区别开来的。并且这些肯定、否定或中性的状态，正是作为主体本身的生存和变化的内容而存在的，并不依赖于主体是否意识到它们，主观上是否肯定它们，是否自觉地把握着其中的标准和尺度。就是说，价值标准是通过价值事实中“价值”的性质和程度而蕴涵和表现出来的，它是一种事实性的存在，而不是作为某种意识存在。因此价值标准的存在和表现，也可以通过对主体及其活动客观过程的考察来把握。

> 我们判断一个人不能以他对自己的看法为根据，同样，我们判断这样一个变革时代也不能以它的意识为根据；相反，这个意识必须从物质生活的矛盾中，从社会生产力和生产关系之间的现存冲突中去解释。①

这就像一个人的饮食方面的价值标准，应该从他的生理学特征、营养学状况、器官发育特征等方面来理解，而不应从他的口味习惯、他为自己制定食谱的规则方面去理解。如果两者之间是一致的，那也只能是前者决定后者、后者符合前者的表现，而不是相反。同样，一个群体的价值标准，应该理解为是这个群体的经济地位、结构、利益本身所包含的尺度，而不是这个群体自己宣布它以什么样的目的和理想为标准。后者只是它的评价标准，这种评价标准在多大程

---

① 《马克思恩格斯选集》，2版，第2卷，33页。

度上符合它的价值标准，取决于它对自己客观的价值标准反映和表达的真实性及其准确程度，却并不能决定或代替其真实的价值标准。

价值标准和评价标准之间的关系，体现于对社会历史现象的评价之中，就是要求把问题提到一定的历史范围之内，根据人们的社会存在而不是根据他们的意识，用具体的历史条件和人们行为的客观基础来解释他们的行为，进行评价。真正可靠的、科学的评价标准应该反映客观的价值标准。如果不能真正把握主体的客观价值标准，也就不能有正确的评价标准，不能正确有效地评价事物。

讨论：评价标准的“真假”之分

还有一个长期以来令学者们争论不休并且头痛的问题：评价及其标准是否可能辨别其真伪？实际上的问题取决于如何界定所谓的“真”和“假”。或者说，对于评价及其标准来说，何谓“真”？何谓“假”？

在通常意义上，所谓“真”和“假”是指一个描述或判断是否有其客观的事实对象，并且这个描述或判断是否符合对象的事实。而在评价的范围内，这个问题就变得复杂了。譬如：一个人把自己脸上生疮说成是“美容”，这个评价显然是“假”的；但如比赛中打进球门的一个球，攻守双方因为标准不同，他们的得失评价也必然相反。那么二者是否有真假之分？何为真，何为假？评价的复杂性就在于此。因为在这里，评价的“真和假”有着双重的标准：一方面，要看它是否符合自己评价的对象，即价值事实；另一方面，却更取决于评价的标准本身。一般说来，评价的真假最终取决于评价标准的真假。如果能够具体地说明判断评价标准真假的根据并加以验证，那么鉴别评价之真伪的问题，也就能够解决了。

评价标准是否适合于被评价的对象，这是标准本身真伪的第一层标志。这个意思是说：用尺子量长度，用天平称重量，用关于价值的标准衡量价值，用某一方面价值的标准衡量同质方面的价值，这些标准都是“真”的；而如果用尺子量重量，用天平量长度，用这一方面价值的标准衡量不同质的另一种价值，就必定不能反映被评价的对象，这些标准都是“假”的。这种关系应该不难确定。例如在中国古代一个著名的故事中，钟馗虽然考试成绩第一，却由于相貌丑陋而被皇帝贬斥，没有录取为状元，导致他自杀了。在这个悲剧中，皇帝实际上用“选驸马”的标准取代了“选状元”的标准，这就是采用了“假”的标准。再如，在学术界评定代表个人学术水平的职称时，运用关于学术成果的质量、数量、学术作风和学术道德等方面的标准，是真标准；而用年龄、性别、职务、门户、性格、个人生活作风等方面的标准，就是假标准，因为用它们进行评价并不是针对这个人的学术水平。

显然，这个意义上的评价标准之真，还不能保证评价（判断、结论）一定是真的。在“真”的评价标准之下，也可能得出假的评价结论，就像用尺子量长度也可能会出错一样。评价标准适合于评价对象，这只是其真伪问题的一个先决的、前提性条件。它只表明这个标准真正“是”一个标准，而不是一个貌似标准其实并不成为有效尺度的东西。

评价标准真伪的根本标志，在于它是否符合主体的尺度，即价值标准，这是评价标准之真伪的实质性标志。如前所说，价值标准和价值事实一样，只是主体性的客观存在，本身无所谓真伪，或者说，它只是真的。因此进一步的推论是，评价标准如果准确地体现了价值标准，它就是一个真的标准，如果不符合价值标准，它就是假的。例如，当一个人把是否符合时尚，而不是是否符合自己的需要和能力当作评价标准时，他所追求的“使自己满意”的结果，有时却会对自己非常不利；而当这个人懂得实事求是地按照自己的真正需要和能力去行事时，他才能够真正地区分什么对自己来说是“好”的和“不好”的，什么“值得”、什么“不值得”。这种符合不符合，也是可以用经验的方法加以鉴别的。

说到这里差不多可以肯定，有人一定会提出怀疑：你这里所说的“真”和“假”似乎不是我们通常所说的真和假。那么“真”和“假”究竟是什么意思？因为，这里并没有证明评价标准有不依赖于主体的判别标志，却恰恰证明了这种判别只能依赖于主体。依赖于主体的东西，能够叫做客观的“真”吗？

全部问题的关键就在这里。多年来，我们过分受知识论的局限，总是习惯于把真假归结为依赖于客体甚至归结为依赖于自然界的、物的真假，而忽视了或者不承认依赖于主体、社会、人的真假。其实，这种思维模式并不符合评价的理论和逻辑。因为在评价问题上，依赖于主体的“真”与依赖于客体的真之间，彼此并不冲突，它们都符合同一个原则：观念符合它所指向的现实。也就是说，依赖于主体的真，并不意味着它不是客观的真。如果说真和假的定义是一个，即主观符合客观与否，那么在这里看到的是，真假的具体形态，即主观符合客观的具体情况可以不同。

评价标准之真假似乎不同于科学描述之真假，那也无非是由于，科学描述之真要求主体认识要符合于客体之客观，而评价标准之真则要求主体的主观认识要符合于主体之客观。两者之真都是主观符合于客观，它们都是成立的。当然，主体之客观同客体之客观相比，也许复杂一些，但是，在科学上并不存在否认主体之客观性的理由。应该说，评价标准之真伪的确定，本质上并不比确定知识、科学认知的标准更少可靠性和客观性。

二、评价标准与实践标准

马克思说："社会生活在本质上是**实践的**。凡是把理论导致神秘主义的神秘东西，都能在人的实践中以及对这个实践的理解中得到合理的解决。"[①] 但有人认为，检验评价和评价标准的标准，可能与检验认识之真理性的标准完全不同：前者不是实践，而是人的需要和能力，后者才是实践。那么，实践同人的需要、能力是什么关系？实践是不是检验价值意识、评价以及评价标准的标准呢？实践检验能够解决评价和评价标准中的各种问题吗？

实践是"检验标准"的最高形式

首先需要对检验的"标准"这一概念作一点说明。"标准"有"尺度"、"规定"、"规则"、"标志"、"界限"等含义。它们在一般应用中表现为两个不同的层次：一个是标准所包含的具体质、量、度的规定本身，即"尺度"的内容。它们表示"事物具备了某种特性或达到了某种程度，即成为某类事物"，如"水分子间隔达到了某种平均距离以上就是蒸汽"。这是在内容意义上的"标准"。另一个是标准所具有的特定形式，即"尺度"的外部形态。它表示"用什么手段和通过什么途径来鉴定某物是否符合尺度的内容规定"，如通过观察测定或是实验来检验水是否变成了蒸汽。这是在形式意义上的"标准"。

---

① 《马克思恩格斯选集》，2版，第1卷，60页。

检验认识之真理性的标准和检验评价之有效性的标准，也都有内容和形式的区别。从内容来说，真理的标准就等于真理的定义，价值的标准就等于价值的定义。从形式来说，这些检验归根到底都依赖于一种形式——社会实践。两种说法是同一事实的两个方面，把这两个方面说成是两种不同的标准，则是把内容和形式看作两个彼此孤立的东西。以往对“实践是检验认识之真理性的唯一标准”的理解，不大注意实践本身只是形式，不曾区分实践形式中包含着的真理标准和价值标准双重内容，因此对实践作为最终检验标准的意义，往往理解得有些简单和狭隘。

也许这里需要澄清一下两组相关概念的含义：

一是“真理标准”同“检验认识之真理性的标准”的区别。“真理标准”在很多情况下是指真理（主观符合客观）本身是标准。真理的定义即是“真理标准”，是划分真理和谬误的界限。这是指“标准”的内容，并非指检验的对象和形式。而“检验认识之真理性的标准”则是说，以真理的定义为检验的尺度，把“认识”作为检验对象，并通过“实践”这种形式进行检验。但多年来很多人习惯把上述两个命题合并起来，使用诸如“检验真理的标准”这类提法，则是混淆了标准的内容和对象。

二是同样的“价值标准”和“检验评价之有效性的标准”的关系。“价值标准”是被应用来检验评价是否正确的标准内容，而不是检验的对象。价值的定义同真理的定义一样，并不是这里需要检验的对象。

当我们说“实践是检验评价及其标准的标准”时，所指的是：**实践是价值标准的本质形式。**实践不仅是价值标准的必然形式，而且是它的本质形式。因为价值关系作为主体同周围世界的本质关系，作为社会生活中的基本关系，它“本质上是实践的”。价值关系和价值标准只有在主体的生活实践中才形成，才存在，才表现出来。列宁说，实践是“事物同人所需要它的那一点的联系的实际确定者”①，也就是说，实践是价值和价值关系的实际确定者。“实际确定”是指，客体事物的诸多属性中哪一点或哪一方面是为主体人所需要的，主体在面对客体时从哪一点或哪一方面产生自己的需要，需要和被需要之间是否实际上形成被满足和满足的联系，都是由实

① 《列宁选集》，3版，第4卷，419页，北京，人民出版社，1995。

践具体地、历史地造成的。在这里，实践作为现实的、具体的决定者和体现者，标志着价值关系和价值的形成、建立，标志着需要与不需要、满足与不满足的界限。因此，它也就是价值标准的外在的现实标志。没有一定的实践和实践方式，主体与客体之间的需要与非需要、满足与不满足就无从表现，客观的价值标准就无处可寻、无法确定。

实践作为价值标准的现实表现，是唯一能够充分表现价值标准的形式。就像"要知道梨子的滋味是否可口，就要亲口尝尝"一样。客观的价值标准不是不可捉摸的抽象存在，它和实践不是彼此外在的东西。不表现为实践的价值标准是不存在的，不表现着价值标准的实践也是不存在的。实践作为人的本质活动也就是人的价值标准的表达形式。

实践是最高评价标准。实践同客观价值标准之间的本质联系，意味着实践是一切评价标准的出发点和归宿，实践的评价是具有最高权威的评价，一切评价标准都要最终经受实践的检验。

实践作为价值标准与它作为真理标准有所不同，主要表现在：作为真理的标准，实践必须是、只能是人类共同的、持续发展着的实践整体，个别人的局部的或暂时的实践不能够充分验证一个认识之是否具有真理性；而作为价值和评价标准的实践，则可以是并且常常是价值主体的个别的、独特的实践。一般说来，只要在一定范围内事物满足这一特定主体的需要这一点能够证实，那么它的价值和相应的评价就被证明是成立的，尽管这种价值和评价对于其他主体可能并不是普遍成立的。例如，使用某个民族独特语言的一些艺术形式（如中国的古典诗词、京剧、地方曲艺等），其审美的风格和韵味，也许不易为别的民族审美实践所完全认可，但它们在本民族中的审美价值却是不容置疑的。价值关系和评价标准的多样化同样以实践为保证，只不过这个实践是按主体的层次所区分的主体实践。这一点告诉我们，价值认识的检验不是不依赖于实践，相反，它比真理更依赖于现实的、具体的实践。没有主体的现实实践来确定和验证，任何可能的价值都还不是真实的价值。

价值和评价标准的主体实践性，并不等于对评价的检验仅仅由个别的、偶然的、静止的实践来完成。对于一定主体来说，什么东西对他有价值，归根到底仍然要由他的持续发展着的实践整体来验证；对于整个人类主体来说，这就是指由人类共同的实践发展来验证。一个人刻苦学习与吸毒之间的利弊得失，其评价的标准和结果，并不是他一时的生活体验所能决定的；对人类发展有益的东西，必然要由人类发展的实践来证明。因此，实践作为价值和评价标准的主体性和个体性，同实践作为真理标准的人类普遍性，两者虽有区别，但并不矛盾。它们在本质上是一致的。这就是：实践，唯有实践才永远是真正的最高标准。

概括以上所言，我们对评价标准的理解是：评价所遵循的评价标准，是以作为实践内容的客观价值标准为根据和前提的；客观的价值标准是主体在实践中生存和发展的内在尺度，它与主体的社会存在和需要直接联系着；主体人有什么样的社会存在和客观需要，就有什么样的价值标准，由此决定有什么样的评价标准（“应该”怎样）；评价标准的形成和变化是随着实践即主体存在和发展的情况而达到的，也就是说，它是现实地、历史地形成和改变着的；除了主体的存在及其实践外，评价标准没有其他先验的前提和更高形式。因此，在确认主体的客观存在和特性并依靠实践来检验的基础上，价值和评价及其标准是可知的，可以运用科学的、经验的和辩证思维的种种方法和手段加以认识、加以描述。

讨论：评价逻辑的“大前提问题”

一些学者指出，在评价标准问题上存在着一个不可解决的“前提”问题：评价要遵循一定的理由即标准，这个理由又要有它的理由，即理由的理由（标准的标准），由此势必涉及一个最终的“假定”；这个最终的假定作为评价标准的大前提，只能是一个“应该怎样”，它本身是不能证明的；因此一切评价和评价标准最终都将缺少科学根据。

例如瓦托夫斯基说：“如果我断言谋杀是犯罪，那么，按照这种观点，我的理由可以是，我最终把任何对社会秩序的破坏都看作是犯罪。因而‘谋杀是对社会秩序的破坏’这一命题能否成立就是一件经验事实（虽然并非简单如此）的事情。可是，社会秩序的维持本身就需要有理由，对此，自然主义者可以说，人类生活只有在一种秩序中才有可能，而人类生活是应该得到维持的。从这一前提出发，人们可以推论出社会秩序是应该维护的，如果谋杀破坏了这样一种秩序，那就是犯罪。可是，自然主义的批评家则立刻会指出，在这个推理链条的大前提中，存在一个‘应该怎样’的陈述，而不是描述性的或事实性的陈述。”[①] 罗素在谈到道德准则时也说：“只要那个终极的善被假定为是已知的，制定道德准则就是科学的事情了。”[②] 然而要想拿出证据来说明终极的善是什么和不是什么，却是不可能的，“解决关于价值的分歧的方法甚至是不可想象的”[③]。

这里提出的问题是：一切评价判断推理的大前提是什么？它是科学上可以确立的吗？如果这个问题不能解决，那么一切评价的科学性、可靠性，就从根本上不能成立。罗素和瓦托夫斯基正是从这里提出质疑和否定结论的。但在我看来，他们的上述结论却不能成立。

为什么这样说？因为他们仅仅是从抽象的逻辑上寻找前提，却忽略了或者不如说是回避了这样的一个事实：不是逻辑（形式逻辑）决定了一切，而是实践决定了逻辑。实际上，仅仅从逻辑上推出的那个抽象的、静止的终极前提（“应该怎样”和“终极的善”），并不是现实生活中评价和评价标准的真正前提。或者说，一个关于“人类应该怎样”和“什么是终极的善”的规定，在现实生活中既不可能也不必要作为前提而存在，它只是某种哲学的逻辑所需要的前提。

事实上，“人类生活是应该得到维持的”这个前提，虽然被加上了“应该”二字，但它并不是指导人类实践的出发点，而是指向了人类存在的一种“实然”，是人类实践本身的含义所在。就是说，人类的实践首先是人类生活的维持，这个大前提不是作为假定，而是作为事实存在着，实践每时每刻都创造着它，提供着它。而“破坏现存秩序是不是犯罪”的评价理由，在每一具体社会历史条件下都有其具体的历史的前提，评价者是根据自己的切身利益和实践体验来做出判断的，而不是从“人类应该如何”推论出来的。“人类应该如何”只能从人类实践的需要推出，而不是相反。同样，“终极的善”也不是一切道德准则的现实的大前提。人类历史上没有所谓“永恒的道德”和“终极的善”，善总是具体的、历史的、以一定主体的社会存在为基础的。因此，具体道德准则的前提在于具体的主体本身，而不是那个抽象的、一般的大前提——“终极的善”。

---

① ［美］瓦托夫斯基：《科学思想的概念基础——科学哲学导论》，578页。

② ［英］罗素：《宗教与科学》，122页。

③ 同上书，127页。

“假定”这种说法，是仅限于抽象的概念逻辑并忽视了实践的逻辑而提出来的。然而，一切概念的逻辑本身，都是以实践所造成的思维能力、思维程序（逻辑规则）、思维对象等为基础的。因此，假如相信逻辑本身，而不是怀疑它本身的大前提（例如问：“为什么一切理由都必须有理由？”“为什么一切前提都必须有前提？”等等），那么就不能怀疑实践。否则，用实践本身所造就的东西（逻辑）来提问“实践的前提”，就会导致逻辑上的“自我相关”和悖论。应该说，实践作为人类存在的本质活动，它与主体的存在互为前提，对于人类来说，它就是逻辑上的最终前提。人的思维要想超越这个前提是办不到的，而回避或否认这个前提，仅仅以观念为最终的起点和落脚点，就必然会走入逻辑上的死胡同。

例如在现实生活中，我们经常遇到这样一类问题：“人为什么活着？”“人生的终极意义是什么？”这类问题经常有人提，也有人拿它们作题目写书，显得很高深。然而在这类问题的含义中包含了许多误区或陷阱。其中之一，就是用抽象的、单一化的“人”来取代或否定现实的、具体的人。它的模糊之处在于：谁是那个“人”？提出这类问题的前提，是不是认为“所有的人活着的理由都应该是一样的，或必须是唯一的”？这个问题的“标准答案”应由谁来做？是人还是神？……由此就会引发出更多的疑问和混乱。其实“人为什么活着”，如果要人们表达真实的感受，那么现实中不同的人会有不同的回答。

应该首先承认：人们有权做出自己的回答。因为每个人已经“活着”了，这一点不是由他自己决定的，而是由人类的物种、社会关系等决定的，今后也将如此。这是问题的“事实”层面。问题的“价值”层面则是：每个人愿意或者应该为什么活着？怎样生活？人类社会提供了一般的条件和机会，实际的命运则掌握在人们自己的手里，自己做自己的主人。这类问题最终需要由每个人自己回答，自己去决定：你认为你活着应该为了什么？能够实现什么？比如，我们很多的父母就是为子女活着；有的教师就是为学生活着；有的学者就是为科学活着；有的艺术家就是为好作品活着……作为一种社会角色，这是他们的一种很高尚的道德。而人生的角色是多方面的，每一方面的目的也都是具体的。如果把这些都看得毫无意义、不值一提，非要在此之外寻求一种指令，那就是在否认或剥夺人们作为主体的权利和责任的前提下思考问题，带有某种精神强迫的味道了。所以归根到底，“人为什么活着”是现实的人进行人生选择的一个权利和责任问题，是人们自己的人生追求和境界问题，并不是一个可以有整套现成的、唯一“标准答案”的知识问题。

在价值问题上，轻易地断言“普遍绝对”或“终极”的结论和前提，往往与某种否认或无视人的现实权利与责任的意图有关。其结果也往往导致某种话语的垄断或强制。所以，这并不是一个科学的、严谨的问题。而这里需要反思的，正是那个最终的“假定”本身：它究竟是什么？它是不是在人们的头脑中作为评价推理的前提而存在着？其实，像“人类生活应该维持”和向往中的“终极的善”，不过是一定的历史的人在实践中所形成的信念、理想。信念和理想能够作为评价标准，但并不是最终的前提。因为，信念和理想不是头脑中先天固有的，而是一定实践经验的总结，是根据对实践发展的规律和趋势的理解所形成的观念，它们也是要随着实践的发展而受检验和改变的。在形成这些信念、理想的时候，相信和依赖于实践，相信和依赖来自实践的经验，则是不可缺少的最终的前提。

所以，最终的前提是存在和实践而不是观念，是事实而不是假定。价值标准、评价标准中一般的、共同的、绝对性的成分，总是在现实中个别的、特殊的、相对的评价标准中存在，通过它们的持续发展而显现出来，此外并不存在什么神秘的“终极”状态。这就是我所说“实践是评价标准的最高形式”的含义之一。实践是评价标准的现实出发点和确定无疑的前提，用这个观点来看待评价标准的前提，就不是它依赖于某种最终的“假定”，而是它依赖于确定的主体现实。

总之，把人类的实践作为意识论的基础，看到人类思维所提出的问题正是在实践中发生并能够由实践来解决的问题。这一观念，对于价值和评价标准的理论来说，不仅是完全适用的，而且有着更为深刻的、决定性的意义。

三、评价标准的内在矛盾

尽管评价及其标准的客观性是可以得到论证和说明的，人们仍然会感到，如何掌握客观的评价标准，从而使评价标准客观化、确定化，仍有许多困难。看来，在评价问题上似乎难以同科学认识一样达到精确可靠的程度。这里，除了应该排除“标准是一种简单的、固定不变的尺度”这一观念以外，还应该具体地探讨一下这些困难及其根源之所在。

由于价值和价值关系本身的特性，使得评价和评价标准有着不同于一般认知和知识的特殊矛盾。这些矛盾本质上仍然是精神和物质、思维和存在、主观和客观的矛盾。但它们的表现却由于主体的充分介入而显得复杂了。

主观形式和客观内容。从表面上看，评价及其标准的主观形式是可以脱离它的客观基础的。例如“忠言逆耳，良药苦口”，符合主体客观需要的东西，却为主体的另一标准所否定。与之类似的“饮鸩止渴”、“认敌为友，认友为敌”等，都表现出这样的颠倒和歪曲，使评价及其标准显现出主观的随意性和盲目性。但是，从深入一些、具体一些的层次上来看，情况就不同了。

第一，主观的评价标准虽然可能背离客观的价值标准，但是不等于它不反映主体的任何客观需要和能力，不同客观的价值关系有任何联系。“顺耳”和“甘味”虽然不是主体的根本需要，或者主体本身并未正确把握它们的真正形式和意义，但毕竟也是主体的一种心理的、感官的正常需要和反应，它们也是多维的、全面的价值关系中的一个部分。“忠言”和“逆耳”，“良药”和“苦口”之间的矛盾，不仅是主体本身的矛盾，也是价值客体本身内容和形式之间的矛盾。如果“忠言”具有“顺耳”的形式，“良药”具有“甘口”的形式，如果确有无毒的饮料来止渴，有毒的鸩酒标明有毒，如果敌人不是采取伪善的手段，朋友的信任和支持能够表达得更易于接受，等等，那么评价标准的运用也许就不至于发展到如此背离和颠倒了。这说明，表面上看起来是主观随意的评价标准，其实是它的主观形式仅仅反映了片面的、局部的需要和能力，并且把它同根本的能力和需要，同基本的价值标准割裂开来了。因此，纯粹主观的、完全不反映任何客观内容的评价及其标准是没有的，有的只是在反映客观内容的深刻性、全面性和准确性上的差别。

第二，评价标准形式上的主观片面性和随意性，最终要按客观的价值标准来纠正。评价及其标准的主观形式具有片面性和随意性，往往是不可避免的，这种缺点和偏差必须由主体的实践来不断地克服。因逆耳而拒绝忠言的恶果，或者不怕苦口而服用良药的效果，自然会因其与主体利害相关而使评价标准服从于价值标准。人们总结出“良药苦口利于病，忠言逆耳利于行”的格言，就表明了对这种关系的省悟，表达了要使反映片面需要的评价标准上升为反映全面的、根本需要的评价标准这一实践的原理。客观的价值标准纠正主观的评价标准，最极端的形式是死亡——“一意孤行”的主观意识与主体一道消灭。这时，虽然客观的价值标准也同主体一样不存在了，但它终究表明价值标准同评价主体一样是评价标准的基础。所以，能够永远不受价值的客观内容和标准检验、修正的主观评价标准也是没有的，有的只能是按照主体的客观实际不断修改和发展的评价标准。

总之，评价标准的主观形式和客观内容之间，本质上和总体上是统一的。这一点使得评价标准能够在其主观形式的动态变化整体中，不断地反映和接近客观的价值标准，接近于成为客观的评价标准。

理性和非理性。评价及其标准本身有时是理性的、有清醒意识的、合逻辑的，有时则是非理性的、潜意识或无意识的、情感化的形式。大体说来，那些具有社会共同性和普遍性的评价标准，通常是以一定理性化的形式表达出来的，或者是以理性的、合逻辑的东西为根据的。例如，用“是否有某种含量的某种元素”来评价矿物，用“是否促进生产力的发展”来评价社会现象，用“是否有利于社会和他人”来评价善恶等，这些可以在人们的知识、经验和理性思维范围内加以说明和解决。

而某些关于非理性需要的精神价值，或者关于高度个性化、纯粹个人价值的评价标准等，则是以某种非理性的形式表达出来的，或者至少不能用知识、经验和逻辑直接加以控制和说明，如反映各个民族不同气质和性格的评价标准、某些人的“良心”标准、“趣味”标准、“习惯”标准、随着情绪变化的情感评价标准等。一些民族或它们的政党把月、星、花、琴、剑、犁、鹰、狮、蛇、驴等作为国旗、党旗或族徽上的标志，另一些民族或它们的政党则绝不肯这样做。肯这样做者，可以举出这些东西所具有的美好意味（科学的、历史的、理想的等）作为理由；不肯这样做者同样可以举出这些东西的种种不科学的、有害的或软弱的、丑恶的一面作为理由。这两种评价本身无可争辩，因为都只是关系到自己用什么来象征自己；双方所举的理由也是理性化了的类比推理。但是，他们推理的大前提，即各自采用的评价标准，即那个使他们喜欢或不喜欢这些象征物的最初出发点，其本身却不是理论思考的产物，而是一种情感化的民族文化心理。

理性化的评价标准，可以通过知识经验的增长、科学理论水平的提高和思维能力的增强使之走向客观化、科学化，可以通过主体自觉能力的提高而自觉地掌握和运用。那么非理性的成分或非理性的评价标准是否也能够这样呢？如果不能，那么关于价值标准和评价标准的科学理论何以建立？如果能够，那么怎样才能做到？这里就需要做一个区分：用理性的方式对待非理性的东西，同把非理性本身变成理性，两者不是一回事。前者显然是可以做到的，后者则需要分析。

评价中的非理性能否理性化，首先要看对象如何。如果理智的和非理智的评价标准反映的是同一价值关系和价值标准，那么在实践中使非理智服从理智、统一于理智，是完全可能的。实际上，人类的大多数评价标准正是这样发展的。从远古人类对大自然一些现象如雷电、洪水、地震、天象等直观的恐惧，到今天人类对它们的理智的、科学的评价；从人对自己社会命运的神秘感觉，到用自觉的历史观和人生观评价人生的道路；从以血亲关系和家族传统到以法制体系和伦理学说为人伦是非的准绳；等等。这些都说明了这种统一不仅是可能的，而且是现实的进步。在这方面，评价标准的非理性水平，是同人们对自身价值关系认识的不深刻、不自觉联系在一起的，它只是评价标准发展的一定初级阶段。而理性化、理智化和科学化，是它的正常发展前景。

另一种情况是，人的某些非理性精神需要的满足，只能以非理性的感受为标准，同主体已有的知识、经验和理智能力无关，而只同主体某种特有的或暂时的身心状态有关。有时候，一个人或一些人的兴趣、情绪、情感的评价，对某些形象对象的反应、灵感的跳跃、动作评价等，很难用语言的形式表达出这时的评价标准是什么。谁能够说出，人们彼此不同地特别喜爱或特别厌恶某种气味、颜色、音调等的逻辑规则是什么？在某些时刻特别使人激动的面孔和表情、姿态、情景，在另一时刻却毫不引人注意，其理智的界限何在？这些随时随地变化着的评价，直接就是具体的感受和反映本身，它们的标准直接就是主体具体的身心状态和价值标准本身，中间不需要或者无法经过抽象化、逻辑化和规范化的环节，非自觉的意识形式就是它们的最适当形式。这种非自觉的直觉的评价形式及其标准，是人类意识反映生活的一个固有的侧面或层次，就像激情是理智的不同侧面，意志是目的的必要补充一样，它们不可能也不必要完全由理智来代替。因此，对这一类非理性的评价标准来说，客观化和科学化不意味着取消直觉、直观、潜意识和无意识、情绪和情感，而应该意味着以理性的、科学的方式对待它们，说明它们，通过自身的发展来丰富它们。

评价标准中的非理性，并非不可以理性地对待它。不是说，人们的一些低级本能是不能进化的，那些不健康的情绪、情感和变态心理是根本无法调节，只能任其自流的。相反，正由于指明它们是以主体的身心结构为客观基础的，所以我们可以确信，通过主体的发展和主体身心结构的发展，非理性的东西也是可以合理化的。人的身心状态是历史地形成的，是人在自然界和社会实践中造成的，是生活实践反映的积淀和升华。所以，理性的实践活动能够逐渐地渗透于和转化为人的非理性结构；非理性的形式可以具有理性的内容。通过对主体的深入研究，非理性的东西可以得到理性的解释，例如心理学对人的情绪、情感、意志等同大脑生理机制的解释，精神分析学对梦境和变态心理起因和含义的解释，美学对审美心理过程的解释等。这些都说明，评价标准中的理性和非理性既是相互区别、互不替代、相互补充的，又是彼此联系、互相渗透和相互转化的。现实的趋势是，越是充分发达的主体，越能够感受和评价那些为理性的文明所特有的东西，并且这些感受和评价越具有自然而然的、自发的和自由的形式。随着人类的发展，越来越多的理性内容转化为人的身心结构特点，从而成为某些自发的、直觉的、非理性内容的基础，并表现为某些非理性的评价标准；而非理性的内容则将由于得到合理的解释和实践的改造，越来越带有合理性的因素，成为合理化的感觉、直觉、情感、意志等标准。可见，主体本身社会关系和身心状况的成长进步，是使非理性评价标准合理化，使理性和非理性结合起来的根本途径。

多样与统一、流变与稳定。由于现实主体本身的多元化，使得人们认为，要想使评价像科学那样有比较公认的统一标准，是难乎其难的，甚至是不可能的。但是，这里需要对评价标准的“统一性”进行反思：它是指什么样的统一？如果这种统一是指“单一”，即不同的主体对于同一客体只有唯一的评价标准，那么这当然是不可能的，因为在这里要求单一性，就等于要求只有一个主体，而这就等于消灭多元主体。

如果说“统一”是指对于同一个主体来说，多样、多维的评价标准之间有一个共同的基础、最终尺度和归宿，那么这种统一就是理所当然的。一个主体不管有多少种互不相同的需要和评价标准，这些需要和评价标准都只能是主体本身的评价标准和需要，都以维持并推动主体的生存发展为最终目的，而不可能与这个目的相冲突；这些需要和评价标准都必定受主体本身的条件和能力、生存活动特点的制约，带有主体自身的特点，而不是超主体的标准。简言之，多维的评价标准从属于、统一于完整的主体性。这就像数学上的坐标系统一样：多维中的每一“维”，都从原点出发或交汇于原点；不同坐标系统的重合程度，取决于它们的原点接近或重合的程度，许多原点汇合成一个原点时，它们的系统也重合为一个坐标系统；如果原点不能重合，那么坐标系统也不能重合。这里的“原点”，就是指各个层次上独立的主体。根据这种情况，要认识和把握各种不同的、多维的、多向的、多层的、异质的和异量的具体评价标准之间的联系和统一性，关键在于把握主体，了解主体。

从动态的角度看，价值标准是随着主体变化而变化的，评价标准也必然或迟或早地反映出这种变化。“年年岁岁花相似，岁岁年年人不同”。在价值客体相对稳定的情况下，主体不同了，评价标准也会不同。不仅“一人一副看花眼”，而且“一年一副看花眼”。

评价标准的这种变化，在较高的层次上，或许带有一定的循序渐进性质和连续性。如人类科学理论体系对于自然界和社会历史的评价，能够看得出较为清晰的一贯线索，能够概括成为较明确的理由；而在较低的层次上，就往往显得不够明朗或一贯了。如个人好恶情绪的变化，有时会显得毫无逻辑和杂乱、跳跃。这种变动性同多维性联系在一起，再加上不同类别（维度）评价标准之间的来回转移，就加倍地使人感到它的不稳定性和随意性。例如，一个人用经济价值标准来评价某事物，说它是好的；过些时候用道德价值标准来评价它，说它不好；再过些时候，他的经济技术价值标准变化了，也说它不好；转而又从审美价值标准来评价它，却又说它有好的一面；等等。一会儿说好，一会儿说不好，以后又不停地变来变去，这种情况在生活中是常见的，并不一定是出于人们的不负责任和主观武断，有时也是同评价标准本身不可避免的发展相关的。

评价标准的发展，是由主体本身的需要和能力的发展所决定的认识的发展。这种发展有时是原有标准的丰富和深化，是由单一方面到较多方面、由浅层到深层的扩充式发展，有时则是根本抛弃旧标准，代之以新标准的变革式发展。这两种变化都有其正常的、合乎人类本性的、积极的一面。它们是评价标准变化中的主流，是我们在考察评价标准变化时应该把握的规律性线索。在这个意义上，“变”是评价标准的本性，是必然。唯有不断地变，评价活动才有活力，有创造性。我们反对抱着一套老观念因循守旧、至死不变的顽固主义评价观。

区分评价标准的变化是否是合乎规律的、积极的，还是主观武断的、消极的，根本界限在于这些变化是否反映主体、价值关系和价值标准本身的发展。因此，评价标准的多变性、流变性之中，并非毫无稳定的线索可寻。主体的客观存在、需要和能力的发展，是评价标准多变之中稳定的基础和轴心。主体愈是确定，评价标准波动曲线的轴心就愈是明确；主体本身愈是有普遍的代表性，它的评价标准变化也就愈显示出广大范围内的相对稳定性。相反，一套评价标准，如果愈是不明确它反映谁的需要和利益，它的变动振荡也就愈频繁、剧烈和不规则。社会动荡时期的舆论、政策、法令常常大起大落、颠来倒去，其原因不在于评价标准本身有无定则，而在于决定它们的主体在发生着交替或争夺。一个人的评价标准对他人来说常常是不稳定的，这是因为一个主体本身的普遍性和代表性很有限，所以他的评价标准也就较少带有大范围的相对稳定性。而一个民族作为主体，对全体民族成员有很大的普遍代表性，所以，民族的文化传统模式本质上是稳定的。进而言之，我们会看到，任何一种评价标准的变化，对它的主体来说总是稳定的、与自己本身的变化相伴生的变化，因为它归根到底是主体本身变化的反映。

总之，考察评价标准的任何矛盾和特性，都离不开评价标准的主体性。主体性是价值和评价关系的根本的、基础的特性，它是表现在评价标准的主观与客观、个性与共性、相对与绝对、静止与运动等一切矛盾之中的实质和基础。

第七章
社会评价

从人的本质及其活动的社会性上看，可以说一切评价都是社会评价，这是广义的社会评价。而就多样化的具体评价及其主体形态来说，现实的评价又可以区分为狭义的社会评价、个人评价、群体评价和人类历史评价，等等。社会评价的层次性及各种评价之间的关系，是深入考察评价问题的难点和关键之一。

一、社会评价的结构

狭义的社会评价，简称社会评价，是特指以社会为价值主体，即从社会主体或主流的立场和角度出发，去考察和评定各种现象的价值，判明它们对于社会的公共意义的现实评价。它是当下一种社会整体性的、对社会意识和社会实践都有实际效力的自觉活动。社会评价既不同于随时随地发生的个人评价，也不同于人类历史的评价，它是人类历史评价的现实阶段化样态，是社会中一切个人评价和群体评价的综合结果。

社会评价的对象与主体

社会评价的对象，是社会所面对的整个世界和社会生活中出现的一切与社会有价值关系的现象。自然界和人，天然物和人工物，社会物质生产和精神生产的条件及产品，群体或个人之间的相互关系，社会生活各个领域等，都是这种价值关系的客体。反映和把握这些价值客体对于社会本身的意义及其变化，是社会评价的基本内容。在这里，作为对象的“价值事实”是指对于社会的价值事实，而不同于仅仅对于每个个人和群体的价值事实。也就是说，作为整体的社会，是这里被反映的价值和价值关系的主体。而对于个人或群体有某种价值的东西，如果不涉及个人对社会和他人、群体对社会和其他群体的关系，一般也不属于社会评价的对象范围。

但是，一切影响个人和群体的东西，归根到底必然直接或间接地影响到社会，因此，从总体上来说，社会生活中的东西没有不能够成为社会评价对象的。而社会评价则总是把对于许多个人和群体有较重要价值意义的东西，把对社会存在和发展有影响的那些事物，特别是社会运动主流方面的东西，作为注意的中心。正因为如此，以什么为对象，并不是区分社会评价与其他评价的根据。社会评价的根本标志，在于它的主体——社会的构成和状态。

社会是被评价的价值关系的主体，也是评价的主体。社会评价是以社会的身份评定现象的社会价值。这里的“社会身份”，表明评价者不论是社会的代表机构、公众还是个人，都站在一定社会公共体的立场上说话，以该社会的价值标准为评价标准。这是社会评价与个人评价、群体评价、人类历史评价相区别的主要标志。但“社会”并不是一个抽象的单一实体，社会作为主体总是要通过以一定社会形式组织起来的人而存在。这就需要分析各种不同层次的主体同一定社会主体之间的关系。一般说来，社会评价的主体，通常由个人、公众、权威三个层次的评价者及其表达形式构成。因此社会评价的主体形式，呈现以下三个基本层次：普遍的个人评价、公共舆论评价和权威评价。

普遍的个人评价。作为社会主体成员的个人，程度不同地普遍参与对现象的社会评价，从而产生一些个别的、分散的社会评价。它不同于纯粹的个人评价，而是个人作为社会主体的评价。但这种评价又以个人的切身体验、心理、理解能力和社会地位为限，还未达到整体的、系统的评价高度。它代表着社会评价的感性、直觉或直观的水平。由于社会主体成员的普遍介入，他们的评价能够比较直接地反映现象的社会价值效果，因而是理性化和统一的社会评价的感性材料来源，是社会评价不可缺少的基础环节和最迅速的表达形式。在普遍的个人评价基础上，其中共同一致的成分构成了公共舆论或社会舆论评价。

但是，由于社会价值多元化的趋势越来越明显，更由于大众传播的覆盖和诱导作用越来越强化，普遍的个人评价往往会表现出难以捉摸的特点，因而很容易受到忽视和漠视。由于人们越来越迷信有形的舆论工具的作用，过分热衷于“话语的占领”，而往往忽视了“沉默的大多数”。事实上，普遍的个人评价往往并不一定采取外在的舆论、话语等表达形式。特别是当话语权被某些强势群体所控制的时候，“沉默的大多数”和弱势群体往往更倾向于用自己的沉默和行动来做出评价性的回应。他们就像消费者“用脚投票”给商品一样，是用自己的生活状况和实际感情来显示一种政治和政策的优劣。所以在现代社会中，如何了解和把握真正的“民意”，反而成为任何一种聪明的政治最为关切和看重的测量尺度。

公共舆论评价。社会舆论包括用各种大众传播形式表达出来的人们的心理、情感、意志和观念内容。这种评价形式已经具有了很大的感染力和约束力。它的规模和效力大小，取决于普遍个人评价的广度和深度。从精神形式上说，公共舆论评价是社会评价的主要形式。社会舆论中包含了一元和多元、理性和非理性、理智和情感、理性和感性的多种成分，但在公众舆论中，它们能够融合成一种强大的现实意向，在每一个时期的每一个具体环境中，都极大地影响着社会决策和社会情绪的变化。因此社会舆论也总是成为各种社会势力关注和争夺的焦点。

随着市场经济和民主政治的发展，能否正确积极地反映和引导公共舆论的走向，成为现代社会各种政治智慧和商业智慧的制高点。关于这方面的知识和经验，业已造就了若干新型的学科和产业领域，如大众传播学、广告学、创意和文化产业等。这一方面表明公众的意向越来越受到重视，以至于成了自觉开发、深度操作的重要资源，它的合理利用将有力地推动社会经济、政治和文化的繁荣发展；另一方面也意味着，社会舆论越来越可能成为不同人各取所需，并加以利用和操控的对象，成为某些有组织的社会势力借以谋取经济政治和文化特权的工具。当社会舆论失去它的真实、自然、多样化面貌时，也就有可能失去它的社会情感抒发渠道的作用，失去它真实、自然、多样化的评价功能。这种情况不能不引起一定的关注和忧虑。也许依靠市场经济和民主法治更加充分的发展，我们会找到更加合理有效的形式。

权威评价。这是正式代表“社会”的理性化、系统化的评价。权威评价一般分为两种类型：社会代表机构的评价和专家评价。社会代表机构的评价是从社会管理系统的角度来评价，它往往是着眼于社会全局和实践的评价；专家评价是从各个特殊的专业角度来评价。两者的共同点是，它们都代表一定社会评价的理性化水平，并且具有付诸实施的指导性和权威性。由于权威评价者往往是能够深刻理解和把握本社会的利益和需要、较善于根据理智的原则处理问题的人，所以权威评价一般能够起到代表社会评价、引导和提高个人评价和舆论评价的作用。但是，权威评价的威信和效力，依赖于社会组织化的合理程度，依赖于它同普遍个人评价和社会舆论评价的密切联系。

从内容上看，权威评价有各种专门的评价和整体综合评价之分。社会生活的每一个子系统或分支、侧面，都成为一定的专门领域，如经济、政治、文化、法律、道德、艺术、科学等。在这些专门领域的范围内进行的社会评价属于专门评价。例如评价一部文学作品的艺术价值、教育价值、文学艺术史价值，评价一个人物在他的活动领域内的功过，评价一项技术改造措施的生产经济效益等。日常生活中大量的是这种专门评价，其中包括几种不同的专门评价可以同时交叉进行。对于一些具有较大社会规模或较关键作用的现象，则需要从社会整体发展的全面作用方面进行综合评价。例如，对于农村和城市经济改革，对于重大科技成果的应用，对于一项基础事业（如教育）和新兴事业（如“文化产业”）的评价等。这种综合评价不仅需要多种专门评价共同进行，而且需要把所有专门评价作为统一系统加以整合和综合。这种综合的社会发展评价是社会评价的最高任务，因此也需要一种最高的社会组织形式。它应该是社会代表机构与各方面专家的结合体，是权威评价与社会舆论评价、普遍个人评价联系的枢纽，是社会评价的“形成—传播”和“执行—反馈”过程的中心。

在当前世界上，这种担负权威评价职责的组织形式，有的是由政府最高机关担任，有的是由最高顾问、咨询、政策研究、规划机构担负，有的则尚未明确，而只是由一些政府首脑或社会科学工作者自发地、分散地进行。其所以如此，主要是由于建立这样组织形式的条件发展不平衡。在现代科学理论、现代科技手段，特别是信息和电子计算机技术比较发达的地方，这种评价组织形式已初具雏形；而在上述条件尚不充分的地方，则难以形成。在我国，一些专门领域的综合评价机构正在陆续形成，但显然还需要一个漫长的过程。因为我国目前尚未走出仅仅以政治和行政权力为最高权威的状态，政府还不得不在某种程度上承担着既是最终的行政责任人，又同时是“全能专家”的角色。在这样的情况下，对行政系统的单纯的“路径依赖”，使得社会评价的权威性主要还是依靠行政权力的权威性，而不是规则、程序和过程本身的科学性和权威性。例如在文化教育领域，政府和行政机关连评定职称、设立科研项目、学术观点讨论、编写教科书等这样的事情都要直接介入，甚至还亲自参与。在这种“管办不分”的格局下，这些措施除了加强权力垄断以外，很难产生使评价合理化的效果。

社会评价的公共性标准

社会评价显然是一个极为复杂的系统性行为。复杂性主要来自具体主体形态的多样性和变动性。而在实践中辨识社会评价主体的具体形态，往往是一个误区颇多的领域。

个人评价与公众评价之间就存在着错综复杂的关系。这是因为，个人在社会中总是具有双重的主体身份：一方面，个人总是一个独立的完整的主体，他仅以自己个人的尺度为标准去评价各种现象，这种评价属于纯粹的“个人评价”；另一方面，个人又是一定社会关系的承担者，是整个社会主体中的部分、环节和细胞。在这方面，他的个人能力和需要是社会能力和需要的一部分，当他从个人的这种社会主体角度进行评价时，则是“个人的社会评价”。这是一种局部的、个别的社会评价。这个局部可能与社会评价相一致，也可能不一致。当个人超出自己个人的范围，从个人的需要和能力所具有的社会普遍性内容出发去评价事物时，他的评价就和本群体其他许多个人的评价或局部的社会有共同之处，因而构成了一定的“公众评价”。比如一位学者超越了个人的学术见解，而出以公心地掌握学科的尺度去评价另一位学者的学术成果。

同样，公众评价如果符合这个社会中占主导地位的人们的共同价值标准，那么它就是这个社会的社会评价。如果不符合，那么它要么代表过去或未来的一定社会的评价，要么不能代表任何社会的评价，而只是与一定社会评价不相协调的伴音。马克思恩格斯在《共产党宣言》中说道：在资本主义社会中，一部分封建贵族遗老遗少的“公众舆论”，代表着封建社会的评价立场，他们对资本主义社会许多现象的敌视，半是过去的哀鸣，半是现今的谤文①；而工人

① 参见《马克思恩格斯选集》，2版，第1卷，295页。

阶级的评价，则代表了未来的社会评价，工人阶级对资本主义腐朽现象的蔑视，是对历史旧物的宣判和对社会前途的洞见；小资产阶级的评价，在抽掉其受旧的封建主义影响或受革命的工人阶级影响的共鸣以外，剩下的只是在资本主义社会中软弱无力的空想和呼吁，并不能形成具有真正社会效力的评价；只有资产阶级的“公众舆论”，才真正代表资本主义社会的社会评价，它具有代表这个社会的资格，具有这个社会所赋予的效力。

可见，社会评价并不是也不可能是一个社会中所有个人和群体评价的简单相加。马克思认为，在阶级社会中，任何社会的意识总是经济上占统治地位的阶级的意识。社会评价作为社会意识的一种形式，只是社会中所有人、所有阶级和群体的评价中的一部分，是反映这个社会根本利益和需要的那一部分，从而也就是在这个社会中占统治地位的那些个人和群体的社会意识形式，归根到底是他们的评价。

正式代表一定社会做出评价的，常常是这个社会的权威机构或个人，如政府、领导机关、首脑人物等。他们名义上是被授予社会评价权力的“代表者”。在这些代表者与它们的社会基础之间，权威评价与“公众舆论”之间，有时一致，有时不一致。在不一致时，历史的经验总是证明，“代表者”最终要服从它们的社会基础，权威的评价要尊重“公众舆论”。这恰好体现出，社会评价的主体，本质上是构成这一社会制度基础的人们，是占统治地位的人们及其群体。“公众舆论”的重要作用正在于此。

在一定社会中，那些不构成社会评价，不成为权威评价基础的个人评价、群体评价和“公众舆论”，同它们的主体，即这些个人、群体、这部分“公众”具有相同的历史地位和命运。它们同该社会的社会评价之间，往往具有“过去、现在、未来”之间的矛盾性质。二者之争，正是过去或现存的社会主体与未来的社会主体之争。

“现存”与“未来”的关系，正是社会评价与人类历史评价二者相互关系的实质。人类是一个永远前进发展的主体，它通过每一阶段的人类社会而存在，因此人类历史的评价既是由每一阶段的社会评价所组成的，又不局限于各个具体社会的评价，而是不断地按照历史的逻辑加以修正的评价。对于人类历史评价来说，社会评价是它的现实的、特殊的、必要的环节，但还不等于它本身。历史的评价往往在事件过后，在排除了眼前利益干扰的情况下，通过“盖棺论定”的方式形成。正因为如此，任何社会的评价在它所适用的社会历史范围内，具有绝对的、现实的有效性；而对于整个人类历史来说，则不是无条件地永远有效的，而仅仅具有相对的、特殊的性质。

总之，对于社会评价，应该从它的现实的、具体的、历史的主体性方面去理解。社会评价的真实性、必然性和效力，应该用社会主体的真实性、必然性和历史地位加以说明。社会主体愈是具有社会的普遍性，也就是说，这个主体的需要和能力愈是能够代表社会大多数人的需要和能力，它的价值标准和评价就愈是具有社会的共同性和统一性，社会评价就愈是同最广泛的公众舆论相互一致；社会主体愈是在现实生活中有深厚的根基并具有未来的前途，它愈是自觉地意识到自己的历史地位和社会发展规律，并自觉地发展和改造自己，这个社会的评价就愈是包含着人类历史评价的成分，它的效力就愈永久。

社会评价标准的构成。一定社会特有的评价标准，是这个社会本身客观需要和能力（价值标准）在它的意识形态中的反映。在这个社会中占统治地位的意识形态即价值观念体系，就是它的社会评价标准体系的核心与灵魂。而这个社会的评价标准系统，好比一部复杂的电脑系统，它的接收、识别、分析、处理和输出机制，主要由“硬件”和“软件”两大部分，即评价标准的外在形式和内在形式构成。

所谓社会评价标准的**“硬件系统”**或外在形式，是指社会成文的法律和规则体系。这里首先和主要是指法律体系，同时也包括其他法令、制度、规范、契约、政策、规定、计划、指标、条例、规程等，并包括实行这些章法的相应方法和程序。它们事实上构成了社会评价所使用和遵循的“明文规定”，具有明确而具体的社会外在形式，是社会意识形态的外在具体化。它们作为一定社会明确了的和相对固定化的评价标准，成为日常社会评价的根据和准则。有了这种确定化的和外在的形式，社会的评价标准便易于被社会成员所了解和奉行，经常性的社会评价工作也才能够进行。

这种形式的评价标准之所以叫“硬件”，主要是因为它们的表现形式和执行形式带有外在性、统一性和指令性特点。法律本身就是一套运用国家强制力量（军队、警察、法院、监狱等）来执行的社会规范体系。这些“硬件”结构的完善和功能的发挥，即法制和各种社会规章的充分健全合理和奉行不误、行之有效，是一个社会的社会评价标准自觉化、严密化的表现。

当然，即使法令条文再详尽，政策规定再具体，仅仅靠这些硬件形式也不可能完全地把握社会评价标准，不可能把一切社会评价的问题都包揽无遗。“硬件”归根到底是由“软件”来支配的，外在的评价标准形式受内在的评价标准形式的支配和调节。

所谓社会评价标准的**“软件系统”**或内在形式，是指社会的根本思想基础和指导原则，即世界观、方法论、价值观念等。它们是社会主体的存在方式及其条件的自觉反映，是在主体现有的生产方式、生活方式和思维方式基础上形成的观念体系。它们能够最深刻最全面地反映社会主体的根本利益和需要，因此也是同主体的客观价值标准最接近的意识形式。这些内在形式，一方面作为思想基础决定着具体的外在形式，如经济理论指导制定经济计划指标，道德理想规定最高的道德规范，道德底线规定着法律的界限等；另一方面它们本身也在一定情况下直接成为现实的评价标准。某些不能制定社会统一标准的现象，某些既在各种社会章法允许的范围内又不能用这些章法加以衡量的现象，它们的社会价值就必须由人们自觉地具体运用这些理论原则、方法和社会理想加以评定。如评价思想理论观点、道德信念、情感关系等就是如此。社会的思想理论基础和基本价值观念等，总的来说不是以硬性指令的方式来贯彻的，但它们作为社会评价标准的灵魂和实质，表现为自觉自由的思想原则，比一切“硬件”的作用都更根本和持久。

社会评价标准的“软件”决定着“硬件”，通过“硬件”而发挥作用；内在形式要以外在形式来落实和补充；它们共同在实践中经受检验，不断地充实和发展，成为社会评价标准的完整体系。相当高度的理性化，是社会评价标准的固有特性。而使社会评价标准的“硬件”与“软件”和谐统一起来的法治文化体系，是现代社会评价系统达到高度自觉的先进形式。

二、社会评价能否合理化

社会评价是一个同社会实践密不可分的过程。从过程来看，社会评价表现为评价标准及其应用的“形成—传播”和“执行—反馈”

两个基本阶段。“形成—传播”形式包括在实践中对现象的社会价值产生感性认识并上升到理性认识，从个人评价发展为社会舆论评价和权威评价，并使社会评价各种形式趋向于一致、统一的各个环节。“执行—反馈”形式包括社会评价付诸实施，接受实践检验，并加以充实、修正和发展的各个环节。这些过程和形式，本质上是社会主体对自身和社会现象从实践到认识，再从认识回到实践的认识论过程。

社会评价及其标准的这一特点，表明它具备客观性、可证明和理性形式这些为实现其合理化、科学化所需要的特性基础。但是，要指出使之合理化、科学化的途径，还必须从理论上回答两个方面的问题：社会评价合理化的标志是什么？社会评价及其标准是否能够达到科学化所要求的合理形式？

讨论：社会评价的科学性与合理性

对评价科学化持怀疑和否定结论的人们，似乎对科学性和科学化有一些过分苛刻的要求。他们往往从自然科学、数学和逻辑学的最现代化水平上来理解科学和科学性。仿佛只有全部达到下列条件，才是科学或具有科学性：符合人以外客体的真实性，普遍适用性，一义性，度量精确性乃至形式化，等等。然而，这种关于科学化的理解是不完备的。因为它不仅把许多尚未达到，或看来难以定量化和形式化的科学学科如哲学、部分社会科学等排除在科学以外，而且实际上对科学和科学性的精神实质做出了不应有的曲解。

什么是科学和科学精神的实质？对这个问题，世界上尚未有完全统一的精确回答。但不管人们的说法怎样不同，实际的理解至少有两点是共同的。第一，科学是人类获得知识的创造性的理性活动，理性化是它的根本特点之一。马克思和恩格斯说：“科学就在于用**理性方法**去整理感性材料。”① 瓦托夫斯基也说：“我们可以最广义地把科学定义为理性活动”②。第二，科学精神的实质是“实事求是”，即客观地、真实地反映事物的本来面目并遵循其规律。罗素说：“我所说的科学的实事求是，是指把我们的信念建立在人所可能做到的不带个人色彩、免除地域性及气质性偏见的观察和推论之上的习惯。”③

---

① 《马克思恩格斯全集》，中文1版，第2卷，163页，北京，人民出版社，1957。

② ［美］瓦托夫斯基：《科学思想的概念基础——科学哲学导论》，585页。

③ ［英］罗素：《西方哲学史》，下卷，397页。

从人们对科学和科学实质的最普遍、最一般的理解来看，区分科学和非科学、科学精神和非科学精神、科学性和非科学性的核心标志，并不是某些科学学科所特有的形式和水平，不是诸如实证化、定量化和形式化这类变化着的外围标志，而是自觉的（理性化的）实事求是的活动及其结果。用这个核心标志来识别社会意识的各种表现，我们说哲学和各门现代社会科学能够而且应该是科学，并不过分。既然如此，那么关于价值和评价、价值标准和评价标准的思想、理论是否能够达到科学性和科学化的要求，就主要地不是看它们是否具备那些外围的标志，而是首先看它们能否达到“自觉的（理性化的）实事求是”的水平和效果。

评价及其标准的合理性问题，是它们能否科学化的关键。

“合理性”这个概念，人们对它的理解和解释，有“合乎理智”、“合乎理想”、“有理由、有根据的”、“正确的”、“符合需要的”等不同说法。根据恩格斯的解释，黑格尔的命题“凡是现实的都是合理的，凡是合理的都是现实的”①，其中“合理性”的本质是“合必然性”、“合规律性”，也包括合乎人类对这种“合必然性”和“合规律性”加以把握的需要，即合乎理性化的需要。这里的“理”，是指人们所需要的理论逻辑上的必然性与客观事物本身必然性的统一，即“道理”和“事理”的合一。一切事物，当它们在现实的必然性、客观规律及其认识的基础上得到肯定的解释时，就被看作是合理的，反之则是不合理的。可见，“合理性”这个概念，在其严格的深刻的哲学含义上，是一个具有科学性质的评价概念。

因此，“合理性”正是从评价通向科学的桥梁和通道。也就是说，它是以客观的科学精神来评价与人的思想和行动相联系的事物。被认为合理的东西，不仅仅是合乎客观实际及其必然性的东西，而且是对主体有效、有益的东西。一种价值关系和价值、评价和评价标准是否具有合理性，归根到底意味着它们是否符合客观规律，是否具有现实的必然性。在这里，“客观”和“现实”都不仅仅是指客体的客观性和现实性，更是指主体的客观性和现实性。价值和评价标准的合理性，应该首先和主要地理解为合乎主体的必然性和规律。这样，用通常的自然科学方法不能解决的价值和评价的合理性问题，可以用社会科学与自然科学相结合的方法，通过对主体的必然性和

① 《马克思恩格斯选集》，1版，第4卷，211页，北京，人民出版社，1972。

规律性的揭示来解决。

用这个方法可以看到，任何价值主体的客观规律性和必然性，都包含着两个层次：主体存在的必然性和规律性；这个主体在人类历史发展过程中的必然性和规律性。与之相应，价值和评价及其标准的合理性问题也包含着两个层次：对于主体个体本身的合理性和对于人类历史的合理性。犹如资本家作为价格化的资本，他的一切牟利行为都是他作为资本家的必然性和规律性的表现，对他自身来说是完全合理的，否则他就不能作为资本家而存在；而资本家的兴起和消失，则符合资本形成和演化的规律性和必然性，表明资本家在社会历史上的地位和作用，是从不合理走向合理，最终又将归于不合理。所以恩格斯说："一切依次更替的历史状态都只是人类社会由低级到高级的无穷发展进程中的暂时阶段。每一个阶段都是必然的，因此，对它发生的那个时代和那些条件说来，都有它存在的理由；但是对它自己内部逐渐发展起来的新的、更高的条件来说，它就变成过时的和没有存在的理由了"①。

由此可知，社会评价及其标准的合理性含有两层含义：第一层含义，是指它们是否反映了这一社会存在和发展的必然的、合乎规律的需要和能力。如果符合，那么它们在这一社会的存在限度内就是合理的；如果不符合，那么就意味着它们对于现存社会来说是不合理的。此即一定的社会评价及其标准对于特定社会本身的合理性。第二层含义，是指一定的社会评价及其标准对于社会历史的合理性，即社会评价标准是否同历史前进的需要和能力相一致，如果一致就是合理的，如果不一致就是不合理的。不难说明，这两者在总体上并不矛盾。只有在历史上有必然性的、合乎规律出现的社会，才能够现实地存在；而现实社会存在和发展的必然性、规律性之一，就是它要灭亡，由新的社会发展阶段所代替。

总之，评价及其标准的"合理性"有其自身的特点。任何现存社会的评价标准都不仅有一定的现实合理性，而且它在历史的发展中最终又会转化为不合理。在这一过程中，合理性是一个具体、动态的，而非抽象、凝固的尺度。我们可以从现实合理性和历史合理性的辩证联系中，去把握社会评价标准的合理性。也就是说，应该从社会评价标准所反映的现存社会客观必然需要中，找出符合历史

① 《马克思恩格斯选集》，2 版，第 4 卷，217 页。

发展规律和必然性的东西，以它作为社会评价标准合理化的内容。这样才能达到科学性所提出的基本要求。

社会评价合理化的方法论原则

一个社会的评价标准是不是合理，其中哪些合理，哪些不合理，必须通过具体的历史的科学分析才能够确定，不可能有什么绝对普遍、永恒适用的简单标准。当然，这并不意味着一切社会评价标准体系及其"软件"和"硬件"之中不能有合理性的共同内容，或者它们的合理性之间没有共同点。我们看到，在迄今为止的一切社会评价标准中，那些为人类历史由低级向高级、由必然王国向自由王国发展所需要的内容，如人类社会生活的维系，生产力的发展，人的智力和体力的进化，社会文明程度的提高等，始终是合理的；而阻碍社会进步，力图使社会发展停止在现有水平或导致倒退的东西，即使对于一个已经过时的社会本身的生存来说是现实合理的，对于人类和社会的历史来说也是不合理的。这就是举世公认的所谓"社会进步原理"。这个原理告诉人们，保证和推动社会的进步，是一切合理的社会评价标准的前提，是一切合理的社会评价标准体系，特别是它的"硬件"系统制定过程的最初和最终的逻辑原则。正如前面已经指出的，这个最终前提是人类历史和人类全部实践本身所包含和提示的东西。

马克思坚持了社会进步原理，并进一步指出，社会的进步与人的解放是互为因果、互为表里的方面，因此把社会进步和人的解放看作是一切社会评价标准的合理性内容的共同实质，把它看作是区分历史上和现实生活中一切价值、评价及其标准合理性的最终分界线和试金石。这一共同内容和实质在不同的历史条件下表现为不同的历史要求和目标，如从实现劳动分工和社会分工到逐步消灭由分工引起的社会分化，从产生阶级和阶级斗争到消灭阶级和阶级斗争，从产生私有制到消灭私有制，等等。各个阶段之间的区别和过渡，都以社会进步和人的解放为合理与不合理的标准。这样，不同阶段的社会评价标准，其合理性内容就是连续的、一贯的、科学的、有效的。尽管自20世纪后期以来，人们对于究竟什么是和怎样实现社会的"进步"，什么是和如何实现人的"解放"，重新开始了批判性的反思和实践探索，出现了许多空前深刻和尖锐的分歧，但其总体的方向和前提并没有改变。这就是，社会进步和人的解放，作为社会评价标准的合理的根本内容，不仅是合理的社会评价标准的共同内容，而且是评定各种社会评价标准的标准内容，这一点实际上没有也不可能放弃。既然如此，那么我们就可以为社会评价标准的合理化、科学化及其检验奠定理论基础。

回顾历史并审视现实就可以看到，人类在根本上并未怀疑过社会评价标准的合理化、科学化的可能，而是在实践中不断探索着、实现着这种可能。特别是科学和生产飞速发展的近一二百年来，人们运用关于自然、社会和思维的科学知识和技术手段，正在不断地创立着越来越科学、可靠的社会评价及其标准的理论和方法。关于社会经济、科学、技术乃至人的发展和进化以及人与人相互关系的各种评价，正在日益成为各门自然科学、社会科学和思维科学研究的前沿问题和重点内容，这些研究的成果也愈来愈进入人们价值观念、理想、预见、决策乃至兴趣、情感的领域，从而使之呈现出与现代科学发展相互渗透的趋势。当然，这种科学化的趋势，不仅同科学本身不可能达到终极的真理一样不可能最终完成，而且目前所达到的科学化程度，也远不如现代的科学。然而不管怎样，社会评价及其标准向着客观化和科学化的方向迈进着，却是一个不容否认的事实。

社会评价及标准的科学化，本质上是它的社会科学化和自然科学化的统一；它的特殊标志，是对社会主体的本性、需要、能力和条件等认识的科学化，是社会主体自我意识和自我实现过程的科学化。就目前阶段的历史状况而言，这种科学化意味着：（1）使价值和评价问题真正成为科学研究的对象；（2）运用全部现代科学的成果，包括哲学工具，对社会的价值关系结构和机制，对社会评价及其标准的基础、结构、表现形式，特别是对客观价值标准以及评价标准的社会调节机制进行定性的和尽可能定量的考察，从而揭示价值和评价活动的规律性特征；（3）对现实的社会评价标准进行合理性的批判考察和论证；（4）采取组织化的社会形式，把关于价值和评价科学研究的成果应用于社会实践，改造社会，改造主体自身；等等。总之，社会的科学化、社会生活的科学化，是社会评价及其标准的科学化的保证，并且是最重要、最有力的根本保证。社会科学化和科学社会化的程度越高，社会评价及其标准的科学化程度也就越高。社会评价及其标准的科学化并不是神秘的、不可企及的。它是能够由不断发展着的自然科学、社会科学和思维科学的进步逐步加以解决的问题。同时，它既然已经由社会本身的历史发展现实地提出来了，就一定能够由社会的历史进步具体地解决。至于具体地实际制定科学的社会评价标准，需由各门社会科学、自然科学和思维科学共同来完成。其中，哲学在理论上和思维方法上提供必要的依据，起着不可忽视的作用。

在力图理解和实现评价标准的合理化、科学化时，哲学价值论能够提供的基本的方法论原则是：

（1）主体原则。社会评价及其标准必须把社会主体的需要和能力放在基础和核心地位，这就是科学评价标准的"主体原则"。主体原则意味着，在价值客体既定的情况下，评价的关键问题是要弄清楚主体，依据价值和价值关系的主体性，首先了解和确认社会主体"究竟要什么"和"能够接受什么"等。主体原则表明，评价绝不仅仅是对客体下判断。正像评价衣服的优劣不能不考虑穿衣服的人，评价药的效用不能不考虑病人一样，在更深刻的意义上，它首先包含着对主体本身及其需要的分析。这就有赖于对社会历史和现实包括对人的科学认识。一个社会主体对于自己的生存和发展中究竟需要什么和能够实现什么，常常有一个从不自觉到自觉的认识过程，这也就是自觉的、理性化的社会评价标准逐渐形成的过程。在今天，我们的要求是使这个过程达到现代科学的水平。

主体原则还意味着尊重价值的主体性或个性、独特性和多样性。科学的社会评价标准并不是提供一套适用于一切客体、一切社会、一切人的绝对普遍的、永恒不变的单一标准，而是牢牢把握一定价值主体的现实的具体特性，对具体问题作具体分析，用主体及其需要的多维性、特殊性，用主体系统和要素的辩证关系来解决评价中的各种问题。例如，对于一定社会来说，它的评价标准如果是科学的，就一定不会抹杀这个社会本身的个性，不会用自己的主体性去抹杀其他社会、社会各个群体和个人的主体性，它既不代替以往的或未来的历史需要，也不应该同现阶段人们的共同需要相冲突；社会这个整体的主体性与社会上各个阶层、个人的主体性的统一，是通过群体、个人与社会之间的辩证关系实践地达到的。因此，承认因主体的多样性而存在的价值的多样性，这样的社会评价标准才是客观的、科学的，不承认这种多样性则是不客观、不科学的；同样，承认这种多样性的统一性，即承认一定系统（社会、人类历史）的整体性，也是客观的、科学的。二者不可割裂和对立。

（2）实效原则。这是从价值的客观性和实践性出发的原则，即必须以一定价值关系中现实的或必然的客观结果（价值事实）为评价的依据，以实践为最高的标准形式。实效是在实践中形成的价值事实，如某种物质结果或精神产品同主体需要之间的关系状况。其中对主体具有肯定性质的状况，叫作“效益”。实效原则，也就是注重实际效益的原则。

“实效”与“虚效”（虚假效益）相对立。两者区别的根本界限，在于是否适合了主体的客观尺度。例如主体的客观需要是否得到满足。如果被满足的不是主体的客观需要，而仅仅是未能正确反映客观需要的主观意向，那么所谓的“效益”就是虚效，即主观想象中的“效益”。日常生活中表现出来的形式主义、追求虚荣、重名轻实、搞花架子、哗众取宠等，都是所谓的虚效。虚效和实效的区别，并不是物质和精神的区别，并不在于有没有主观追求，而在于主观追求同客观需要的关系。所以，满足精神需要的不能一概都看作是虚效。人的求知需要、道德需要、审美需要以及理想需要、信仰需要等，在同自己的社会存在及其发展相一致时，都是客观的需要，对这些需要的满足也是实效，不是虚效。理想、品德和文化教育的巨大实效性，任何时候也不应当低估。

实效的质和量都是有层次的、具体统一的。总的社会效益和经济效益、政治效益、文化效益，以及生产效益、管理效益、道德效益、社会心理效益等，是不同层次上的、不同质的效益。每一种效益都有一种量上的优化形态，即“最佳效益”或者“最优效果”，这是指所获得的效益成果与付出之间可能的最高比值。最深刻而普遍的社会效益性质和最佳的效益比率的统一，是注重实效原则科学化的表现和标志。马克思说，共产主义“则径直是**现实的**和直接追求**实效的**”①。邓小平再次重申了这一马克思主义的原则。他指出，在改革时期各项工作中，一定要讲求经济效益和社会效益，并以社会效益为一切活动的准则。

实效原则要求在社会评价中注重实效、实绩、实践的结果和发展需要。这里既包括要坚决反对理论脱离实际，反对以空想和幻想代替政策，以及只重动机不重效果，“只问耕耘不问收获”的倾向，也包括要讲求效益的综合性、时效性、最优化等要求。这些，都必

① 《马克思恩格斯全集》，中文2版，第3卷，298页。

须靠尊重实践，加强对实践的过程、方法和结果的科学研究及理论指导来实现。因此，实效原则是社会评价及其标准科学化的现实标志。

（3）综合原则。这是建立在价值多样性统一基础上的原则，即必须实行多视向、多层次评价的辩证综合。现实的价值关系本身都是一定的系统，整个社会的价值关系是空间和时间上开放的大系统，因此评价及其标准必须遵循系统综合原则，才能正确地反映价值关系的运动及其结果。综合也是多层次的。“两害相权取其轻，两利相权取其重”，是一种小的、具体的综合。就社会评价来说，经济、政治、法律、道德、文化教育、日常生活、国际关系乃至生态平衡和自然环境等方面的综合评价，包括现实的横向综合与历史的纵向综合之间的综合评价，乃是一项最完整的系统评价工程。

综合原则要求评价及其标准的全面性和整体性，反对片面和割裂。由于评价本身是主体性的价值意识活动，主体内部的差别能够造成同样都符合部分事实的意见彼此对立，出现“公说公有理，婆说婆有理，双方都有理，不是一个理”的情况。对于“仁者见仁，智者见智”这种情况，不应舍“仁”而取“智”或舍“智”而取“仁”，正确的结论只能是综合“仁智”，以“仁者”和“智者”的统一即完整的主体为根据来进行。这就是要解决主体各方面需要和能力的综合平衡问题。对于社会评价来说，社会多维需要的统一和平衡，社会实际能力与现实条件之间的统一和平衡则是出发点。以往我们有些评价的失误，往往由于在一时一地割裂或片面地夸大了某些方面的社会需要，因而导致评价中“只见树木，不见森林”，“攻其一点，不及其余”，结果往往是在实践发展面前，评价及其标准出现大幅度的左右摆动，甚至是频繁的180度的大转弯。

辩证的综合不是无重点无中心的现象总汇。面面俱到、毫无特色的评价只能是空话和废话，不会收到积极的实效。科学的实事求是的评价只能是具体的历史的评价。人们在某一时期某一环境中不可能包罗万象、究竟至极地理解一切价值，而必然是有重点的、有中心的。这就是轻重、缓急、主次、眼前和长远效益之间的综合。这种综合有一定的相对性和局限性。因此，一方面要依靠科学对现实的轻重、缓急、主次和眼前、长远等效益问题做出正确的分析，另一方面还要运用科学的理论预见和预测指导，对现实的发展做出分析和综合。只有尽可能充分地运用现代科学的手段，辩证的综合才是可能的、有效的。科学的分析和综合乃是科学的评价及其标准的生命，辩证的综合是社会评价及其标准科学化的实际内容。

（4）发展原则。这是必须保持评价及其标准对价值生活运动的跟踪和预见功能的原则。发展原则中所说的发展，包括两个相互联系的方面：评价要着眼于价值关系的发展；评价及其标准本身要不断地发展。

评价认识的最重要意义，在于指出价值关系运动的后果，预见未来。如果只限于指出某些过去的结果以及这些结果好坏的原因，那么评价就失去了它的意义和必要。评价的要旨在于预见未来，评价的目的在于寻求主客体关系的积极发展。实际上也正是这种积极发展才成为价值。而评价某一客体对主体的价值，首先就是要指出它对主体发展的直接意义，同时还要进一步提出发展了的主体所需要的或能够在实践中使客体提供的新的价值，如此不断地循环前进。一般来说，这也正是科学与生活相互联系、相互转化的途径。例如，发现 $E=mc^2$ 这一物理学规律是科学的成就，社会评价则根据这一规律的具体条件性，提出制造原子弹或建造原子能发电站的利用前景，并尽可能预见这些利用方式所带来的各种社会后果，提供决策的根据。能够发挥这种功能和作用，正是评价的生命力之所在。与此相适应，评价的标准和观念必然要随着实践的发展而改变，使价值观、评价标准本身保持不断完善、改进、更新的活力。否则它们便不能担负起自己的责任，这是无须赘言的。就其本质来说，价值观、评价标准是比知识、真理更富有灵活性和变动性的思想内容。

然而在现实生活中，价值观念的变化却常常落后于科学知识的发展，新的价值观和评价标准更难于被人们迅速地理解和接受。在这个领域中，陈旧的、僵化的、保守的观念，常常比落后的科学意识更顽固，更难于改变。这是价值意识的主体性所带来的消极因素。为了防止和改变价值观念的僵化状态，保持社会评价不断发展的活力，就应该促进主体自身生活实践的科学化，强调时刻把眼睛向着实践，向着科学，不断提高人的理性思维能力和实践感受能力。

第三篇

价值的实践论研究

篇题释义

所谓“价值的实践论研究”，并不是一个从纯粹学科分支角度进行的研究，因为“实践论”至今尚未成为一个如同存在论和意识论那样性质的哲学学科基础分支。因此它不能在学科的意义上与前两篇并列。毋宁说，这是一个“学说”的角度。因为在马克思实践唯物主义的哲学学说体系中，“实践论”是可以并且应该与“物质论”、“决定论”、“反映论”等相并列的基础理论。但是，关于这一划分的讨论已经超出了本文的范围。

显然，没有学说立场的纯粹“学科”表述，事实上也是不可能的。而坚持实践的观点，或者叫作实践唯物主义的观点，是本文的理论基点和方法论前提。所以在前两篇中，我所持有的立场和观点就已经是如此了。

因此，所谓“价值的实践论研究”，将进行一种学说视角的阐述。可以更确切地说，价值的实践论研究，是一种立足于现实生活的、综合性的研究。也就是说，在这一篇中所要进行的，实际上是要面向人类实践的历史发展和当代现实，选取一些综合性的或带有应用性的价值问题，例如实践中价值与真理的关系问题、人类的价值选择问题、当代价值观念的批判反思、价值冲突等问题，进行一点必要的理论梳理和探索。

价值的实践论研究，将走出纯粹概念和逻辑批判的形式，这是一种面向现实的、综合化的、开放的研究。

第八章
价值、真理与实践

价值与真理的关系问题，实质上是人类的实践内部的基本矛盾问题，是主客体之间的整体关系及其性质问题。从这个高度上来研究价值与真理的相互关系，有助于在把握区别的基础上，探讨它们如何在人类实践中达到彼此统一与和谐。

一、人类活动的两大原则

关注真理范畴和价值范畴在人类活动结构中的地位，可以认为，人类在长期的历史中，业已形成并遵循着两个最重要的基本原则——真理原则和价值原则，它们作为保证人类进步的两大基本原则，贯彻在社会生活发展的各个方面。

真理原则与价值原则

所谓真理原则，就是人类在意识和行为中追求真理、服从真理、坚持和执行真理的原则。它的基本内容是：人必须按照世界的本来面目和规律去认识世界和改造世界，包括认识和改造人自身。

真理原则是由人与世界、主体与客体相互关系的客体性内容和尺度所决定的人们思想和行为的根本规则、准则。这一原则是通过实践逐步确立起来并不断深化的。人类在真正脱离动物界以前，只是按照自己所属的“种的尺度和需要”去对待周围的世界。在从本能活动向劳动实践发展的过程中，“首先产生了对影响某些个别的实际效益的条件的意识，而后来在处境较好的民族中间，则由此产生了对制约着这些条件的自然规律的理解”①。实践使整个人类越来越

---

① 《马克思恩格斯选集》，2版，第4卷，274页。

懂得了认识、掌握和遵从自然界、客体的本性和规律的重要，把揭示这些本性和规律的认识、知识当作自己思想和行动中必须遵循的真理。于是，对真理的信赖和追求，就成为人类生存和发展的最高原则之一。一个人、一种思想或行动，其生存权取决于其真理权；被实践宣判为违背真理的东西，就意味着被宣布取消生存权；一切都必须通过（哪怕是虚伪地）证明自己的真理权而保障其生存权。这一切，曾是人类社会所长期特有的唯一现象。它表明了真理原则作为人类社会基本原则的最高权威性。所以，尽管人们对真理的理解至今仍存在着重大的尖锐对立，但是对真理原则本身的权威性，却是任何人也无法否认的。

真理原则是保持人类统一性的原则。它要求人们的思想和行动都要高度地符合客观对象本身的特性和规律，即按照对象本身的尺度来规定人、主体的活动，不论这里的客观对象是自然界、物还是人、社会和精神现象。人类的许多重要观念，如“真实性”、“正确性”、“合理性”、“合必然性”、“合规律性”、“实事求是”、“从实际出发”、“科学可靠性”、“实践可证性”、“逻辑可证性”、“观察的客观性和全面性”、“描述性”、“主观符合客观”、“思想和现实一致”等，都从不同角度和水平上表达了真理原则的要求及其理解。这些要求的共同本质，就是客体的尺度规定和制约着主客体之间的关系。对于作为主体的人来说，它意味着谦虚、谨慎、服从、“老老实实”、不能随心所欲和毫无拘束，意味着只能去寻求世界本身所具有和能够具有的东西。因此，真理原则，归根到底是世界的物质性、统一性和客观规律性转化为人类思想和行为规律的体现。真理原则对于一切人的思想和行动都具有不可抗拒的效力。

真理原则作为人所自觉地掌握的原则，不是以外来力量的方式表现出来的，而是通过人的全部活动表现出来的。它是人类积极活动的本性的一个方面。人类必然要遵循这一原则。它不仅是人认识世界的原则，也是改造世界的原则；不仅是思想中的原则，也是行动、实践中的原则。在思想上，观念必须符合实际；在行动上，必须按客观规律办事。在人们情愿或不情愿、自觉或不自觉这样活动的时候，真理总是通过活动的客观结果显示其效力。人们的活动本身也按其含有真理的程度而表现为成功的、不成功的和失败的。

真理原则告诉人们，追求真理本身可以成为人们的一个目的，而对于追求真理以外的目的，真理只是决定这一目的能否达到的前提和基础，它对目的本身没有从属关系。就是说，真理对于人们的有目的的活动保持着独立的地位。当人们以达到真理为目的时，这个目的是通过实事求是的不懈努力所能够达到的；当人们以达到某一目的作为真理的规定时，真理往往并不是他们所追求的结果，而谬误倒可能恰恰是其结果；当人们以掌握一定真理为手段，去寻求达到一定目的时，这个目的只有符合真理才能够实现，否则也不能实现。可见，在人的有目的的活动中，真理不是目的所选择的对象，而是使目的受选择的标准，不是目的决定真理的命运，而是真理决定目的的命运。真理原则与目的性之间有着本质的差异。这种差异，使得人们能够按照真理的内容来规定和校正自己的目的，检验和发展自己的有目的的活动，使之沿着正确的轨道前进。

因此，真理原则是使人们的目的、动机、活动及其结果走向统一的原则，是社会历史发展中多样性统一的原则。

所谓价值原则，就是人的意识和行为中包含主体需要、追求价值、注重效益的原则。它的基本内容是：人类必须改造世界使之适合于人类社会的进步发展，或按照人的尺度和需要去认识世界改造世界，包括人和社会本身。

价值原则是由价值关系的客观本性所决定的人们思想和行为的根本规则、准则。由于价值关系是人生存和发展的基本关系，是人同外部世界、人同自己的基本关系，没有这种关系就没有人和社会，所以，人们必然把实现价值、把处理价值关系问题的基本历史经验作为自己思想和行为的根本准则、规则，把价值原则当作是自己的另一个最高原则，并在心理、理智和行为上处处遵循和体现这一原则。

价值原则是一种主体性的原则和理解社会多元化的原则。价值原则表明，人们的每一思想、言论和行动都同一定人、一定社会的一定需要和能力相关。有什么样的主体就有什么样的价值标准和价值原则。承认价值原则就意味着承认主体性，承认主体自身的利益和立场；坚持价值原则就意味着要自觉地为社会上某一部分人或全体人类的利益而斗争。在历史上，人们把符合人类社会需要及其发展的价值抽象地概括为真、善、美。求真、至善、臻美成为价值原则的一般模式。但是，什么是真、善、美，怎样才能求真、至善、臻美，从来就没有全人类完全一致的共同理解，这正是由于人的具体历史主体性所造成的。对于一切以损害他人和人类共同利益来满足自己需要的人来说，承认价值原则就意味着公开他们的真实面目。因此，历史上的剥削者总是用各种手段否认或歪曲价值原则，不敢旗帜鲜明地承认它的主体性和社会性。他们或者把狭隘的利己价值标准说成是普遍的人类共同原则，用“人人为自己，上帝为大家”之类的谎言为他们的损人利己行为辩护；或者把他们谋求极端利己主义结果的动机，说成是受“永恒真理”或上帝启示的无私行为，借以掩盖价值原则的具体利益实质；他们甚至还制造“价值无原则”的神话，把追求价值说成是人们主观任意行为的本性，鼓吹人们的主观追求是天然平等的，与任何社会条件、客观规律和真理都毫无关系，借以掩盖和取消价值原则上的尖锐社会矛盾和斗争。当然，这一切都不能改变价值原则在人类生活中的真实面貌和地位。马克思公开承认自己的价值原则就是以无产阶级和劳动大众的根本利益为内容的原则，这一原则有着强烈的阶级性和历史阶段性。坚持这一原则，不是为一切人的利益，而只是为人类大多数的利益而斗争，为整个人类现在和未来的根本利益而斗争。

价值原则要求人们的思想和行动都要最大限度地保证人的社会需要和能力，即按照人的内在尺度尽可能地使客体为主体服务。因此，从价值原则的角度来看，认识客体、世界本来的面目和规律不是目的，认识主体本身或人的抽象的“自我意识”也不是目的，而把两者通过人的活动有效地结合起来，使之达到统一与和谐才是目的。这种统一与和谐集中地表现为主体的现实发展。对于作为主体的人来说，价值原则意味着自立、自强、进取、创造、高度地发挥主体能动性和主观能动性，意味着人的本质力量的充分发挥和人的生活内容及形式的丰富化，等等。因此，寻求人在自然界面前的主动地位，寻求人的活动方式的最优化和最佳效益、高效率，寻求实效的丰富性、全面性和持久性等，是价值原则的一般共同内容。价值原则的这些一般内容随着人类本身及其能力的发展而不断发展，并且成为人们一切积极活动的动力因素。可见，价值原则是人类活动的动力和动机原则，又是人们处理社会关系的基本原则。

价值原则是一种目的性的原则。目的性是这一原则的核心。有目的地改造世界是人类的本质活动，而目的归根到底在于人、社会本身的不断发展。但是，在不同的时代和不同的阶级阶层那里，人们的目的有着重大的本质差别。马克思和恩格斯认为，过去人们在理论上只满足于解释世界，这是脱离实际的，问题在于改变世界。

“实际上，而且对**实践的**唯物主义者即**共产主义者**来说，全部问题都在于使现存世界革命化，实际地反对并改变现存的事物。”① 就是说，革命地改造世界，使人类社会朝着共产主义方向发展，是马克思主义的价值原则。

两大原则的矛盾及其意义

上述两大原则的实际作用和表现，不论人们对它们的自觉程度如何，思想和理论的表现形式如何，都是客观地、现实地存在着的。它们不仅体现了真理和价值范畴的社会功用，也蕴涵了人类生活的内在矛盾。

两大原则的客观基础和内容实质决定了它们之间的矛盾，归根到底是主客体之间矛盾的集中表现。客体本性与主体本性、客体尺度与主体尺度、客体的作用与主体的作用、客观规律性与主观能动性等矛盾，综合地体现在人的实践活动中，构成了真理与价值矛盾的丰富内容。

真理与价值的对立，首先表现为人们有目的的活动中一系列相互排斥、相互制约的因素和环节。例如，无条件地、全面地承认对象的客观真实性，同对这种真实性加以选择取舍或改变对象使之具备另外的真实性，是真理与价值之间对立的重要形式。它们意味着，主体关于客体、对象的态度，从一开始就有两个不同的出发点：前者从客体本身出发，后者从主体尺度出发。客体本身并不包含主体的需要，它的本然属性对于主体需要来说，既可能是肯定的，也可能是否定的，还可能两者兼而有之。因此，从客体本身出发就包含着不以主体为转移，而从主体出发则包含着对客体现实的某种否定。

无条件地、全面地遵循现实（包括主体和客体）的客观规律，与有条件、有目的地发挥主体能动性，以使现实及其规律为主体的发展服务，是真理原则和价值原则的不同要求。按照真理原则，人的主观能动性必须朝着全心全意地认识真理和达到真理的方向发挥，否则便不可能获得完全的真理。而按照价值原则，则把掌握真理作为实现价值的条件和手段，否则真理是无用的。真理从事物的因果必然联系方面揭示了目的和手段的内在一致性，它侧重于确定目的的前提，侧重于实现目的的道路、手段的必然性，侧重于原因；而

① 《马克思恩格斯选集》，2版，第1卷，75页。

价值则从结果的最终实在性方面显示了原因的过渡性、目的和手段的可分离性——达到某一目的不必非得始终保留某一手段，它侧重于目的和结果，侧重于人选择目的和手段的各种可能性、灵活性。与此相连，真理的现实表现，常常同认识过去和现实、强调事物的本然相联系，价值则常常同向往未来和可能、强调人为相联系；真理主要是原则的坚定性和一贯性的基础，价值主要是策略的灵活性和多变性的原因。

人们的思想和行动，以客体性事实及其规律为基础的统一性，与以主体性事实和需要为标志的多样性，是真理原则和价值原则所带来的不同社会结果。这是因为，按照世界的本来面目和规律去认识世界和改造世界，在世界、客体本身是统一的情况下，人们的思想和行动必然是统一的或能够统一的，因此真理意味着人们的统一、一致；按照主体的需要和尺度去认识世界和改造世界，在主体本身多层次、多维、多种社会条件的情况下，人们的价值关系、价值意识和价值活动必然是多样的、多维的。结果和发展趋势的“一”与“多”，构成了真理与价值矛盾的又一种形式。

迄今为止，人类掌握真理的成熟形式是科学，包括自然科学、社会科学和思维科学等。科学是由反映客体内容的知识、有严格客观规定的观察和推理方法、特殊的社会组织和活动方式、应用规则等所构成的。科学本质上是真理的社会表现形式，它以真理和达到真理的途径为实质和核心。而人类掌握价值的形式，则直接通过广泛的、全面的社会生活本身而存在着。经济、政治、道德、艺术、法律、技术、宗教、习俗等生活领域，本身都是价值生活的领域。科学和社会生活之间、科学本身的真理要素同社会生活价值要素之间，存在着一系列重要的差别和矛盾，今天已经越来越引起人们的重视。例如，许多科学成果的道德中立性与人们对科学的道德要求之间存在着的现实矛盾；科学本身发展的无情逻辑，与人们用科学技术来解决由科学技术所带来的新问题的热切期待之间的矛盾；科学的新发展给传统的价值关系和价值观念造成猛烈冲击，同社会需要维持稳定的价值标准之间的矛盾；等等。科学与社会利益、福利、效益，与生活中的理想和道德等之间，日益表现出非天然统一的性质，这正是真理与价值的矛盾在今天的突出表现形式。R. S. 科恩的一段话，比较典型地描述了一些人对当代科学与道德、真理与价值之间矛盾的感觉：

> 完美的真理是痛苦的。科学不再是人类进步的完全具有启发作用的同盟军了，虽则它一度曾似乎是这样的同盟军；具有人性的人会警惕地注视着科学地理性化的社会秩序的任何一种模式，注视着过分严格地专注于事实、过分把智力资源集中于能够使人类的生活和文化机械化的各种技术领域……我们再次认识到科学在道德方面是中立的。它并没有自动地成为一种行善的力量……此外，科学扩展到对社会与历史的研究，这绝不是科学共同体内的一种人道主义许诺的保证，也不是科学知识中的道德睿智的保证。①

上述科学与道德、真理与价值之间相互区别、相互对立的种种表现具有今天的时代特征。但这种本质上的矛盾绝不是今天才有的。它是人类解决人与世界、主体与客体矛盾的道路上必然存在的课题，只是随着科学和社会生活的发展，在今天表现得最为明朗、最为尖锐罢了。因此，我们不能把它们看作是偶然的、个别的、不合规律的现象。相反，正是需要从这个古已有之而今天业已成熟的矛盾问题中，看到人类发展中一个规律性的线索，从中得到深刻的启示：

（1）真理与价值构成人类实践活动中的一个本质矛盾。这个矛盾在一切主客体关系中都是客观存在着的，它根源于世界的客观性和主体人的目的性。因此，科学的态度是承认这个矛盾，如实地揭示这个矛盾双方的地位和特性，区分它们在人的活动中的不同性质和作用。确立关于真理和价值的辩证矛盾观念，在理论上是一个基础性的环节。

（2）真理和价值各自作为矛盾的一方，是相互依存、相互规定的；它们各自体现的客观内容，都只是主客体全面关系、人类实践整体活动的一个侧面。从人与世界的全面关系来看，真理和真理原则、价值和价值原则各有分工和侧重，单独地看，它们都有自己的个性、局限性和片面性。无论在理论上还是实践上，真理与价值都具有互补的性质。这就是说，单独的真理具有关于客体的全面性，单独的价值具有关于主体发展的全面性，而它们对于整个的主客体关系来说，这种全面性就只是一个方向、一个方面的全面性，是一种片面的全面性。只有把两方面的全面性结合起来，才能具有整体的、现实的全面性。

① 转引自［美］瓦托夫斯基：《科学思想的概念基础——科学哲学导论》，581页。

真理的局限性可以从科学的局限性中看得很清楚。理性是科学的本性，重“事”理和“物”理是科学的内容本色，知识、逻辑、技术是科学的精华。尽管科学的发展具有无限全面性的可能，但是不能设想科学和技术可以把人的全部需要、情感和各种历史随机性的因素都变成完全可以理性化的标准行为。相反，人的需要、情感和历史特点总是随着科学技术的应用而具有新的内容的，这些内容是任何无情的科学逻辑所不能代替的。正因为如此，当代许多大科学家深感科学不能包办一切，真理不是唯一的最高权威。爱因斯坦曾不止一次地谈到过这样的感想：仅仅用知识教育人是不够的，通过专业教育，他可以成为一种有用的机器，但不能成为一个和谐发展的人。因此，还需要对人进行价值的教育：

> 我们切莫忘记，仅凭知识和技巧并不能给人类的生活带来幸福和尊严。人类完全有理由把高尚的道德标准和价值观的宣道士置于客观真理的发现者之上。①

价值的局限性通过人们形形色色的价值关系和价值观念的历史局限性表现出来，更是显而易见。价值作为一种主体性的尺度和标准，它从根本上不能超越主体本身的特点和弱点。就人具有主观能动性这一点而言，如果不是受到客观规律的制约和限制，主体本身不能把握主观能动性发挥的限度，欲望可以无止无休，想象可以无边无际，选择可以被夸大为随意制造，“为我”可以变为“唯我”，多样化可以变成自我抵消，灵活性可以变成蝇营狗苟……结果只能是事与愿违，求福得祸，向往文明而得到的却是野蛮，追求价值反而失去价值。正因为价值本身具有这种局限性，所以它时时需要由科学、知识、真理来指点，接受客体和客观规律的制约和教导。

真理和价值本身的局限性和彼此互补性不被一些人所理解，因此出现了两大极端的思潮：唯科学主义和反科学主义。而唯科学主义根据价值问题在科学上的不确定性和不严格性，就全盘否定价值的客观性质和作用，认为它是一个无理的、只能被科学排斥的、跟在科学后面变来变去的领域；反科学主义则抓住科学技术在价值方面的中立性、副作用以及负价值表现，就全盘否定科学，认为它是

① ［美］杜卡斯、霍夫曼编：《爱因斯坦谈人生》，61 页，北京，世界知识出版社，1984。

现实社会灾难的祸源，人类要获得幸福和自由就必须抛弃科学。这两种片面态度的对立，一方面反映了在特定历史时期由于主体本身的原因而使真理与价值、科学与道德的对立发展到空前尖锐程度；另一方面也反映出在这个问题上的简单化、绝对化思维方式，不可能正确理解矛盾本身的辩证性质。二者都是把真理与价值、科学与人性之间的区别和对立看作是彼此隔绝的毫不相容，用一种片面性反对另一种片面性。

（3）哲学应该把真理与价值的统一作为自己探索的方向。鉴于真理与价值问题的性质和地位，鉴于真理原则和价值原则对于人类思维和行动的意义，如何对待这一矛盾就关系到哲学本身的性质和发展趋势。在当代，有“哲学是科学”与“哲学是意识形态体系”之争。前者意味着哲学是一门知识和真理的学说，后者意味着哲学是各种价值观点的系统。在一些人看来，哲学要成为一种科学知识的形式，就必须抛弃它的意识形态性质，最多只能把价值作为它用逻辑和语言等分析方法加以考察的对象，否则，哲学就不是一门科学。而另一种极端的观点，则完全否认哲学成为科学的必要，实际上主张哲学只能是搜寻和表现人自己的内心世界、人的价值意向的方式，至于不依赖于人的价值选择的真理问题，在这里并不重要。在这两种倾向中间，充斥着理性主义与反理性主义、客观主义与主观主义、科学主义与人本主义、人的肉体与精神绝对对立的各种论调。建立在真理与价值的片面性基础上的二者择一，使哲学本身的发展面临着严重的挑战。

但是，人类健康的哲学传统却早已表明，哲学本身存在的必要和意义正在于，它既是一门科学，却又不同于仅仅以知识为形式的具体科学；它既是一种价值观念、意识形态的体系，又不同于以信仰和意志为形式的宗教。哲学总是既以科学知识为基础，又为人的生活和发展提供理论的总结和价值指导，它能够在比具体科学和生活实践更高的层次上，把两个方面的统一作为自己探讨和思索的领域，而且差不多是唯一能够这样做的理论形式。我理解马克思哲学所追求的，是能够正确地理解全部科学成果和人道主义经验之间的关系，从根本理论上确立世界与人、客观与主观、科学与社会生活、理论与实践、存在的现实规律与应有的准则、真理与价值之间内在统一的必然性，探索实现这种高度统一的历史道路。

哲学的范畴和原则不单纯是科学的理论概括，而且是人的生活和活动的选择。我认为，真理与价值的辩证统一，正是体现了这种精神实质的命题。它完全符合这样的人类历史进程：正是本着真理原则和价值原则，人类创造了自己的灿烂的历史，也创造了周围世界的现实；人类无数次地遇到了这两大原则之间的矛盾和冲突，也无数次地证明了它们之间不可分割的统一性。

价值与真理统一的条件

价值原则和真理原则同为人类所特有这一事实，价值和真理范畴的概念分工和实践地位，能够使人确信二者之间在理论上和实践上是必须而且能够统一起来的。当然，这种统一绝不是无差别的合一，不是没有任何条件和中介的直接等同。那么，在理论上，价值和真理彼此达到统一是否是可能的和有必然性的？这种可能在什么样的基础上和条件下变为现实？统一的根据和方式是什么？等等。这些问题涉及对人类实践能力和方式的理解，涉及实践的历史经验，也涉及一些理论思维的方法和原则。

主张价值与真理的辩证统一，归根到底是以下面这一点为根据的：价值和真理作为主客体相互关系的两个方面的基本内容、两个内在尺度的相互作用，它们共处于一个统一体中。这个统一体就是人的活动，就是实践。主客体相互关系的存在本身就证明了起码的统一，而实践的持续发展则从动态整体和最高意义上证明了这种统一的客观存在。

在主客体关系的运动中，作为主体的人是这一关系的建立者和推动者，是这一关系的主导活动因素。只有主体调节自己的活动（包括思想和行动）才能保持这一关系的继续存在和发展。因此，人、主体及其活动是这种统一的创造者和体现者。价值和真理达到统一的首要的和最深刻的根据，在于主体、人的本性和能力。换言之，作为主客体关系的客观内容，价值和真理统一的方式是实践，统一的根据是主体、人。这一点不仅应该从主体、人在建立和推动主客体关系方面的地位上理解，而且应该在人、主体的本性、能力和活动的具体历史客观性的意义上来理解。就是说，人、主体之所以能够成为自己活动两个方面彼此统一的根据，还因为人、主体本身具有与世界、与客体相统一的本性；或者不如说，人本身就是人与世界、主体与客体、主观与客观、社会与自然界、个人与社会统一的产物和体现。作为主体的人有什么样的本性，有什么样的能力，都不是孤立的、偶然的，也不是先天主观的，而是人本身在客观世界及其规律的制约下能动地活动的结果。因此，主体、人作为真理和价值统一的根据，不过是人的活动以世界的统一性为根据的另一种表述方式罢了。

本文关于人的这一基本观点，同片面强调“人是万物的尺度”的古代主观主义人本论有原则的区别。在“人是万物的尺度”这一说法中，包含着局部的合理因素，即它反对这样一种信条：认为世界的存在本身就包含着已经预成的一切，所以人只是探索，而不是创造。但这种哲学人本主义在否定一种倾向的时候走向了另一个极端，它完全否认预先存在着的世界对人的制约，而把人的主观能动性夸大到脱离其客观基础的地步。我的观点是“万物是人的尺度”与“人是万物的尺度”的统一。人、主体本身正是这种统一的产物和体现。在这个意义上，把主体看作是主客体关系统一的根据，把人看作是人与世界统一的根据，丝毫也不意味着主观主义和唯心主义。

真理与价值的统一是一个具体的历史过程。统一的方式表现于具体的实践过程及其结果。在实践的全过程及其结果中，价值和真理依照人的本性和能力而结合在一起，互相补充，彼此合作，作为基本的要素而贯彻始终。真理使人们懂得世界“有什么”和“没有什么”，“是什么”和“不是什么”，“怎么样”和“为什么”，从而提供了实践的可能性、基础、权利和运动轨道；价值使人们明白应该和能够从世界得到什么，通过怎样的付出而获得，从而提供了实践的必要性、选择定向和动机、动力。对于实践来说，真理问题，即主体对于实践中一切因素的有无、实虚、真假、是非等的把握与处置是否合乎实际及其规律，这一点作为客观必然性决定着实践的命运；而价值问题，即客体的变化满足主体需要的可能性，以及主体如何理解、构想和努力实现这种可能性，则通过主体的能动性决定着实践的命运。在实践的结果中，总是客观地包含着两个方面：对真理的肯定和价值的实现。即一方面使主体对客观世界的本来面目和规律有了进一步的了解，从精神和物质形式上增加或验证了新的知识、经验和体验，另一方面获得了具体的物质和精神效果。这两个方面的相互联结和相互补充总是十分具体而细致的。

所以，从整体的、一般的意义上来说，真理与价值在实践过程中的互补、合作、和谐，即“相辅相成”，是它们统一的根本方式。

当然，真理与价值的相辅相成不是自发的、自然而然的，而是通过矛盾调节才能达到的。

由于价值和真理具有不同的性质和方向，它们本身在具体的环节上常常不是相互一致，而是相互冲突。例如我们常常遇到这样的情况：愿望中的东西不是事实，而事实不符合愿望；隐瞒真相是不符合真理的，而为了政治或经济、军事的利益，却不得不保密，甚至制造假象等。这种矛盾和冲突，如果不由主体在思想和行动上加以调节，使它们变为相互制约的有机因素，而是任其对抗下去，后果是不堪设想的。事实上人们总是能够依自己的根本需要和实际情况，按其能力所及加以调节。调节一般是使真理和价值的内容，以手段和目的、条件和任务、了解和利用、长远和眼前、选择的限度和限度内的选择等之类必要关系的形式统一起来，巧妙地成为一体。在这些关系方式中，二者的矛盾和冲突不具有对抗的性质，而是根本一致和总体上和谐的。整个人类活动的历史和现实、每一成功的实践活动的过程，都能使我们随处看到这种调节及其所造成的和谐和统一。

不难看出，主体的自我调节能力是保证这种统一的重要条件。这里充分显示了人的自觉能动性在达到价值与真理统一过程中的巨大作用。价值和真理都是人的活动中的东西，它们的相互关系状态必然在极大的程度上取决于人的主观能动性作用。在任何情况下，要使活动既不违背客观规律又于人自己有利，除了靠人自己努力之外，别无他法。所谓“运用之妙，存乎一心”所包含的合理思想，正在于此。但是，主体的自我调节绝非在任何情况下都是无限制的、无所不能的。一般来说，主体自我调节的限度有两个方面：

一方面是类的能力限度。决定这种自我调节能力最高限度的是人类一般发展水平和特征，即人类认识和掌握现实、真理的具体能力限度。在这个限度之外，人们即使认识了现实的必然性，认识了某种真理，也不能超越现实而使它同自己的利益实际地统一起来。例如人类现在还不具备离开地球上的生存条件而生活的充分能力，假如地球和地球上的环境因某种原因马上就要毁灭，人们即使知道了，也不能立即做到或者使它不毁灭，或者使自己适应别的条件。这是一种根本性的历史限制。在一般情况下，它只是人类的自我调节能力的限度，在各种个别主体那里，这种限度并不十分明显。

另一方面则是个体能力的限度，即具体主体的根本利益及其在历史发展中的客观地位的限度。一个人、一个阶级、一种社会形态，它的根本利益是否与人类历史发展的根本利益相一致，它是否具有代表社会发展历史方向的客观地位，从根本上决定着它能否真正做到使自己的价值与社会发展的客观真理相一致。如果一个主体的根本利益是与社会历史的真理、规律根本冲突的，那么在它不放弃自己的根本利益，即未实现彻底的自我否定和自我改造的情况下，它的自我调节终归是有限的，只能局部地、暂时地有效。对它来说，价值与真理的根本冲突、对抗乃至破裂，是不可避免的。而个别主体与人类历史主体之间的对抗，最终失败的只能是个别主体；价值与真理相对抗时，最终毁灭的只能是价值，即这种价值的主体及其根本利益。历史上一切没落的势力终究不能使价值与真理、利益与规律统一起来，不是他们的主观能动性发挥得不充分，而是这种主观能动性本身就是狭隘的、有根本缺陷和致命弱点的。

上述分析表明，作为价值与真理统一的条件，所谓“主体的自我调节能力”包含着对主体的深刻要求，即这个主体必须是与人类这个最高主体相统一的主体。这一点与价值和真理本身都有关，价值是依主体不同而不同的。不同的、彼此对立的价值不可能都同真理相统一，而只有那个能够成为真理主体的主体，才可能使自己的价值与真理相统一（我们谈论价值与真理的关系时，一个当然的前提是指它们有共同的主体，而不会是说甲的价值与乙的真理相统一）。而真理的主体不可能是彼此对立的许多个（不可能只是个人的真理），真理的主体本质上只是一个一般意义上的人类主体，也就是说，是实践着的人类整体，是具体历史地发展着的人的无限整体。这种主体形式，是真理的本质所必然依存的。

既然价值和真理统一的前提是它们有共同的主体，而真理又决定了这个主体只能是人们的社会历史整体，不是分散孤立的群体和个人，那么，对于什么是价值与真理统一的深刻条件，我们也就有了进一步深入而完整的理解。这就是：历史地发展的社会整体，作为主体，它的自我调节能力是实现价值与真理具体的、历史的辩证统一的根本条件。

二、两大原则在实践中的统一

价值与真理的统一，是在现实的历史活动中达到和表现出来的。这种统一，除了表现为二者彼此互相补充并结合成为同一实践过程的完整内容以外，还具体地表现为：价值与真理互相规定、互相包含、互相渗透，真理中有价值问题，价值中有真理问题；价值与真理在发展中互相引导、互相趋近和互相过渡；价值标准与真理标准的实践一体化等。

价值与真理的互容互渗

像一切构成矛盾的两个方面之间的关系一样，价值和真理也是互相包含、互相渗透、“你中有我、我中有你”的。这种互含和互渗表现为：它们都以对方为自己规定性的前提，它们都能把对方置于自己的对象视野之内，它们各自的现实表现总是在一定程度上与对方相联系。各自以对方为自己规定性的前提和界限，各自通过自己与对方的区别来映现自己和对方，就是价值和真理的互映。

相互映现。真理作为人们实践活动中不依赖于主体及其需要和目的的客观内容，它的规定性中就包含了同价值的区别，而且正是由于这种区别，真理才成为客观真理。“不管你是否需要，不管你什么态度，它就是它，它的规律就是如此”，这是真理所特有的意味。所以，当我们把实践活动中的任何一种内容理解为真理时，也就是在理解它与价值的界限，是在通过某种价值关系形式理解事物本身的客观内容，是在区分出价值关系中不依赖于这种价值关系的内容、因素和性质。总之，真理的存在映现着价值的存在，真理的度也在于它与价值的界限之中。

价值的规定性也同样映现着真理的内容和界限。这是指，价值的规定性中包含了“是什么”这个前提。作为价值关系的客观承担者，主体、客体及其相互关系“是什么”，在这里作为不言而喻的前提，价值关系本身并不改变它，而是以它为基础去回答与它不同的另一层问题：这些所“是”与主体需要的关系如何？正如“艺术品对人的价值”正是以“那是艺术品”、“这是人”为前提而与之不同的内容。所以，当我们指出实践活动中的任何一种内容是价值时，也就是在指出它与真理的界限。价值的存在同样映现着真理的存在。

在现实生活中，这种互相映现、互为前提的情况极为普遍和自然，以至于我们有时很难把它们截然分清。当人把一块石头凿刻成所需要的形态时，人的需要、能力和作用力与石头的本性、规律和反作用力是同时存在、共同表现出来的，我们很难脱离一方去单纯描述另一方。假如关于石头的结构和性能的经验、知识以及材料学的有关定律、公式属于真理问题领域的内容，那么这些内容必定来自人们以往同石头的价值关系实践。因而，这些经验、知识、定律、公式本身，也不可避免地包含着它们所适用的某些价值环境作为前提。如在石头的性能定律和公式中，不能不区分下列情况：它作为重物还是承重物，作为连接物还是隔离物，受挤压还是受撞击或腐蚀，是取其物理效应还是化学效应，等等。这样，关于石头的"真理"中，就必然地体现着使用石头的历史、目的和方式等价值关系的存在。假如人加工石头的需要、目的，包括赋予石头的实用效果标准、经济效益、审美规范、应力指标等是价值领域的内容，那么这一切也都必定是同对石头本身的了解有关的。显示石质特点的艺术风格或建筑结构，不把石头与木头、钢铁一样看待，而采取与石质特点相适应的开采、加工、贮运、构造方式等，必定成为这里价值活动的有机因素。这样，关于石头的价值，也就必然地体现着关于石头的"真理"的存在。

价值与真理的互映体现了主客体关系两方面的浑然一体。在实践活动中，主客体关系的全部内容是一个有机的整体，它的各个方面、因素和环节不是彼此孤立、截然分开的。主体对客体的作用存在于客体对主体的作用之中，反之亦然；客体主体化存在于主体客体化的过程之中，主体客体化也存在于客体主体化的过程之中；主体的尺度和客体的尺度不是在两个不同的地方发挥作用，而是在同一个地方共同起作用。正因为如此，当我们从中抽象出两个范畴——价值和真理时，绝不能把它们想象成一个可以脱离另一个而孤立存在的。

对象互容。价值与真理规定性的互映，意味着它们对象范围的相互可容性或可重合性，它们虽属不同的角度，却并不互相排斥。真理和价值都以同一主客体关系为对象，它们表明的是这一关系所固有的两种不同性质和特征，就像一个物体的形状和颜色之间、结构和功能之间，而不是一个球体的两个半球。形状和颜色、结构和功能彼此并不分离，它们各自都可以指对象的全体。与之类似，真理和价值对象的外延覆盖面也是可以重合的。而且，实践活动的本性和主体的本性，决定了它们必然重合。人类绝不会在没有任何“是什么”的地方提出价值问题，也绝不会在没有任何需要的地方提出真理问题。

“对象互容”包括两层意思：一是指任何属于真理问题领域的对象，也都可以成为价值问题领域的对象，反之亦然。就是说，对于人类，世界上没有什么问题只能应用真假判断而不能应用价值判断，或者只能应用价值判断而不能考察其真假。二是价值研究可以以真理为对象，真理研究可以以价值为对象，二者可以彼此以对方为自己问题的一部分。这两层意思简单些说就是：对于每一个可问“真假”的现象，都可以问“有用无用”，反之亦然；再进一步地说，对于“真假”也可以问“有用无用”，对于“有用无用”也可以问其“真假”。这两点看上去似乎十分简单。因为只要把问题和问题的答案区别开来，人们可以毫不困难地应用这种互容性。我们常常谈论某一科学知识的社会意义或某一社会价值的科学根据，就是在应用这种互容性。尽管如此，在进一步思考这个特点时，还是有两点应该引起注意：

第一，对象的互容并不能使概念相互从属或归并。我们探讨价值的真理性问题时，并不是取消价值问题，或把价值仅仅看作是真理的属性和类型；同样，在探讨真理的价值问题时，也不是取消真理问题，或把真理仅仅看作是价值的类型和形式。从一个角度上考察对象的全貌，可以与从另一个角度上的全面考察相互对应，但是两个角度的不同性质和层次却不能归结为其中一个，否则，就把主体尺度和客体尺度混为一谈了。

第二，通过对象的互容性，去进一步探讨价值与真理相互联结、相互包含的规律性，使对问题完全或然性、随机性的答案上升为规律性的分析，是我们应该从中提出的理论任务。这就是：“真假”与“有用无用”之间，是否有某种客观必然的联系？如果有，其条件和形式如何？这是需要着重来分析的一个问题。

真理的价值问题。真理对于人类是否有价值？有什么样的价值？这种价值是否是真理必然具有的？等等，这就是所谓“真理的价值问题”。这是把真理放在价值论研究的对象位置上，考察它是否能够

和必然成为价值的客体承担者。

我的看法是：（1）从总体上考察真理在人类实践活动中的地位、作用及其特征，完全有理由断言：真理对于人类有价值，不但必然有，而且必然有最高的正价值。真理本身不是价值，但是，真理作为人类实践活动、认识活动、科学研究、理论思维所时刻追求的目标，作为指导人类认识世界和改造世界的根本武器，是人类获得自由、幸福和解放的根本条件。从这个地位上来说，真理必定有价值。这个地位本身就是一种最高的价值。一般说来，真理对于人类具有两重价值：对于人类活动的总的、全部过程的价值目的来说，它具有最高的条件和手段价值，除真理之外，没有任何其他东西能够具有这种价值；对于人类每一具体的认识过程，特别是对于科学研究来说，获得真理、掌握真理则具有目的性质，即目的价值。相对的目的价值和绝对的条件价值的统一，是真理的完整价值。

（2）真理对于人类有什么样的价值，同真理对于每一具体主体来说有什么样的价值，并不是一回事。我们说真理是有用的，这是指真理对于人类的历史发展来说，终归是有益的，但绝不意味着真理对于一切时代、一切个人的一切目的都有同样的益处。毫无疑问，真理的价值对于不同主体来说当然是不同的，真理只会给按照真理办事的人带来成功，而给违背真理的人带来失败。

有的论者混淆了“真理是有用的”与“真理对特定主体有特定的用处”之间的差别。如说：“有不少真理并不存在给人带来什么利益、好处的问题”，其中“人会生病、会衰弱”就是如此。[①] 这显然把真理的价值理解得过于狭窄了；“人会生病，会衰弱，甚至会死”如果算是真理的话，这个真理对于某些人来说也许是痛苦的。但是，认识到这一点，对于个人、社会、人类来说，无疑是一种提示，至少还可以让人放弃追求“长生不老”的徒劳，怎能说它没有好处呢？况且，使人痛苦和使人清醒，二者都是价值，都是“用处”。我们岂可只承认糖一样甜蜜的真理的价值，而否认黄连一般苦味的真理的价值！

真理有什么样的具体价值，是在真理本身所揭示的客观可能性范围内，由主体的选择所形成的。“人是会死的”这一“真理”，固然不会带来使人长生不老的价值，也不会带来果树丰收的价值。但

① 参见《真理都是有用的吗?》，载《教学与研究》，1985（4）。

是认识这一真理，会在不同人那里带来不同的价值：有人高效率地发挥生命的作用，有人却醉生梦死抛掷生命。不管怎样，这一真理对任何人都有它的价值。正的或负的价值因主体不同而不同，并不是真理本身所固有。“祸福无门，唯人自招”这句话，如果不包括人类无法抵御的自然变化，不是为压迫人民的社会制度作辩护，而是指人是价值的主体，它应该对自己创造和实现的价值负责，那么是有一点合理成分的。

运用这一观点来看待科学的社会价值，更能显示出它的意义。例如对科学的社会价值的评价，已经导致唯科学主义和反科学主义的两大极端。无论哪一种派别，想把现实的社会价值完全归结于科学真理本身，都是难以自圆其说的。科学技术的应用给社会带来什么样的价值后果，主要地要看社会怎样应用它，有什么样的应用能力和条件，许多人已经看到了这一点。他们指出，科学本身在具体价值上是中立的，赋予它什么样的社会意义和使它带来什么样的价值后果，是人、社会自己的事。对于一些不习惯于“客观真理”观念的人来说，达到这种看法是一大进步。如果再进一步思考，就会想到需要改造社会、发展人的创造能力等。

但是，不能把科学、真理在具体价值上的“中立”性绝对化。科学、真理与纯粹自在的客体又不同，它们是在人、人类的活动中产生和发展的。因此应该说，科学、真理在每一具体场合，对于每一特定价值主体来说，是中立的；而在总体上，在科学、真理与人类生存发展的一般关系意义上，它们不是价值中性的，而是有正价值的。科学、真理的价值中立性和正向价值性的对立统一，就是科学、真理的价值相对性与绝对性的统一，个别与一般的统一。了解了这一点，使我们确信：运用现有的科学技术创造什么样的价值，取决于人按照什么方式去创造；而人创造价值所遇到的本身能力、客观条件和社会后果方面的问题，则仍然要靠探索真理、发展科学技术来解决。

（3）把具体的中立性和总体的正向性结合起来，我们可以看到，真理、科学的价值，是随着人类的进步发展，包括人本身的能力、人们的社会关系的发展而不断变化、不断扩大和深化的。

（4）真理包含价值还有另一方面的表现：全面的、具体的真理还包含着价值和价值关系的因素作为内容。这一点同真理与实践之间的本质联系直接有关。正如列宁在总结辩证法的基本原则时所省悟的："必须把人的全部实践——作为真理的标准，也作为事物同人所需要它的那一点的联系的实际确定者——包括到事物的完整的'定义'中去。"① 实践本身的价值因素，决定了真理中必然包含有关价值的认识。

真理是全面的、具体的。真理的全面性和具体性要求人们在达到真理时，必须达到对事物全部本质和关系的把握，达到对多种规定性统一的把握。这也就是说，人们在认识客观事物及其与自己的关系时，必须尽可能把这里的全部客观因素及其相互关系都如实地、正确地加以综合。既然如此，那么价值关系、价值因素、人即主体本身生活和实践的必要条件也是其中的客观因素。如果真理不包含它们，不代表着对它们的正确可靠的掌握，也就不是全面的、具体的真理。就像科学研究揭示了太阳运动的规律时，不应该也不可能不进一步指出它对人的生命和生活条件的意义一样。价值的因素必须也必然成为现实的真理中全面具体内容的一部分，这是真理与价值的关系在真理内部的反映。真理的全面性和具体性不是与人绝对无关、对人类冷漠旁观的。在生活实践中，揭示真理并非仅限于说出事实，还包括揭示事实发展的可能性和前途，帮助人在客观可能性的范围内做出有价值的选择。这一点往往是影响科学技术发展方向的因素，也是真理具有社会价值的内在基础。

归结上述几点，我的看法是：真理作为人在实践活动中把握客体、把握世界的客观形式，它的人类价值是充分肯定的。在总体上，真理的存在、地位和本性决定了它的价值，凡是真理必有价值；在具体的历史的社会发展进程中，真理的价值是通过人的活动而具体地、历史地实现和发展的。这种发展不仅意味着真理的价值不断扩展和深化，而且意味着真理把价值因素也包含在自己全面化具体化的趋势之中；真理的价值具有价值的一般特点，但真理本身不归结为价值，真理始终是真理。

价值现象中的真理性问题。各种价值现象中是否有真假之分？人们的活动达到了一定价值目的，即实现正价值，是否同遵循真理有一定的联系？对人类有用的是否一定有真理？这类问题可以叫作"价值的真理问题"，是把价值现象作为真理论研究对象而提出的问题。

① 《列宁选集》，3版，第4卷，419页。

我的基本看法是：如果承认“认识只有在它反映不以人为转移的客观真理时，才能成为生物学上有用的认识，成为对人的实践、生命的保存、种的保存有用的认识”[①] 这一观念，那么就可以合乎逻辑地推导出它的逆命题：凡是对人类确有价值的，必有真理的成分。这是一个充分必要条件的假言推理：

认识只有反映了真理，才能对人类有用；不反映真理的认识，不可能对人类有用；（大前提）

实践证明，某些认识确实对人类有用；（小前提）

因此，这些对人类有用的认识必定反映了真理。（结论）

这个推理并不局限于“认识”，也适用于“实践”。如果代之以“一切对人类有用的认识和实践”这个全称，那么结论就是所要说明的那个命题：在实践活动中，凡是对人类有价值的，必有真理。

当然，实际问题绝不像这个形式逻辑的推理那样简单明了。在这里，更需要的是根据“有用”即正价值、“真理”、“人类”等概念在实践中所具有的丰富性和历史内容来理解。

在考察中，要始终注意这样一个前提：真理的主体只有一个，即历史地发展着的人类社会；而价值的主体则是多个，不同的价值联系着不同的主体。因此，在考察价值是否包含真理的问题时，就要区分“对于人类主体的价值是否包含真理”与“对于个别主体的价值是否包含真理或真理的成分”。在此基础上才能通过个别主体与普遍主体、个别价值与普遍价值、真理的成分与真理的统一，达到对“价值包含真理”的高度本质抽象。

这样，考察就要在两个层次上，并通过两个层次的相互关系研究来进行：

第一个层次是：对于人类历史发展有（正）价值的，是否必定包含真理或同真理相一致？对此做出完全肯定的回答，是不难理解的。首先，“必须不断地追求价值、实现价值”本身就是人类社会发展的客观真理。因此，对于人类及其各个历史发展阶段来说，追求价值以追求真理为前提，这是在最起码、最一般意义上的“价值包含真理”。其次，人类社会的发展是人类不断创造和丰富价值的过程。价值的实现，是人们通过掌握和运用自然规律、社会规律和人本身的规律而达到的。因此，人类社会的发展意味着人对真理的掌

① 《列宁选集》，3版，第2卷，100页，北京，人民出版社，1995。

握和运用的发展，人类的价值收获包含着真理成果的收获。这是从价值作为人类一般的实践—认识活动成果的意义上看“价值包含真理”的必然性。再次，任何个人或群体的活动，任何社会现象，只要是能够符合人类历史发展需要，确实有益于社会进步的，必定在现实的社会历史中有它的客观根据；这种客观根据必定是与社会历史发展的必然性和条件相一致的，也就是与社会发展的真理相一致。唯有社会历史发展的进程本身能够鉴别各种现象的价值是正的还是负的，其质和量的状态如何。而这种鉴别本身又是以社会发展的客观必然性为标准的。可见，社会历史的价值标准中包含着社会发展的客观真理，对于社会历史发展来说，具有社会历史价值，包含和意味着符合社会发展的客观真理。把上述几点综合起来就是：对于人类社会的历史发展来说，凡是确有（正）价值的，必定包含或体现着真理。

第二个层次是：对于个别主体有正价值的，是否必定包含一定真实性或同某种真实的必然性相一致？对于这一点，我们的回答也是肯定的。理解这一点本身并不困难。因为它无非是说：任何一个个别主体（个人、群体、阶级）追求自己价值目的的努力能够成功，能够获得满足自己一定需要的效益，必定是由于这种努力在一定程度上符合现实的本性及其规律。正如恩格斯所说：“如果我们达到了我们的目的，发现事物符合我们关于该事物的观念，并产生我们所预期的效果，这就肯定地证明，**到此时为止**，我们对事物及其特性的知觉符合存在于我们之外的现实。”① 列宁也说：“在唯物主义者看来，人类实践的‘成功’证明着我们的表象同我们所感知的事物的客观本性相符合。”② 这一点，对于我们和别人在内的一切个别主体都是适用的。只要这里所说的“对于个别主体的正价值”是客观的事实，而不是主观的幻想和虚构，那么情况必定如此。就像一场战斗的胜利必定包含着战术指挥和动作的正确性，一场战争的最后胜利必定包含着战略指导思想的正确性和组织指挥的正确性一样。

即使是某些看起来极端反常的情况，其中也必定包含着类似的原因。例如，谎言和欺骗有时能够成功，终归是由于它们把握了现实的某些真实联系和某些人的真实心理。谁也举不出相反的例子来证明：完全违背一切真实性的主观任意行为是能够成功的。这就使

---

① 《马克思恩格斯选集》，2 版，第 3 卷，702 页。

② 《列宁选集》，3 版，第 2 卷，100 页。

我们不能不承认，在任何“成功”的背后，都有一定相应的真实性、“正确性”、主观符合客观、主客体的某种统一为其根据。在这一层次上，对于个别主体的个别正价值的实现，即“成功”必定包含着以某种“真实性”、“主观同客观的符合”为原因的成分，可以理解为是“价值包含真理”在个别情况下的特殊形式。

在“价值包含真理”这个命题下最容易造成误解和引起混乱的问题往往是，人们常常会问：“价值包含真理”这个命题如果适用于一切主体，那么岂不是说，坏人坏事、谬误、谎言、欺骗、违背客观规律而提出的价值目的，只要它们获得成功，就拥有真理权吗？这岂不是在为十恶不赦的罪行、欺诈、强权和暴力辩护吗？这岂不是要导致真理的主观随意性和多元论吗？等等。可见，仅仅通过分析而承认上述两个层次的事实还是不够的，还要进一步指出两个层次的“包含”之间的辩证统一性。这就是：个别主体与普遍主体、个别价值与普遍价值、真理的个别成分与真理之间的联系与统一性。通过分析将会看到：“有价值的必有真理”，是一个动态发展的、总体性的结论，归根到底，只有符合人类历史发展需要的才是真正意义上的（正）价值。

首先，要弄清楚个别主体与发展着的人类历史主体，即“个别主体”与“普遍主体”的关系，弄清对于个别主体的价值与对于普遍主体的价值，即“个别价值”与“普遍价值”的关系。在现实生活中，任何个人、群体、阶级等个别主体，都不是同一定历史阶段上的人类社会主体即普遍主体毫无关系的。实际上，它们的关系总是使个别主体的利益和需要区分成两种基本类型：与普遍主体的利益和需要相一致的和与之不一致的。在一致的情况下，二者的正价值和负价值是一致的：对于个别主体有正价值，也就是对普遍主体有正价值，反之亦然。例如有利于劳动群众的解放也就是有利于社会的解放，社会的解放也就是劳动群众个人的解放。在这个意义上，“普遍价值包含真理”同“个别价值包含真理成分”是统一的。在个别主体与普遍主体不一致、相互冲突的情况下，二者的正负价值彼此背离，性质相反。这时，人类历史的经验告诉我们，有害于普遍主体的个别正价值，归根到底要转化为负价值。例如，用谎言、欺骗等手段谋取私利、损害公众利益的人，即便一时能够使自己得到好处，最终是要落得个否定自己的下场的。就是说，谎言、欺骗的价值，不仅对于普遍主体是负价值，而且对于个别主体长远来说也是负价值。“善有善报，恶有恶报”，对于人类社会的价值生活来说，是一种必然。在这个意义上，“普遍价值包含真理”同“个别价值包含真理成分”之间，是一种动态的综合和统一关系。由于个别主体对于普遍主体在结构和发展双重意义上的从属性，决定了两个层次的正负价值之间的统一。归根到底，只有符合人类社会发展的历史需要的，才是真正的（正）价值。因此，“价值包含真理”在两个层次上的不同含义和表现之间，客观上存在着动态统一的必然性根据。

其次，要弄清楚真理和真理的个别成分之间的关系。真实性、正确性，在某一有限范围内主观与客观的局部的、瞬时的一致等，这些都是可能从属于真理的具体成分，但它们还不必然构成完整的真理。严格意义上的真理，是全面包含了这类成分的持续的总和、整体。在现实生活中，从把握真理的个别成分走向把握全面的真理，是人类认识活动的必经途径。在这条道路上，包括真理个别成分的积累和综合，也包括对它们的扬弃和超越。其中甚至会出现这样的情况：与局部范围内的事实真相、真实性相违背的东西，却在另一个局部范围或更大的总体范围内成为真理的成分。例如，有时医生用隐瞒病情或说假话的方式安定重病患者的情绪，正义的策略家用假象迷惑敌人等。假话、假象同谎言、欺骗在违背具体的真实性方面来说，并没有什么不同。但是，在不同的情况下，它们却有不同性质的价值和意义。如果医生说假话确实能够有利于治病，延长甚至挽救病人的生命，如果策略家制造的假象确实能够帮助善战胜恶，那么它们的普遍正价值性质就是不能否认的。

如此说来，岂不等于承认违背真理也有正价值，价值可以不包含真理而包含虚假和谬误了吗？否。虚假和谬误本身在任何情况下都没有正价值，只有负价值。它们有时产生正价值，是对它们特殊掌握的结果。正像“毒草能肥田”、“坏人可以当反面教员”，是把它们翻转过来加以运用的结果。在上述两个例子中，价值不是虚假本身带来的，而是正确地运用虚假所带来的，这种运用恰恰符合某个特定范围内的某种真实联系，如符合某些病人的心理、精神状态与疾病和治疗之间的联系规律，符合敌人所处的地位和心理状态等。就像电影片和录像片用不动的画面给人以动的场景，是利用了人的视觉真实特性，魔术表演的成功是利用了人的视听和心理上的真实特性一样。这些“假”的运用在更大的范围内揭示了更丰富的

"真"。可见，普遍的正价值能够实现，有时看起来是依靠了"不真实"的手段，然而对"假"的正确运用却恰恰在更广阔的范围内扬弃了假，而达到了真。

也就是说，这里看起来似乎假的东西，其实却比直观的、局部细节的、静止的真实性更接近于本质的、总体的、动态的真理。其所以能够如此，根本在于普遍主体——发展着的人类社会及其需要、利益和活动本身，是代表和符合于人类社会的客观真实性和真理的。与之相反，那些对普遍主体有负价值的东西、坏人坏事，尽管由于它们具有某种局部的、细节的真实性，因而能够成功于一时，但是，它们终归是在总体的谬误、主观与社会历史发展的客观相分离的背景下运用这些真实性的，所以在它们那里，"真实性"在总体上、发展上不属于真理，而属于谬误，属于真理所否定的方面。运用某些科学技术成果盲目地破坏自然以捞取财富终归是不科学的，利用人们的诚实去投机取巧终归是不诚实的，无数这样的实例证明了这一点。可见，在人们的思想和活动中，个别的、局部的真实性只有同普遍的、整体的、发展的真实性和必然性相一致，才成为真理的有机成分，才是真理。我们所说的"价值包含真理"，应该在这个客观的、合理的意义上理解为："对人类没有（正）价值的东西，它所包含的真实性并不是真理或真理的成分"。

将上述两点加以综合，可以这样说：对于人类发展的价值是一切个别价值的最终的、绝对的标准，只是在从属于它、符合于它的意义上，个别价值的性质才有统一的、确定的标准；真理以发展着的人类整体为主体，任何个别的实践都只有纳入人类实践的轨道，才能证明和掌握真理。个别主体和普遍主体、个别价值和普遍价值、人们行为的真实性和真理性之间，存在着客观的、动态的综合和统一关系。这种关系使我们能够以哲学的高度抽象性和概念的辩证规定性形式，表述一个历史辩证法的结论："凡是确有价值的必有真理，凡是丧失真理的必定丧失价值！"

价值与真理的互引互化

在人类实践的发展中，价值和真理也在不断地发展。它们各自的发展具有在实践中相互引导、相互促进和彼此趋近于对方的特征。这种特征正是它们互含和互渗的动态形式。

价值和真理都是社会的人在社会历史环境中所追求和实现的，

人的社会实践是使它们彼此趋向的动力，也是这种趋向的现实表现。

（1）从真理走向价值。真理在实践活动中的具体化和完善化，总是要朝着更深刻更全面地理解人的生活条件和人的价值方向发展的。这是我们所说的“真理的发展趋向于价值”。因为追求真理的目的在于实现真理的价值。爱因斯坦曾把人们从事科学研究的动机划分为三种类型：为了智力的享受，为了功利，为了征服世界与人在精神上自我完善的统一。[①] 这三者本质上都是指成为科学活动目的的价值，只是水平和范围不同。可见，即便是纯科学的活动，追求真理也是有价值目的的。就追求真理的活动整体来说，从真理走向价值是它的内在必然趋势，从人们获得它的那一时刻起，真理本身就成为了一种价值——标志人的自我升华和自我提高的价值。

真理内容的全面性和具体化，总是把愈来愈多的价值成分吸收到自己的领域中来，从而日益成为关于人类价值生活的真理。这是从真理过渡到价值的另一重要表现。如果说，科学的一般基础研究和基础理论本身是排斥价值考虑的，它们尽可能在纯粹客观的意义上揭示真理，因而往往是比较抽象的、单方面的、纯粹理想化的，那么，应用研究和开发研究则是使这些真理走向现实的具体化和综合化的形式。在应用研究和开发研究中，不仅赋予真理以具体的价值目的，而且使科学的知识、理论、方法本身包含了越来越多的价值因素。例如，地质学对地壳结构和运动规律研究的发展，愈来愈深入到地震、能源、生态等有关人的领域，形成了诸如地震地质学、矿物地质学、水利学、生态学等更加丰富的科学体系；在生物学中，从一般生物学到生物工程学的发展，正是使生物学的科学知识在走向应用的道路上获得了丰富的具体性。科学发展的实践证明，科学的基础理论在应用研究和开发研究中，不是仅仅被原封不动地挪用，这种具体化的过程同时也是对基础理论本身的促进、丰富和发展。“基础——应用——开发”是科学真理具体化的完整过程，这一过程所发现的真理是一个完整的具体真理体系。

这里应该特别指出：技术，是从科学知识、真理走向价值的一个明显的社会化形式。在现代社会中，技术首先意味着知识的价值

① 参见《爱因斯坦文集》，第1卷，101页，北京，商务印书馆，1977。

化，即将人类已经获得的世界知识直接转化为创造价值的具体手段和形式。在技术中，不仅知识变成了实践和操作的方法、程序和规则，而且这种转变完全是为了实现人的价值取向的直接行为。所以我们说，技术是介于真理（科学、知识）和价值之间并融二者为一体的典型社会形式。

真理的发展决定着价值目的的发展和实现，这是从真理过渡到价值的又一根本表现。人的价值目的不仅是追求真理活动的前提，也是它的产物。人们追求真理的目的不能决定人们将得到什么样的真理，而人们得到什么样的真理却能够决定他们形成什么样的价值目的，决定他们的目的能否实现。这包括真理性的知识、理论是人们建立一定理想、规范和价值目标体系的基础，科学影响和改造人们的价值观，使人们产生新的价值构想，或修正原有的价值构想。违背真理使人们得到负的价值，遵循真理使人们得到正的价值，由无数事实证明了的这一人类历史经验，教会了人从每一新的科学成果中得到启示，产生新的价值要求和设想，扩大自己的价值视野，开拓价值生活的新的广度和深度，从而不断地把真理转化为价值。这是人的实践活动从真理走向价值的最直接形式。

（2）从价值走向真理。人们追求价值的有目的活动愈是自觉，愈是客观和深入，就愈是接近于对客观真理的掌握和运用。通过掌握实现价值的条件达到掌握真理，就是“价值的发展趋向于真理”。对价值的追求产生着对真理的追求，对实现价值的条件的把握意味着接近真理。这是从价值走向真理的最一般过程。

在各种不同的具体情况下，这一过程有着不同的表现形式。例如，有些价值的获得，并不是在人已经掌握了某种知识和真理的情况下自觉地实现的。有些来自偶然的巧遇，如人类最初尝到熟肉的滋味；有些来自并非自觉或盲目冒险式的探索，如“神农尝百草”；有些来自直观的联想，如缚翼飞降；等等。这一类价值的成功往往是不确定和难以持续的。人类为了稳定、持续地获得这些价值，就必须在不断的反复实践过程中逐步深入到事物的内部，揭示其本质和规律。在这种情况下，通过价值揭示背后的真理是一条必经的途径。从火的第一次使用，到掌握氧化燃烧的知识，直至热力学和能量守恒转化定律等科学真理体系，从尝百草到植物学、药物学等科学理论体系，从缚翼飞降到现代航空航天技术，生动地体现了从价值走向真理的这一形式。这就是说，价值的巩固、扩大和深化过程，伴随着实践和认识不断接近真理的过程。

有时是人们先产生了某种需要或价值目的，但是还不能获得满足这种需要的价值。为了寻找和创造新的价值，人必须首先去寻找能够产生这种价值的条件，这就要深入客体，揭示真理，再根据对世界的了解来校正和实现自己的价值目的。有许多真理的获得是人们自觉地寻求创造一定价值的条件而实现的。对深刻价值的追求总是导向对现实的真相及其规律的探求，新的价值的产生和创造过程中，包含着实践和认识向真理接近的过程。

总的来说，在现实生活中从价值走向真理的过程，也是解决实践过程中多种矛盾的复杂运动过程。人们往往并不是对已有的价值条件一无所知，也不是不根据任何知识和客观规律就直接地提出自己的价值目的。更常见的是，既已获得了某些价值，又不满足于它；对客观事物既有一定的了解，这种了解却不足以解决满足需要的全部问题；各种不同性质和类型的价值之间的矛盾，如物质价值与精神价值、现时价值与长远价值、正价值与负价值、利与弊的冲突，价值与真理之间的矛盾，如需要与可能、目的与条件、理想与能力、选择性与因果性的冲突等，错综复杂地交织在一起。人们追求价值的实际过程，包含着对多种价值关系的综合选择和调节，同时还要使之与客观条件相一致。这样，价值的发展就表现为价值本身的综合全面发展，这种发展所要求并据以为前提的，就是掌握全面的、具体的真理。

当然，相反的例子也很多。无论是正面的还是反面的例子都表明，人们对价值的追求愈是全面、综合和具体地统一，也就是事物的属性被利用得愈是深刻、全面、和谐，就愈是依赖于人对事物的规定性和规律的把握，愈能够表明接近全面的、具体的真理；反之，如果对价值的追求愈是片面、孤立和静止，就愈会失败，愈表明是偏离全面的、具体的真理。这是人在实践中从价值走向真理的深刻表现。

（3）相互过渡的发展链条。人的实践活动从真理走向价值和从价值走向真理是统一的整体。它们的统一不仅是具体的、历史的，而且是没有止境、不会完结的。

真理的发展趋向于价值，价值的发展趋向于真理，这种在实践中具有必然性的趋势，并不意味着有一天真理会消失在价值之中，或者价值消失在真理之中。它们的相互过渡是人和人的活动不断从一个高度跃上新的高度的形式，而不是真理问题和价值问题的相互归结。价值和真理本身都不以达到对方为自己的终结。也就是说，这种相互趋近和过渡，是相互促进而不是相互代替。人们在任何一个层次上把握了事实，弄清了“真假”之后，都永远可能并且注定要再进一步提出价值问题，如这一知识、真理的价值是什么？它对人的发展有什么意义？同样，在任何一个层次上获得了价值，把握了“有用”之后，也永远会有新的真理问题，如这一价值的真谛何在？这种“有用”是否是真的、必然的、普遍的、永恒的？……如此无限循环深入和扩展，永远不会归结为一个最终问题。“最终是个真假问题”和“最终是个好坏问题”的说法，至多在某个相对的有限的范围内才成立。就人类及其实践的本性来说，这种动态的过渡和深入则是无限的、绝对的。

价值和真理的相互过渡、相互趋近、相互促进，构成了人类实践活动无限发展链条的内容。就每一具体的相互过渡和相互促进来说，都受到人们实践能力和水平的具体限制，因而是具体的、历史的、不完善的。然而，也正是由于不完善，问题才能够不断地提出，矛盾才不断地产生，限制不断被突破，呈现出无限发展的趋势。

价值与真理统一的实践验证

实践既是唯一的真理标准形式，又是唯一的价值标准形式。实践是真理标准和价值标准的统一，也就意味着它是真理和价值统一的标准。

价值标准与真理标准的统一。就其现实形式来说，价值标准和真理标准表现为同一种活动、同一个过程、同一关系形式中的内容，这就是我们所说的“一体性”。

真理标准和价值标准是内容上不同的两种标准，前者是验证主观对客观、认识对对象、主体对客体之符合的标志和尺度，后者是验证客体对主体、现实对需要之符合的标志和尺度。但就标准的实施方式、现实形式而言，它们却是共同的，这就是实践。在实践中，思维的真理性得到检验，事物的价值也得到检验。人类实践活动具有“一身而二任”的功能。并且，这两方面功能是互相包含、互相渗透、互为条件、不可分割的。如恩格斯说：“当我们按照我们所感知的事物的特性来利用这些事物的时候，我们的感性知觉是否正确便受到准确无误的检验。如果这些知觉是错误的，我们关于能否利用这个事物的判断必然也是错误的，要想利用也决不会成功。”① 在同一实践过程中，真理的验证和价值的验证之间的一体性，表现为下列几点：

（1）实现一定价值目的是验证真理的必经途径。一般说来，用实践检验一个认识是否正确，总要先把认识化为有一定价值的行动目标、计划、假说、预见，然后通过其实施见诸实践，看它是否成功。人们追求真理的目的总在于获得真理的价值，因此这一转化在本质上是必然的、普遍的。“布丁的证明在于吃”，为什么要证明布丁呢？是为了决定它是否能吃，因此就用“吃”来检验。当然，今天有些东西的检验不是直接通过人体，但是准备用于人体的东西，还是要通过模拟人体的各种方式来检验，这一点是不会变的。人类社会实践证明真理的途径大都如此。有时候，用纯粹的科学实验或逻辑证明来检验，似乎并非将被检验的认识转化为价值目标。然而，这样的检验往往是在纯粹科学研究的领域内成立的，并且这种验证本身也包含了科学的价值目的在内。例如，数学中用逻辑方法验证某一“猜想”，其证明方法和结论具有推进数学发展的价值；同时对于纯数学来说，相应的逻辑推导也具有数学本身的“实践”的性质。通过实现其价值来验证其真理性，是实践检验过程中的普遍现象。

（2）人的价值认识和判断、评价的真理性问题，是实践证明真理的一部分。就是说，人的价值认识、判断和评价，也有真理与谬误之分。它们是否符合价值事实，评价所遵循的评价标准是否正确地反映了主体的客观价值标准，主体的价值标准是否同客体和世界发展的客观规律相一致，这些都是价值和评价中的真理问题。这方面真理性的证明同样属于被实践所证明的真理之范围。“和平是建设的保障”这句话表明了一种价值，关于“它是不是真理”这个问题是完全成立的，也是可以通过实践来检验的。在实践中经受检验的有：“和平保障建设”的事实是否存在，即和平是否对建设起了保证作用，进而这个评定标准是否真的有利于建设的发展，建设的发展是否符合自然界和社会的客观规律，等等。这一切都得到了肯定的证明，那么“和平是建设的保障”的真理性也就得到了证明。因此，实践证明真理也包含了证明符合于真理的价值之可靠性。

---

① 《马克思恩格斯选集》，2版，第3卷，702页。

（3）实践的结果是成功还是失败，一方面表明了真理性的肯定或否定，另一方面表明了价值的肯定或否定，并且两者之间有因果关系。在成功的实践结果中，一方面是预期价值的实现、肯定，另一方面是被检验的认识及其推论之正确可靠性的证实、肯定，前者是果，后者是因。在失败的实践结果中，一方面是预期价值未能实现或实现的是负价值、否定，另一方面是暴露了认识及其推论中主观不符合客观的因素、否定。正如恩格斯说，“我们一旦发现失误，总是不需要很久就能找出失误的原因；我们会发现，我们的行动所依据的知觉，或者本身就是不完全的、肤浅的，或者是与其他知觉的结果不合理地混在一起”①。在实践结果中，这两个方面的效应彼此不是孤立的，不能将它们分割开来加以说明。“成功”是真实性、正确性和正价值的因果统一体，“失败”是不真实性、错误性和负价值的统一体，实践结果是真理标准和价值标准的一体显示。

价值与真理统一的标准。实践不仅是真理和价值标准的统一，而且是真理与价值彼此统一的标准。价值和真理之间是否达到了彼此和谐、一致和相互趋近，不能仅仅由人们的感觉、想象、情感和推断来判断，而只能通过具体实践来证明，这就是所谓“实践是价值与真理统一的标准”。因为，人类实践的发展起着架设价值与真理彼此统一的桥梁的作用。实践的检验和证明功能，不仅使人们的思想行动日益走向真理，使人们不断地获得和扩大价值成果，而且必然使两者有机地、紧密地结合起来。人类的全部历史都证明，实践不会允许违背真理的东西长久地保持其价值，也不会容许毫无价值的东西拥有真理权。实践发展的唯一方向和结果，是通过证明和充实真理，同时检验和校正价值目标，来促进并保障价值与真理走向具体的历史的统一。实践作为二者统一的标准，具有人类历史的客观性。

实践活动的成功率和自由度，是检验价值与真理统一程度的客观尺度。实践是人们有价值目的的活动，它的成功率越低，说明或者是价值目的不合理，或者是反映客观真理的认识不充分，或者两者兼有；实践的成功率越高，说明价值目的的合理性程度、认识的真理性程度和二者统一的程度越高。在这里，二者统一的程度是起决定作用的。目的的合理性，归根到底取决于人的需要与客观规律

① 《马克思恩格斯选集》，2版，第3卷，702～703页。

的统一性。因此，价值目的与真理的统一是影响实践成败的诸因素中总体的、综合性的因素。即便有了合理的目的，也掌握了一定程度的真理，若是不能在实践中使它们达到有机的结合、一致，那么也不能取得实践的成功。而这一点，正是我们在实践中需要特别加以重视和检验的。如果忽视这一点，那么即使经过实践的检验，也不能正确地认识检验结果的实质，不能正确地总结经验教训。在实践一度遭遇挫折的时候，轻易地否定我们的理想、目标等价值目的，或者轻易地否定经过实践证明的真理性知识、认识和理论，看不到还有另一种可能，即目的是正义的，真理也在我们手里，只是由于我们未能把二者很好地统一起来才遭受了挫折。这种错误的认识，是由暂时的局部失败走向更大的彻底失误的歧路之端。把实践看作是价值与真理统一的标准，不仅在理论上是符合实际的，而且在实践上具有重大的积极意义。

统一的具体历史性。价值与真理的统一表现为它们各自的规定、特性和功能的对立统一，表现为它们在实践过程中的动态的全面关系，表现于它们的共同标准形式和统一结果之中。这种统一以人类本身及其实践的历史发展为基础、动力和标准，因此，统一必然是具体的、历史的，不是抽象的、静止的。

所谓统一的具体历史性，就是指这种统一总是一定现实的主体、客体、实践和认识的多种具体规定性的综合，是依条件的变化发展而变动着的综合。在不同的具体历史条件下，价值和真理所达到的彼此一致和接近，总是具有这一历史阶段的水平和特征。人类不可能一劳永逸地掌握最终的、绝对的真理，也不可能一劳永逸地获得全部的、永恒的价值，因此价值与真理的每一统一都是有限的价值与相对的真理的统一；与此同时，每一统一又都成为价值和真理向新的、更高的水平发展的基础，为突破现有的统一而走向更高水平的统一提供条件。因此，每一具体的历史的统一都是总体的、一般的统一的环节，都具有发展的绝对性。价值和真理的具体历史统一既是个别又是一般，既是相对的又是绝对的。

真理是具体的，价值更是具体的。因此，它们的相互包含和相互渗透必然是具体的、依环境和条件不同而复杂多样的、历史地变动着的。我们上面的分析中已经表明，真理必有价值，价值必有真理，这在总的、发展着的整体意义上来说是一定的。但是具体地怎样“有”、“有什么”和如何认识它，都不是简单化直线式的。离开了对主体、客体、价值和真理的具体分析，就不能正确地理解这种相互包含和相互渗透的辩证法。

经验主义的直观，是把握这种辩证统一性的大忌。历史告诉我们，对于一个真理的价值究竟何在和有多大，一种价值的实现究竟意味着什么样的真理，我们的简单直观和狭隘经验往往并不能立即真正理解它，而只有在实践的持续发展中才能使它日益充分地显示出来。在这时，囿于有限经验的直观，往往会造成偏见或错觉，把人引上错误的道路。

例如，有的真理初次被揭示出来，它给人的第一印象是令人沮丧的、痛苦的，或是与人无关的。倘若仅仅根据这一印象来判断真理的价值、决定自己的态度，人类就只能是近视的、保守的、僵化的，就会永远处在反对"地动说"和"进化论"的宗教徒那样的精神状态之中，而不会有科学和文化的昌盛。

再如，有些价值方面的成功，或者使人觉得它的"真理性"一目了然、天经地义，或者使人觉得它荒诞不经、毫无道理，例如人们运用科学技术不加节制地向大自然索取，以及赌博活动中的"运气"，就分别属于两者。如果这些经验直观的理解是完全可靠的，就不会有今天的生态学发现和"博弈论"（对策论）的成就。可见，对于某一真理有什么价值，某一现实价值包含什么样的真理成分，不是肤浅的表象和近视的直观所能回答的。问题的回答依赖于实践和科学的发展，有待于我们运用科学和实践的智慧去把握。在现有的眼界内过早地断言某一科学知识、理论、真理没有价值，或断言某一对人类有用的现实不包含任何科学和真理的因素，不仅不符合价值与真理相互关系的事实，而且意味着对人类实践和科学发展无限能力的不信任。而抱有价值与真理互含的坚定信念，则是启迪积极的、实事求是的探索精神的自觉保证。

价值与真理互含互渗的具体性，是由实践的具体条件造成的，并且表现于实践的具体过程中，没有具体的实践，价值不会产生，真理的价值也不会形成。因此，不能把二者的相互包含和渗透看作是抽象的和固定不变的，而应从具体的实践环境中去揭示它们的联系。有些极普通的常识和极抽象的真理，一般看来除了使人知道些什么以外，似乎没有什么特殊的价值，然而在具体的特殊实践中，它们能够显示出极不同、极丰富的价值功能。"人体大部分是水"这一知识在预防和治疗脱水症方面的价值，关于指纹的知识在刑事侦查中的价值，“1+1=2”对于开启幼儿抽象思维能力的价值等都表明，在某些一般场合下有些真理所不具有的价值，却能够是某种特定场合下的巨大价值。人类实践具有无限广阔的领域和无限丰富的具体环节，意味着任何真理都可能在一定情况下产生巨大的价值，而人们实践活动的创造性发展，则是这些巨大价值产生的根本条件。

对于价值中所体现的真实性、真理成分和真理，同样也必须通过实践过程及其条件的具体发展才能够揭示。有许多现象对一些人是正价值，对另一些人则是负价值，在此时此地是正价值，在彼时彼地则是负价值。离开了对实践的主体、客体及其他条件的具体分析，自然不能明白其中的真理是什么。对工人的剥削对于资本家来说有正价值，对于工人来说有负价值，而这种剥削能够在历史上一度成功，它所包含的真理是资本主义的历史必然性和“剩余价值规律”；而剩余价值规律是一定历史阶段上的规律，它和它存在于其中的社会历史阶段，都是必然要灭亡的。如果不从社会生产力和生产关系发展这个根本的实践及其条件出发，就不能理解上述真理，而可能把谬误、违背客观规律的现象当作真理。

可见，价值所包含的真理的显现，是一个实践的发展过程和艰苦的认识过程。社会实践的不断深化，总是把事物的正负价值反复地加以比较、选择、淘汰和转化，从中显示其内在的必然性和联系。人的认识也正是在这一过程中才探索到价值所体现的真理。

总之，价值与真理的辩证统一不是一个抽象的口号和凝固的公式。这种统一的具体历史性告诉我们，对它的理论认识和实践把握，是同人类整个实践的发展相联系的艰苦的科学认识和实践过程。为了揭示它的表现和规律，我们需要的是深入全面地研究动态的现实，而不是用自己的主观愿望和想象去剪裁现实。

讨论：能否从“是”推出“应该”？

在价值与真理统一的探讨中，有一个不能回避的理论和逻辑难题，就是“‘应该怎样’不能从‘是什么’推导而来”这样一个著名的判断，它曾经宣判了“价值判断与事实判断相统一”这一命题的死刑。这一判断经过许多逻辑实证主义者特别是艾耶尔的研究和论证，已经成为一定意义上的理论共识。

那么，“应该”真的在任何情况下都不能从“是”推导出来吗？我的看法是不同的。我认为在思考这个问题时，首先需要填补由于过度抽象所造成的某种逻辑空缺。

当然，需要首先排除这里不需要争论的问题。因为“应该”一词通常有“事实陈述”和“价值陈述”两种含义。就前者来说：“应该”仅仅是指“对象按自己规律变化的一定前景”，它与人的价值目的和活动无关。如“按其运动周期，哈雷彗星应该于 2045 年底在我们的视野中出现”。这里的“应该”，只是表达对某种对象事实的预见，它不过是从总体的“是”推出某个具体“是”的过程，仍然属于对广义的“是”的描述，并不属于我们这里要讨论的情况。而我们要讨论的，是从一个“事实陈述”能否过渡为一个“价值陈述”的问题。

在这个问题上，我注意到，逻辑实证主义者在得出上述“推不出”结论的时候，存在一个过度抽象的问题，即他们在“是”和“应该”两者的表述前面，已经未加反思地舍去了主词，没有表明这里说的“什么是”和“谁应该”。如果考虑现实的情况，在这里加上必要的主词，如“人”、“物”、“世界”、“主体”、“客体”等字眼，将问题还原成“什么是”和“谁应该”之间的分析问题，那么就可能出现下列几种现实的问题形式：

“世界是什么”与“世界应该怎样”；(1)
“人（主体）是什么”与“人（主体）应该怎样”；(2)
“客体是什么”与“客体应该怎样”；(3)
“主体是什么”与“客体应该怎样”；(4)
“客体是什么”与“主体应该怎样”；(5)
“世界是什么”与“人（我们）应该怎样”；(6)
……

在这种纯粹形式化的排列组合中，可以通过区分不同的类型来加以分析：

首先，命题（1）、（2）、（3）有共同点，即它们所涉及的“应该”，可以看作是对对象按自己的规律变化而达到某种结果的预见，暂时与人的价值目的无关。如同前面说的哈雷彗星的“应该”一样，这些命题并不代表从事实判断推出价值判断的推理，但按照科学上的研究和预测规则，它们却都属于在逻辑上“能够推出”的系列。

命题（4）本身的含义是不清楚的。如果“应该”表示主体人的价值诉求，那么这里“客体应该怎样”，就不过是“主体应该使它怎样”的另一种表达，于是这个命题实际上可以与命题（2）合并，也可以将它归入命题（1）。而这里需要强调的是，就命题（2）来说，从“人或主体是什么”推出“人或主体应该怎样”。在“应该”所表示的前述两种含义上，显然都是顺理成章、合乎逻辑的。例如下面两个三段式：

人的本性包含需要；
“应该怎样”是根据需要决定的；
因此，人的本性包含着决定“应该怎样”的因素。

牙科医生是以给牙病患者治疗为职业的人；
A是牙病患者；
因此，牙科医生应该给A治疗牙病。

这两个直言推理表明，主体“应该怎样”的具体规定，是主体“是什么”的规定性中所包含的东西。人按照自己的本性办事，合乎他的本性的就是他所应该的。这里的推论符合演绎推理的形式逻辑规则。一般地说，只要主体“是什么”本身清楚（实际上这一点并不容易。我们现实生活中的问题，往往就出在这个大前提上。参看本书的其他论述），那么“应该怎样”就能够清楚无误地推导出来。

剩下的命题（5）和（6），即从“客体是什么”能否推出“主体应该怎样”，或从“世界是什么”能否推出“人应该怎样”的问题，则是这里讨论的真正焦点和难点。当然，关于命题（5）的结论已经很清楚了：从“客体是什么”显然不能合乎逻辑地推出“主体应该怎样”。这是分析哲学特别是逻辑实证主义已经说明了的一个结论。我认为它是正确无误的。如果不是用目的论、宗教迷信、神秘主义的眼光看待客体，对此似乎已无可争议。

但是，这个结论的意义却是很有限的，它甚至无益于我们思考现实的问题。因为如果不是把价值归结为客体的天然属性，而是指出价值是一种主体性关系的话，那么从客体“是什么”推出“主体应该怎样”，却并不是我们要真正关心的问题所在。要解决“从是到应该”的逻辑过渡问题，并非一定要在这里找出通道才能解决问题。恰恰是将“从是到应该”的过渡问题，转移或偷换成了“从客体是什么推出主体应该怎样”的命题，才使一个本来丰富的命题变成了一个非常狭隘僵化的命题。

对命题（6）的思考是我们揭示这个难题的突破口之所在。因为首先可以指出：现实的世界是人与对象、主体与客体的统一体。因此从“世界是什么”到“人应该怎样”，实际上包含着从“主客体的关系是什么”到“主体应该怎样”的过渡。这个过渡，在逻辑上也是可能的。因为，当“客体是什么”和“主体是什么”都确定的时候，主客体之间的关系如何，是一个经验归纳性的事实。例如：地球上的大自然是一个物质循环系统，人是地球上的一种生物，“人与大自然有一种生态关系”就是这样的事实；社会是所有人生存和活动的总体形式，人的存在是一种社会历史性的存在，因此“人与社会是相互依存的”也是这样的事实。以这种事实为前提，当其中一方（客体或主体）发生变化而引起关系现状的变化时，主体在这个关系中“应该”怎样，是能够从这个关系体系本身“是什么”具体地推导出来的。其推导过程，本质上与“主体应该怎样”从“主体是什么”推导而来大体一致。例如：

人类依靠与大自然的物质交换来维持生存和发展，一旦这种交换出现障碍，人的生存发展就会受挫或中断；

目前这种物质交换出现了障碍迹象；

人类要继续生存发展，就应该设法避免和消除障碍。

使作物丰收是农民的自身需要和社会责任；

作物丰收需要充足的水分；

因此，农民应该尽力保证供给作物以充足的水分。

当某一事物引起人无私的亲近感和愉悦感时，人把这一事物叫作美的；

Y 事物并不能引起人们这样的感受；

所以，人不应该说 Y 是美的。

可以看出，这些推论之所以能够实现，其共同的条件是：作为推理结论之“应该”的必然性，已经包含在推理的前提即主客体关系“是什么”的规定之中了。所以这些推理在形式逻辑上是成立的。也就是说，从“是什么”到“应该怎样”的过渡之所以可能，同“是什么”中始终包含着“主体是什么”这一点分不开。以上例子都是如此。我们发现，只要有主体的介入，并且是以主体为归宿的推理，那么从“是”到“应该”的过渡，就都是能够完成的。

其实只要睁眼看一看生活，看一看人类历史，就会知道：人们每天每时都在进行着从知道“是什么”向决定“应该怎样”的过渡。哲学家在纸上进行逻辑运算不能解决的问题，在现实生活中解决得竟是这样自然而方便。其原因究竟何在？说到底，无非是人自己作为主体加入了这个推理过程，主体自己的规定性是推理过程中一个决定性的环节和因素。而人之所以能够知道怎样加入和进行这种推理，又是他们在实践中的经验告诉的，是实践教会了人为什么和怎样完成这个过渡。正是在这里，可以揭开从“是”到“应该”逻辑过渡的秘密。

例如，仅仅知道客体“是什么”，当然还得不出人自己“应该怎样”的根据。但是，当人把客体“是什么”与自己“是什么”加以联系和对照时，他的需要就会告诉他“应该怎样”。实践使这种“应该”不仅成为主体自己的事，还包括了对客体变化的预见和争取。上述例子中，每个推理的大前提都是在实践中形成的事实和对事实的经验。一般来说，这些前提的逻辑效力，并不比任何科学推理中作为逻辑前提的“公理”、“公设”的效力更差。所谓“推不出”论的毛病和漏洞，就在于这里忽视或者忘记了包含了人、主体在内的价值推理过程的特殊性，忽视或者忘记了主体在实践推理中的决定性地位。

如果“是什么”是指真理所包含的内容，“应该怎样”是指价值所包含的内容，那么，从“是”向“应该”的逻辑可导性，就是对价值和真理辩证统一可能性的又一论证。它从思维形式上表明，真实的价值判断（“应该怎样”）不仅能够，而且必定是以一定事实判断（“是什么”）为前提的。因此，价值与真理的统一不仅在实践上和一般理论上，而且在逻辑形式上都是成立的。

三、价值原则与实用主义

在价值与真理的关系问题上，美国的经典实用主义哲学代表了与逻辑实证主义相反的一极。在 20 世纪 50 年代新中国成立初期，曾专门对实用主义哲学展开过批判。而当时所了解的实用主义，是指美国的经典实用主义哲学。由于它的一些引人注意的特点，如强调注重实际、实践和科学，承认实践是真理的唯一标准，把真理和有用统一起来的说法等，看起来同马克思主义的某些观点确实有些相似，所以当时不仅别人，而且有的实用主义者自己也以为，二者之间有着某种一致性。这种误解在当时引起的政治上的愤怒远远大于理论上的思考。所以当苏联和中国都奋起批判实用主义以划清界限的时候，相应的理论研究并没有能够充分展开，以至于它所留下的疑问和后患仍然不少。

作为价值哲学的实用主义

实用主义哲学兴盛于19世纪末到20世纪初的美国，实际影响渗透到美国社会的各个层次。它能够迅速地成为正在崛起的美国“国家哲学”①，成为一种相当普遍的行动准则和生活哲学②，表明实用主义在它的特定历史背景和社会条件下，是有其深刻根源的。

刘放桐在分析实用主义产生的历史背景时，曾经这样概括处在分化中的现代西方哲学思潮：“从19世纪中期以来，在西方资产阶级哲学的演化中存在着两种主要思潮。一种是由实证主义所开创、而由马赫主义所发挥的唯心主义的经验主义倾向。……另一种主要思潮是由唯意志主义和生命哲学所代表的反理性主义。……当实用主义者制定自己的理论体系时，上述这两种思潮都曾在不同程度上被他们所承袭。”③ 这里说的两种主要思潮，毋宁说是我们今天所指的“科学主义”和“人本主义”。它们主要代表了理性主义与唯科学主义相结合、反理性主义与人本主义相结合的两个极端。不能否认，在科学技术迅猛发展和社会矛盾日趋复杂化、尖锐化的20世纪里，科学主义和人本主义各自都有其片面的真实性和合理性。科学主义推崇科学、知识的理性、逻辑、客观性标准，排斥主体、意志、价值等，从其积极意义上来讲，包含了一种“唯科学至上”的倾向；人本主义强调人的生命、情感、意志、直觉、价值、主观能动性和个人体验，排斥绝对的客观、外部规律、社会制约性等，从其积极意义上来说，包含了一种“唯价值主义”的倾向。

这两种倾向之间的冲突和困境，必然会使西方思想家们感觉到寻求摆脱的需要。实用主义就在这种情况下应运而生。从总的特点来看，实用主义就是力图集两大思潮之所“长”，避其所“短”，使它们融为一体。从查理·皮尔士和威廉·詹姆士到约翰·杜威，实用主义的创立者们毕生的大部分精力都是用来“沟通”自然界和社会、科学和人、科学和价值（意义）、科学和宗教、科学和资产阶级道德、真理和“有用”。杜威的一些话最清楚地表明了他们的这种意

① ［美］怀特编著：《分析的时代——二十世纪的哲学家》，117页，北京，商务印书馆，1981。

② 参见刘放桐：《实用主义述评》，1页，天津，天津人民出版社，1983。

③ 同上书，18～19页。

图。他说：我们在哲学上所达到的是这样一个“最广泛的问题：即存在和价值的关系，或者，按照对这个问题的通常的提法，实在的和理想的东西之间的关系。许多哲学派别通常坚持一种笼统的关系。或者说，我们所最赞扬的因而被我们称为理想的那些好，乃是完全和彻底地跟实有等同的；或者说，存在的领域和理想的领域相互之间是完全隔绝的”①。他认为哲学的任务正是要消除这两种笼统的片面性，变成具体的、关于特殊事物的评价理论，“利用由特殊事情产生的特别意义去批评这些特殊事情”②。在实行这种调和方案，一个一个地去“沟通”实在与价值的关系，力图论证它们的统一性时，实用主义是两大思潮哲学家之间的“一种智慧上的客栈，是一种既寻求与科学、生活以及文化的接触，而同时又保持着一定的逻辑分析水准的哲学”③。

实用主义哲学受到的社会待遇是耐人寻味的：在理论上，实用主义所倡导的科学与人、真理与价值的统一虽然兼有理性主义和非理性主义、科学主义和人本主义的两种成分和手法，然而从两大思潮来看它在哪一方面都是不彻底的；后来一些人分别试图按两种不同思潮的面貌改造它，却又终究有回到实用主义方向上来的趋势。在实践上，实用主义的理论却同据说是一向讲究实际的“美国人性格”一拍即合。在信奉实用主义哲学的年代里，美国迅速壮大成为世界的第一强国；而在第二次世界大战后，实用主义作为一种哲学却走向没落。在今天的“美国人”中间，摈弃包括实用主义在内的一切哲学的呼声和要求“重新思考实用主义思想家们的精神”的呼声，彼伏此起，交织成一片。④

概观实用主义的来龙去脉，需要对它有一个客观的评价。我认为值得注意的是：对待作为一种哲学理论的实用主义，以往的理解和关注是不够的。首先要剔除偏见，把它同各种利欲熏心的市侩心理区别开来，否则只能降低我们理论批判的水平。客观地看待实用主义所提出的问题，应该承认它在宏观方向上是合理的。实用主义的理论贡献，主要在于它深刻地阐述了哲学上一种全新的价值理论。

① ［美］杜威：《经验与自然》，332页，北京，商务印书馆，1960。

② 同上书，334页。

③ ［美］怀特编著：《分析的时代——二十世纪的哲学家》，154页。

④ 参见［美］R. 伯恩斯坦：《有一种美国哲学吗?》，该书摘要载《国外社会科学》，1984（12）。

它把价值与真理统一起来的倾向，与马克思实践唯物主义的观点有些相似，这不是贬低或否认它的理由。恰恰相反，它从又一个侧面证明了价值与真理统一的必然性和合理性，证明人类认识的深化和发展终归要走的方向。就实用主义来说，它的“有价值”和“合理性”也包括这一点。

实用主义是怎样调和两种思潮，从而以它特有的形式达到价值与真理的“统一”的呢？可以看到，这里仍然不过是采取了传统唯心论的习惯思路：把一切都说成是主观的，说成是人——主体的创造。因此，尽管它的代表人物在某些具体问题上不乏独到之处，但在总体上，它却并未离开唯心主义一步。

皮尔士的“效果”论。作为第一个严肃的实用主义者，皮尔士是为实用主义奠定理论基础的人。皮尔士声称，他的实用主义是“要为那些应用科学方法去确定信仰的人们，提供一种可以被普遍地接受的形而上学关于存在的理论”①。也就是说，他是要为科学与信仰、真理与价值的统一寻找一种实在论的基础。

那么，什么是“实在”或“存在”呢？皮尔士首先提出了他的方法论原则。他认为，我们无论说什么，如果不能用某种科学方法去确定所说的名词或形容词的意义，那么一切讨论都是无用的、没有意义的。以“硬”这个词为例，为了了解它的意义，就必须把“这是硬的”这个句子翻译成某种类似于“假使一个人企图用手抓破这个东西的表层，他将不可能获得成功”的句子。也就是说，要了解一个概念的意义，我们就必须“考虑一下我们认为我们的概念的客体具有着一些什么样的效果——这些效果是可以设想为具有实际意义的。这样，我们关于这些效果的概念，就是我们关于这些客体的全部概念”②。根据实际效果来确定事物的意义，这就是著名的所谓“皮尔士原则”。运用这一方法论原则，皮尔士进一步分析的结果是：“思维的活动并不把我们带到我们所希望的地方，而是把我们带到注定的目的……这一伟大的法则是体现在真理和实在的概念之中的。这种注定要为所有从事研究的人所终于要一致同意的意见，就是我们所说的真理，而这种意见所表象的客体，就是实在。这就是我要解释实在的方法。”③ 显然，皮尔士的方法从一开始就把效果同

① ［美］怀特编著：《分析的时代——二十世纪的哲学家》，152 页。
② 同上书，145 页。
③ 同上书，150 页。

客体的存在混为一谈，这就为造成实用主义的一切谬误提供了条件。

显然，“效果”一词本身包含着价值的含义。所谓“效果如何”，往往同时还意味着对主体的意义和价值如何，正是这一点为其所利用。皮尔士所举的“硬”的例子就是如此。他显然是把作为物理属性的“硬度”概念，与我们日常使用中关于“软硬”效应的价值体验混淆了。皮尔士用“意义”的价值内容取代、取消了存在和真理问题本身。

詹姆士的“圆满经验”论。詹姆士被看作是实用主义学派的“中心学术人物”，因为正是他把皮尔士的尚有科学实证味道的思想彻底化为带有唯意志论色彩的实用主义。这种彻底化突出地表现在他对真理的解释上。如果说，皮尔士仅仅是利用“意义”一词的双关含义（“意义”包含有“含义”和“价值”两种意思）来偷换概念，还表现得有所顾忌的话，那么在詹姆士则是干脆用“信仰”代替“意义”，用“令人满意的经验”来代替尚有客观性可言的“效果”，从而把一种主观唯心主义的底牌当作了公开的旗帜。

詹姆士认为，实用主义是解决哲学上重大争论的唯一办法。“实用主义的方法，就在于试图探索每个观念各自的实际效果，这样地来解释它们。假如这个观念，而不是那个观念，是真实的话，那么，这对于每一个人来说，在实际上又有什么区别呢？假如不能找到任何实际上的区别的话，那么，这两个互不相容的说法在实际上就只是同一个说法，而一切争论都是无聊的。”① 就是说，一个观念是真是假，同它的对象的客观真实性没有关系，而只在于相信它是真的或假的，对每个人来说“在实际上有什么区别”。那么“实际上的区别”是指什么呢？詹姆士的“彻底性”就在这里表现出来：是指“是否令人满意”！在他看来，“S是真的”这句陈述的意思，翻译过来就是：“假如你信仰或接受陈述S，那么跟着就会发生某种令你满意的经验”②。这就是“有用＝真理”。根据这一公式，詹姆士不得不承认连实用主义者自己都不好意思为之辩护的宗教迷信也是真的，是真理。同样根据这一公式，任何人都会指出詹姆士是在为一切谎言、骗术、卑鄙无耻和惨无人道的行为辩护。一种推崇价值的理论却得出了否定价值尊严的结果，当然是可悲的。难怪这种“彻底性”使他的前辈皮尔士大为惊惶，愤然地斥责詹姆士使实用主义成了一

① ［美］怀特编著：《分析的时代——二十世纪的哲学家》，161页。

② 同上书，158页。

个“丑恶到甚至绑匪也不加理睬”的名词①，并把自己的理论更名为“实效主义”，以示与之脱离关系。

然而，在理论的逻辑面前，光凭道义上的愤慨是无济于事的。从“皮尔士原则”到“詹姆士公式”是势所必然。况且，詹姆士也还没有蠢到让自己的学说与盗匪为伍的地步。他对“令人满意”有一番补充和解释，用来摆脱困境：宗教“在它有那么多好处的意义上说来是真实的。至于它们比这还真实多少，则完全取决于它们同其他也必须被认可的真理之间的关系”②。他从各种不同的“真理”的相互冲突中，得出了“真理是经验之间一种圆满的联系”的最终结论：“真理的意义不过是这样：观念（它们本身不过是我们的经验的组成部分），只是在它们能够帮助我们去获得同我们的经验的其他部分之间的圆满关系的情况下，以及在能够帮助我们通过概念的捷径去概括它们和处理它们，而不是对各个特殊现象进行无限连续的追踪的情况下，才成为真实的。”③ 真理是观念、经验之间的圆满结合，那些不能如此圆满的，便可以不叫作真理。詹姆士以此回答了对他的责难，然而人们同样可以追究：有些为非作歹的无耻之徒直到死也未曾受到惩罚，那么他的作恶经验各部分之间“结合”得始终是圆满的、令他自己满意的；一个愚昧无知的宗教信徒心中，从来不曾有过足以抵消他对上帝迷信的“真理”，因此他的观念之间也始终“结合”得很圆满；等等。这一切，岂不仍然是詹姆士所标榜的“真理”吗？可见，他自己造成的困境是他根本无法摆脱的。

作为实用主义者，詹姆士否认他取消了真理，并辩白说：“他控诉我们否认真理，而其实，我们却只是在准确地探索：为什么人们会遵循它并且应当经常地遵循它。”④ 假如真是如此，那么他的真理论其实不过是在承认真理的前提下探讨真理的价值问题。从这个意义上讲，应该说是必要的、有积极意义的。然而他在说明真理的价值时，实际上却把真理归结为价值：“真理是善的一种，而并不像通常所设想的那样，是一种与善有所区别的、对等的范畴”⑤，于是“真理成了经验中所有各种确定的有效价值（waking value）的类名”⑥。在同样唯心

① ［美］怀特编著：《分析的时代——二十世纪的哲学家》，159页。
② 同上书，172～173页。
③ 同上书，166页。
④ 同上书，170页。
⑤ 同上书，173页。
⑥ 同上书，170页。

地理解真理和价值的前提下，还进一步把真理问题消融于价值问题之中，用价值问题取代真理问题，这就是詹姆士的实用主义比客观唯心主义更“唯心”的地方。

杜威的工具主义。杜威被看作是站在实用主义立场上“修正”詹姆士观点的人，是“实用主义神圣家族中的家长”①。他对实用主义的贡献，在形式上表现为运用更多的理性分析和自然科学、社会生活材料来论证、推广和应用实用主义的基本原则；在内容上则是避开实用主义在真理问题上的露骨倒退，转而较多地谈论价值，在发展价值论方面下了功夫。这种内容上的特点，突出地表现为他的“工具主义”论。

鉴于实用主义已被詹姆士弄得声名狼藉，杜威不大喜欢这个名称，而宁愿自称是“工具主义”或“实验主义”。所谓工具主义的理论核心就是“认为事物或观念中最重要的是它作为行动工具的价值；一个观念的真理在于它的效用性”②。可以说，这是一种把真理范畴也归并于其中的一种价值论，它根本上仍未超出实用主义的格局。所以杜威的工具主义直接承袭了詹姆士的观点。詹姆士曾说过：“没有一种理论绝对地是实在的一种摹本，但是，从某些观点来看，它们中间的任何一个都可能是有用的。”③“这样，理论就变成了工具，而不是我们所能够加以信赖的谜语的答案。”④ 杜威不论在其著述中加进了多少关于自然、物质、客观性、事实、真理等字眼，他在这一点上是始终不渝的：科学、知识、真理不是人对客观实在的反映，不表示任何客观实在的内容，而只是人自己制造的、人自己随意掌握的一种工具性假设或应用假设，是人自己的一种理想工具或信仰工具。“人类之所以天然赞赏知识，只是因为知识在我们追求善果和避免恶果时它对于成功和失败都有影响的缘故。这是一个关于我们机体结构的事实，而把它奉为一个理想的真理，这没有什么好处，把理智视为对纯真理本身或纯事实本身的一种内在的关系，这同样也没有什么好处。”⑤ 正因为承认客观实在及其内在规律“没什么好处”，所以“实用主义……认为关于实在的一般理论是不可能的，或

① ［美］怀特编著：《分析的时代——二十世纪的哲学家》，178页。

② 《简明不列颠百科全书》，第3卷，415页，北京，中国大百科全书出版社，1986。

③ ［美］怀特编著：《分析的时代——二十世纪的哲学家》，165页。

④ 同上书，164页。

⑤ ［美］杜威：《经验与自然》，44页。

者说不需要的”①。当然，杜威这里说的“不可能”和“不需要”，并不是很真诚的。当他断言“不可能”和“不需要”时，却已经是在用某种主观的武断割断了思维与存在的联系。那么“不可知”本身是怎样知道的呢？无非是根据人们在实践中体验到的思维与存在、意识与物质的差别。然而，既然能够知道它们的差别，那么这种“知道”的方法也就使人同时知道了差别的一方——“实在”的本质。实用主义和一切不可知论一样，在这里不顾逻辑上的自相矛盾，只不过表明，他们的不可知论是有意为某种理论目的服务的。

既然否认了概念、判断、理论同客观对象的联系，当然也就可以完全否认有客观的真假标准。于是，作为工具的一切观念、判断就只剩下唯一的标准——有效无效了。“既然工具既不是真的，也不是假的，因此真假均不是判断的特性。工具往往都是有效的或无效的，适当的或不适当的，经济的或浪费的”②。设想一个工具本身没有真假而能够“有效”，显然是不可思议的，就像设想一把斧头可以不必是真的就能劈开木柴一样。所以杜威的这一理论一分钟也不能坚持，就立刻滑到另一个论题上去：有效就是真的——用价值标准偷换真理标准。

杜威工具主义的要害，就是在强调人类认识真理的目的性时，用这种目的性取代和取消真理的客观性。在他看来，人们的每一成功不过是碰巧抓住了一件有效工具的结果，而整个人生则不过是一场赌博，是无穷无尽的冒险和碰运气：“人发现他自己生活在一个碰运气的世界；他的存在，说得粗俗一些，包括着一场赌博。”③ 从他关于工具本身没有客观规定性的观点出发，所得出的只能是这样的结论。随之而来的，必定仍然是詹姆士那一套结果：人只要获得令自己满意的效果，无论采取什么手段都是真理。

区别追求真理的目的与真理本身，区别真理的价值与真理本身，是批判工具主义谬论的关键。当然无须否认，真理确实是人类改造世界的伟大的认识工具，真理确实是有价值的。但工具主义的谬误不在于承认真理是工具，有价值，而在于它认为真理完全从属于价值，并认为工具本身是无客观真实性可言、完全主观随意的。

对以上三个代表人物的简略考察可以看到，经典的实用主义有

---

① 转引自刘放桐：《实用主义述评》，65 页。

② 同上书，147 页。

③ ［美］杜威：《经验与自然》，36 页。

一条贯穿首尾的主线，就是从意义、效用、价值的角度来考察知识、科学、真理问题。这种努力反映了它要在两大对立思潮之间实现一种“必要的综合”的意图。这种意图本身是深刻的。但在贯彻这种意图时，由于实用主义者根本无视唯物论和反映论，从而脱离了解决他们所提出问题的唯一科学基础，所以是失败的。

罗素的误读。作为理论上的对立面，逻辑实证主义者曾对实用主义进行了全面的批判。这些批判无疑有很多是必要而且切中要害的。但是，逻辑实证主义者未能超越自己的狭隘视角，因此也未能充分注意实用主义所提出和表达的某些新视角、新问题，却使得这种批判缺少一定的彻底性和建设性。这是我在考察实证主义时不能不感到遗憾之处。

例如，罗素对实用主义者尤其是杜威奉为至宝的工具主义方法，即“先考虑效果再判明意义，把对存在和事实的认识仅仅当作工具”的这种方法，曾经一再批驳，并加以机智的嘲弄。然而在罗素这里，却暴露出了他自己出于概念的成见而导致的误读。这里不妨把罗素的原话摘录出来，看看他是怎样忽视了真正问题的：

> 一个有关以往某事件的信念该划为“好的”或划为“坏的”，并不根据这件事是否真发生了，却根据这信念未来的效果，这一来结果便妙了。假设有人对我说：“您今天早晨吃早点的时候喝咖啡了吗？”我如果是个平常人，就要回想一下。但是，我如果是杜威博士的徒弟，我要说：“等一会；我得先作两个实验，才能告诉你。”于是我先让自己相信我喝了咖啡，观察可能有的后果，然后我让自己相信我没有喝咖啡，再观察可能有的后果。①

罗素在使对方陷入愚腐可笑境地的时候，并没有意识到自己已经转移或不如说是偷换了焦点命题：是争论“好坏”，还是争论“有无”？关于一个事件的“好坏”信念及其检验，本身是一个价值论的命题。按照价值命题的逻辑，如果设计一个提问，应该类似于问：“早餐的咖啡是否可口？”而罗素却将它设计成了“早餐时喝咖啡了吗”这个关于一件事“是否发生了”的存在与事实问题。问题不同，回答自然是不同的。这表明，对于价值问题本身的轻视或回避，已经成为罗素自己的一个盲点。假如设想一下，罗素知道并且思考如

① ［英］罗素：《西方哲学史》，下卷，385 页。

何回答这样的问题："早餐的咖啡是否可口？"那么他会如何回答呢？恐怕也就难以回避被他所嘲弄的思路和方法了：需要回忆一下早餐喝过咖啡以后的体验，是满足还是不满足？然后据此来陈述是否"可口"。既然如此，那么实用主义的思路也就不应该显得那样肤浅可笑了。

应该看到，实用主义试图以科学的方法研究价值，同时从价值的观点看待科学的种种努力，以及它对价值领域某些问题实际研究的深入，比起当时的其他哲学流派来说，在理论上毕竟有一些高明之处。例如，实用主义以它特有的方式敏锐地指出了价值与真理关系问题的哲学地位："哲学的中心问题在于由于自然科学的缘故对事物本质的信念与对价值……的信念之间的关系。"① 并且，它的态度是积极地寻求和促成它们在理论上的统一。再如，实用主义看出了这种理论上的统一的意义，在于加强理论同实践的联系："哲学被人要求成为实践的理论，由于在实践工作中有足够确定的、能起作用的一些观念，依靠它们，可以在实际经验中保证理论与实践的结合。"② 又如，在实用主义面向实践的理论主张中，包含了一种求实的、向前看的积极姿态："这个态度不是去看最先的事物、原则、'范畴'和假定是必需的东西；而是去看最后的事物、收获、效果和事实。"③

特别是，实用主义者（尤其杜威）在研究价值问题时，力图采取经验科学的方法，而不是把价值看作是一个毫无理性和事实可言的领域，实际上提出和猜到了价值的主体性诸特征，并坚持知识的获得与人的价值活动彼此是不可分割的。杜威说："一切认识活动和从事于认知的努力都是从某种信仰、某种业已接受和肯定的意义出发的，而这种信仰或意义乃是过去的经验、个人的和社会的经验的一个积累"④；"好的东西不仅随着四周环境的变化而变化和消逝，而且也随着我们自己的变化而变化和消逝"⑤，"一个在存在中没有根基的理想领域是既无效能也与我们无关的。它是一个黑暗的光"⑥；"把美和道德的善的经验归结成为没有根据的灵机一动，跟

①② ［美］怀特编著：《分析的时代——二十世纪的哲学家》，181页。

③ ［美］詹姆士：《实用主义》，31页，北京，商务印书馆，1981。

④ ［美］杜威：《经验与自然》，343页。

⑤ 同上书，320页。

⑥ 同上书，333页。

把真的经验归结成为没有根据的灵机一动一样，同样是使人气愤的”①；“没有满足也就没有价值，但是一定要有某种完成了的条件才能使满足变成价值”②；等等。这些话中，如果扬弃了关于经验、存在等范畴的纯粹主观化的臆断，就可以窥见其中包含着一些合理的价值论思想。

总之，如果我们不是把实用主义理解为一种真理论，而是把它看作一种价值论，那么从中无疑可以得到不少启示。

真理与“有用”的两种联结

实用主义的独特风格，主要在于“强调要立足于现实生活，把确定信念当作出发点，把采取行动当作主要手段，把获得效果当作最高目的”③。在这一点上，它同马克思实践唯物主义的价值原则和务实精神有相通之处。但是，通过“真理＝有用”这个引起极大混乱和争议的实用主义核心命题，我们也能够充分地辨认这两种不同的价值与真理统一观，指出它们之间的区别乃至对立之点：

实用主义观点的理论前提，是否认对象的客观存在，否认人的观念是一定客观存在的反映。它既把真理归结为主观经验形式，也把价值说成是纯主观的需求、兴趣、情感、意志，总之是把一切都归结为主观的形式；而对世界的存在及其本性、规律等的尊重，则仅仅看作是一些工具性的假设，甚至是“无用的”、“无聊的”追究。这就势必导致从原则上对科学、知识和真理原则的轻视，产生如罗素所担忧的那种“宇宙式的不虔诚”④ 态度。

实用主义否认价值与真理的差别和相互作用，用主体吞没客体，用价值吞没真理。这就意味着把人类的价值活动说成是没有外在的客观根据的，除了人自身以外可以不受制约的，本质上是盲目的行为。我们说“真理必对人类有用，对人类有用必有真理”时，这个“有”是指包含，而不是等同。就是说，当价值中映现、体现着真理，或真理显示其价值，真理作为实现价值的条件时，真理和价值各自并没有消失而归结于对方。而“真理＝有用”不仅混淆了“包含”与“等同”，还把这种等同规定为单向的归结。它不是根据真理

① ［美］杜威：《经验与自然》，341页。
② ［美］怀特编著：《分析的时代——二十世纪的哲学家》，191页。
③ 刘放桐：《实用主义述评》，23页。
④ ［英］罗素：《西方哲学史》，下卷，388页。

来理解有用，而只是用“有用”来规定真理，因而实际上否定了科学真理对人类必然有用这个普遍的关系。例如詹姆士说，某些真理之所以成立，“是指使我们自己更加满意而说的，而各个人所强调的他们的满意之点，却是各不相同的。所以，这里的每一样东西，在一定程度上，都是可以任意地捏成各种形态的”①。这席话清楚地表达了“真理多元论”的结论，就是价值成为“多”，而真理实际上是“无”。这就难免为一切借口“无用”而蔑视真理、背叛真理、践踏真理的行为开放绿灯。

从逻辑上不难判断，实用主义常常与理论的相对主义和实践的功利主义相联系。实用主义关于“向前看”，“看最后的事物、收获、效果和事实”的主张中，包含着强调务实和人的主动创造精神等一些合理的、积极的因素。然而在强调这一点时，它却使之变成了一种只顾应付眼前事实、谋求狭隘功利的机巧。这是因为，实用主义否认客观事实对人的活动有着根本的制约意义。这样，不仅任何价值对不同人来说都是相对的，而且一切真理也都只是相对的。今天在这里获得了成功，它就是真理；明天在那里没有成功，它就不是真理；今天由甲取得此种价值，明天由乙取得彼种价值，彼此之间可以没有任何联系；整个生活就是一场不停地东碰西撞的碰运气，就像掷骰子一样，充其量只有微小的概率可循。当詹姆士说“实用主义者坚持事实与具体，在特定场合下观察真理的工作，并做出概括”② 的时候，他正是用来反对从“事实”的发展和“具体”的变动中把握世界的观点。这种割裂特殊与一般、现实与发展、局部与整体的方式，同多元论相结合，就构成了不折不扣的相对主义。相对主义使实用主义的“向前看”不是历史的、方向一贯的，而是随机的、间断的、无序的。它在实践中往往蜕变为片面化的功利主义，如脱离了精神价值去追求物质价值，弃文化、文明、道德于不顾，只知道眼前的物质利益和经济利益。这种庸俗的功利主义再与庸俗的利己动机相结合，就必然造就庸人的市侩哲学。

为了把问题表达得更清楚一些，这里不妨对“真理＝有用”或“有用即是真理”这个命题本身再做一次实践论的语用分析：

“真理＝有用”或“有用即是真理”的实践态度，可以形象地比喻为生活中“有奶便是娘”这样一种态度。因为在它看来，一个观

---

① ［美］怀特编著：《分析的时代——二十世纪的哲学家》，167页。

② 同上书，170页。

念（“娘”）之是否真理，不在于它是否反映了某种客观确定的（母子之间家庭的和血缘的）存在或关系，而全在于它是否有令人满意的效果（“有奶”）。这个比喻可以直观地显露命题的荒谬所在。因为常识告诉我们，“娘”这个概念的真实性，在于母子之间客观存在的家庭和血缘关系，并不在于是否有某个特定的“令人满意的效果”（“有奶”）。这才是这一概念的本质。也就是说，人们在考察真理的价值时，是严格地把真理同真理的价值加以区别的。一个真理是产生或不产生某种特定的有用效果，并不改变真理本身的客观性质。所以事实上，人类尽管长期地吃着牛奶、羊奶等，却从来不曾混淆这种关系，不曾忘记谁是自己的母亲。可见，用一种价值功能、效用来代替事物的本质，它所导致的错误和荒谬是不言而喻的。从真理观的角度实事求是地批判实用主义的这个公式，不仅完全必要，而且符合人类历史的实际。

然而，在揭露和批判实用主义这一谬误的时候，我们不应该忘记另一个历史的教训，这就是曾经在我国猖獗一时的极端教条主义。这个同样荒谬并且事实上时间更长、影响更深的教条主义，始终是与“左”的政治路线联系着的。它的标志是曾经喊出“宁要社会主义的草，不要资本主义的苗”、“坚决与资本主义对着干”之类的口号。这种“宁死不食周粟”的态度，看似与实用主义截然相反，犹如主张：“娘若无奶水，孩子便饿着”。然而它所表现出来的，却仍然是同实用主义一样的思维方式，即“吃奶＝叫娘”，不过是采取了相反的态度而已。这种极端片面化的思维，同样是混淆了价值与事实的界限，颠倒了目的与手段的关系。它给国家和民族带来的灾难，实际上比实用主义更严重，所以是不应该忘记的。

实事求是的务实精神，同上述二者都有根本的区别。它表现为：在坚持目的的前提下放开手段，在追求真理的方向中注重实效，在保持原则坚定性的基础上把握策略的灵活性。只要是能够用来发展壮大我们自己事业的手段，都可以采用。“即使是资本主义曾经用过的，也可以让它今天为社会主义服务。”这种思路和态度，可以比作“有奶可以吃，娘仍是娘”——娘没有奶水时，可以请奶娘，或给孩子吃牛奶、羊奶等。人类实际上已经这样做了多年，并未发生过上面那两种偏差和困惑。因为人类的生存和发展，从来就需要而且能够利用一切有利的因素去创造价值，并且努力认识这些能够提供价值的客体本身的规律（如关于奶牛、奶羊的科学知识），揭示这方面的真理。人类的实践从来就是如此。当然，在现实生活中情况也许并不都如此简单明白。但纵观人类的历史，基本的道理就是如此！懂得这个基本的道理，并善于结合实际去掌握它、运用它，是我们应有的科学精神、理论胆识和工作艺术。

总之，划清实践唯物主义价值与真理统一原则和“实事求是、注重实效”态度与实用主义和教条主义两种极端片面性之间的界限，并不是一个神秘的、困难的问题。这里的关键在于承认和尊重人类的历史实践。

第九章
历史与价值

运用价值论的视角，可以对生活实践的历史和我们的历史观作一些新的考察。

在哲学上，价值论和历史观分属不同层次和系列：历史观与自然观、思维观等属于同一系列，它们是依各自的特定对象领域而形成的横向理论分工；价值论则与存在论、意识论等同属一般世界观方法论的内容。存在论、意识论、价值论与自然观、历史观和思维观等之间，并不是简单的对应或从属关系，而是“元理论”与具体理论的关系，真理观和价值观是整个世界观方法论的基本内容。任何自然观、历史观和思维观之中都有自己的真理观和价值观。

一、价值论的社会历史观

价值观与历史观的统一是一个双向的建构过程：一方面要使价值观向历史观领域延伸，另一方面也要使历史观向价值观的高度提升。这里首先从价值观的视角考察社会历史。

人是社会历史的主体

狭义的历史观是指专门以社会历史为对象的哲学理论。① 历史观的第一个重大问题，即社会历史的存在论根基问题，就是如何看待社会历史的存在与人及人的活动的关系。肯定社会与人、社会历

① 国内有一种主张“哲学就是历史观”的观点，也因此认为“历史唯物主义”应该是马克思主义哲学的总体名称。若按此意，那么这里作为马克思主义哲学一个理论分支的“唯物史观”，就应该保留其狭义历史观的学科性质，而“历史唯物主义”也不应再是“唯物史观”的同义语了。这一点尚未引起足够的注意。

史与人的活动的本质同一，是理论上实现历史观与价值观统一的第一个前提和最深刻的基础。

有一种观念，常常这样或那样地把人和人的活动与社会和历史理解成彼此外在的关系，因此它也把价值关系和人的价值活动看作只是人类社会一个派生的方面、一个丛生的环节，认为人的价值活动只是从属于某个更大更普遍的“社会本质”的、外在的或局部的行为，而不是社会历史本身内在的、普遍的、必然的存在方式及其本质内容。这实际上是脱离了社会实践去理解社会历史的表现。马克思笔下的费尔巴哈就是如此：他“仅仅把理论的活动看作是真正人的活动，而对于实践则只是从它的卑污的犹太人的表现形式去理解和确定”①。按照费尔巴哈的观点，人的价值活动只被当作人的个别的求利行为来看待，认为它只是社会历史中一种表面的、次要的活动；或者干脆把人的价值活动当作仅仅是人的一种主观刻意行为，认为它只能是对于社会生活和历史规律的某种正确或不正确的反映，而不是本身即需要给以反映和正确认识的社会历史的本质显现。这种历史观实际上是单纯认识论式的历史观，它的价值观则是一种主观化的价值观。因此在谈到价值观与历史观统一时，它最终所能提供的也是最重要的结论，就是要求人们的价值活动以认识、服从和符合“社会历史”为己任。

认识论式的历史观思路虽然是必要的，但并不是完整的和唯一的。单纯认识论式的历史观有很大缺陷，它很难使社会历史的存在与人的存在、社会运动的“自然历史过程”与人的价值选择和创造过程真正融为一体，其发展到极端的表现，就是陷入“社会与人”之间二元对立和二论背反的怪圈。以如下方式提出问题就是一个代表：“究竟是社会在先还是人在先？究竟是社会第一还是人第一？”而“突出社会就意味着贬低人，重视人就意味着排斥社会”这种带有非理性成分的思绪，则简直已成为历史观研究中的一个障碍。

我们看到，在唯物史观创始人那里则相反：人和人的活动与社会和历史之间，从来都被看作是内在同一、互为表里的：

> 社会——不管其形式如何——是什么呢？是人们交互活动的产物②；

---

① 《马克思恩格斯选集》，2版，第1卷，54页。

② 《马克思恩格斯选集》，2版，第4卷，532页。

> 创造这一切、拥有这一切并为这一切而斗争的，不是“历史”，而正是**人**，现实的、活生生的人。“历史”并不是把人当做达到**自己**目的的工具来利用的某种特殊人格。历史**不过是**追求着自己目的的人的活动而已①；
>
> **人的**本质是人的**真正的社会联系**，所以人在积极实现自己**本质**的过程中**创造**、生产人的**社会联系**、社会本质，而社会本质不是一种同单个人相对立的抽象的一般的力量，而是每一个单个人的本质，是他自己的活动，他自己的生活，他自己的享受，他自己的财富②；
>
> **正像**社会本身生产作为**人**的**人**一样，社会也是由人**生产**的③；
>
> 社会，即联合起来的单个人④；
>
> 社会本身，即处于社会关系中的人本身⑤；
>
> 人们的社会历史始终只是他们的个体发展的历史⑥；

等等。所有这些都表明，马克思是从存在论的意义上把社会如实地理解为现实的、活生生的、创造着自己的社会联系和社会本质的人的集合体，而把历史如实地理解为人本身的活动过程和结果的存在。如果坚持这种理解方式，那么我们历史观思维的着力点，应该是充分说明和体现人与社会、人的活动与社会历史的统一与一致，而不是它们之间的彼此外在和相互排斥。

例如，社会历史本质上是个“自然历史过程”，但这一过程的“自然性”并非等同于天然的自在性，而应首先从人本身、社会本身的必然性及其表现方式上去理解。就是说，人类社会的“自然历史过程”，并不是像自然界的发生和发展一样是“不依赖于人的”，社会的历史而恰恰是“依赖于人的”。即它是人的存在和本性、人的活动的必然性和规律性的表现。为此，就要多从人本身的存在及其与外部自然界的相互关系，即“人的客观性和必然性”，而不是用人以外的“客观必然性”来说明社会历史。如果不是这样思考，那么事

---

① 《马克思恩格斯全集》，中文 1 版，第 2 卷，118～119 页。
② 《马克思恩格斯全集》，中文 1 版，第 42 卷，24 页，北京，人民出版社，1979。
③ 《马克思恩格斯全集》，中文 2 版，第 3 卷，301 页。
④ 《马克思恩格斯全集》，中文 2 版，第 30 卷，526 页。
⑤ 《马克思恩格斯全集》，中文 2 版，第 31 卷，108 页，北京，人民出版社，1998。
⑥ 《马克思恩格斯选集》，2 版，第 4 卷，532 页。

实上就难以避免“重新把‘社会’当作抽象的东西同个人对立起来”。

再如，关于“社会存在”、“生产力”、“生产方式”、“社会关系”等这些最重要的唯物史观范畴，绝不应该忘记或忽略其创始人本来赋予它们的前提规定，即每一个都曾冠以“人的”、“个人的”或“人们的”、“他们的”这类主词，如“人们的社会存在”、“人们的社会意识”等。就是说，不仅社会意识只是人们的现实意识，而且社会存在也只是人们的现实存在。犹如“生产力和社会关系——这二者是社会个人的发展的不同方面”① 一样，我们对于社会和社会存在的方方面面，都应该把它们同人的存在和活动联系起来、一致起来去把握，而不是把它们当作与人不同的独立实体，使它们与人相互对立。

然而在以往的一些说明中却有这样的情况：由于忽略了原文的前缀，结果演变成社会与人之间的外在分离。例如，由于“社会”这个概念含有“共同性、公共性”的意思，所以“社会存在”往往被用来指人们共同的、公共的存在方式，指人群共同体、生产方式、社会制度等。于是就形成了一种印象，以为“社会存在”仅仅是指“社会”的存在，而不是指人自己特别是个人自己的存在。很多教科书就是如此解释社会存在的。由此而进一步得出：只有“社会”才是“客观”的，而“人”则归根到底只是“主观”的；生产力和社会关系等社会结构的形式，都分别是与人相互并列的独立方面，而不是“社会的个人发展的不同方面”，等等。在这种情况下，人与社会、人的社会意识与社会存在、人的发展的不同方面（经济、道德等）之间这些本是人或社会的自我关系问题，就会被当成彼此独立的事物之间的外部关系问题，而“人”则仅仅扮演社会的外部观察者或被动适应者的角色。

之所以会造成上述误区，的确有诸多原因。其中有些仅仅属于概念思维的层次和方法问题。在这样的问题上如果思考得当，一些偏执是不难克服的。例如，马克思反对抽象地理解人。但概念的抽象化同普遍性是两回事。以往对人的抽象化理解，其特征恰恰是把个别人绝对化并当成了普遍，而不是真正从科学抽象的高度把握人的普遍性。“人”和“个人”在理论上都是整体性的普遍概念，它们

① 《马克思恩格斯全集》，中文2版，第31卷，101页。

并不是现实中某一部分人或某个人的代名词。但人们却有时忽视这一点，只根据自己对某些具体人的特殊理解和偏好去限定和判断概念。就像在格律恩那里“人＝德国的小市民”一样。[1] 这种混淆一般和个别的思维习惯，必然导致理论上的狭隘和僵化。有些论者在谈论唯物史观时，总以为应该少谈或不谈人和个人，否则就容易犯唯心论或人本主义的错误，其思想方法上的毛病就在于此。

总之，按照唯物史观所理解的社会历史，绝不是可以同人和人的活动相互分离的某种外在力量和神秘过程，应该说，它就是现实的人和人的活动本身。社会就是人，具体的社会是现实的具体的人；历史就是人的活动，现实的历史就是现实的人的实践活动。明确这一点，是从历史观的前提中找到价值观，并使历史观向价值观上升的第一个步骤。

历史真理论与历史价值论

以往占主导地位的唯物史观表述，基本是一种“历史真理论”或“真理论的历史观”。

唯物史观创始人把人的物质生产活动确定为人类的“第一个历史活动”，是“一切人类生存的第一个前提也就是一切历史的第一个前提”，并指出：“任何历史观的第一件事情就是必须注意上述基本事实的全部意义和全部范围，并给予应有的重视。”[2] 如何理解“上述基本事实的全部意义和全部范围”？传统的“历史真理论”大体是以劳动为起点而向着社会外在现实展开：物质生产劳动本身是受客观必然性制约的过程；而物质生产又是整个人类社会的根基，社会的结构及其演进是以生产方式的结构及其演进为基础和根源的；所以只要把社会历史的发展最终归结为生产方式特别是其中生产力的发展，就可以从根本上正确地把握社会历史的唯物主义本质，把握宏观的历史进程……这种思路的侧重点，在于揭示以生产方式为基础、不依赖于人的认识和选择的社会运动方式，进而提供关于社会发展规律的客观真理，并提出依据这些规律改造社会的思想理论。

这一方向和思路的成功或优越之处，在于它首先贯彻了科学的认识论方式，或者说它更多地显示了“历史观的真理论”方面，把

---

① 参见《马克思恩格斯全集》，中文 1 版，第 4 卷，266 页，北京，人民出版社，1958。

② 《马克思恩格斯全集》，中文 1 版，第 3 卷，31、32 页。

社会历史规律的尊严提到了历史观应有的位置。但在这一思路中，劳动的必要性和必然性、物质生产方式特别是生产力自我运动的初始条件等，只是被当作无争的事实和不言而喻的前提被凭据着，却没有进入到理论思考的中心位置。

而把价值概念作为一个世界观和方法论范畴引入历史观后，则意味着进入一种“实践论的历史观”，其中不仅包括“历史真理论”或“真理论的历史观”，更包括“历史价值论”或“价值论的历史观”方向。

实践，作为人类特有的对象性感性活动，是人类生命的本质形式、人的特殊存在方式。而价值和价值关系，则是实践的内在目的和普遍内容：人作为主体，以自己的本性、需要和能力及其发展为尺度，去接近、认识、理解、评价并适应和改造一切客体，从而实现自己的生存和发展。凡属上述性质的活动，不论其具体形式如何，都是人的价值活动。因此从实际内容看，人的社会实践本身就是人的价值活动。这一点首先适用于物质生产劳动。马克思说：“劳动过程……是制造使用价值的有目的的活动，是为了人类的需要而对自然物的占有，是人和自然之间的物质变换的一般条件，是人类生活的永恒的自然条件”①。物质生产劳动本身就是典型的价值活动。“制造使用价值”不过是人类无限多样化发展的价值追求和创造活动的一种，然而它又是最起码、最重要的那一种。以它为基础和前提，人类一切旨在实现（经济、政治等）功利、道德、审美等社会和文化价值的活动，追求真善美的活动，都是人的价值活动。它们都是“为了人类（各种不同）的需要”而制造或实现各种不同价值的“有目的的活动”。

总之可以肯定地说，人类社会及其历史与人的价值活动之间，既不是某个抽象不变的本质与它的派生现象之间的关系，也不是社会生活的客观存在与主观反映的单纯认识论关系，更不是某种彼此外在的二元对立关系，而是具有普遍必然性的内在同一、互为表里的关系。换句话说，所谓社会历史，本身就是或者至少本身就包含着并表现为人的价值活动及其结果。人的价值活动正是那构成和推动着“社会历史”的实际内容，而社会历史从这一方面看来也正是人的价值活动史。

---

① 《资本论》，2版，第1卷，215页，北京，人民出版社，2004。

在“历史价值论”的考察中，劳动的意义和范围必然向着另一方向展开，使以往在“历史真理论”中仅仅作为前提和起点的一些内容，在这里成为考察的中心。如：人为什么而劳动？劳动的内在尺度和动力是什么？生产力为什么总是最活跃最革命的因素？人类在发展生产时是否（对工具、原料和劳动关系形式等）有所选择？人类进行各种选择的标准和界限在哪里，由何而来？这些选择及其标准对于劳动和整个社会历史的意义如何？…… 要回答这里的一系列深层问题，就需要对劳动本身的主体性内容和内在动力等进行专门的考察，并涉及人的需要、能力、满足需要的追求方式等及其发展的意义，从而把人作为社会历史主体的地位再进一步凸现出来。显然，这一思路也是充分理解“上述基本事实的全部意义和全部范围”所不可缺少的重要方面，是对劳动意义更具“形而上”层次的研究，也是对传统的“历史真理论”的一个必要补充。

“历史真理论”与“历史价值论”统一的基础在于实践和对实践的完整把握。马克思关于劳动的“两个尺度”的思想提供了这样的视野和方法。真理和价值本身就是人类实践、劳动的内在尺度，追求真理和创造价值作为实践和劳动的基本内涵内在于人类的进步活动之中，而不是它之外之后的某个附加产品。正因为如此，人类的历史已经向我们表明，在人类健康、正常的活动和发展中，真理与价值之间不仅必须而且能够实现统一。事实上，正是通过它们之间具体的历史的统一及其不断发展，才有今天的人类文明和未来的人类解放。所以，真理与价值的统一、真理观与价值观的统一、历史真理论与历史价值论的统一，应该成为阐述历史观的一个总体性的科学原则和方法。

人的价值活动与社会历史规律

如何在历史观的阐述中体现真理观与价值观的统一，最具有决定性的是如何看待社会历史的规律性与人的价值活动的关系。例如：所谓社会历史的客观规律性，是否本身就包括并表现着人的价值活动的内在必然联系？或者再具体些，人的价值活动是否本身就具有某种客观的规律性，并且它们就是构成现实的社会历史规律的一部分？……这样提出问题，将有助于我们向着更深的层次去思考价值观与历史观统一的客观基础。

人的价值活动，如果不被肤浅地理解成仅仅是人的主观任意行为，而是从其作为人的本质、本性的必然表现去理解，那么就会看到：人的现实价值活动从来都是受主客体各方面条件制约的，因此它的过程和结果中总是表现出内在必然性和外在必然性之间的交织统一。再进一步，如果承认人类价值活动的整个历史呈现出一条从被动向主动、从狭隘向丰富、从低级向高级发展的线索，那么就会看到，这一线索恰恰又是与社会历史的发展线索相互吻合的；等等。由此我们就可以首先得出结论：人的价值活动作为一种现实的现象，本身是有其本质的必然联系即规律性的，至少也存在着规律性的现象。

说到人们价值活动的规律或规律性现象，似乎不像自然规律那样确定和易于把握。但在我看来，这种困难相对来说并非是实质性的。重要的是，绝不应再以人与社会、人的活动与社会历史相分离为前提，从此出发去寻求什么与历史规律不相干的价值活动规律。而是要从现实社会历史的运动中去理解内在的价值因素作用，从以往已经确认的社会规律中理解价值活动的规律性表现，从人们价值追求的起因、目标、选择和实现的条件、方式、结果以及它们的相互联系中，去发现并理解现实社会运动的方向和规律性。

例如，在马克思主义的唯物史观中，就包含着对以下这些不妨说是社会历史运动中的规律性现象的概括：

社会存在决定律。"人们的社会存在决定人们的社会意识"是唯物史观所揭示的第一个根本规律。它既是一个社会存在论和社会意识论的规律，同时也是一个价值论的规律。"社会存在决定律"意味着，人们的价值存在决定人们的价值意识构成了人类行为的内在必然法则——既是历史观的，也是价值观的根本原则。

两个尺度统一律。马克思揭示的人类活动中的"两个尺度及其统一"，也应该看作是人类活动的一个内在规律。如前所说，人的一切历史活动必须遵循客体的尺度，从这方面看，它包含、引导出了一个真理性原则，或叫"真理律"；从人的活动必然遵循自己的主体尺度这方面看，它也包含或意味着价值原则，或"价值律"；而"真理和价值统一律"则是人类保证并实现自己生存发展更高层次的、整体性的根本原则。它通过人类历史一切进步发展的过程和结果而显示其作用，所以是社会历史的深层普遍规律之一。

社会基本矛盾律。"生产关系适合生产力"和"上层建筑适合经济基础"作为在理论上已经承认的社会基本规律，同时也就表现着人的价值活动的规律性。因为生产力本身也是人的一种价值创造能力，生产关系中即包含着人与物（生产资料）、人与人之间的具体价值（利益）关系，经济基础和上层建筑则更明显地具有人们的各种社会利益之间的相互联系性质。这些规律的存在和作用从来都不是排斥价值因素，而恰恰是以价值因素的存在为内因的。很显然，如果离开了人们的价值动机和价值选择行为，也无法说明其为什么要"适合"和如何"适合"？"适合不适合"的标准何在？"适合"与"不适合"之间的较量靠什么力量来解决？等等。因此这两大规律可称"社会基本矛盾律"，也是人类价值实践的历史规律。

需要和目的律。既然把社会历史如实地理解为人的活动史，那么人的需要、目的、能力的发展及其作用是否本身具有其客观的规律性，它们同社会历史规律之间的联系等，就必然是一个不容忽视的领域。马克思对此有过十分明确的阐述。例如他说："……已经得到满足的第一个需要本身、满足需要的活动和已经获得的为满足需要而用的工具又引起新的需要，而这种新的需要的产生是第一个历史活动。"[①] 这里不仅肯定了需要的意义，而且也几乎明示了一个关于"需要的发展规律"的结论。马克思还说过，人在劳动中"实现自己的目的，这个目的是他所知道的，是作为规律决定着他的活动的方式和方法的，他必须使他的意志服从这个目的"[②]。同样也揭示了人的活动目的所具有的一定规律性质。"需要律"和"目的律"等正是人类价值活动，从而也是社会历史发展内在动力方面的规律性现象。

主体间性律。以往备受关注的阶级斗争，从更广泛的意义上看，是从属于社会主体间的关系现象。阶级与过去和未来的国家、民族、部落、氏族、阶层甚至家庭等之间，有一定的共同性质，即它们都属于社会的人群共同体，是社会主体因历史条件而分化组合成的具体形态。阶级是基于一定经济关系而形成的分裂对立的社会主体，阶级斗争实际上表现为以阶级为主体的社会关系运动，是阶级之间为了价值而进行的斗争。从广义的社会价值主体历史形态及其社会关系的发展演化中把握社会历史的规律，是认识社会历史的一条基本途径。就是说，不论阶级是否仍然存在，主体间的社会关系都有其客观的规律性和重大意义。

历史合力律。多元的社会主体（阶级、民族和个人等）的不同价值取向，与社会运动的规律性显现之间，究竟有无一定的联系？

---

① 《马克思恩格斯选集》，2 版，第 1 卷，79 页。

② 《马克思恩格斯全集》，中文 1 版，第 23 卷，202 页。

是一种什么样的联系？对此，恩格斯曾用“合力论”加以说明：虽然“无数的个别愿望和个别行动的冲突，在历史领域内造成了一种同没有意识的自然界中占统治地位的状况完全相似的状况”①，然而这却是由于这些意志力的无数个“平行四边形”，通过“融合为一个总的平均数，一个总的合力”而造成了历史事变的结果；虽然“这个结果又可以看作一个作为整体的、**不自觉地**和不自主地起着作用的力量的产物”，但它实际上并不存在于人的活动之外，“每个意志都对合力有所贡献，因而是包括在这个合力里面的”；所以“历史是这样创造的：最终的结果总是从许多单个的意志的相互冲突中产生出来的”②。“历史合力”论揭示了人们社会行为的动机与效果、个体选择与整体结果之间的内在联系。这种联系，是我们可以而且应该据以认识和说明历史的、具有方法论意义的规律性现象，不妨简称之为“历史合力律”。

除了这些已经看到的宏观历史规律性现象以外，人类价值活动在各个具体的环节和具体的方面还有更多特殊的具体的规律或规律现象。不难想象，如果我们扩展开自己的视野和思路，用价值论的眼光再来看一看人类生活的实际，就会得到对于社会历史及其规律性更现实、更深入、更丰富、更具体的理解。

作为历史价值观的人民主体论

根据价值观和历史观统一的逻辑，马克思主义的基本价值观念，必然是一种“人民主体论的价值观念”。所谓人民主体论的价值观念，就是以人民群众为最高的价值主体和评价主体，以人民群众的利益、要求和实践为最高价值标准和评价标准的观念体系。

毛泽东对中国共产党“宗旨”的阐述，是对这一价值观念非常集中而鲜明的表述。在汉语中，“宗”是指“居于根本的、最高的、统率地位的”的人和事物；“旨”是指意旨、旨趣，即价值取向、价值标准、价值原则。因此，所谓“宗旨”就是“根本的、最高的、统率一切的价值取向、价值标准、价值原则”，即根本的、最高的价值观念。毛泽东指出，“为人民服务”是共产党和共产党领导的军队、政权、党的全部事业的唯一的宗旨：“我们这个队伍完全是为着

---

① 《马克思恩格斯全集》，中文1版，第21卷，341页，北京，人民出版社，1965。

② 《马克思恩格斯全集》，中文1版，第37卷，462、461页，北京，人民出版社，1971。

解放人民的，是彻底地为人民的利益工作的。”① 而将这一宗旨的内容作为最确切的价值观念表述形式的，则是：

> 共产党人的一切言论行动，必须以合乎最广大人民群众的最大利益，为最广大人民群众所拥护为最高标准。②

一般说来，只要是谈论价值观念，就必须明确两个主体性的问题：一个是价值观念的主体，即“谁的价值观念”的问题；另一个是价值观念中的价值主体和价值标准，即“一切为了什么人”的问题，这一点决定着它是什么样的价值观念。在现实生活中，虽然上述两个问题的答案常常是合而为一、一体化解决的，即“是谁的价值观念，就会为了谁自己”，彼此并不冲突；但是在以社会关系为纽带的世界上，任何人对“自己”与“他人”的理解、选择和定位，都不是简单孤立的，这里必然显示出根本立场与思想境界上的重大差别。因此在很多情况下，决定一种价值观念性质和面貌的，并不在于它表面上声称“是谁的”价值观念，而在于它实质上是“一切为了谁”的价值观念。从理论上说，“为什么人的问题”，总是在价值观念的领域中，也仅仅是在价值观念的领域中，是一个带有根本性、原则性的问题。而在科学认知和科学真理的体系中，它并不具有这样的性质和地位。因为不管为不为什么人，客观事实和科学真理都是不依人的利益和意志为转移的。而“为什么人的问题”则是价值观念中的主体性问题，主体不同，价值和评价标准就必然不同。因此一切价值观念都必须解决谁是价值主体和评价主体，即以什么人的利益和要求作为价值标准的问题。这在任何一个价值观念体系中都是一个根本的、原则的、核心的问题。古往今来世界上各种价值观念体系之间的不同，归根到底都在于此。

在毛泽东关于“宗旨”的表述中，包括了构成价值观念的基本要素：（1）它开宗明义地揭示了共产党人一切言论行动的“最高标准”，一方面确定了价值观念的主体是“共产党人”，另一方面也表达了作为价值观念所特有的思想形式，即它是作为“评价标准”的观念系统。（2）它具体地指出：在这一价值观念中，是以“最广大人民群众的最大利益”作为客观的价值标准；而以人民群众的态度和反应为主观的价值标准，以是否得到人民拥护作为共产党人自我

① 《毛泽东选集》，2版，第3卷，1004页，北京，人民出版社，1991。
② 同上书，1096页。

评价的标准和依据。（3）这一价值观念系统的核心和灵魂，是以“最广大的人民群众”作为价值和评价的最高主体，而将价值观念的主体即共产党人及其一切言论行动，自觉地置于价值和评价对象的位置上；等等。总之，这里是从政党主体与人民主体、价值主体与评价主体、主观标准与客观标准等相互统一的高度，明确而完整地规定了中国马克思主义者价值观念的根本立场和导向。这一价值观念所特有的价值取向，它的全部信念、信仰和理想的出发点和落脚点，就是自觉地、无条件地站在历史的主人——无产阶级和人民大众的立场上，忠实地代表人民的利益、忠实地贯彻人民的意志，去争取实现人类自身的彻底解放和美好前途。

人民主体价值观念的哲学前提是马克思主义的群众史观、实践观和社会发展动力观的辩证法。这一价值观念不仅规定了价值主体和价值标准，而且包含了检验的标准，这就是人民群众的社会实践。在毛泽东的相关论述中坚持了以实践为真理标准的认识论原理，并在实践观点上贯彻了人民主体论：“只有千百万人民的革命实践，才是检验真理的尺度”①，使认识论原理与历史观原理统一起来；在真理观和价值观上都坚持人民群众的实践标准，并把它们融为一体，成为社会历史观中的评价标准：“中国一切政党的政策及其实践在中国人民中所表现的作用的好坏、大小，归根到底，看它对于中国人民的生产力的发展是否有帮助及其帮助之大小，看它是束缚生产力的，还是解放生产力的”②；等等。在这里可以看出一条清晰的思想脉络：人民群众——人民群众的实践——解放和发展人民的生产力的实践，逐步深入而具体地将马克思主义的认识论、历史观、价值观有机地统一起来。

这一价值观念的理论特色，在于对客观真理与人民价值统一性的深入理解，提出了“真理与人民利益一致”这个具有高度理论创造性和实践指导性的哲学命题。毛泽东曾说：“共产党人必须随时准备坚持真理，因为任何真理都是符合于人民利益的；共产党人必须随时准备修正错误，因为任何错误都是不符合于人民利益的。”③ 这一命题在书斋式和经验主义的思考中往往不被理解和重视，然而它却揭示了哲学上的一条必然结论、一项基本原则。社会历史的客观

① 《毛泽东选集》，2版，第2卷，663页，北京，人民出版社，1991。

② 《毛泽东选集》，2版，第3卷，1079页。

③ 同上书，1095页。

真理，作为社会存在的本质和发展规律的显现，归根到底，是社会历史主体及其活动的本质和规律的产物，它必然存在于、表现于社会历史主体——人民大众自身存在、活动及其条件和过程的深处，必然同人民群众的根本利益及其条件的变化互为表里。社会历史的客观真理就是人类和人民的存在、利益、活动及其条件运动变化的逻辑；人类、人民的生产和生活方式发展变化所遵循、所体现的逻辑，就是社会历史的客观真理，此外无他。

确立人民主体价值观念的前提和决定性环节，是切实地理解掌握“人民”这个历史范畴。像正义、真理、自由等一切神圣崇高的字眼都会受到亵渎一样，“人民”也经常面临如此的厄运。但我们当然不会因此而怀疑或否定“人民”观念，就像不能因同样的理由而抛弃正义等观念一样。也有人认为，与“人”、“个人”、“人类”、“公民”等相比，“人民”这个概念似乎过于政治化，显得空泛，不具有可操作性，在现实中难免流于感情化和随意化，等等。这些看法都涉及如何理解“人民”范畴的特殊性及其现实把握。关键在于，“人民”不应仅仅作为一个技术性、政策性的概念，而应作为一个历史观的概念来理解。

在历史上，“人民”范畴的形成是社会进步的产物。在中国和欧洲古代，“人”与“民”曾被加以区别：具有独立人格和一定社会地位的是“人”，没有独立人格和社会地位的是“民”——那时连“人民”这个概念也还未形成；后来出现的“人民”范畴，其最初含义也无非是相对于统治者、君主、贵族、官吏而言，指的是被统治者、普通群众、“老百姓”等，不过是一个指代社会底层和弱势群体的概念。人民，曾长期被看作是被神和权势所疏远、怜悯、驾驭而微不足道的芸芸众生的统称，所以“人民”也长期不被当作是一个值得认真对待的字眼。只是在欧洲启蒙运动、人本主义思潮的影响下，人的自我解放使“人民”逐渐成为一个神圣的字眼，甚至取代神而成为信仰和尊崇的对象。但那时对“人民”的理解也往往流于形式和情感化层面。

在我看来，“人民”是指社会历史的主体，即承担着社会生活和历史发展任务的所有个人的总和，它是对实实在在地承担各种社会正常职能的个人、阶级、阶层、社会集团及其成员的统称，是指人类绝大多数成员的共同性。从这个一般的含义上看，“人民”范畴是一个介于最普遍的“类”概念和各种最特殊的“个体”概念之间、表达一种特殊整体性的概念。这一概念既是立足于人类历史的主体性现实，也是立足于对人类生存发展的基本价值导向，并力求表达二者的统一。就是说，相对于更加抽象的整体性概念“人”、“人类”等而言，“人民”范畴表达了一种特殊性、具体性：人民并不是无条件、无差别地指一切个人和一切个人的总和，而是特指排除了反人类者（他们相当于人类肌体的“病变”部分）之后的人和人类，即人类健康的、正常的肌体部分。因此可以说，“人民”是“人”和“人类”这个无限整体的主体、主流部分，是站在人类正常生存发展立场上所理解的、具有鲜明价值标准的“人类”的代称。换句话说，当我们不是在绝对抽象的意义上而是在现实具体的意义上，不是以价值中性的描述而是以肯定的价值意义来谈论“人类”的时候，这里所指的就是“人民”。

相对于更加特殊而具体的各种个体形式而言，“人民”范畴表达的是众多个人的共同性，因此它更具有整体性。特别是与带有国家和地域性的特殊概念如“公民”（仅指具有某一国籍的合法居民）、“市民”（仅指城市居民）等相比，“人民”范畴显然更适用于超越国家和地域性的人们的共同性，更适用于表达人的现实权利与责任的历史共同性，“人民”就是对他们具有的普遍性共同身份和地位的一种指代。因此，人民概念并不是抹杀或掩盖了个人的多样化现实，而是以凝聚化的形式更加突出了普通个人的基本权利。当我们不是在绝对抽象而是在现实具体的意义上，不是以价值中性的描述而是以肯定的价值意义来谈论“人”和“个人”、“公民”等的时候，这里同样可以合理地使用“人民”。

“人民”范畴的这种特殊的整体性、具体的抽象性，并不是一种可有可无的想象或概念游戏，而是体现了历史描述与价值立场的统一。作为历史描述，“人民”范畴揭示了这样的基本事实：社会发展的真实动力和永恒主体，是世代相继承担着日常生活的“沉默的大多数”人；作为价值立场的体现，“人民”范畴确定了人类生活的最高价值主体不是神，不是君主、圣贤、在众人之外和之上的任何特殊人物，而是普通人自己。

现实生活中的价值及其主体问题是不可回避的。人类生活的原则，必然需要确立自己的最高价值主体，才会形成共同的价值观念。假如否定了人民这个现实中的最高主体，而认为一切人都可以无条件地自立为最高主体，或认为可以另有一个代表“人类”的主体，那么现代文明中包括政治在内的一切价值信念和判断将会有怎样的最终标准，这些标准又将从何而来？这些都将成为众说纷纭、无法论证的奇谈怪论，使人们陷入更大的困惑。因此问题的真正所在，并不是能否取消“人民”范畴的政治色彩，而在于要使它自觉地具有怎样的政治色彩：是真正由人民当家作主、为人民服务的民主政治色彩，还是由少数人垄断、只为少数人的既得利益服务的专制政治或其他政治色彩？——站在这个高度上就能够充分理解，坚持“人民”范畴的意义和对人民主体论原则的论证把握，必然成为实行民主政治必不可少的理论前提。

深入地观察现实生活可以看到，事实上“人民”范畴并不是在日益淡出，而恰恰是通过日益具体化多样化的现实理解与应用——通过诸如“国民”、“公民”、“市民”以及“民主”、“人权”、“公决”等现代用语的日益强化，体现出种种具体化的大众主体意识，显示它越来越具有了不言而喻的至尊地位和权威性。这表明，“人民”并不像正义、真理、自由等那些神圣崇高字眼一样，因为仅仅是人们所追求的目标，因而有时难免被人们囚禁在脑子里或字面上。而“人民”则是作为主体即一切神圣崇高目标的提出者、追求者和实现者本身，却是不会被任何人囚禁的。人民总是有力量、有办法来发展自己、强化自己、提升自己的。可见，即便是“人民”范畴“具有政治色彩”这一点，严格说来也不是它的缺点。因为，政治并不是少数人的专利，它无非是现实价值体系的一个方面而已。政治永远是与人们的经济利益、社会利益和其他价值因素联系在一起，并且是它们的集中表现。在现实中，正由于“人民”范畴的独特性质和地位，也使得它的把握常常成为决定执政党和政治成败命运的因素。

可见，不论其特定的概念层次，还是它所表达的思想倾向，都意味着“人民”范畴有其不可替代的意义。也可以说，“人民”范畴是“神圣”而不“神秘”的。说它不神秘，因为它就是指现实生活中实实在在地承担着社会发展历史责任，因此也理应享有平等权利的所有平凡而具体的人们；说它神圣，因为人民作为主体对历史发展的最终决定作用，使他们理应享有政治和道义上的神圣地位、神圣权利。

“人民”是个动态的历史范畴，它从来不是一个特定的组织和团体，没有明确固定的外表形式，人民群众的意识和要求也总是不断地发展变化的。但是，这绝不意味着人民是个虚无缥缈的概念，绝不意味着人民的存在、人民的意志和作用等于零，只有通过来自外部或上面的力量代表他们才能显示出来。相反，人民的作用虽然看似无声无形的，却越是在历史的深处和社会发展的大势上，越能够显示其无比的威力。其中就包括：历史上任何组织和个人、任何社会力量的地位和命运，最终都取决于人民的选择弃取。因此从总体上说，人民并没有、也不需要在自身之外的其他代表者，人民自己完全能够并且应该代表自己，其中也包括造就和产生自己的杰出人物和先进组织来执行其职能。这也是说，任何真正意义上的人民代表者，最终只能来自人民。他们的权利和责任，就是了解并反映人民的利益和意志，坚定地站在人民的立场，通过思想和行动自觉担当人民利益的忠实维护者、真诚服务者。也就是说，“代表人民”的根本条件是“服务人民”，并接受人民群众的监督。所谓“领导”也是服务，是在服务基础上的“代表”。这样的一种关系，是社会主义的政治基础，它不仅需要相应的思想理论，更需要通过健全的制度和体制来保证。在以往成功或不成功的社会主义建设中，这是一条极其重要的经验教训。

更不容忽视的是，“人民主体论”原则还意味着，任何关于“人民”范畴的界定和把握，归根到底也都要来源于、根据于、受检验于人民群众自身的实际和人民群众的历史实践，脱离了人民群众的“人民”范畴是不可能真正成立和有效的。我们探讨界定“人民”范畴问题，是为了更自觉地贯彻“人民主体论”原则，这就必须关注社会结构及其历史演进的考察，关注社会实践发展的动向，学会如何解读人民的存在和意志，始终知道人民在哪里、以什么方式形成自己的队伍，人民怎样通过自己的表现来证明人民的存在和意志，等等。这些则是研究社会历史始终要回答的深刻理论问题。

二、社会主义观的反思与超越

当代社会主义理论和实践，为验证价值与真理统一的新历史观提供了重大的历史案例。

社会主义，原本来自一种关于人类社会美好前途的理想和追求。一般说来，当人们强烈地感受到现实社会发展的种种不足和缺陷，不满于生活中种种苦难、不公和黑暗的时候，很自然地就会想到应该有一种更合理、更完善、更光明的社会制度，使人们都能够过上美满幸福的生活。这种高尚的思想和感情，从学理上看就是一种价值追求。对价值的追求是人类固有的权利和责任，是人类不断改造世界、改造自身的一股永恒的精神力量。正因为如此，人类自古以来就不乏各种美好的理想、愿望、信念、预言、设计和承诺。不仅各大宗教历来都热衷于提供永恒的“幸福天国”和“极乐世界”图景，各家学说也都纷纷探讨和鼓吹未来各种各样的“理想社会”、“大同世界”……

然而，尽管人们有权选择和追求自己的理想，有权用自己的价值标准去构想和实现自己的价值追求，却谁也没有权力违背社会发展的规律，用自己的意愿和想象代替那不以人的意志为转移的客观现实，或无视现实条件而任意地改变历史。美好的理想和承诺并不一定都具有现实生命力。自古以来不断翻新的各种美好理想、愿望、信念、预言和设计，都无一例外要在实践面前接受考验，以证明其存在的合理性和可持续的生命力。因此它们也就有了真实与虚妄、科学与幻想、诚实与欺诈、有无生命力之分。社会主义也是如此。

社会主义的历史反思

社会主义产生于批判资本主义。与以往各种关于未来美好社会的描绘（它们大都是忽略历史条件、超越时空的想象和猜测，都还处于极其简单化的形态和水平上，因此它们往往游离于现实的社会发展进程之外）相比，没有哪一个社会思潮能够像“社会主义”这样，不仅真正形成了一门系统的、不断发展的社会学说，而且终于切实地导致了一场持续的、强有力的社会改造运动。

粗略地回顾历史也许可以说：社会主义，如果不是有史以来唯一的，至少也是第一个先有了理论和设计，然后进行有意识的社会组织和改造运动的思想体系。之所以如此，可能是由于社会主义经历了一个长期酝酿、形成和发展，使其自身不断臻于成熟的过程；而这一过程又是与人类社会进入了一个相对高级的发展阶段——资本主义时代紧密地联系着。资本主义的实践本身，不仅将社会发展的许多潜力和可能性发挥到了极致，而且将现存的各种矛盾和冲突也发展到极致。它将资本主义制度的本质和弊病日益充分地暴露出来，使人们能够在享有资本主义的革命性成果的同时，也清醒地看到它的历史局限，从而在批判的基础上探索新的更加先进的社会形态。

“社会主义”就是在这样的历史条件下产生的。它的最初思想形态是16—17世纪的空想社会主义。英国托马斯·莫尔于1516年发表的《乌托邦》和意大利人康帕内拉写成于1601年的《太阳城》两书，就看到了资本原始积累的丑恶和它所带来的灾难。在痛加揭露和控诉之余，书中也设想出一个没有剥削压迫、人人平等的美好社会情景。从此“社会主义”就作为一个十分新鲜而有些神秘的字眼，成为令无数人为之向往和激动的目标。这是“社会主义”作为一个社会思想体系的正式诞生。

但在现实中，“社会主义”从一开始就有着各种各样的面貌。在马克思科学社会主义学说产生之前，社会主义（它当时还不叫空想社会主义）已经有了300多年的历史。从早期空想社会主义者使用文学笔法表达的充满激情的意向，经过18世纪法国人摩莱里和马布利从理性角度加以法理化的论证和深化，到19世纪三位杰出代表人物——法国的圣西门、傅立叶和英国的欧文那里，作为一种纯粹理想的社会主义达到了它的顶峰。马克思恩格斯在《共产党宣言》中，将其称为“批判的空想的社会主义和共产主义”。

1848年发表的《共产党宣言》是科学社会主义学说诞生的标志。但当时它并不叫“科学社会主义”。相反，马克思恩格斯曾对“社会主义”这个名称有所保留。恩格斯在为《宣言》1888年英文版所写的序言中曾说：“在1847年，所谓社会主义者，一方面是指各种空想主义体系的信徒，即英国的欧文派和法国的傅立叶派，这两个流派都已经降到纯粹宗派的地位，并在逐渐走向灭亡；另一方面是指形形色色的社会庸医，他们凭着各种各样的补缀办法，自称要消除一切社会弊病而毫不危及资本和利润。……在1847年，社会主义是中等阶级的运动，而共产主义则是工人阶级的运动”，然而这还是“一种粗糙的、尚欠修琢的、纯粹出于本能的共产主义”[①]。为此，《宣言》曾用了专门的篇幅来考察各种各样的“社会主义”，有包括封建的、小资产阶级的、德国式冒牌货等在内的“反动的社会主义”，还有“保守的或资产阶级的社会主义”、“批判的空想的社会主义和共产主义”等。马克思恩格斯认为，必须在分辨精神实质，划清是非界限的基础上，才能够举起科学社会主义的旗帜。

① 《马克思恩格斯选集》，2版，第1卷，256～257、257页。

科学社会主义继承并发扬了前人关于追求人类解放和美好前途的崇高理想信念，但它绝对不同于空想社会主义之处，则主要在于两点：（1）它超出了主观的价值构想而寻找历史的逻辑，回答社会主义的历史根据和必然性问题。这意味着它力求从一种单纯的价值观念上升为具有科学真理性的学说。（2）经过阶级分析，它明确了社会主义的社会基础和主体力量，意味着从一种抽象的价值观念上升成为一种现实具体的价值观念。

社会主义从空想到科学，既是发展的两大不同阶段，也代表了两种不同的历史思维方式。空想社会主义者对资本主义的无情批判，提出并热情追求社会主义的美好未来，这个价值追求的大方向无疑是正确的。更为可贵的是，通过深刻地认识资本主义的弊病，并有针对性地提出未来合理化的构想，“他们天才地预示了我们现在已经科学地证明了其正确性的无数真理”①。其贡献不可磨灭。但说到底，空想社会主义毕竟是一种不成熟的理论。其“不成熟”的第一个最为明显也最具根本性的表现是，由于“解决社会问题的办法还隐藏在不发达的经济关系中，所以只有从头脑中产生出来”。由于空想社会主义是“依据现实提出问题，单凭头脑解决问题”，就使得它在一系列实质性的问题上，都表现出理论和方法上的先天不足，“一开始就注定要成为空想的，它越是制定得详尽周密，就越是要陷入纯粹的幻想”。空想社会主义“不成熟”的另一个因理论上的隐蔽性而很少被注意的表现，是其价值追求本身的缺陷。空想社会主义的价值理想主要来自单纯“应然”的正义感，其实并未达到成熟的理性高度。因为它尚未使价值构想与现实的真理性结合起来，达到相互一致的境界。马克思恩格斯指出：空想社会主义“这种对未来社会的幻想的描绘……是同无产阶级对社会普遍改造的最初的本能的渴望相适应的”②。“本能的渴望”不能代替科学的论证，没有现实主体的任何理想和观念都不可能产生真正的现实力量。空想社会主义最终只能停留于善良的价值追求水平，而不具有客观真理性。

既然“社会主义”代表更加优越的社会，那么就需要在描绘其历史合法性和优越性的同时，揭示和证明其历史的必然性或可能性，在理论上充分地揭示其在社会历史发展中的切实根基和内在条件，

① 《马克思恩格斯选集》，2 版，第 2 卷，636 页。

② 《马克思恩格斯选集》，2 版，第 1 卷，304 页。

并指出使其变成现实的可行性方式和过程。只有弄清了这些问题，给以令人信服的回答，才能跨越决定性的界限，使理想获得真实生命。否则，“社会主义”也像其他美丽神话一样，仅仅是一些人的主观意愿，一个不能实现的梦想。而马克思恩格斯跨越了这个决定性界限，关键在于通过对生产关系、全部社会关系特别是阶级关系的科学分析，找到了生产力发展要求的代表者与人类价值理想的代表者统一的历史主体。

需要特别指出的是，空想社会主义者那种对自身价值标准缺少反思，并依赖于“从头脑中”产生方案，不注重依据实践发展而发展的一整套思维方式，含有最终必然走向僵化和教条主义的因素。因为它自信已经完全代表了“绝对真理、理性和正义”，所以采取自我封闭的态度，拒绝随着实践的发展而改变自己，拒绝自我批判和自我超越，最终走向教条主义和僵化。《宣言》中谈到了这一后果的表现：“批判的空想的社会主义和共产主义的意义，是同历史的发展成反比的。……虽然这些体系的创始人在许多方面是革命的，但是他们的信徒总是组成一些反动的宗派。这些信徒无视无产阶级的历史进展，还是死守着老师们的旧观点。”①空想社会主义体系最终从历史上出局不是偶然的。这种“自身退化”的历史现象，在世界上并不少见。

与空想社会主义相反，马克思的社会主义之所以被看作是科学的，在于它的理论和方法注重从客观的历史出发，立足于实践，并且把依据于实践的发展看作自身理论的生命和原则。如恩格斯所说：“为了使社会主义变为科学，就必须首先把它置于现实的基础之上。”②“现实”是指整个人类的历史，特别是现实资本主义社会的基本矛盾运动，是指无产阶级争取自身和整个人类解放的切身利益及其斗争所依据的基础和条件。马克思恩格斯特别强调：社会主义不是来自某种主观的愿望和想象，而是一个客观的历史进程，现实的发展正在为它创造着基础，提供着必要的条件和动力；社会主义没有一成不变的现成模式，而是由革命的阶级和人民群众在生气勃勃的实践中不断地创造的产物；因此在实践的过程中，每一步都要立足现实，从实际出发，在不断探索、创造、发展、完善中走向目标。为此马克思恩格斯甚至曾宣布：

① 《马克思恩格斯选集》，2版，第1卷，304～305页。

② 《马克思恩格斯选集》，2版，第3卷，732页。

> 共产主义对我们来说不是应当确立的**状况**，不是现实应当与之相适应的**理想**。我们所称为共产主义的是那种消灭现存状况的**现实的**运动。这个运动的条件是由现有的前提产生的。①

就是说，社会主义共产主义并非来自某个先验的设定，也不是某个终极的静止状态，它就在现实的运动之中；这个运动只能在现实的前提和条件下发生，而不能脱离现实；现实中发生的社会主义共产主义运动，就是在资本主义时代革命地改造现状的运动本身，即人民大众旨在寻求自身解放的社会实践本身。可见，同必然导致僵化和教条主义的空想社会主义相比，马克思恩格斯思想表现出来的是一种不同的思维方式——开放的、动态的，即实践的历史的思维方式。应该说，这一思维方式本身比起用它得出的所有具体结论来，要更加深刻、更加重要。

科学社会主义理论的产生改变了世界面貌，开辟了社会主义实践的新纪元。但一百多年来正反面的经验也表明，马克思恩格斯在理论上已经解决了的问题，却未必能够通过实践充分地体现出来。社会主义的实践者能否像他们那样，始终从世界观的高度把握住社会历史的必然性与人的现实价值选择的统一，是决定社会主义事业成败的基础。

总结现实社会主义运动的经验教训，不能不看到一个相反的、值得深思的现象：在坚信社会主义的历史必然性与坚持人民群众的价值取向之间，存在着各种偏差。而使二者彼此割裂和对立起来，正是导致在现实中失败曲折的一个总体性、实质性根源。以往右的和"左"的、机会主义和教条主义等错误倾向的共同特点，都是一方面机械地、教条地理解"社会主义的历史必然性"，另一方面实际上无视广大群众的根本利益和价值取向，代之以极其狭隘的某些眼前的、局部的甚至是宗派主义的价值原则，从而必然地引导社会主义事业走向失败和挫折。例如，在中国社会主义建设中猖獗一时的"左"的僵化的教条主义，总是片面强调社会主义最终目的和结果的必然性，而蔑视实现社会主义条件和过程的现实性，并同样蔑视群众的现实利益和实际取向，把社会主义当成了仅仅靠外部力量（如行政权力）强加于现实、强加于群众的东西，从而使其失去了应有的基础和活力。"左"和右的倾向实际上都是把社会主义的科学真理性、

① 《马克思恩格斯选集》，2版，第1卷，87页。

历史必然性同以人民为主体、为人民服务的现实价值取向割裂和对立起来。而“左”的僵化倾向，在社会主义国家和社会主义建设时期的表现尤其严重而顽固，其危害也是巨大的。从导致苏东剧变的深层原因和曾在我国为害甚烈的“左”的错误中，可以看到大量这样的教训。

新社会主义观的思维方式

空想社会主义与科学社会主义的区别中所包含的两种不同思维方式的冲突，在几十年社会主义实践中并没有消失。事实上它们总是通过各种不同的方式表现出来，成为引导不同的实践模式并最终影响社会主义成败兴衰的深层思想基础。

过去传统的社会主义观念中，有一种不自觉的习惯或思维方式，就是把“什么是社会主义”和“怎样建设社会主义”分隔开来，当作是“两个”可以彼此分别处理的问题，并且认定：自从有了马克思主义以后，现实生活中“什么是、什么不是”社会主义的东西，至少在理论上已经完全清楚、确定了；只是在“如何建设”社会主义的问题上，才可能有时不大清楚。例如在我国曾为害多年的“左”的表现之一，就是只知道生搬硬套马克思恩格斯关于未来社会主义共产主义描述中的有些甚至是被断章取义的、歪曲了的词句，却拒绝理解和贯彻马克思恩格斯做出这些描述时所依据的历史条件与所采用的方法。所以他们或者认为，现实生活中那些为发展生产力所必需的、为广大群众所需要和乐于接受的东西，并不是社会主义本身所要包括的东西，而统统是与社会主义不相容甚至对立的东西；或者认为，那些在摸索中先期建立起来的社会主义模式，如原苏联模式、中国实行计划经济时期的模式等，以及与这些模式配套的思想观念，就是社会主义应有的、固定不变的标准式样。只有凝固不变地坚持这些模式和观念，才是坚持社会主义，否则就不是社会主义。例如“左”的思潮顽固地把社会主义与贫穷画等号，表明它是把社会主义看作完全来自现实生产力发展以外的东西，是与之相互排斥的某种孤立的、绝对的政治和意识形态。由于这种僵化态度一向以“正统”马克思主义和“真正”社会主义自居，所以它给社会主义事业带来的影响更大、危害更深。

而邓小平理论及其指导下的改革开放实践，则意味着正在形成一种新的社会主义观及其实践方式。在邓小平提出的中国特色社会主义理论中，最具特色也最具冲击力的观念，是旗帜鲜明地把价值观和价值标准引入了社会主义本质规定和判断标准之中。邓小平毫不怀疑社会主义最终胜利的历史必然性，但是针对以往主要是“左”的错误所表现出来的片面性，他更加强调指出：社会主义能否实现，社会主义的本质和优越性能否体现出来，却并不会因此而一帆风顺，而是还有个搞好搞不好，能不能正确理解，能不能采取正确的政策等一系列关键问题。不解决这些问题，就没有现实的社会主义。而这一切都取决于实践，取决于在实践中是否做到解放思想、实事求是，是否坚持以解放和发展生产力为基础、坚持“三个有利于”的标准，是否能够使全体人民走向共同富裕，达到让“人民满意”的效果，等等。这就牢牢把握住了社会主义的两个客观必然性基础——一个是生产力发展的根本作用和趋势，一个是人民群众的历史地位和价值选择，从而在动态实践的高度上，重新完整、充分地确立了价值与真理高度统一的科学社会主义观。

邓小平认为，“什么是社会主义，如何建设社会主义”是“一个根本问题”，突出地表达了一种新的思维角度、思考方式。他不是如人们通常所习惯的那样，先就“什么是”社会主义找出一个“定义”，然后再按定义来设计“如何建”。因为在思考习惯中，人们往往当作两个问题，认为“什么是”说的是本质和定义，“如何建”说的是形式和过程，前者是目的，后者是手段，先有“什么是”，后有“如何建”，二者不能混淆，顺序不能颠倒；并且认定，前一个“什么是”的问题，至少在有了马克思主义以后，一直是清楚、明白、确定的，只有后一个“如何建”的问题才可能有时不大清楚，需要摸索。代表这种传统思维方式的，有一个曾长期流行的提法——“蓝图”。

“蓝图”的意思是：社会主义究竟是什么和应该是什么样子，马克思恩格斯的科学社会主义体系早就研究设计好了，它科学、准确而完整，犹如摆在面前的一纸工程蓝图；而社会主义建设者的任务，说到底就是要按图建成大厦，把梦想变成现实。这种比喻很能代表过去理解社会主义的传统方式。当“蓝图”被作为一套固定不变的社会主义模式和标准来理解贯彻时，它在理论和思想方法上暴露出重大的缺陷。例如：“蓝图”本身只是一个结果性或目标性的设计，它不能离开一定环境和前提条件。就像建造高层大楼的蓝图，是要在具备相应的需要、物力和财力等条件的时候，才能拿来实施。如果忘记了前提，在需要准备条件的时候不是致力于创造条件，而是把未来的目标当作现在的目标，犹如在还没有钢筋水泥的情况下就去建造高层大厦，这就叫作“超越阶段”。在以往的社会主义实践中，人们恰恰经常忘记这一点。马克思恩格斯关于未来社会的预见，本身就是以生产力和社会发展的一定程度为基础的，绝不是无条件的，但人们却经常忘记这些条件和前提。从中国以往犯过“超越历史阶段”的错误中，都多少看得出这种简单化的“蓝图意识”的影子：只急于建造壮丽的大厦，却没有注意它的基础、环境和条件。这就导致了主观意向与现实条件相互关系的错位。

又如：“蓝图”本身的质量只由它的决策和设计者负责，图纸一旦确定，它对施工者就具有指令性和规范性，“图”与人之间是一种外在的、单向的制约关系。当以往的社会主义建设者仅仅把马克思恩格斯的结论当作蓝图的时候，无意中就使自己进入“施工队”的角色。“施工队”的任务只是按图施工，保证质量，不能按自己的情况去增减图纸上的东西，否则就会离经叛道，搞“修正主义”。于是，在过于强化的“蓝图”意识下，社会主义的实践者们反而失去了某些主动性和创造性。或者，一旦在实践中遇到某些失败，证明方案有误时，施工者也只知道埋怨设计者，把一切都归咎于前人，而不懂得如何总结自己的经验教训。这就导致了社会主义实践主体的权利与责任分离，导致主体错位。

再如：建筑蓝图代表着检验施工进程的标准。有了图纸就有了具体详细的标准，什么合格，什么不合格等，都一清二楚。当以往的社会主义建设者仅仅把马克思恩格斯的理论和构想当作蓝图时，往往也意味着使它们成为一套现成而详尽的标准，在每一项工作和每一个环节中，哪个姓“社”哪个姓“资”、什么是什么非、该怎样不该怎样等，都可以而且应该拿来一一对照检验，凡事也都可以“问”个清楚明白。这样一来，在现实中就往往导致使“熟悉图纸”而不是“了解实际”成为权威，使“掌握对图纸的解释权”而不是“人民群众的实践”成为判断是非得失的标尺。这就导致了是非标准的错位。“图纸（本本）”本身成为关注和无穷无尽争论的焦点，最终是使“政治和意识形态领域里的阶级斗争”不能不成为全部生活的中心。这就是为什么一些社会主义国家长期处于意识形态的紧张状态，对上层政治斗争的关注往往超过了对群众经济利益的关注。

总之，以建筑物的“蓝图”来比喻社会主义的未来形态和目标，就意味着确定了一套固定不变的目标、模式和标准，这一套目标、模式和标准只是要求现实“应当”与之相适应，它本身却可以不受时间空间条件的影响，不需要随着实践的发展而不断地形成和改变。因此在实践中，简单化的“社会主义原则”往往成为脱离实际、脱离群众、狭隘僵化的一个思想根源，也确实在实践中造成了许多思想和感情上的误区。

而理论和实践两个层面的研究都表明，理解社会历史的发展、把握社会主义的进程，恰恰不可以使用这种“按图施工”的思维方式。如果不是按照蓝图来施工，那么如何理解社会主义的发生和实现呢？邓小平的提问和回答，把“什么是、如何建”作为“一个”问题提出来，是对这一传统观念的根本性突破。特别是，这种提问方式本身，就包含或者说预示了新的思考方向：“什么是”与“如何建”实际上不可分割，在实践中它们是一体的。所以他反复强调：社会主义没有固定的模式，而是一个主体性的、创造性的实践过程：“社会主义是一个很好的名词，但是如果搞不好，不能正确理解，不能采取正确的政策，那就体现不出社会主义的本质。”① 这个思想中包含了一个前提，就是把社会主义理解为一个不断发展变化的社会。这是对马克思实践唯物主义思维方式的创造性运用。

马克思有一个关于事物的本质和定义的著名观点：“在事物及其互相关系不是被看作固定的东西，而是被看作可变的东西的时候，它们在思想上的反映，概念，会同样发生变化和变形；它们不能被限定在僵硬的定义中，而是要在它们的历史的或逻辑的形成过程中来加以阐明。”② 恩格斯也指出：“所谓‘社会主义社会’不是一种一成不变的东西，而应当和任何其他社会制度一样，把它看成是经常变化和改革的社会”③。邓小平提出问题的方式，正是从这个前提出发，进一步着眼于“什么是”和“如何建”的一体化思考，即用社会主义“历史的和逻辑的形成过程”——它在实践和认识中发生、发展的过程——来加以阐明，从而突出强调了实现社会主义是一个创造性的实践过程。关于“是”与“如何是”相统一这个思想，应该说达到了马克思哲学和20世纪哲学思想的新高度。

马克思的唯物史观正是把社会进步当作人和社会的类似生命成

① 《邓小平文选》，2版，第2卷，313页，北京，人民出版社，1994。

② 《资本论》，2版，第3卷，17页，北京，人民出版社，2004。

③ 《马克思恩格斯选集》，2版，第4卷，693页。

长一样的“自然历史过程”。在它看来，人是社会化的生命，社会是由无数个人构成和参与的最复杂的生命有机体。社会有机体的发展变化，是通过人的活动而形成的有规律的运动，社会发展的每一个合乎规律的具体形态，都是在人的活动和选择中具体地生成的，而不是先验地预成的。马克思恩格斯有个著名的论断：“个人怎样表现自己的生活，他们自己就是怎样”；一个时代的人们怎样，是同他们的生产相一致的，“既和他们生产**什么**一致，又和他们**怎样**生产一致”①。这就是说，人和社会的现实形态，不是以人们怎样想和怎样说，而是以人们“做什么”和“怎样做”为标志的；人们在各个时期“做什么”和“怎样做”，既不是完全随意的，也不是完全被动的，每个时期人们“做什么”和“怎样做”，实际上取决于人和社会自身的实际状态和发展条件（其中最根本的是生产力）如何，以及人们自觉把握的程度如何，等等。按照这样的思维方式去理解，社会主义共产主义从来就被看作是人类社会机体生命发展的一种形态、一定阶段、一个可以预见的前途。社会主义共产主义的历史必然性，只能存在于本质上的“自然历史过程”之中，而不在客观历史进程之外的主观意志之中。因此，以“生命成长”的眼光来看待社会主义，意味着要尊重社会发展的规律和过程性，更注重从现实的基础和条件出发，更注重人的选择和创造性实践，总之要有一种历史的、实践的思维方式。

事实证明，这一思维方式正在成为解放思想、创造性地探索和建设中国特色社会主义的巨大勇气和智慧的源泉。这种思维方式的超越，显示了一个立足于价值与真理统一、立足于实践的新型社会主义观乃至社会历史观的新视角和新面貌。

三、人的前景：解放与自由

着眼于价值与真理统一的、实践的社会历史观，观察和思考人类社会发展的历史走向，我们可以大体地预期：人类社会发展的前景和未来目标，应该以价值与真理的高度统一作为其标志的理想状态——人的彻底解放与自由全面发展。

---

① 《马克思恩格斯选集》，2版，第1卷，67～68、68页。

自由的“实然”与“应然”

“自由”这个概念，已经被赋予了过多的政治、法律、道德和宗教等特定的含义，以至于人们很难在同一个层面上讨论它的实质问题。按照密尔的最简单的说法，自由就是“按照我们自己的道路去追求我们自己的好处的自由”①，那么可以说，自由意味着人、主体的充分自我实现，它显然代表着一种高度理想化的价值境界。但在现实中，这种理想境界究竟表现为一种纯粹“应然”的目标和构想，还是完全依附于现实、仅仅作为“实然”进程的结果而显现？在以往的哲学思考中，我们看到的答案大体有以下几种类型：

“自由的实质在于服从”。欧洲早期的哲学家们认为，世界是一个严密的因果决定论体系，人的自由就在于人服从那决定一切命运的力量或其代表。一种思考方式把这种决定力量看作是自然界本身及其规律。如赫拉克利特认为智慧能给人以自由，而“智慧就在于说出真理，并且按照自然行事，听自然的话”②。德谟克利特认为原子的运动决定社会的自由，社会决定个人的自由，因此个人服从国家的利益才能获得自由。伊壁鸠鲁却从这一点的反面得出结论：追随社会不能给个人带来自由，只有躲避社会的灾难，摆脱那些不能带来快乐的尘世纷扰，才能获得那自由即“自然的善”③。同伊壁鸠鲁一样，斯多葛派的许多人强调个人的独立性，把超越或脱离社会，服从自然规律，尽到自然所赋予的义务（“天职”）看作是自由。

另一种思考方式，则把那最高的决定力量归结为某种理念或目的、精神。柏拉图认为人的任务就是使自己的灵魂服从于理念的目的，并抑制自己的恶欲，否则便不能自由。亚里士多德认为只有那些天生具有真正目的的人才能至善至美，所以，自由是天赋的，一些人注定生来是自由的，另一些人则相反。他们的这种观点被中世纪的宗教哲学发展为宗教神秘主义的自由观：人的自由，就是受到上帝的启示和保护，按上帝的意旨行事。

总之，不论是服从自然还是服从理念、服从上帝，上述“自由”观点的核心都是服从。以服从为特征的自由显然轻视了人改造世界的主体性和能动性。

---

① ［英］约翰·密尔：《论自由》，4页，北京，商务印书馆，1986。

② 北京大学哲学系编译：《古希腊罗马哲学》，29页，北京，商务印书馆，1961。

③ 同上书，343页。

“自由是按人所固有的本性行动”。斯宾诺莎对自由和必然的研究做出了历史贡献。他把自由理解为不依赖外部力量的人的最高积极性，并且第一个从主体方面揭示了自由问题的本质矛盾。他认为，人是自然的一部分，因此，人的自由应该作为自然规律而有其客观的必然性基础。他指出“自由不在于随心所欲，而在于自由的必然性”①。自由不是与必然性相对立，而只是与强制性相对立：“我把这样一种事物称为自由的，它是按必然性而存在和活动的，而这种必然性又仅仅是由该事物自身的本性所产生的；我把这样一种东西叫作强制的东西，它的存在和行动是受某个他物的特定方式制约的。”② 在他看来，自由在于两个必然性（主体本性的必然性与客体本性的必然性）的统一。人要想获得自由，唯一的道路就是认识这些必然性。斯宾诺莎关于知识对于自由的意义，特别是关于认识主体自身的本性和必然性的思想，是极其深刻的。自由就是按照人和对象固有的本性所具有的必然性而行动，要自由就必须认识必然。但这一命题由于受到历史条件的局限，在斯宾诺莎本人那里未能充分发挥。他仅仅从个别主体的自然属性方面理解人，不知道人的必然性与社会历史必然性的联系，更不知道主体及其本性的必然性是具体地历史地发展的，这种发展又是由人自己的活动造成的。所以，他的“自由就是认识必然”，难免被理解为机械的决定论，从而削弱了人的自由所包含的高度主体能动性一面。

这种缺陷，在后来法国唯物主义者那里被夸大为对自由的否定，最终导致了宿命论的结果。例如霍尔巴赫就说：“不难理解，人的任何行为举止都是不自由的”，自由只是一种纯粹的幻想。③

“自由是超感觉的理性活动”。在自由中所包含的客观必然性与人的主观能动性的矛盾，越来越被哲学的思考所意识到。从康德开始，出现了一种把自由推向玄远的精神抽象领域的倾向。康德提出了一个“二论背反”：一方面，在经验的世界中一切都是严格地被决定的；另一方面，作为自发始因的自由是不依赖大自然规律的；因此，二者势不两立。他用二元论的方式解决这个矛盾：在感性的、被决定着的世界里，只有自然的必然性，没有自由；自由“仅仅发

---

①② 转引自［苏］戈卢宾科：《必然和自由》，13页，北京，北京大学出版社，1984。

③ 参见［法］霍尔巴赫：《健全的思想》，76页，北京，商务印书馆，1966。

生在**理智的东西**（作为原因）对现象（作为结果）之间的关系上”①，即自由仅仅是超感性的理性活动所具有的能力；二者互不妨碍。② 虽然康德的用意在于为实践自由找到理性自由的根据，但由于他在自然的必然性与理性的自由、现象与自在之物之间划上了一道鸿沟，他所说的超感觉的抽象的理性自由也就成了一种缺少客观根据的东西。

继康德之后，费希特和谢林也进一步研究了自由和必然的矛盾，并且有一些深刻的见解。但他们归根到底把自由看作纯粹精神的、理性的活动，其基础是超感觉的，不仅处在一切因果联系之外，也处在一切时间之外或超乎时间之上，唯有一种“智慧能理解的本质”。过分夸大自由中的理性成分，否认自由同感性实践的联系，结果必然导致忽视人的实践活动的自由问题，把自由变成了一种不可捉摸的纯粹思辨和神秘信仰。

“自由是历史活动中的必然”。黑格尔以其特有的历史感和辩证思维，比以往哲学家更深入地触及了自由问题的核心。“黑格尔第一个正确地叙述了自由和必然之间的关系。在他看来，自由是对必然的认识。”③ 他从自由是历史主体活动的必然结果这个角度指出，历史的必然性和主体的自由是统一的，正是人们的自由活动构成了不可避免事件的各个环节，而这些环节又是不以人们的意志和意识为转移的、客观必然的。在历史中，人们活动的目的在于满足自己的欲望和利益，因此他们是自由的。活动的结果是“他们满足了自己的利益；但是还有潜伏在这些行动中的某种东西，虽然它们没有呈现在他们的意识中，而且也并不包括在他们的企图中，却也一起完成了”④。这种东西就是历史的必然性。因此，自由就在于通过认识和行动揭示必然性，按照必然性改造世界。“人的努力，一般讲来，总是趋向于认识世界，同化并控制世界，好像是在于将世界的实在加以陶铸锻炼，换言之，加以理想化，使符合自己的目的”⑤。在这里，他几乎完全走到了揭示人的社会存在、利益、目的的客观本质和现实基础的边缘。然而，“绝对观念”的客观唯心论却又使他背过

① [德] 康德：《未来形而上学导论》，129 页，北京，商务印书馆，1978。
② 参见上书，131～132 页。
③ 《马克思恩格斯选集》，2 版，第 3 卷，455 页。
④ [德] 黑格尔：《历史哲学》，57 页，北京，商务印书馆，1956。
⑤ [德] 黑格尔：《小逻辑》，122 页，北京，商务印书馆，1980。

脸去，把人的一切有目的的、创造自由和改变历史必然性的力量源泉，转而赋予了那个无所不能的最高主宰者——绝对观念。当然，黑格尔已经暗示了自由是在人的价值活动中所体现出来的价值目的与客观必然性的统一，这一功绩是不可磨灭的。

费尔巴哈把自由看作是人的内在本质所固有的指向："内部和外部、需要和关系、嗜好和对象、人和行动、义务和趋向、规律和意志的有质的规定的统一，这就是自由"①。他论述了自由是可能性向现实性的必然转变，这一转变过程是通过人认识自己的本质，并按人的本质改变人的生存条件来实现的。

"自由是非理性的绝对意志"。在叔本华和尼采的唯意志主义哲学中，把自由看作是人的一种神秘的内在本质，它只能通过直觉来把握，通过个人的意志和激情来表现。叔本华说世界是意志的体现，而意志是一种无理性的、无目的的和盲目的力量，它是绝对自由的。但这种意志却不是一般人的意志，而是一种形而上学的、超时间的绝对（世界）意志。只有那些在直觉行动中体现了世界意志的伟人，才能在自我意识中体验到意志自由，其他一切都毫无意义、无自由可言。

尼采把叔本华的抽象的世界意志变成现实的"强力意志"，认为生活的本质就是追求强力，一切（包括真理在内）都是强力意志的工具，唯有强力意志的进取性及其实现才是自由。所以，他认为，崇尚客观真理是奴隶的思维方式，是劣等人的思维方式，而为所欲为才是自由人、"超人"、上等人的强力意志。从后来成为法西斯主义的思想武器这一点看来，唯意志主义自由观的反科学、反理性的性质是不容忽视的，甚至说它是一种弱肉强食的理论也不算太过分。但是，它以极度夸大和歪曲的形式提出了人的自由感中包含着一定非理性的、情感的、进取意志的因素，这一点也不可完全否定。

"自由是对存在的超越"。另一种非理性主义的观点是存在主义的自由观。在存在主义看来，自由就是意志的绝对自由，它是决定人的本质但自己却不受决定和不可认识的东西。人的自由同外部世界的客观必然性和现实之间，势不两立、你死我活地对立着。通向自由的道路，只在于否定过去、现在和整个世界，以实现个人的无

① 转引自［苏］戈卢宾科：《必然和自由》，34页。

限权利和选择自由。海德格尔把这种自由叫作“超越”，即超越人的现实存在和一切社会联系。他直截了当地承认这种超越实际就是“死亡”，人的自由就是死亡的自由，人的存在的本质就是死亡前的“恐惧”。雅斯贝尔斯认为，真理是仅仅同“主体的自我存在”相符合的东西。因此认识真理不能使人超越自我，只有“无知”才是自由的保障。[①] 萨特看到了个人选择自由对历史必然性的依赖，但他认为这种依赖恰恰是对自由的威胁，自由与必然之间不可调和；于是，自由就是斗争的自由——为自由而斗争。但是，斗争的结果即绝对的自由，恰恰存在于死亡和对死亡的恐惧之中。

存在主义者特别是萨特，把自由同忠于理想、信念联系起来，主张追求自由就要为最高的理想而斗争，这些思想有一定积极的意义。但是，他们归根到底把自由看作是个人超越社会和世界，不服从任何客观规律，这就使得他们所说的理想和信念不能不具有幻想的性质。幻想在现实面前必然要受挫。因此他们把“恐惧”和“死亡”摆在自己哲学的重要地位上，也就不奇怪了。

透过各种理解可以看到，自由并不是单纯的人的本质和能力，也不是世界的现成秩序及其内在必然性。自由的问题，从来都不能摆脱与必然的相互关系去思考。问题在于，自由总是人活动中的“实然”与“应然”的矛盾统一，构成人的自由的，事实上是两个方面因素：人的智慧和世界的秩序，人的内在必然性和世界的外在必然性，人的需要和外部条件，人对世界的感性接触和理性把握，人的意志和思维，对现实的服从和超越，等等。一句话，人的主体尺度和外部世界客体尺度的统一。以往理解中的困境，在于自由常常被这样或那样地归结于矛盾的一方：或者是人对客观决定力量的单纯服从，或者是人企图摆脱一切客观制约的不切实幻想；或者是人完全受自己本性的支配，或者是人按自己的意志无限制地支配一切；或者是仅仅在抽象的理性思辨中去领悟自由的真谛，或者仅仅是在现实的激情下去为摆脱不自由而苦苦挣扎；或者把自由看作是彼岸世界的自在之物，无可捉摸；或者是把自由看作是自我内心的意念产物，弃取在我一身；等等。种种困境的根源，都在于缺少对人的社会历史性的把握，把自由看作是某种抽象的、对一般人来说完全共同的、固定不变的东西。

① 参见［苏］戈卢宾科：《必然和自由》，167页。

人的全面性的自我生成

马克思哲学认为，自由不是先验的世界秩序，也不是人的抽象精神活动，而是人的生存实践发展状态，是在人的历史活动中不断生成和发展着的历史进程。自由的内在矛盾正是人的活动的内在矛盾，是实践的内在矛盾。只有在人的历史活动及其发展的意义上，才能找到解决这些矛盾的根据，理解自由的本质。

恩格斯曾经从认识论的角度对自由作过一种表述："自由不在于幻想中摆脱自然规律而独立，而在于认识这些规律，从而能够有计划地使自然规律为一定的目的服务。"① 他紧接着特别强调指出："这无论对外部自然的规律，或对支配人本身的肉体存在和精神存在的规律来说，都是一样的。这两类规律，我们最多只能在观念中而不能在现实中把它们互相分开。"② 这就是说，自由在于对"两类规律"或两类"自然规律"的认识和支配——既是对外部自然界的规律，也是对人本身的规律的认识和支配。承认两类规律的统一是自由的前提和基础，这一点同斯宾诺莎关于两种必然性的观点比较相似。但恩格斯更强调两类规律之间，是通过人的有目的活动积极地、创造性地统一起来的。这就是：人不仅按照自己的本性和必然性活动，而且也在活动中依据外部客观规律来支配自己。换句话说，在人的有目的的活动中，既认识和支配客体、对象，又认识和支配主体、人自身；既服从那支配外部世界的规律并使它为人的目的服务，又服从那支配人的规律并使它为人的发展服务；正是在这一现实的活动过程中，两类规律的统一才成为自由的基础。

马克思则超越了认识论，从社会实践层面揭示了自由的历史面貌。他说："自由不仅包括我**靠什么**生活，而且也包括我**怎样**生活，不仅包括我做自由的事，而且也包括我自由地做这些事。"③ 他把自由与人的生存方式和社会发展状态联系起来，揭示了自由是人类自主的历史活动的产物。自由问题是随着人类作为主体的产生而产生的。人类从自然界分化出来，其生存和发展面临着同整个世界包括社会的关系问题。在自然界、社会的客观必然性面前，人能不能达到自己本性和本质力量的自我实现，就是所谓自由问题。

人类起源于自然界的过程，是同人类劳动的形成和发展过程分

---

①② 《马克思恩格斯选集》，2 版，第 3 卷，455 页。

③ 《马克思恩格斯全集》，中文 2 版，第 1 卷，181 页。

不开的。因此，自由首先是劳动的产物，自由的发展首先表现为人类物质生产劳动的发展。人由于受到不以自己意志为转移的客观需求的驱使，不能不行动，不能不劳动。从这一点看来，劳动意味着人的不自由。但自由不是凭空产生的，而恰恰是以不能绝对自由为前提，通过把一定的不自由转化为具体的自由才产生的。马克思曾经十分生动地描述了这种转化：

> “你必须汗流满面地劳动！”这是耶和华对亚当的诅咒。而亚当·斯密正是把劳动看作诅咒。在他看来，“安逸”是适当的状态，是与“自由”和“幸福”等同的东西。一个人“在通常的健康、体力、精神、技能、技巧的状况下”，也有从事一份正常的劳动和停止安逸的需要，这在斯密看来是完全不能理解的。诚然，劳动尺度本身在这里是由外面提供的，是由必须达到的目的和为达到这个目的而必须由劳动来克服的那些障碍所提供的。但是克服这种障碍本身，就是自由的实现，而且进一步说，外在目的失掉了单纯外在自然必然性的外观，被看作个人自己提出的目的，因而被看作自我实现，主体的对象化，也就是实在的自由，——而这种自由见之于活动恰恰就是劳动……①

马克思分析了劳动中的自由程度对主体和劳动发展水平的具体依赖性。他指出，在奴隶劳动、徭役劳动、雇佣劳动等历史形式下，劳动成为自由的对立面，是因为劳动还没有创造出真正自由劳动的主观条件和客观条件。劳动真正成为自由劳动的具体历史条件是：劳动具有社会性、科学性；这样的劳动“不是作为用一定方式刻板训练出来的自然力的人的紧张活动，而是作为一个主体的人的紧张活动，这个主体不是以单纯自然的，自然形成的形式出现在生产过程中，而是作为支配一切自然力的活动出现在生产过程中”②。

从马克思关于劳动怎样从外在的强制力量变成人的内在目的和自由表现的分析中可以看到，马克思所说的自由，不是人的片面需求得到满足的安逸状态，而是人的全面需要得到充分发展的状态；不是摆脱外部必然性的主观随意性，而是化外部必然为自我目的从而反过来支配现实的能力；只有在不断地把握必然性并使之转化为服务于人自己目的的过程中，人才能够得到实实在在的自由。总之，

---

① 《马克思恩格斯全集》，中文2版，第30卷，615页。

② 同上书，616页。

人的内在尺度与客体的外在尺度相互转化、相互统一，正是自由的根本特征。

马克思从不把任何一种现实的自由看作是自由的绝对的、最终的形式，也不把任何一种理想的自由看作是绝对的、最终的目标，而是把自由的实现看作是从现实向未来不断发展的、既连续又有飞跃的前进过程。自由既是现实的、具体的、历史的，又是属于未来的、有更高境界的、无止境地发展的。而作为这一切的实质和核心的标志，是作为自由主体的人及其社会的全面发展。

马克思的"全面性"是一个极其宏大的历史概念。它不仅包括了人与自然、个人与社会、个人自我等全部关系合理发展的全面性，而且包括这种全面性不断生成的历史性。

人与自然关系的全面性。在马克思那里，"个人的全面性不是想象的或设想的全面性，而是他的现实联系和观念联系的全面性。由此而来的是把他自己的历史作为**过程**来理解，把对自然界的认识（这也作为支配自然界的实践力量而存在着）当作对他自己的现实躯体的认识"①。

在这里，马克思赋予了自由的主体——人以一种极其宏大的面貌：人要"把自然界当作他自己的现实躯体"。就是说，这时的人类主体是一个和谐地包容了自然界的从而是大写的"人"。

人类文明的发展史，首先是人类在自然界的自由形成和自主发展的历史。总的来说，这一历史证明了人类自由的客观本性和无限发展的可能性。仅就对自然界的关系来看，对自由抱悲观主义的态度是没有根据的。大自然赋予它的骄子——人类以驾驭大自然的能力，这是同自然界本身的必然性相一致的。人类只要正确地运用这种能力，不断地认识和运用自然规律去改造自然，自由就是合乎自然界客观逻辑的结果。而就人类自由发展的现实条件来看，取得更大自由的主要障碍不在于自然界，而在于人类社会本身、人本身。

人的社会关系全面性。马克思对于直到资本主义时代为止的人的发展史所作的分析结论是，生产力或一般财富的高度发展可能性，交往的普遍性和世界市场的形成，这些都为个人的全面发展提供了可能性的基础，"而个人从这个基础出发的实际发展是对这一发展的

---

① 《马克思恩格斯全集》，中文2版，第30卷，541页。

限制的不断扬弃”①。也就是说，正是到了资本主义生产力得到高度发展的时期，个人的全面发展才有了可能。正因为如此，马克思强调，必须借助于人类征服自然界所获得的巨大力量，即生产力的高度发展，去“实现这样一种社会状态，在这里不再有任何阶级差别，不再有任何对个人生活资料的忧虑，并且第一次能够谈到真正的人的自由，谈到那种同已被认识的自然规律和谐一致的生活”②。在一种能够开始实现“真正的人的自由”的社会制度下，将是“人终于成为自己的社会结合的主人，从而也就成为自然界的主人，成为自身的主人——自由的人”③。

个人的全面发展首先是破除自己身上已有的资本主义和以往社会的旧关系（现实关系和观念关系），形成新的关系，这是马克思所强调的真正的现实的自由和全面性。马克思学说把共产主义看作真正保证和引导人的自由全面发展的社会形态。如在《德意志意识形态》中说：“个人的全面发展，只有到了外部世界对个人才能的实际发展所起的推动作用为个人本身所驾驭的时候，才不再是理想、职责等等，这也正是共产主义者所向往的”④；《共产党宣言》中提出：共产主义社会“是这样一个联合体，在那里，每个人的自由发展是一切人的自由发展的条件”⑤；在《资本论》中又进一步强调：共产主义是“以每个人的全面而自由的发展为基本原则的社会形式”⑥。

在这些提法中，真正的重点都是“社会”，而不是个人。就是说，马克思学说作为一种社会批判理论所强调的，是要经过社会制度的变革和改造，使社会达到一种能够“以每个人的全面而自由的发展为基本原则”的状态或阶段，才能为实现人的全面而自由的发展提供必要的前提和保证。至于个人是否都能够或者如何做到全面而自由地发展，并不是这里问题的关键和论述的重点。⑦

可见，自由并非仅仅是一个认识论意义的概念，就其社会条件

① 《马克思恩格斯全集》，中文2版，第30卷，541页。

② 《马克思恩格斯选集》，2版，第3卷，456页。

③ 同上书，760页。

④ 《马克思恩格斯全集》，中文1版，第3卷，330页。

⑤ 《马克思恩格斯选集》，2版，第1卷，294页。

⑥ 《马克思恩格斯全集》，中文1版，第23卷，649页。

⑦ 近年一些研究和宣传中，存在着把马克思命题引向个人化的倾向，即不是把重点放在社会制度和体制的改革与发展，以为之创造条件上，而是试图直接为每个人设计和规定应该如何“全面发展”的方案与目标。如此撇开了人们“自由地”发展而孤立地理解“全面”发展的方式，显然未能超出旧的社会控制思路。

性来说，它也是一个社会历史观的范畴。人类的自由并非在任何阶段上都没有质的差别。在达到新的社会制度为“真正的人的全面而自由的发展”提供保证之前，人类并不是没有自由，只是这种自由还是初级的、对人类整个发展来说仍然具有“史前”特征的自由；共产主义也不是人类自由王国的终极形态，而只是它的开端。从共产主义开始，自由的发展仍然可能而且终究会有新的、更高意义上的质的飞跃。

个人的自由全面发展。人是自由的主体，把自由看作是人的自由，同把共产主义看作是以人的自由全面发展为原则的社会，是逻辑上一贯的。它表明，马克思关于社会发展的全部指导思想，包含着人类改造世界与自我完善的统一。如果说有什么终极目的的话，那么这个目的就只能是人本身的发展，而不是仅仅为人服务的财富的增加，更不是人在客观规律面前的完全俯首听命。正因为如此，马克思深刻地揭露了把人仅仅作为手段，而把金钱作为目的的资本主义制度的丑恶，揭露了把工人变成“片面的人”、“局部的人”、“畸形的人”的历史局限性。他所说的人的全面性，既不是单纯作为客体、工具、手段、“什么活都会干”的人的全面性，也不是单纯作为主体、目的、只是全面地占有和享受人类的文明成果的人的全面性，而是指人成为主体与客体统一、目的与手段统一、生产与消费统一、劳动与享受统一的完整的人的全面性。

马克思充分强调了个人发展全面性的生成论思想。他说，当历史使人的全面发展成为目的时，“在这里，人不是在某一种规定性上再生产自己，而是生产出他的全面性；不是力求停留在某种已经变成的东西上，而是处在变易的绝对运动之中”①。也就是说，仅仅停留在从旧社会而来的、已经形成了的个人的需要、才能、享用、生产力等现有水平上，并以实现它们的满足和发挥为归宿，这还不是个人的全面发展。人要全面发展，还必须以新的尺度和规定性，根据客观世界发展的新的要求来全面提高个人自己。就是说，在历史现阶段，个人的全面性是要产生出来、创造出来的，而不是现成的。这里要强调的是个人的全面“发展”，而不是个人的“全面自我终结”或“全面自我凝固”。可见，马克思关于“个人的自由全面发展”的观点，并不能成为僵化保守主义、狭隘利己主义、享乐主义等

① 《马克思恩格斯全集》，中文2版，第30卷，480页。

等幻想的借口。

没有全面发展的人，就不能干成全面发展的先进事业；然而，不干成全面发展的事业，也不可能造就全面发展的人。这一互为因果的辩证关系，应该而且能够通过这样一种方式得到合理的体现："由整个社会共同经营生产和由此而引起的生产的新发展，也需要完全不同的人，并将创造出这种人来"①。总之，按照自然界的规律支配自然界从而提高人类文明，实现社会制度的改造和不断进步，主体——人本身自由地走向全面发展，这三者是人类自由的基本要求。它们彼此不可分割地相互联系和相互制约，忽视其中任何一点都不能够真正地获得自由。这三者之间彼此统一的内在联系及其实践运动，构成并推动着人类自由的不断实现。

① 《马克思恩格斯选集》，2版，第1卷，242页。

第十章
价值冲突与当代文明

在这个多元化的世界和多样化的生活中，价值和价值观念冲突在所难免。迄今为止的整个人类文化和文明，就是在价值的冲突与选择中历史地形成着、发展着。而人类进入新的千年和新的世纪以来，深深地感到传统的文化和文明模式越来越面临着前所未有的、多方面的挑战和困境，因此对人类基本价值观念的反思和变革，正在成为一个时代性的重大议题。

回顾 20 世纪，人类有许多可骄傲之处和令人振奋的话题，同时也有很多未解的难题，并越来越预感到许多明显或潜在的危机。令有识之士们感到忧虑的是：人类生活中那些尚未明了、或虽已明了但却难以掌握的可变因素，犹如电脑中的病毒一样，它们将在何时、何种情况下发作？它们的发作将使人类走向何处？对于这些或许明了但却难以掌握、或许尚未明了但其作用极大的可变因素，人们将其统称为“文化”。“文化的困惑”或“文明的冲突”，成为 20 世纪末世界的一大特征。

在这场世界性的“文化困惑”或“文明冲突”中，中国这位正在重新崛起的“东方巨人”当然不能置身其外。中国社会目前正在进行一场深刻而艰难的社会转型运动。从传统自然经济、计划经济向现代市场经济转型，意味着要创造出一种前所未有的“社会主义市场经济”。新旧价值观念、文化机制之间的冲突，通过大量的各种各样的经济问题、政治问题、社会问题、道德危机和信仰危机等表现出来，构成了转型和加速发展时期特有的矛盾。中国不仅对人类文化的走向负有不可推卸的历史责任，而且也有自己的文化难题需要解决，有自己的价值观念变革正在发生。

归纳起来，当代世界和中国所面临的价值冲突中，有三个大的问题较为突出，并且具有理论的普遍性和现实的紧迫性。它们是：

在人与自然的关系即环境价值问题上的“人类中心”与“非人类中心”之争；在文明主导模式问题上的“科技理性与人文精神”之争；在全球化价值导向问题上的“普遍主义与特殊主义”之争。这些问题之争，触及了人类基本的价值观念及其思维方式，需要做出深切的观察和反思。

一、“人类中心”与“环境价值”

随着“资源问题”、“生态问题”、“环境问题”和“可持续发展”等问题的提出，人与自然的关系重新成为人类思考的一个焦点。这种思考，一方面引发了对以往“人类中心主义”观念的反思和批判。应该说，这是人类在实践基础上进行的自我批判，是人的一次重新自我定位。另一方面又促成了“环境价值”或“环境道德”、“生态价值”或“生态伦理”等概念的产生。这一组概念联系着价值观念领域的一场革命，可以看作是20世纪最重要、最具特色的思想成果之一，其意义绝不可以低估。但在有关的讨论中，对于这组价值范畴的含义和意义如何把握，却有不少问题有待澄清。

应该否定“人类中心”吗？

要确立完整、准确、有效的环保意识即“环境价值”观念，不能不注意三个前提性的问题：（1）人为什么必须尊重和保护生态环境？即在这个问题上的出发点和根据究竟是什么？现实中的“人类中心论”与“自然中心论”之争，反映了不同的哲学思考方式。（2）究竟要达到怎样的状态和效果，才是实现了对生态环境的应有的尊重和保护？即：人对自然环境所做的一切，应该和能够达到的合理标准是什么？它从哪里来？（3）以怎样的方式和途径去实现生态环境价值？比如是把它当作一项孤立的经济技术性任务，仅仅依靠实行必要的经济规则和技术措施就可以做到，还是把它当作人和社会全面发展的一个内在标志，有意识地通过相应的社会化进程来实现？这一点往往成为潜在的决定性因素。这三个问题相互联系着。而第一点作为初始性和普遍性的问题，具有理论基础的意义。

有一种近年比较多见的“新”观点认为，目前全球性的资源、生态和环境危机现象，构成了所谓“人类自我中心主义的困境”；而从中应该得出的结论是，承认和强调人的主体性地位的观念已经过时，要彻底否定“人类中心主义”和“主体性原则”，重新提倡“客体中心”、“自然中心”、“环境中心”的原则，或者至少要把人类和自然界看作是平列的多元主体，等等。因此，在解释“环境伦理”等概念时，有些文章认为：这些概念意味着自然界、生态链或环境物是和人一样独立的、平等的道德主体、价值主体，有其自在的权利或“内在价值”；这种伦理道德的含义和原则，就在于人的行为要符合自然物的利益、尊重它们的权利；等等。也有人甚至更进一步地提出要以“天道论”取代“人道论”，因为先有天道（自然界的规律），后有人道（人类的价值原则），所以天道重于人道，人道要服从天道云云。这样的一套观念，被一些人看作是适合于现在和未来人与自然关系的新价值观的核心和实质。但显然，这里有两个前提性的理念是需要交待的：

一是关于存在命题与价值命题的区分。同在任何理论问题上一样，关于“人类中心”概念也要首先有一个定性的把握。人类是不是或者是什么样的“中心”？它大体上是一个关于世界存在的、“实然”的描述与判断，还是一个关于人类行为的价值判断或“应然”观念？只有弄清概念在何种意义上成立，才能够合理地判断其是非得失。

首先，从存在论的意义看，世界（大自然、宇宙）是没有或无所谓“中心”的。根据已有的科学知识可以知道，茫茫宇宙是无限的，它并无中心；我们人类生存的地球是以太阳为中心在运转着；而地核则是地球自己的物理中心……这一切都与“人类中心”无关。相反，对于宇宙大自然来说，地球上人类的存在，无论从空间、时间还是从绝对力量上看，都可以说是“微不足道”的。正因为如此，除相信上帝或造物主外，我们在任何意义上都不能肯定“人是世界存在的中心”，否则便是一种极端的无知和危险的狂妄。一般说来，学术界在这个层次上并无真正的分歧。有意主张存在论意义上的人类中心主义的情况，可能实际上并不存在。

那么所谓“人类中心”的真实含义究竟是什么呢？合理的解释只能是指“人是人类全部活动和思考的中心”，即：对人自己的关照，是人类一切活动、思考和情感的“中心”；人的尺度（人的本性、需要、能力等），是人类判断一切好坏、善恶、美丑、利弊得失的标准的“中心”；人的自我实现和全面发展，是人类一切价值理想、追求、选择、创造的目标“中心”；等等。总之一句话：“人是人的世界的中心，人是人自己的中心”。这是人类特有也不能不有的一种“自我中心”现象。不论人们是否自觉地意识或把握了这种现象，它在客观上都是人的存在和活动所特有的、普遍的事实。由此看来，“人类中心”观念主要意味着人在自然界面前的自我权利和责任意识，意味着人的行为的出发点和选择的界限。所以，它并不是一个主要关于世界存在和事实描述的观念，而是一种价值观念。

存在不等于价值。如果注意到存在论与价值论两种命题之间的基本区别，那么我们对“人类中心”现象就要有一个清醒的客观的判断。一方面，看到它是并且仅仅是一个价值命题，不可用它来否定或取代关于存在的根本命题；另一方面，承认它作为人类的价值原则，总体上是必然的、合理的，不可以企图用某种理由而废除之。讨论中有时出现把两类命题相互混淆或等同的情况，比如用“自然界是否先于人类或比人类更有力”之类的存在判断来直接肯定或否定“人类中心”观念，在逻辑上都是难以成立的。包括主张以“天道论”取代“人道论”的论点，由于其论证只是强调了一种（不是全部）存在的事实，以此为理由来否定一个普遍的价值判断，就必然显得缺少足够的说服力。

另一个是关于“价值”本性和本义的理解。“环境价值”或“环境伦理”等，在理论上都属于价值范畴。既然进入了价值范畴，就要使用相应的价值思维。这一点恰恰未得到充分的关注，并缺少相应的理论自觉。然而在价值和价值观念的领域中，正是人（实际上也唯有人）普遍地居于最高的、主导的地位，人是根据，是尺度，是标准，是目的。人类形成“价值”这一概念的本义，所赋予它的含义和功能就是如此。这正是价值命题的一般特征和普遍含义，是理解和应用一切具体价值概念的基本前提。如果不能否定这一基本原理，那么就可以进一步认为，当某一“价值”概念被说成或解释成是在人的尺度以外或以非人的东西为尺度的时候，就有理由怀疑它所说的不是“价值”，或者概念被弄得虚假了，被误解了。

例如谈到“伦理”、“道德”时，我们一向都知道它们是适用于人与人之间价值关系的概念，特指人与人之间一定社会关系的性质、结构和秩序状况。然而一当涉及“环境伦理”概念时，有些文章却认为它们变成了适用于人与自然关系的范畴，意味着自然界、环境物是和人一样独立的、平等的道德主体、价值主体，并且进一步认为，这种伦理道德的原则，就是人要服从自然物的利益，等等。这种观点显然是把某种表面的现象当成了实质，从而误解或颠倒了道德价值的主客体关系。它没有注意到“环境伦理”概念产生的基础，恰恰在于现实已经表明：人如何对待周围自然界，实质上已经是人类如何对待自己的问题，是人类的部分与整体、片面与全面、眼前与长远、现在与未来之间的关系问题。因此为了人类的全面幸福与未来发展，我们应该树立科学的生态意识，建立人与自然共生共存的合作关系，以人道主义的态度与情感对待人类自己的生存环境……也就是说，当我们把专属于人与人之间关系的伦理道德范畴应用于人与自然的关系时，实际上是把人与自然的关系纳入了人与人的关系范围，并在前所未有的深刻意义上看到了二者之间的内在一致性。只是在这种意义上，“环境伦理”这类概念才能够保持其科学的规定性从而成立，否则它们就只能具有某种比喻的意义，而不是一个科学概念。

在现实中不能回避的问题是：假如按某种意见所说，倡导“环境伦理”意味着是以自然界、环境物为主体，要求人的行为要服从自然物的利益，那么将如何实行之？首先是，这里自然界的“主体尺度和意志”如何体现和把握？其次是，这里的伦理道德标准从何而来？最后是，谁能充当它的真正执行者和“代言人”？我们知道，自然界的一切从来都是、并且永远都是按其自身规律运行的，比如动植物“天敌”之间从来就进行着生存竞争。而如果不是最终以对人的“赏赐”或“惩罚”为根据来加以鉴别，这些规律和现象本身并不具有伦理道德之类的价值意义，不可能成为人类任何道德原则的出发点。事实上的出发点只能是人自身。这就意味着要在人自己的范围内来解决问题，所以，必须打破迷信，把人的权利和责任归还给人。相反，如果借自然之名重新制造迷信和神秘主义，则必然会造成新的误区。在环境价值观上，我们也要像在整个文化领域一样，防止出现一种新的“造神”运动。历史上从来就不乏以“通晓天意”、“掌握规律”或“代表真理”自命，借神秘主义的独断和宣示以向人世推行某种专制幻想的人。他们把任何一种神秘观念打造成主宰世界的神祇，同时也就把自己打扮成了神或天意的代言人，自命为神圣世界在尘世的代表。邪教的盛行，说明这种危险仍然是存在的。从今天的世界范围来看，在建立新的环境价值观念和道德体系时，我们也不能不对借环境和生态以造神的倾向保持警惕。

也许需要区分“人类中心”与“人类中心主义”。事实上，我们要走出以往的人类中心主义误区，本身仍是要以人为中心、以人类的整体和长远利益为出发点的选择。换言之，是回到更加健全理性的“人类中心”和主体意识上来。因此这里并不必要也不可能摆脱“以人为中心”，更不意味着要走向“以自然为中心”。否则，这里出现的将不是一种理论上的“彻底”，而是“透底”。

应该说，争论的焦点和实质显然已远远超出了“要不要”保护生态环境的范围，而在于究竟为什么、如何保护。问题是对“人类中心主义”的否定，意味着要彻底否定人的主体性权利和责任，而走向对某种非人、超人力量的服膺，还是重建一种新的人类自我中心，使人的权利和责任意识达到一种新的升华？这里有一个语言上显而易见的理由：当我们仍把周围的自然界叫作“环境”时，指的正是“环人之境”，即以人类主体为圆心的外部存在；同样，当我们把某些天然存在物叫作“资源”即人类“生产生活资料的来源”时，难道不是在表明，这个名称本身就是“以人为中心”的吗？当我们探讨“可持续发展”的时候，指的是谁的可持续发展？难道最终不正是人和社会吗？要知道，自然界本身，不管有没有人类，也不管它是否经历过若干次毁灭性的灾难（例如导致恐龙的灭绝的那场变动），从来是有生有灭、生生不息的，无所谓可持续发展与否。而有可能“不持续”发展的，恰恰是人类社会自己！

除了语言上的自觉以外，这里更重要的是实践的自觉。毫无疑问，如今我们所面临的各种资源和环境危机现象，归根到底是指在人的活动范围内、由于人的行为而产生的、并且对于人的生存发展形成挑战的后果。自然界不会毁灭，毁灭的只可能是人类自己。因此资源和环境的问题本身就已是从人类角度提出的问题，它的答案也只能是以人的方式、按照人的需要和能力来解决这些问题。也就是说，“关心自然”的实质仍然是关心“人”。如果离开了这个前提，不是以人为中心，我们怎样才能规定自己对自然界的权利和义务？如果把维护自然界本来的平衡当作生态伦理和环境价值的最高原则——有人这样极端地说——那么就只有一种结果：只有消灭人类，才是最符合这个原则的方式，否则便不可能让自然界自在地发展……这一观点难道是合理的吗？总之，不能以“环境价值”等为理由来贬低或否定人的发展，而应该看到它们正是人本身发展的一个新的维度。

“环境价值”的社会意义

从价值的角度把环境价值还原为人的权利和责任，并不意味着继续轻视环境对人的作用，而是要求更深刻地领会“环境价值”概念带给我们的新信息、新境界。因为这里涉及如何理解和界定价值概念的思维方式问题。例如，比较一下“环境价值”与“环境的价值”，要使这两个概念的界定能够清晰完整，并且相互区别，成为各自成立而不是彼此无谓重复的概念，就应该注意这里所应用的理论和逻辑，保持它们的内容和含义尽可能地精确、严格、一贯。

“环境的价值”。按照通常的理解和使用，这一概念的基本含义是指：环境作为客体，它对于人的生存发展所具有和可能具有的意义。它所引导的思考是：“环境能够在哪些方面满足人的需要？”由此当然会想到以往我们所看重的一切。在现实中这一概念代表了千万年来人们对待自然界的传统方式，即主要是把周围自然界当作资源和手段，千方百计去加以开发和利用的取向。

“环境价值”。与前者相对应，其基本含义是：任何事物包括人的行为在内，对于人依赖环境的本性和人对于环境的需求来说，有什么意义。这里使用了“人依赖环境的本性”一语，意在表明，对一定环境的依赖已被确认为是现实人的一种基本需要，而满足和实现这种需要则成为对人的一种直接价值。一种现象或行为如果是促成环境有益于人的，那么它就有正的“环境价值”，反之则否。在这种理解和规定中，环境已成为人的主体性尺度的一部分。也就是说，这一概念意味着：在现实中人们开始把周围环境的良性循环，当成人自己生存发展的内容和标志、权利和责任之一，当作人的全面健康发展的目的之内的一个有机成分。因此“环境价值”概念所引导的思考是：如何保护和优化人的生存发展环境以保证人自身？

如此理解两个概念，就不难看清它们的关系。“环境价值”当然并不排斥“环境的价值”，但是比它更进了一步，是从更全面更长远的意义上深化了自然与人关系的理解。马克思曾说过，自然环境不再只是人的手段和工具，而是作为人的“无机身体”，即成为主体的一部分，成为人活动的目的性内容本身：“在实践上，人的普遍性正表现为这样的普遍性，它把整个自然界——首先作为人的直接的生活资料，其次作为人的生命活动的对象（材料）和工具——变成人的无机的身体。”[1] 如果这样理解，那么确实可以说：“环境价值”观念的形成，是人类对自己与自然界关系认识的一个质的飞跃，一个伟大的进步。

回顾自然与人的关系思想史，我们似乎可以看到这样一个“否定之否定”过程：以图腾时代的特征为最典型的代表形式，最初人们把自然界与人的关系看成仅仅是“亲子关系”——人依偎和敬畏身边的自然物，这是一种古老而朴素的观念；后来随着人类能力的发展，人们把自然界与自己的关系看成是似乎已经成为一种“主奴关系”——人是主，自然是奴隶了，这是现在正被我们检讨和批判的那种“人类中心（＋对自然的专制）主义”褊狭观念；然而在今天，“否定之否定”并不是简单地向古老的朴素观念回归，而是一种新的拓展和升华——走向人类与自然界的真正“一体化”。也就是说，我们现在的进步，绝不是把自己与自然界重新区别和分离开来，也不是平列起来（因此不是“兄弟关系”），而是更深切地感觉到了人与自然界之间的一体化存在。当然，在这种一体化中，人仍然是中心，是人自己一切价值观念的中心。但这一次所达到的“自我中心意识”，却是以一个更广大、更长久的“人类自我”——人与自然界的一体化——为主体的意识，因此也是更加理性的、全面的自我意识。在这种理解下，“环境价值”观念并不意味着要重新压制或降低人的地位，因此它也不应该受到人们健康理智的排斥。总之，以价值理论来科学地、积极地把握的“环境价值”观念，其实质并不是否定或取消，而是更加提高和放大人类的权利与责任感，使其与人所具有的能力、人在这个世界上所能起到的作用之间，达到自觉的统一。

事实证明，环境问题并不单纯是人与自然的关系问题，它始终要同人与人的社会关系问题联系在一起，从而表明这仍然是“关于人的科学”的领域。因此在理论上特别是在哲学上讨论环境价值这类问题的时候，就需要自觉地注意把握人和社会问题的特点与分寸。这是作为一种价值观念所应具有的特征。

所谓“人类中心”意识，在剔除其传统偏见和以往落后模式之后，可以结合现实对它的含义作如下两方面的理解：一是在人与自然的关系方面，主张以人为中心；二是在人与人的关系上，主张并强调以“人类”即整体为中心。而“环境价值”观念要以同时肯定

---

① 《马克思恩格斯选集》，2 版，第 1 卷，45 页。

这两层含义为其要旨。就是说，它要求站在人类的立场上，既不脱离自然环境来追求人和社会的发展，又不脱离人和社会的发展去保护自然环境，同时也不能把二者当作彼此无关的平行过程，任其自发地相互抗衡、相互抵消。人类只能致力于探索和创造二者的有效结合、统一与和谐，使之最终有利于人类的长远可持续发展，而不是其他。

当然，对此是存在着争论的。例如：一些极端或偏激的生态主义者，实际上主张要人类或者是一部分国家地区放弃社会经济和工业发展的目标，单纯地为保存现有的环境和生态服务；而另一些强调社会经济发展为紧迫目标的人，尤其是承担地区性建设重任的人，则容易从另一方面否定环境价值的意义。这一切可以证明，通常被看作是科学技术性质的议题，实际上却总是背负着某种社会性（经济、政治、文化等）的问题。环境价值的问题同其他任何价值问题一样，必然表现出浓厚的主体性色彩。思考这方面的问题时，绝不能缺少有关主体方面的分析。在现实中有两个值得注意的矛盾：

一是现实价值主体的多元与一元的关系。同一生态环境，对于发展情况不同的地区、国家和民族主体来说，具有不同的可能价值。每一主体都必然要首先从自己的实际出发来进行选择，这就会导致对生态环境的多元化立场和态度。然而“环境价值”这一观念的本质，却要求从整个人类和全球生态的角度来进行一元化的协调和合作，否则便不能实现。因此在多元和一元之间便出现了各种复杂的关系问题。在这方面，我们看到了当代世界在实现环境价值上所遇到的真正巨大困难。当然应该相信，全人类在环境价值问题上是应该和能够形成共识的。正因为如此，需要的是整体性的思考，而不是将人类整体的责任简单机械地分割开来，也不是将某一部分自然环境（在时间或空间上）孤立地加以看待。

二是环境价值与其他价值之间的平衡。环境价值问题对于世界上每一个人，每一个地区、国家、民族来说都是存在的，但它并不是人们所面对的唯一价值问题。经济价值、政治价值、文化价值、环境价值等之间，不仅有全面兼顾的问题，而且有综合平衡的问题。这些价值选择之间的轻重缓急排列和实施，不仅与主体的价值观念相联系，而且必然受到相应的社会条件和能力的制约。在这方面，我们同样看到了真正实现生态环境价值所遇到的复杂困难。当然也应该相信，每一个正常的主体都是力求达到所有价值的充分实现并且彼此和谐，以使社会走向全面持久的繁荣和发展的。正因为如此，人类的真正任务，就不在于仅仅阐明保护环境的必要，而在于切实地解决发展与环保的“二难选择”，找到社会发展与保护环境之间的有效结合点，即如何做到既保护环境又不停止发展的那个有效的“度”之所在。找到这个“度”，应该说是哲学和科学、经济和技术研究的一项共同责任，是我们思考“环境价值”和“可持续发展”时所面临的一个富有挑战性的、建设性的任务。

二、科学理性与人文关怀

科技与人文，广而言之，经济、科学、技术这些具有外在规则和制约性的理性活动（马克斯·韦伯称之为“工具理性”），与道德、艺术、信仰、情感等显示人的内在尺度和自主意向的理性活动（韦伯称之为“价值理性”）之间，是一种什么样的关系？是必然地表现为一种互相冲突、彼荣此枯的关系吗？既然同样是人类自己的理性和情感活动，我们是否能够和怎样才能走出两难的困境，使二者更合理、更有效地结合起来，达到人们所向往的那种和谐和良性互动？这个问题显示了人类整体在基本价值导向上所遇到的深层危机。

我认为，危机可能正是产生于对科技尤其是对科学的价值所形成的“工具主义”的定位，即在理论和实践上，都完全忽视了它所内含的人文关怀和价值意蕴。

什么是“科学的价值”？

顾名思义，所谓“科学的价值”，是指科学对于人和社会的生存发展的意义，因此它的完整、确切提法应该是“科学的社会价值”。由于任何价值都是指事物对于社会的人和人的社会的意义，都具有属人的、社会的性质。因此科学的价值问题不仅是个科学学、科学社会学问题，更是一个价值观和历史观问题。但以往关于这个问题的研究与宣传，大多注意了“科学”及其现实的工具性质，而对科学所具有的“价值”的特征，却缺少更深入的理论与方法说明，这导致了一些观念上的偏失和含混。

科学，包括科学理论、科学方法和科学精神等在内，本是适应人类的需要和能力而发展起来的一个社会文化领域，它对于人的意义本来也应是自然而然、不言而喻的。然而，恰恰是随着科学与社会的日益发展，这种意义却成了备受困扰的问题。究其原因，问题不仅是出在实践上，出在人们对于科学的实际把握和应用上，更是出在思维方式上，出在对于“科学之于人类究竟有何价值”的观察和理解方式本身。

让我们来看两种最有代表性的观点：“双重效应说”和“价值中立说”。流行的“双重效应说”，看起来像是对“正效应说”和“负效应说”两种对立观点的综合或超越。一端是理性主义、唯科学主义、科技乐观论者，从科学业已取得的成就出发，推演出科学是万能的，认定只要依靠科学技术，人类的未来就是一片光明，今后的灾难将不是人类灭亡，而是人类太幸福所滋生的痛苦；另一端，则是古已有之的对理性和科技的反感与忧虑。老子曾断言“智慧出，有大伪”，“为学日益，为道日损”[①]。卢梭也曾认为，科学将带来人性的堕落、灵魂的腐败。当代悲观论者则从世界大战的残酷、核恐怖、机械文明的非人性、生存环境恶化等方面，充分看到了科学技术的负面价值，认为科技文明道路通向人类的死亡……

两种观点都以一定历史事实为根据，但却表现出各执一端的片面性。其方法上的共同点是，分别提取了人们在一定历史阶段以特定方式对待科学所造成的特定效果，然后将这些具体的特殊的价值，当作了科学的普遍绝对价值。而“双重效应说”则采取了二者兼容的方式，主张科学的价值总是两面的：既造福于人类、促进社会发展，又带来种种反主体性效应、破坏社会的健康发展，犹如一把“双刃剑”。这种观点是否更全面、更深刻？表面看来似乎如此。然而两种片面性的结合，未必等于辩证的全面性，把两个凝固的极端合成一个，结果也不会离辩证法更近些。作为价值分析和判断的命题，这种说法透露出理论上的某种无奈和空洞，给人的是一种非常表面化的、似是而非的满足。如果进一步提出问题：假定科学本身“既有好的一面，又有坏的一面”，其价值“既正又负”，那么这种“两面性”意味着什么？它是从何而来、怎样发生的？有无前提和规律性迹象可循？科学的正负价值都是科学本身固有、一成不变的吗？有无主次之分？我们能不能把它“去掉坏的一面，只保留好的一面”？两面之间，是否注定只能互相抵消、互为代价，有无相互沟通

① 《道德经》第十八、四十八章。

转化的可能？如果有，根据何在？如果没有，出路何在？面对科学“既可保证人类生存，又可导致人类灭亡”这种可能性判断，人类正确选择的导向从何而来？应该是怎样的？人能够同时采取两种截然相反的态度（既信任、依靠，又怀疑、否定）来对待科学吗？等等。显然，仅仅承认两面效应的存在，是不足以解决这些问题的。

“价值中立说”以主体与客体、存在与意义、事实与价值、“实然”与“应然”的二元划分为基础，比较彻底地解决了科学与价值的区分问题。它指出，科学的本质是某种超越于价值的事业，科学的本质是实事求是，理性地处理感性材料。在进行科学观察、实验、概括和推理的过程中，必须暂时撇开主体的利益、兴趣等主观偏好，唯一以如实反映对象的客观本质和规律为目的。因此，科学本身、它的任何一项具体的成果（规律、定律、公式、理论、方法等）本身并不意味着“好”或“坏”，既不意味着正价值，也不意味着负价值，它不是价值，而是价值上“中立”或“无涉”的；这种“中立性”正是科学的“客观性”与优点所在。在休谟、康德以来的理性分析传统中，科学是关于事实的，价值是关于目的的；科学是追求真理，价值是追求功利；科学是理性的，价值是非理性的；科学是可进行逻辑分析的，价值则无法进行逻辑分析。韦伯更是在经验科学与价值判断之间划出泾渭分明的界限：经验科学以研究现象的“存在”（is）为任务，对“当为”（should be）并不言及；价值判断则属于规范即“当为”的知识，以“当为”作为指导实践行为的准绳。韦伯不否认科学成果有被用于增益或损害人类社会生活的可能，但认为这并不是科学所注定的，而是与科学的社会运行和社会控制有关，属于“当为”或“不当为”的范畴，不该由科学负责，不应放在科学领域讨论。因此韦伯极力反对借着科学的名义作价值判断，并把自己的选择归结为科学的理由，而认为一切科学领域都应保持价值中立，这是科学工作者人格理智诚实的表现。总之，科学的独立自主地位不容侵犯，科学在本质上与价值无涉，而且科学只有不受价值“污染”，才不至于丧失其客观真实性。

按照这种方式还可以进一步指出，相对于人的每一价值需求而言，科学所反映的事实和规律，只意味着人的目的实现的可能（或不可能）的范围与前提，即提供了一定的“选择空间”，并不等于目的和价值本身。科学的社会价值之产生，是主体在科学所提示的可能性空间范围内选择的结果，只与主体的利益、需要、能力以及自我把握的水平相关。只有当社会在实践中产生了对科学的需要，并且具备利用科学的一定能力时，科学对社会的价值才得以形成和实现。因此科学的社会价值是依社会主体的状态、能力与需要的不同而不同、变化而变化的，表现出极大的相对性。正因为如此，科学成果的具体价值必然具有多种可能，呈现无限多的样态：可以形成此方面价值，也可以形成彼方面价值；可以有正价值（为利），也可以有负价值（为害）；可以有大作为，也可以有小作为甚至无作为；等等。无论是何种价值，其“可能性”和从可能变为现实的真实性，其中起决定作用的根据和条件，首先在于主体即“社会”方面，并不是科学本身固定不变的本性和功能。科学之于社会的复杂效果现象，其根源亦在于此。所以，如果仔细考察科学史与社会史的关系就会看到，仅就科学的每一具体价值来说，“中立说”是正确的。

然而在我看来，承认科学在具体、相对的价值关系（即对于人的直接现实意义）上暂时的、局部的中立或“无涉”，是正确认识科学对于人类价值的必要的第一步，也仅仅是第一步，而不是全部。因为科学毕竟不是抽象、孤立、与人间祸福全然不相干的神仙游戏，而是人类社会一项不可或缺的重要事业。科学事业的主体是现实的人和社会，人类之所以需要科学、从事科学、发展科学，正是由于科学在总体上、根本上和永恒发展上于人类社会有益，即具有正向价值。因此应该说，科学、真理在每一具体场合，对于每一特定价值主体来说，是中立的；而在总体上，在科学、真理与人类生存发展的一般关系意义上，它们不是价值中性的，而是有正价值的。科学、真理的价值中立性和正向价值性的对立统一，就是科学、真理的价值相对性与绝对性的统一，个别与一般的统一。以这种更为全面的观点看来，“中立说”则有它的不足，就是把科学活动同它的社会基础完全割裂开来，在科学的存在与它的社会价值之间掘了一道鸿沟，从而切断了科学与价值的总体内在联系。在思想方法上，这是看见了科学与人类价值关系上的局部、个别和特殊，而忽视了整体、普遍和一般；把科学的价值相对性一面绝对化，而否定了它的绝对价值一面。

总之，“双重效应说”和“价值中立说”都未能全面完整地说明科学的价值问题。前者停留于表面现象的归纳，从而把科学的某些相对价值绝对化，当作了科学的本质和绝对价值；后者则过于孤立地看待科学，用某些具体价值的相对性掩盖了科学对于人类意义的绝对性。二者有一个共同的缺点，就是只注意了从科学这方面，包括科学的具体功能和科学自身的本性等在内，单方面地考察科学的社会价值，而不是同时从主体方面，即人和社会的需要、能力、历史发展水平等方面，更深入地、根本地说明科学价值之发生、发展和演化的逻辑。

那么，科学对于人类究竟有哪些基本价值？回答这个问题的关键，事实上在于对“人类”、“社会”即主体的理解，即我们所能理解和想象的人类社会的一般需要和能力是怎样的、有哪些方面，其中可能由科学来实现的，就是科学对于人类可能具有的价值之所在。而对此可能作的最充分、最普遍的概括，无非是两大类：手段（工具）价值和目的价值。

科学的工具价值。科学作为人类认识世界改造世界的最强有力手段和最伟大的工具，是科学所提供的最常见并为人们普遍认可的价值。通常人们以赞赏和信赖的心情所列举的科学种种功劳和贡献，凡能够以“它帮助我们如何”或“它能够用于如何”这种句式表达的内容，大都指这种价值。科学的工具价值几乎在人类的一切领域表现出来。它在哪里作为工具得到应用，就在哪里有价值；在哪一方面被应用，就会产生哪一方面的社会价值。它通过转化为技术而用于物质生产，提高生产力水平，就形成其物质生产力价值和经济价值；它被用于组织经济活动和产业结构，就形成了社会结构价值和经济管理价值；它的成果被用于军事就有军事价值，用于政治则有政治价值；应用于人们生活的方方面面（通讯、交往、消费、娱乐等），则有方方面面的生活价值……今天的人类已经将科学的手段功能发挥到了近乎极致的程度，而随着生活实践和科学技术的发展，还可以预言这种作用仍将继续增强。在这方面，人们尽可以发挥自己的想象力和创造力，去扩大和深化科学技术的应用范围，使它为人服务的功能更加丰富多彩。

对于科学的工具价值最直接、最根本、最深刻也最积极的理解和肯定，包括在“科学技术是第一生产力”这个著名的论断中。这个论断不仅是一个准确的事实判断，也是一个富于远见的价值判断。唯物史观认为，社会物质生产的生产力，是人类生存保证和发展动力的最根本基础，整个社会的进退兴衰都从这里开始决定下来；因此对于整个人类和每个民族来说，一切价值中最重要、最不可或缺的价值，当然首先要属满足发展生产力需要的价值；而科学技术在发展生产力方面的意义，也就是它对于整个社会历史的意义。在当代，科学技术已经上升为生产力要素的第一位，就意味着它在社会与人的发展中，已经具有了第一位的根本工具价值。同其他一切条件、手段和工具相比，科学技术已经成为推动社会进步、实现我们社会发展目标的最强大、最有效、最可靠的条件和手段。懂得了这一点，对于制定和执行近期和长远社会发展战略来说，无疑是至关重要的。

在总体上取其工具价值时，并不否认科学这个手段可以成为局部的目的。因为目的与手段的划分本来是相对的，在一定阶段或环节上是手段的东西，在另一阶段或环节上就成为目的，因此科学的手段与目的价值的区分也具有一定相对性。当整个社会把科学当作手段的时候，必然需要有一部分人力和物力投入以科学发展为目的的运行——科学并不是天然的、既得的无限保证，不是只待采摘不要培育的果树。它也有需要，需要智力和人力、需要条件、需要手段、需要投入。当一个社会感到自己的经济文化发展（目的）受到科学水平的“瓶颈”制约的时候，也必然转而以科学的发展为自己政策和战略的目的……就是说，从人类活动的过程和环节上看，科学的目的价值是它的工具价值的必要补充。一般说来，人们不会忘记这一点。但事实证明，要在真正懂得科学发展逻辑的基础上，懂得如何保护、发展和使用科学这一宏大工具系统，而不是仅仅以功利的权宜之计对待它，并非是一件简单的事。

但是，仅仅这样理解科学的手段和目的价值，总的说来仍未超出把它当作客体、手段的思考范围，尚未涉及对根本目的本身的内在的思考。客体毕竟是外在于主体的，手段毕竟是过渡性的中介。而目的则高于手段；对手段的取舍，是以主体的目的和能动性为转移的；采用手段的方式、过程和效果，也总是受主体的需要、能力、条件及所处的环境等制约；评价手段及其效果的得失，以主体的目的为标准来衡量。科学的手段价值是主体目的性行为的结果。受各种主客观因素的影响，主体在以科学为手段时，既可以用于不同的价值目的，也必然会造成不同的价值后果，包括正效、负效、无效等多种可能，最终形成的价值有大有小，有正有负。这一切，都不是由客体即工具本身决定的。

既然如此，就不能缺少关于目的方面的考察，思考一下：其“工具价值”是否已经表达了科学的唯一价值和全部意义？科学是否永远外在于人的目的？它是否也构成人和社会发展目的的一个内容？等等。这些问题事实上涉及对人和社会生存方式的理解。

科学的目的价值。深入地考察可以发现，科学对于人类的意义，或者科学的价值，并不限于外在的关系，还有内在的方面：它是人类本身的一个业已形成的、特有的生存发展方式，科学的发生和发展不仅在于它对实现别的价值（目的）有用，而且在于它本身就是人类生存发展的一个标志，它的发展本身就意味着人的发展、社会的发展，是一种目的性的正价值。科学在总体上、根本上并不是“价值中立”的，而是人的价值、社会的价值体系中不可或缺的一个方面。就是说，科学的倡明和发展、对科学成果的占有和享用本身成为人和社会的内在尺度和目标之一，这就是科学对于人类的根本目的价值。

首先从人类本性和生存发展方式上说，承认科学的人类目的价值，其实质和前提是承认人类主体本性的现实性，承认人类精神生活的丰富性和自我发展的能力，承认人类生存方式和发展目标的全面性、完整性。人，是一种有精神存在和精神生活的生命，人的社会精神生活也要不断地丰富、更新、发展。而今天的人类之为文明人类，其精神生活的本性和方式之一，就是有“求真求知”的理性需要和能力。求真求知本身是一种基本的需要、一种值得人类自豪的能力。这种需要和能力，是人类在不断改造世界的过程中不断改造主观世界的成果。因此求真和求知本身已不仅仅是手段。人并非只是为了“能用它们去做什么”才去求真求知，就像人类不再仅仅为了追求果实而去种植，同时也为了欣赏鲜花和绿叶而去种植，为了确证和实现自己把握世界的能力而去种植一样。今天的文明人类不同于原始蒙昧人类的一大特征，就是理性和科学的发达。原始人虽有工具但没有科学，虽有精神需要但并不靠真知来满足，而是凭经验和信仰。人类辗转发展到今天，无论在哪方面都已经离不开理性、知识和逻辑。很难设想，如果没有了科学的求知欲，没有了理性的兴趣，没有了关于各种各样知识、现象、问题的探讨、研究、思考、想象、争论、鉴别、发现和传播，如今的人类将会是什么样子？生活将会是什么样子？所以，虽然原始人不曾以科学的发展为目的，而现代人类却必须把科学的发展当作社会发展的一大指标，当作文明的一个尺度。“求真求知”这种需要和能力的实现，意味着人在精神上的生存和发展、精神上的自我实现和自我完善，意味着人通过了解世界而在精神上成为现实的、完整的人。

其次从人类价值追求的目标来看，科学也不再仅仅是手段，而是同时成为人类最高追求——“真、善、美”的一种载体。科学不仅以求真为其使命、以真理和真知为其成果，而且以臻善、达美为其成果和意境：科学既负有为人类功利和道德之善提供服务的责任，而它所体现的诚实、谦虚、求实、严谨和执著等品质和风格（科学道德），也代表着人类的一种基本美德；科学不仅可以用于改善和美化生活，而且如爱因斯坦所感受的那样，它本身蕴有“思想领域最高的音乐神韵”①，能给人以无比壮丽和谐的意境和感受（科学美），或如彭加勒所说，科学是对“此种特殊的美以及宇宙和谐意义上的意义之寻求”②。正因为如此，对科学本身的追求，在一定意义上也就是对真善美和自由的追求。

纯粹“为科学而科学”，如同单纯“为道德而道德”、“为艺术而艺术”一样，常常引起歧义，因为它们都不能脱离人、人的需要和社会实践而存在。但是在一定范围内不为其他，而是“为科学而献身”，即为了实现人的科学需要和科学能力去发展科学，为了追求真理去发展科学，这不仅已经是一部分不可或缺的社会现实，而且是一种崇高的事业。这告诉我们，在对人的本质需要和社会实践的理解中，如果忘记了对真善美和自由的需要也是人的本质需要，忘记了科学实践本身也是人类生存发展的实践，把科学理性仅仅看作“工具理性”，而不能同时看到它也属于人的“健全的目的理性”，同样是狭隘、片面的。

最后从其人文意义上看，科学作为探索真理的事业，还造就一种理性化的人格气质，一种极其宝贵的人类精神——科学精神：不懈地探索真理，勇于坚持真理，为真理而献身。它包含尊重事实、实事求是的求实精神，勇于怀疑、自我否定的批判精神，敢于创新、超越现状的创造精神等。科学精神往往首先被科学工作者内化为个人品格，成为科学家的“良心”，作为其行为规范和价值取向原则；进而随着科学的传播与普及，随着科学志士的示范而升华为社会人格、国格。它陶冶人的情操，净化人的思想，提高人的素质。科学殉道者们一次次震撼人心的牺牲与抗争，为科学精神浇铸了一座又一座丰碑：希帕蒂亚、塞尔维特、哥白尼、布鲁诺、伽利略、赫胥

---

① ［英］贝尔纳：《科学的社会功能》，191页，北京，商务印书馆，1982。

② ［法］彭加勒：《科学与方法》，12～13页，北京，商务印书馆，1933。

黎……科学家可以被打倒、被消灭，但科学与科学精神永存。后人在景仰科学巨人的同时，也使科学精神得以发扬光大，而科学精神的发扬光大，本身就是人在精神上全面健康发展的重要方面，构成对人类最可宝贵的精神价值。

综上所述，充分理解科学的价值，意味着要把科学的发展与人的发展联系起来、一致起来，而不是割裂开来、对立起来。实现科学的目的价值意味着，要像尊重人本身一样尊重科学，像把人当作目的而不仅仅是手段一样，把科学也当作目的而不仅仅是手段；人和社会不能只要科学为自己的经济、政治、军事和文化等需要服务，也要使经济、政治、军事、文化等适当地为科学发展的需要服务；不能只用社会其他方面发展的是非得失来衡量科学的成果，也要用科学上的是非得失来衡量其他方面的发展；社会发展决策不能仅仅着眼于功利和道德上的目的，也要兼顾发展科学事业和培养科学精神的效果，坚守科学的逻辑和规则……总之要把科学的发展和完善纳入人和社会整体发展和自我完善的目标体系之中。

说到这里，就实际上提出了“科学价值”这个尚未被充分重视的概念。与“科学的价值”相区别，“科学价值”是同“经济价值”、“政治价值”、“道德价值”、“环境价值”等相同类型和层次的概念，并与它们共同构成完整的社会价值体系。

“科学价值”的确切含义，是指“在科学上的价值”或“对于科学的价值”，即（包括人和社会的活动在内）任何事物“对于科学及其发展来说有什么意义”？它们是否适合于科学的尺度、满足科学发展的需要、为科学服务？等等。例如：一篇论文的“学术价值”，一件考古文物的“科学史价值”，一项政策或一个事件的“科学意义”等，这些提法的特定含义，是指它们在科学或学术上是否成立，是否为科学提供了证据或材料，对于科学事业是否有利等，总之都是以科学的需要和尺度为标准所作的价值判断。它们表达了科学在人类生活中所具有的一定目的性质和价值标准地位。

“科学价值”概念意味着，在现实生活中不能仅仅关心科学“有什么经济价值、政治价值、道德价值和审美价值”等，而且还要有一个反向的观念：追问其他事物“有什么科学价值”。就是说，不仅要重视让科学为社会服务，提供满足人和社会各种需要的价值；同时也要求人和社会通过自己的活动为科学服务，提供满足自己科学需要的价值。提供科学价值当然首先是科学和科学家活动的责任，但满足科学发展的要求却并不仅仅是科学界的责任。社会其他活动、政策等对于科学的生存发展有何意义，则是它们的科学价值问题。例如一个国家的综合国力特别是生产力发展水平、文化传统特别是价值观念、国民素质和文化教育程度等，是一个国家科学发展的基础条件；国家社会的生存发展对于科学的需要和依赖程度，以及政府和国民对科学价值的认同情况，常常成为科学事业现实地位的根据和发展的动力来源；各个领域社会实践特别是生产实践的深度和广度，包括与世界经济文化交流的深度和广度，也会对科学的活跃与发展起到信息资源和研究导向的作用；一个社会能够有效地维持的科学家队伍数量、质量，及其自我发展和互相协作的机制如何，更是直接地影响着科学事业的命运；等等。所有这些，都会通过具体化的政策、体制、活动和条件，直接间接地影响于科学事业，产生其科学上的意义即“科学价值”。一个社会的经常性活动及其重大决策的科学价值质量如何，同样是这个社会发达程度的标志。

总之，“科学价值”本质上是一种人文价值、文化价值，它代表着在人类理性生存和发展高度自觉化的层次上，一种高度自觉化的人文关怀。

走向理性化的人文精神

20 世纪是科学技术大发展的时期，同时也是人类第一次认真地对其价值进行批判性反思的时期。科学主义与人文主义的分歧和争论，在 20 世纪曾达到了一个高潮。事实证明，这种分歧和争论是不能通过“非此即彼”式的对立和排斥来解决的。我们所需要的，恰恰是一种使二者合理地结合在一起的方式，例如“科学的人文精神”和“富有人文精神的科学”等。而实现这种结合的一个关键，是如何理解并体现科学的工具价值与目的价值的统一，相对于过去的状况而言，关键又是如何实现科学的社会目的价值问题，

严格地说，只有在人类社会发展到一定成熟程度的时候，人们才会真正认识科学的目的价值，社会才能自觉地把科学的繁荣发展同人的全面发展联系在一起，并纳入自己的目标体系。在这以前，人类曾有过不知科学为何物的阶段；后来创造了科学，也一度只是看到了它的工具价值，并把这种工具的作用发挥到极端，甚至走向反面；直到马克思揭开人类历史的秘密，并确立了“以每个人的自由而全面的发展为原则”的社会理想之后，科学的全面价值问题才

被正式提上日程。

马克思曾较充分、彻底地肯定了科学作为历史进步杠杆和动力的作用，高度颂扬了科学技术无与伦比的工具价值。但他的立场和态度并不局限于此。马克思说，“只有资本主义生产才第一次把物质生产过程变成**科学在生产中的**应用，——变成运用于实践的科学”①。资本主义首先充分利用了科学的工具价值，但这只意味着使科学成为资本家的“致富手段”②，因为资本家的“**直接目的**是**价值**，而不是使用价值”③。马克思进一步批判了资本主义对科学利用的历史局限，认为“只有工人阶级能够……把科学从阶级统治的工具变为人民的力量……只有在劳动共和国里面，科学才能起它的真正的作用”④。在这里，科学的价值形态所发生的历史性变化，表现在两个方面：一是价值主体的转移，即科学从剥削者那里转到人民的手中，作为工具，它服务的价值主体不同了；二是科学的全面价值的发生，即科学要“起它的真正的作用”。所谓“真正的作用”理应包括科学不再仅仅是工具，如同人本身不再只是工具，而是手段和目的的统一一样。社会主义是马克思所说的“劳动共和国”时期，科学对于社会主义来说，不仅仍然具有工具价值，并且比以往任何时候都更成为第一个最伟大的工具，并且有了以往不曾被认识、也不可能被认同的价值——社会发展的目的价值。后者理应是社会主义所追求的带有根本性的内容。社会主义不能只把科学当工具，否则它便不能坚持贯彻自己的社会性质和历史方向——为人的彻底解放和自由全面发展奠定基础。

目前中国走向现代化的进程，面对的是一个曾经缺少充分科学理性传统的国情现实。因此必须把提高全民族的科学文化素质摆在首位。如何对待科学，如何正确地评估科学和科学家活动及其成果的价值，是否充分认识与实现科学的全面价值，不仅反映一个社会自我发展意识的水平，而且与国家、民族乃至个人的未来息息相关。而学会正确地对待科学，是走向未来的必修课。

全面的科学价值观念，是防止和纠正对待科学问题上两种片面态度——狭隘的工具主义与抽象的目的主义——的一剂良药。狭隘

① 《马克思恩格斯全集》，中文1版，第47卷，576页，北京，人民出版社，1979。
② 同上书，572页。
③ 《马克思恩格斯全集》，中文2版，第31卷，103页。
④ 《马克思恩格斯全集》，中文1版，第17卷，600页，北京，人民出版社，1963。

的工具主义表现为各种急功近利的功利主义，不论经济功利主义、政治功利主义还是道德功利主义，都是只把科学当作满足一时需要的手段，而不顾科学本身的规则和持续发展的逻辑；抽象的目的主义则是一种无视社会实践的自我主义，绝对化的“为科学而科学”，蔑视社会发展和生活实践的需要，搞书斋里的教条主义和象牙塔里的精英主义，看起来是崇尚科学的目的价值，实际只是追求个人的自我目的，而与社会和大众的目的无关。所谓全面的科学价值观念，是以人和社会的全面发展为标准来理解和追求科学的社会价值，包括科学的根本目的价值与全部工具价值的统一、社会生活中科学价值与功利价值、道义价值的统一。

建立健全科学与生活实践之间的双向互动机制，是全面实现科学社会价值的基础。单方面的要求只能实现单项价值，只有双向的不断互动，才能实现科学与社会之间的全面价值。我国仍处于发展中，一方面生产力、人民生活水平、群众科学文化素质都还落后，有大量的问题需要借助科学去解决（即便是科学应用中带来的负效应，也需求助于更先进的科学技术去克服）；另一方面却还有相当大量的科学（包括社会科学）成果被束之高阁，造成急需资源的极大浪费。这个问题不解决，不仅会拖延社会的发展，久则必将使科学事业萎缩停滞。而加强科学与社会生活的密切联系，建立科学与各个领域（经济、政治、生活、文化等）的实践之间及时的互相促进、良性循环机制，不仅把科研成果应用于社会、造福人民，而且用科学武装人们的头脑，使科学尽快转化为社会精神文化，由全民族科学文化水平的提高来保证和进一步推动科学事业的发展，对我们尤其具有现实的和深远的意义。

倡导科学精神就是倡导理性化的人文精神。虽然科学不是万能的，但对中国来说，当前没有科学精神却是万万不行的。例如，构建社会主义市场经济的过程中，我们切实需要的精神文明绝不仅仅是道德化的人文情感。市场经济离不开理性、分析、实证、规则、民主和法制，这些都与科学和科学精神有着不可分的内在联系；而这些又恰恰是我国几千年文化传统中所缺少或较薄弱的方面。在社会政治领域，科学精神与民主、法治更有着深刻的内在联系。可以说，没有科学精神的注入与贯彻，民主与法治就不可能变成现实的政治体系，而只能停留于道义或情感的形态。所以，绝不应把“弘扬人文精神”与“弘扬科学精神”分割开来，更不应该把它们对立起来。中国需要走的，是以科学精神为前导，人文精神与科学精神相融汇、相结合的文明建设之路。

三、普遍主义与特殊主义

随着“全球化”趋势的显现，价值问题上的普遍主义与特殊主义之争，正在成为人类文明的“世纪焦点”。

两种思维方式的对立

在哲学上，价值普遍主义往往以人和万物本质、本性的共同性、普遍性，以及认识的真理性等观念为基础，进而在价值问题上持本质主义、绝对主义和一元论的观点。普遍主义相信人类生活中存在着“终极”的、绝对合理的、一元化的价值及其标准，并相信只要人们通过恰当的方式发现并推广执行之，就能够基本解决世界上的大部分纷争。特殊主义则以人的个性、认识和价值的主体特殊性为基础，在价值问题上持个性化、相对主义和多元论的观点，认为世界上不存在唯一的、终极不变的价值体系及其标准，必须面对人类价值多元化的事实，依据主体的具体特殊性来处理各种价值问题，才能保持人类社会的平等、自由、和谐和安宁。为了更简洁明确地说明这两种主张的特征，这里列出一个简单的对照：

普遍主义	**特殊主义**
基础：人和万物本质、本性的共同性、普遍性，以及认识的真理性等。	**基础：**人的现实主体性、多样性，真理的具体性，价值的多元性等。
核心：在价值问题上持本质主义，或绝对主义和一元论的观点。	**核心：**在价值问题上持个性化，或相对主义和多元论的观点。
信念：人类生活中存在着“终极”的、绝对合理的、普遍适用的价值及其标准，只要通过	**信念：**世界上不存在绝对普遍、永恒不变的终极价值及其标准。因此从根本上怀疑和否定全

恰当方式发现，并坚决推广普遍适用的一元价值、“文明标准”，就能够解决世界上的大部分纷争。因此急于寻找和制定这样的语言、规则、程序。	球文化一元化的意图，并主张维护价值与文化的多元主义，认为只有这样才能实现并保持人类社会的平等、自由、和谐和安宁。
目标：人类文化要走向同质的一元化。	**目标：**多元文化权利的普遍化、合法化。
现实导向：主张人类文化上的“全球一体化”、“普遍价值”和“全球伦理”，但往往成为文化专制主义、文化霸权主义、文化殖民主义等的借口。	**现实导向：**主张文化个性化、多元自治和平等交流，但也常常成为文化保守主义、无政府主义、自由主义、文化割据和封闭等的理由。

极端化的普遍主义与极端化的特殊主义用于说明文化及其全球化问题时，势必将各种分歧引导到深层的基本信念层次，以至成为不可调和的两极对立。

极端普遍主义思维状态的特点是：它坚定地认为，现实的多元文化之间必有优劣高下之分；进而认为，全世界的多元文化必然通过“优胜劣汰”走向统一。西方一些人习惯于认为自己代表了“普遍价值”，他们以市场竞争的观点来理解文化之间的比较，认为目前的全球化趋势正是某种单一（如欧美资本主义的）经济优势和文化优势的显现，现代化、全球化也就是资本主义化，因而多年来一直从经济、政治和文化等一切方面发动强劲的攻势；而另一些人如极端的“原教旨主义”者则相反，被西方一些人认为只代表“特殊价值”的他们，则以追求自己所肯定的普遍价值体系（原教旨主义）为标准，强烈地表现为：必须以勇于牺牲的神圣战斗，才能抵制西方文化的影响，保证人类获得真正的光明和正义。这一背景使人们再鲜明不过地亲眼看到：两种极端的普遍主义之间的对抗，是造成新的恶性冲突的根源。

事实上，普遍主义和特殊主义都有自己的严重缺陷，因而都不可能彻底贯彻始终。例如迄今为止，像美国等不少国家一直在奉行着“内外有别”的双重标准，对内实行特殊主义、自由主义，对外却奉行文化普遍主义、霸权主义；有些国家则相反，它们对内实行普遍主义、专制主义，对外却奉行特殊主义、封闭主义……

从理论上看，普遍主义来自以人类为主体的认识论领域。在认识论领域中所要达到的结论，是面对统一的客观世界（对象的一义性是不容否定的前提），获得对于整个人类具有普遍可靠性的认识、知识。因此在认识论中，结论的普遍化含义也成为应有之义。与之相反，特殊主义则是在价值论领域中得出的结论。在价值论领域中，作为对象的价值关系本身在客观上已经是多元的了，价值论的思维必然以具体主体性的特殊主义为其原则，才能够成为实事求是的结论。

然而，上述理论分析迄今并未得到充分的理解和认同。将普遍主义从认知原则移植成一种价值原则，是由来已久的一种规则僭越、一大思想误区。当人们不加分别地把这两个原则用于价值问题时，就必然形成根本观点的分歧和对立。以“真理是唯一的”为原则去对待价值领域的多元化，便无法客观冷静地面对现实；而把自己信奉的价值观当成“唯一真理”，并以不顾一切的态度去追求“统一”时，便会产生极端普遍主义这一人类生活中的怪胎。

超越“两极对立”的文化出路

两种价值观念和文化立场的偏执与对立，日益成为新的混乱和冲突的根源。当代许多有识之士已经看到了这种危险，并积极探索超越两难处境的出路。然而，无论普遍主义还是特殊主义，都不是一个简单的概念问题。它们有各自的主体根基和历史依托，各有其现实的利益基础和文化环境，各有其理性的和情感的依据，因此并不是很轻易就能够摆脱的。我们似乎不可能仅仅依靠理性说教或情感呼吁来解决掉长期存在的这一“二论背反”，而需要进一步反省它们产生和存在的根源，并有针对性地为消除这种根源创造条件。

首先，需要区分普遍价值的客观基础与主观意向。在客观的意义上，即事实上，存在着人类普遍的或超越了民族、国家、阶级、宗教、行业等界限的共同基本价值。这是指地球上的人类因为属于共同的物种而有共同尺度，如凡是涉及普遍的生命条件、人类特有的生存基础和生命特征的价值，包括自然环境、社会物质生产和精神生活的空间等，对任何人来说都是一样的。这种基于人类个体之间共同点的普遍价值，自有人类开始就存在着，并且它的具体内容还将扩大和强化。但以往人们对此并不一定充分地了解，却常常因其“太平常和不言而喻”而忘记它们，相反却夸大了彼此之间的不同点。

例如，地球上的人类有各种不同的语言文字，相互之间差异很大，这是由于各地方各民族历史文化的个性造成的；但各种语言文字之间，最终都能够互相翻译、彼此交流，这又足以证明人们深层的思维方式、心理结构之间，是有共同性的。显然，这种共同性来自人们作为同一“类”的自然和社会生命体，其生存发展实践的基本方式是相同的。有共同的基本结构和生活方式，就意味着有共同的基本需要、共同的基本价值。正因为如此，知识、科学、技术、财富、艺术、道德和宗教等才得以程度不同地普遍流行，也才有整个人类的共同文明成果和历史进步过程。

这种普遍价值是通过人们不断地回到共同前提（客观上的共同点）而事实上确立和重新认识的。比如，生活中处处存在着不同主体之间的价值冲突，然而矛盾和冲突也恰恰意味着有共同点。因为有统一性、有共同的层次和前提才会产生价值冲突。所以在现实生活中，往往越是有冲突的各方之间，才越需要寻求统一或“寻找共同点”，需要通过确认共同点来缓和或化解冲突，不致引向共同毁灭。事实总是证明，在有冲突的各方之间，只要去努力，就能发现存在着对话和交流的可能，总是能够找到一定的共同点（哪怕这个共同点仅仅表述为“我们可以下次再谈判”）。到目前为止的世界格局中，“寻找共同点”仍不失为解决主体间价值冲突的主要方式。这一点意味着人们重新发现并越来越重视人与人之间的共同基本价值，对此应该给以充分的肯定。

但这种最终或初始普遍价值的内容，并不如某些人所想象的那样，可以用一套目标或典范把它们抽象、凝固起来，做成一成不变的公式供人们永远遵行。目前极力倡导者心目中期望的那种普遍价值，是指人类主观上统一了的（或通过全球性权威机构正式颁布的）价值体系，即有了全球一致的基本理念和共同规范，并在实践中普遍采用的价值体系。关于这种普遍价值应该或能够是什么，许多人积极提供了各种各样具体的构想和建议。然而这些议论往往缺少对自身前提的必要反思：它们是从哪里来的，人为什么应该或能够普遍接受它们？历史告诉我们，全人类统一意义上的普遍价值，并不能产生于任何人的主观设计和良好愿望，哪怕这种设计和愿望本身是先进的、合理的。

不妨以人类的语言为例。亚里士多德曾引用柏拉图的话，通过语言的特性来揭示人的共性，认为全人类的书写标记是不相同的，他们的有声语言也是不相同的。但它们首先都是灵魂的情感符号，在这一点上都是一样的；这些情感具有的事物相似性也是相同的。[①]我们也都知道《圣经》上那个"通天塔"的故事。《圣经》中留下的这个关于语言的哲理，反映了对人类语言分割的苦恼，无疑也表达了对全人类语言统一的期待和梦想。但是，自从有人精心地创造了一门新的语言——"世界语"以后，实际的情况怎样呢？一百多年来，它似乎从未走出世界语协会的范围，至今并无一个国家或民族地区认同并采用它。这是为什么？当然不是因为世界语可能给人类带来的好处。无非是因为，语言问题，首先是人（民族、国家）自己的文化权利和责任问题，其次是人们的现实条件和能力（不仅仅是需要）问题。而人们的权利和责任、需要和能力，恰恰是一切价值认同和选择的起点。在这个起点上缺少足够动因的东西，在现实中终究是难以实现的！正因为如此，任何人的主观愿望和设计，要得到全人类的普遍认同，都必然是有条件的，这就是：它必须不仅在理念上，而且在实际上都能够适合人类绝大多数个体的生活方式和切身利益，并且为人们的经验和条件所认同。也就是说，只能是为绝大多数人"不仅需要和愿意，而且能够实行"，在主观和客观上都具备了条件的价值选择才能实现。否则，任何人企图将一种设计强加于全人类，都不可能成功。历史上确曾有过不少人，企图将自己所认可的价值模式加给别人，他们无一例外地都以失败告终。

其次，需要关注普遍主体的层次。要使一定合理的价值体系为绝大多数人所认同，使人们"需要而且能够执行"，关键在于人类绝大多数个体之间事实上形成统一或一致的生活方式、切身利益和思考原则等。如果对这一点加以认真的思考，我想它意味着：全人类普遍价值体系的确立，要以人类最高主体形态——"类主体"或"共主体"的客观形成为前提。

所谓"类主体"或"共主体"是指：人类在整体上有必要并且能够成为一个有相对独立意义的、权利与责任统一的现实主体，使整个人类能够像一个人一样地进行判断和选择。这里的意思是说，"类主体"或"共主体"实际是一个最高形态的个体，即它不是各种主体形态的总和，而是多样化主体形态之中的一个，是最高层次上由于最具普遍共同性而构成的那一个特殊的主体形态。在现实中我

① 参见［古希腊］亚里士多德：《范畴篇解释篇》，55页，北京，商务印书馆，1986。

们不难看到，在充分个性化多样化的人们之间，只有当他们切实地成为一个更高主体的有机部分或自觉成员的时候，他们才能够达到某种“像一个人”那样的高度统一。这有些像世界上已有的某些群体主体，如民族、国家、政党和团体等，这些群体主体虽然也都是一定层次、一定意义上的特殊个体，但它们在各自的范围内又都具有相应的整体统一性。当然，“人类主体形态”在客观上要比它们有更广泛的基础，在主观上则要有更加自觉、复杂而漫长的认识与觉悟过程。

就目前来说，虽然现实的世界离形成这样的主体尚为遥远，但并不等于不可能形成任何普遍价值。恰恰相反，我认为，目前我们所面临的许多全球性问题，如环境问题、生态问题、人口问题、和平问题、文化问题等，事实上都只有站在全人类整体（不仅包括现在的，而且包括未来的人类）的高度，才能够正确地理解和对待。就主观而言，建立全人类普遍价值体系的呼声渐高这一情况本身，就已反映出对人类共同利益的认识已日见明朗和突出。应该说，这也标志着人类共主体的现实形态和某些真正具有普遍性的价值正在形成，或者说目前在相当多的领域中，形成共主体与普遍价值的时刻正在到来。虽然目前这些整体普遍价值的范围仍很有限，并且实行起来仍有很多困难，但它们毕竟以极其现实而有力的形态出现在人类的清醒意识之中。从人类业已隔阂、分裂了几千年的历史来看，这无疑是具有划时代意义的新起点、新迹象。这正是我们探讨普遍价值时所得以出发的基点。

第三，需要反思目标的“和”与“同”。为了超越两极对立的困境，我们需要就追求何种未来的目标加以反思：选择何种文化图景？是同质化，还是包容异质多样化的统一与和谐？目前世界上已有的统一与和谐形态，可以大体归纳为以下几种形式：

（1）**“一体化”**的统一与和谐形态，即多元主体之间，以某种特定的联系、通过某种特定的方式结合成为一个有机的整体，个体之间犹如机体之器官，彼此“分工合作”、“统一运行”，“一损俱损，一荣俱荣”，这种属于同质化意义上的“统一”。这种形式的统一多半表现于各个层次上相对独立、完整的整体内部，如跨国经济共同体、组织、国家、民族、阶级、军队、生物种群等内部。至于它是否适用于完全异质化的主体之间，答案往往是否定的。特别在全球人类的层次上，实现这种一体化的概率是很低的。因为是否能够以及何时形成这样的一体化，目前尚不可知。如果一旦形成了某种全球统一的严密组织，比如建立全球保护生态环境的联盟——“生态联合国”及其有效机构，在全球范围内推行有机分工合作，那么在保护生态领域内的全球一体化局面，就有可能出现。当然，目前这还只能是一个想象。

(2) **“百花园式”**的统一与和谐形态，即多元主体各自独立发展，以各自独到的贡献来丰富和繁荣人类的整个世界。“百花园式的和谐”并不要求每种花朵趋向于某种质的一致性，但可以自然地显示出应有的普遍性及共有的价值。这种属于异质化意义上的“统一”，最具有包容的潜力，是迄今为止人类多元文化存在的主要方式之一。但它多半具有自然和自发的性质，在缺少自觉的、理性化的保护与引导的情况下，这种共生与和谐的形态很容易受到破坏，往往不够稳定。

(3) **“生态圈式”**的统一与和谐形态，即包含了多元主体之间多种联系形式的、广义的“统一”，其中既包括相互容纳、相互依存、相互补充式的共生，也包括不可避免的竞争、淘汰、进化等关系。它几乎等于维持原始的方式无所改变，但这却是一种最接近于自然界状态也最接近人类历史实际过程的图景。因此尽管这种方式包含了某些可能令人失望甚至反感的因素，但从科学上思考共生可能具有的形态时，它也是一个不能无视或排除的方式。

面对已有的这些模式，也许还有其他的形式，正是需要我们去发现和创造。

第四，需要变革建立普遍价值的途径。这也许是最重要的。自古以来关于普遍价值和普遍道德的思考中，存在着一个很大的思想误区：从孔子到康德等中外最权威的道德思想家，总体上都是以“推己及人”的方式，沿着“外推”的方向来说明伦理道德原则和规范的普适性。孔子的“己欲立而立人”和康德可普遍化的“绝对律令”即是如此。这种“外推式”确立道德规范体系的逻辑是：通过静观和反思，首先确立一个实际上是普遍化、理想化了的自己；然后以默认“人我相同”为前提，进一步达到对“一般人”的普遍性的理解；再从这种普遍化的想象中，推论出伦理道德的基本原理和原则。多年来，这种以个人自我意识为起点，“个人⟶他人⟶一切人⟶可普遍化道德”的外推式思路，一直在为众多道德家们有意无意地遵循着，成为一种很有代表性的传统思维。然而在今天看来，这种“外推式”的道德思考方式已经表现出严重的缺陷。

首先，**“外推”**的前提和逻辑本身未经必要的批判反思。“推己及人”何以能够成立？“己”与“人”之间是可以在任何情况下都无条件地“推及”的吗？在我看来，预先肯定了人与己之间的同质性，恰恰是它的致命弱点。因为这种舍弃了个体多样性和特殊性的“人己同一”论本身，只是一种非历史的抽象，或者说它只能是人（包括各种群体）的个性尚未充分发育时代的观念。在当今人类多样化的个体性和独立性日益发展起来的时代，人们要思考的恰恰是这个问题的前提：人与人之间，在什么条件下是可以而且应该看作是彼此相同或一致的？又在什么情况下是绝不可以如此“一视同仁”的？每一个个体，有什么权力把别人看得和自己一样？有什么必要大家都去“推己及人”或接受别人的“推及”？更重要的是，过去的伦理道德是由什么人、如何“推”出来的？未来的道德又要指望谁、怎样去“推”出来？……诸如此类的问题一旦提出来，那种无条件的“推及”方式就面临着无法回避的困境。

其次，在实践中历史似乎已经表明，“外推”出来的伦理道德，在生活中必然是“弱势”的。其表现是：道德常常只被理解成是人类生活中某种发自内心的“应然”，而不是历史本身一定意义上的“实然”。因而在强有力的现实进程（如经济、政治、科学技术和人们日常生活的变革与发展）面前，那些理想主义的道德常常被冲击和亵渎，被说成是在社会进步中受到了轻视甚至背叛的牺牲品。特别是当社会出现大的转型和变革的历史时期，社会上总会出现慨叹“世风日下”和“道德滑坡”的声音，似乎世俗的经济、科技和人们的日常生活，天生就是要与道德背道而驰的。因此有人甚至认定，只有在物质贫乏的远古时代，才有人类道德上的黄金时期，而随着物质生产生活的进步，人类在精神上的境界就只有失大于得，道德上的退步多于进步。这说明，仅仅依据对“个体善的本性”的理解和推广（或凭借对“恶的本性”的“超越”）而设想出来的美德及规范，往往只具有理想的性质和力量，而缺少现实的基础和活力。

导致上述两方面弱点还有更深层的原因，是长期以来关于道德的基础、本质和存在形态等问题上的传统观念。道德究竟是什么？自古以来存在着一种将它仅仅归结或等同于个人的道德理念和情感，从而使其完全主观化的倾向。说起道德时，道德家们总是一味强调它的超功利、超现实的理想性，似乎道德是一个只能外在于人类现实生活并高悬于它之上的可望而不可即的东西，却从不认真地说明这些神圣的超越性是以什么为基础和实质的，是从哪里来的。在这种思路中，应该说康德是最伟大的。其伟大之处在于把道德从人以外的神圣与崇高，正确地还原为人本身的神圣与崇高。但康德只把道德归结为人的理性和自由意志，而不是以人的生存发展实践来说明人的理性。所以他也主要是在如何“要求于”人的方面，高扬了道德（作为绝对命令）的权威，而未能从道德如何来自于人的实践方面，阐明这种权威性的来源和保证。结果一旦面对现实，康德也难免陷入种种“二论背反”。这恰好说明，单纯“外推”式的道德，其根基决定了它在现实中的弱势地位。

在如何形成共同的规则和统一秩序的问题上，中国自孔子以来、西方自康德以来的伦理思维传统，一直带有浓厚的理想主义色彩。当代德国神学家孔汉思等人倡导“全球伦理”的方法，也是沿袭了这一传统。他们力图从各大宗教的教义和经典中选出权威的话语作为根据，然后经过讨论拟定出全球普遍的伦理规则。然而，这种方式是与它将主体加以无个性的抽象化或对具体主体权利和责任的忽略相联系的，其结果也只限于在观念上提出一系列“应该如何”的理想化要求，却不能提供“如何达到”的切实有力途径。传统方式在实践中常常处于无奈的弱势境地，导致它最终不是停留于空洞的话语，便是走向借助于行政强权或话语霸权来实现自我支撑。

事实上，道德并非注定了只能是弱势。相反，现实的道德形态在生活中总是强势的。这是因为，伦理道德的根基在于它首先是人的现实存在方式、生活方式、实践方式之一，而不是仅仅发生于观念中的东西；因此它必然与人的生存发展实践相联系，并由人的生存发展实践强有力地创生出来。伦理道德的内容和本质，在于体现和维系人的生存活动所依赖、所需要的社会关系的结构、秩序和规则，因此它必然就存在于人的现实生存发展实践之中，并且与人和社会的现实一道，呈现其具体的历史的面貌。换句话说，在现实中“内生”的道德，是真实地存在并发挥着作用的伦理道德，它总是强势的。在人类生活中从来都只有具体道德形态的差别，而不是有无伦理道德的差别。现实地存在并表现出来的伦理道德形态，是来自于人们的社会关系和活动系统的实际“内生”。

所谓**“内生”**是指，由于客观上人们共同活动和交往的社会关系结构、特定的活动方式及其条件等本身，向内、向下提出了一定秩序或规则性的要求——这些要求是维持这一社会系统或活动方式的存在所不可缺少的，并促使有关的人们在意识和行为中普遍地适应这些要求，从而产生了这一系统中的伦理道德。比如足球这项竞技体育运动，它的游戏规则（其中不无一定的伦理道德）本身就已是这项活动的生命的一部分，并不是什么人根据“一个好球员或好球队应该怎样”的理念预先推演出来的。现实中各种具体的道德及其彼此差别都是如此。封建时代的家庭伦理道德和国家伦理道德，与资本主义时代伦理道德之间的异同，根本在于以土地自然经济为特征的家庭关系结构与以工业和商品经济为特征的家庭关系结构之间的异同。这些现象的存在及其相互间的异同，都是“外推”式的逻辑所无法观照、不能说明的。应该说，“内生”是任何现实的伦理规范产生和发展的主要方式、真实途径。“内生”必然是具体的、有限的。它是指一定的伦理道德产生于人们之间一定的共同活动和交往关系结构、特定活动方式之内，其结果当然在空间和时间上都是有限的。

说到普遍伦理，我们恰好可以在这里得到一个启示，就是要依据这种有限性来理解和构想现实的普遍伦理。因为如果说的不是“恶的无限”和“抽象的普遍性”，而是“辩证的无限”和“具体的普遍性”，那么用于伦理道德时，实际就是具体的历史的无限性和普遍性。比如：相对于战场道德而言，比赛道德是有限的、特殊的，然而它在比赛场上又是无限的和普遍的。当我们理解和构想人类现阶段的普遍伦理时，需要的正是这种眼光。

马克思有一句名言：“人类始终只提出自己能够解决的任务，因为只要仔细考察就可以发现，任务本身，只有在解决它的物质条件已经存在或者至少是在生成过程中的时候，才会产生。”[①] 如果我们用这样的眼光来看，那么可以说有些普遍伦理事实上离我们并不遥远，它们正在我们的生活中发生并日益扩大着。比如商业贸易，如今全球化的经济交流，使一定的基本商业伦理具有了全球语言的性质。再如科学和技术、体育和艺术等，也已有了相当多的共同语言和规则。目前正在兴起的关于生态、资源、环境、核控制等方面的道义和规则，如前所说也属于正在扩大的普遍性伦理现象。而瞻望未来时，我们还能看到日益显示其规模的全球信息网络化，更是以

① 《马克思恩格斯选集》，2 版，第 2 卷，33 页。

不可估量的速度扩大着人类内部一体化联系的空间，甚至有可能改变某些生活方式，使个人更加成为“世界的公民”。……这一切都从不同的方向和层面上创造着未来的人类共主体，构造着真实的人类普遍价值领域。总之，抛开一切不切实际的幻想和主观独断，而着眼于脚下发展着的现实，我们还是能够看到，“人类共主体”从抽象到现实的生成，全人类普遍价值领域从潜到显、从小到大的不断扩展，都是真实的、不可逆转的历史趋势。有史以来这一进程是在不自觉中发生的，而目前已经进到了它的自觉化的开端，重要的是找到了实现它的途径。这就是：在具体地维护全球共同利益的前提下，尊重多元文化和生活方式的自主发展，保持彼此间的宽容、理解、合作与交流，在发现和发展现实条件的基础上，采取“内生”而不是“外推”的方式，通过增加实际的共同点来促进“人类共主体形态”的形成，这是目前形成、维护和扩大人类普遍价值的根本途径。

如何通过“内生”的途径实现价值的普遍性与特殊性相结合？很多研究者已经清醒地看到，从我们生活和实际出发，采取一种将“普遍性特殊化，特殊性普遍化”的方式，不失为一种使多元分化通过平等互动走向和谐统一的有效方式。如美国全球化问题研究专家罗兰·罗伯森指出：全球化首先不是一个结果，而是一个过程，是作为整体的世界的一个“组织化”过程。在这个过程中，“文化同质化与文化异质化之间的张力是当今全球性互动的中心问题”，“民族社会的文化是在与其他重要文化的互相渗透中分别形成的，同样，全球文化本身也要部分地从民族社会之间的具体互动的意义上创造出来”，因此“多元主义必须成为全球体系的一个基本特征，而且这本身必须合法化”①。

所谓“普遍性特殊化，特殊性普遍化”的意思是，把某些普遍性规则，看作是适用于特定场合的具体规则；而对于符合主体权利和责任的特殊规则，要给予普遍化的保证。用一个关于“穿鞋”的通俗比喻来说明，就是在生活中，如果我们想一劳永逸地决定一条关于穿鞋的基本规则或普遍适用的原则，那么，与其得出“所有人都穿某一种类或型号的鞋”这样普遍主义式的结论，就远不如提供“所有人都穿适合自己（脚）的鞋”这样的原则更合理。把后者当作一个普遍原则，是对特殊性的认同和尊重，这就是所谓的“特殊性

① ［美］罗兰·罗伯森：《全球化——社会理论和全球文化》，147、163、108页，上海，上海人民出版社，2000。

普遍化”。而当某些情况下需要统一规定，譬如在足球赛场上，所有人都只能穿符合规定的足球鞋。在这种情况下，实行“所有人都穿某一种类或型号的鞋”这种普遍性指令就成了一个合理的特例。这就是所谓的“普遍性特殊化”。

这一方式和思路，也许正是解决未来价值冲突的基本形式。

全球化中的主体形态、主体层次特别是相应的主体权利和责任，是一个常常被忽视的理论问题。然而全球化究竟要靠什么力量来实现，也就是要由谁（谁有权）决定以何种方式实现的问题，在多元化的时代毕竟是不能回避的。是让每一个认为有必要统一化的人（国家或民族等），凭借自己的实力和强力去推行，相互决斗？还是尊重人们的自主选择、自我实现，通过平等交流和合作，去创造出一种新的秩序、新的统一与和谐？这个问题显然具有根本的意义。美国学者阿拉斯戴尔·麦金太尔曾明确提出了这个问题：“谁之正义？何种合理性？”一切文化问题，首先是人们（民族、国家）自己的主体权利和责任、需要和能力问题，这是不能由任何其他人包办代替解决的。在制定任何普世规则、全球伦理的问题上，如果忽视或者侵犯了主体的特定权利，那么都不可能具有真正的普世性，也不可能取得成功。因此，全球化的新的合理规则、制度系统将如何“自下而上”地“内生”出来，将是理论和实践共同的创造性任务。

文化本质上是价值体系。普遍主义往往强调经济、贸易、金融、交通、通信、传媒等现代交往方式的普及，以之为文化全球化的标志。这表明他们对于文化的理解，停留于知识性、技术性和工具性成果的表面意义，忽视了文化的主体性和目的性。其实一切技术手段、交往形式的全球化，并不直接等于文化的全球化。事实上，真正文化的较量，必将在另一个层次——思想内容的层次上展开。

讨论：怎样看待“普世价值”？

“普世价值”又称“全人类普遍价值”。在某些场景下，这个概念似乎正在成为一种强迫性的话语。那么，世界上是否存在所谓的“普世价值”？这一概念意味着什么？它本身是否注定具有强迫性的意义呢？这里不妨从“普世价值”的含义及其所指谈起。

普世价值是指什么？

迄今为止，人们所说的“普世价值”，主要包含了以下几种不同的含义和所指：

（1）指普遍共享的客体。把“价值”与“价值物”（客体）直接等同，以共同客体来标识普世价值，是这种理解方式的特点。例如一些人说的普世价值，常常是指对地球上所有人都具有宝贵价值的“东西”，即普遍需要的对象和普世共享的客体。例如土地、阳光、空气、水等自然资源，以及基本的生产资料、生活资料等社会资源和财富，还包括人类自己创造的精神财富，如知识、科学、技术、真理等。显而易见，它们的存在就意味着对人类有根本的价值，这是任何人也无法否定的。这样说来，世界上有普世价值的东西当然数不胜数。例如：若没有数学的公理和定律，便不会有今天的人类文明，因此数学公理和定律具有普世价值。可见，这种以客体为标识的普世价值观的价值，在于它能够提示我们，要尊重和珍惜与人类生存发展有关的一切自然存在和社会成果。

（2）指普遍追求的目标和结果。认为价值不是有价值的事物本身，而是人们自己追求的目标、结果或效果。在这种意义上形成了另一种理解普世价值的方式。例如一些人说的普世价值，实际上指“是人都要追求的目标”。它把对人来说最终是必需的、有益的、美好的事物，确认为普世价值，实际上表达了对人的本质、本性、需要和能力的理解和信念。例如“劳动”、“温饱”、“安全”、“幸福”、“尊严”等，是在历史中形成，今天已为人人都离不开的生存发展条件；“真、善、美、自由、平等、正义”等，也已经是人类崇尚的共同价值目标（至少在口头上，谁也不会表示自己认同“假、恶、丑”和“不义”）；等等。这些作为人类已经认可，任何人都不应该也不会拒绝的价值目标、价值情境和价值成果，反映了人类生存发展的普遍基础和必然走向，是人之为人的共同追求，称它们是“普世价值”并不为过。对这些普世价值的认同，意味着人们有了决定自己行为的理由，也意味着人与人之间有了可以相互比较、沟通、理解的基础，有了可以作为判断是非曲直标准的前提。可见，这种以目标共识为标志的普世价值观的价值，在于它能够提示我们，要注意保持人类社会发展的总体性和“以人为本”的方向性。

（3）指普遍遵循的规则和规范。从确认对象到实现目标之间，是人的行为。保持人的行为方式和行为过程的价值取向，是关于普世价值思考的又一个角度和重心。一些人说的普世价值，实际是指“所有人都要遵循的价值规则和规范”，重在强调把某些价值原则当作必须普遍遵循的行为准则。例如“尊重生命和人权”，“坚持自由、平等和宽容”，“追求和平和非暴力”，“实行民主和法治”，“保护环境和生态”等，就曾先后被一些国际组织宣布为全球伦理或普世价值的原则。同时，还配有许多具体的探索和总结，力求将诸如人类生活质量指标、社会可持续发展指标、环境保护指标等加以形式化、量化的努力，更表现出追求这种普世价值的意向和意义。这种以普遍规则和规范为核心的普世价值观的价值，在于它能够提示我们，要注意普世价值在人类实践中具体化的表现形式和意义。

普世价值意味着什么？

上述三种不同的含义和所指，虽然彼此之间有内在的关联，但属于不同的层次和角度，在理论和实践中表现出不同的性质和意义。因此承认普世价值的存在似乎并不困难，困难往往在于进一步的问题：承认普世价值意味着什么？承认了以后怎样？在实践中是否可以这样期待：承认了某一普世价值，就是在某个问题上获得了唯一正确的、任何人都必须无条件地服从的结论、标准和模式，从而引导人们的思想和行动走向完全一致、整齐划一，不再有根本的差异、对立和冲突？

问题恰恰是出在这种诉求和期待上。这种诉求和期待实际是把“普世价值”的意义完全混同于“普遍真理”的意义了。然而作为价值的普世价值，无论是它上述三种含义中的哪一种，本身都不必然具有这样的性质和意义；在有多元主体的现实面前，“普世价值”具体地意味着什么，最终取决于具体的主体。

首先看第1种情况。仅有普遍共享的客体，并不意味着多元主体之间一定会形成共同的目标和规范。说到底，价值的根据不在于客体，客体的价值不等于客体本身，共享客体也不等于共同的价值目标和规范。正如“土地是财富之母”、“黄金是好东西”，并不等于土地和黄金对一切人都是等值的，也不等于人们对土地和黄金的态度可以完全一致。

譬如，地球上森林对于人来说具有普世价值。然而，如果从个体和同时态的角度看，森林对于不同人的价值其实是不同的：森林对当地居民的资源价值，对伐木人和木材加工业的经济价值，对旅游者和艺术家的观赏价值、艺术价值等之间，显然意味着不同的行为取向……在这种情况下，如果“普世价值”意味着人人都有权按照自己的尺度来占有和利用森林，那么它就恰恰成为人们之间竞争和争夺的理由，而未必是统一与和谐的根据。正如以往历史所昭示的那样，事情往往是，越是被所有人都追求的东西，就越可能成为争夺的焦点，甚至成为冲突、暴力和灾难的场所。

从人类整体和历时态的角度去理解，森林对于人类的价值，并不是单一不变、从来如此的，而是一个以人的发展为尺度，不断增长、不断丰富的过程。例如森林最初是人类起源的条件和栖息地；接着通过取火具有了能源价值；后来成为建筑资源；再后来具有了审美艺术价值……以至于到了今天，我们更意识到了它的环境生态价值；等等。因之，森林对人类“有”价值这一点是永恒的，而有何种具体的价值，则是多向度的，并随着人的发展而发展着。正因为如此，森林本身的存在固然是第一个前提，而人类（包括未来的人）成为一个整体的主体，即要求全体人类在一个共同点上一致起来，共同担负起维护森林存在的权利和责任，才是森林的“普世价值”概念所提供的第一个真实的意义。

可见，普遍共享客体的存在和对它的认同，并不足以说明“普世价值”的含义和本质。在共同客体面前所表现出来的，实际是主体之间权利和责任的权衡。只有当不同主体对同一客体形成了彼此利益相关的、共同的权利和责任时，才能够为人类在价值领域实现平等和合作奠定基础。这正是针对客体强调其“普世价值”时，所可能具有的积极意义。

再看第 2 种情况。作为人类普遍追求的目标和结果的普世价值，也不意味着一定保证多元主体遵守方向一致的行为规则，更未必会带来使人们思想和行动整齐划一的效果。相反，有时它却是造成差异、分歧和竞争的起点。就像足球比赛时，所有的球队都希望赢球（假球除外），而“赢球”的含义却正是打败对方。“温饱”是一个最基本的普世价值，而温饱价值的实现，对于每一主体来说都是个别的、具体的，既不可能相互转移和代替，也不可能通过结果的平均化来实现。一个人吃饱了，另一个人饿着，不能将他们的状况平均成“两个半饱”；地区发展之间的不平衡，也不能用平均数来抹平。“幸福”也是如此，在每个人生活的层次上，“幸福”有各种各样的表现形态和实现路径；在人类整体层次上，“幸福”是对每个人幸福生活中共同性、普遍性特征的抽象，而不是对某个人幸福模式的简单放大或复制。作为普遍认同的目标和结果的普世价值，并不意味着可以实现同质、单一的价值过程和结果。这也就是为什么，越是“安全”、“自由”、“幸福”、“尊严”、“发展”等人权概念被人们所认同，围绕这些人权问题的具体争议也越来越频繁和尖锐的缘故。

在社会生活中，这种一般与个别、抽象与具体的矛盾，作为基本的价值矛盾而普遍存在。这种矛盾，归根到底也要用价值的主体性来解释。例如所谓“共同目标”，往往是指构成一定共同体的人们之间的目标共识，它只是对于共同体内的成员（如“赢球”的目标对于本队的全体球员）来说，才具有统一的效力；对于共同体之外的多元主体（如对方球队、裁判、观众等）来说，则并无此同样的效力。因此，只有当不同主体之间结合起来，构成了更高层次或更大范围的共同主体的时候，这个包括自我和他者在内的更高层次的“共主体”的目标，才能够切实地成为各个具体主体的“共同目标”。就像体育文明作为人类文明的一个组成部分，它的目标是追求体育事业的健康和谐发展，这一目标远远高于比赛中的输赢价值。只有当这一点成为所有参与比赛活动者的共同准则时，各支球队才能够以健康的心态参与竞争。否则，就会像锦标主义必然恶化比赛风气一样，导致相反的结果。

可见，作为人类普遍追求目标和结果的“普世价值”，在不同的主体层次上也有不同的意义。只有充分理解普遍主体构成的现实基础，以及多层次、多元化主体之间权利与责任的界限，才能充分理解人类普遍追求的目标和结果的现实意义。

最后看第3种情况。将对共同客体和共同目标的认同转化为普遍的行为规则和规范，这是落实和体现“普世价值”意义的重要一步。但这一步的迈出，却并非如想象中那样简单和直接，而是必然遇到现实主体多元化所产生的各种问题：规则的权利和标准何在？

例如，“保护环境”无疑是当下已经最没有争议的“普世价值”之一，在它之下的二级规则“减少碳排放”，也已经是各国政府认可的正当目标和规则。实际情况表明，在“环保”和“减排”这样的层级上，各国之间至少在口头上的认同已达到了一致；而分歧却总是要发生在下一个层级的价值诉求之中：各国在实施减排方案中的具体权利和责任如何？发展中国家与发达国家之间，是否应该以及如何贯彻一种“共同但有区别的责任”原则？分配这些权利和责任的规则由谁来决定？依据什么决定？怎样决定？决定了以后谁来执行和监督？……自从签订“京都议定书”以来，历次国际谈判进程中的难点，正是围绕“减排”规则的上述内容，特别是围绕规则权问题展开的。

在“环保”和“减排”问题上如此，在其他涉及普世价值规则的问题上更是如此。即便认同了某一作为一级、二级概念的普世价值，之后也还会在三级、四级概念上产生分歧。这表明，越是“普世”的价值其表述就越是抽象和理想化；越是进入到行为规则和规范的层面，价值的主体性越是表现得具体和鲜明，人们的现实自主意识越是强烈。这是因为，在实践的意义上，价值的主体性意味着权利与责任的统一，而规则权就是主体的自主权、主动权甚至生存权。普遍价值的规则和规范，必须来自多元主体之间平等的权利和责任的统一，才能是普遍有效的。如果其中任何一个主体，企图将自己的特殊价值标准普遍化，或单方面为其他主体制定规则，都会导致主体间权利和责任脱节，以至于使共同主体瓦解，最终必然是普遍规则难以形成和生效。

可见，越是将普世价值具体化，就越是需要理解和尊重多元主体各自的权利、责任和选择，越是依赖于多元主体之间对制定规则的权利、标准和程序的认同。否则任何普世价值的规则都会成为一纸空文。

从以上三种情况的分析可知，相信全人类普遍价值的存在，是人类自古以来就有的一个合理信念；但是，不知道这种价值因何而生成，或存在于何处，则是以往思考的一个局限。在迄今为止的讨论中存在着一个误区：不是从考察人类历史和现实的实践入手，而是企图仅仅通过查阅以往的经典，或根据某种一相情愿的想象，就来提出和制定普遍价值。这样的做法，一方面会忽略历史上曾有过的理想脱离现实和“言行不一”的情况，因而不能真正发掘有效的历史经验；另一方面也会忽视价值现象的时代特征，找不到确立普遍价值的真实基础，从而陷入空谈。

例如，在中国古代文化中，以为普遍的、永恒的价值原理和规则来自于“天”——宇宙的固有秩序和万物的天然本性，所以“王道之三纲可求于天，天不变道亦不变”成为一个强势的传统观念。事实上，它是以对“天”的某种解释，即解释者的主观意向代替了真实的普遍性。正因为仅仅取得了一种主观化根据，所以在历来持普遍主义态度的中国统治者那里，这些源于“天意”的价值理念事实上从未被认真、全面、一贯地奉行过。冯友兰曾指出，自汉代以来的君主们，虽然大都表示尊崇儒家道德，并大力提倡之，但他们本身却往往是“外儒内法”，即向别人（大众）宣扬儒家的那一套仁义道德，而自己内心里则多半信奉法家的术势权谋。中国历史上并不缺少那种强加于人的“普遍主义”，但由于缺少现实生活中的普遍性根据，所以尽管这些理念被坚持不懈地用于强制和教化百姓，结果仍然是整个社会缺少对普遍价值及其规范的足够认同和奉行，相反却产生了不少虚假和人格分裂的后果。拿“己所不欲，勿施于人”来说，它在孔子那里就已经提出来了。但是几千年来究竟是怎样实行的？实行的效果如何？鲁迅就曾指出，世上大讲“己所不欲，勿施于人”的，多是那些无权或失势者，而历代中国的权势者们，却大都是“己所不欲，而施于人”。那么，人们能够或不能够奉行它的原因与条件是什么，其间有何关联？如果忘记或回避对此做现实的考察，而是仅仅从哪怕是很高尚的愿望出发，也未必能真正说明它是一个怎样的“普遍金规”。

怎样坚持普世价值？

通过上述分析，可以对普世价值究竟应该意味着什么，不应该意味着什么，得到一个大体的印象，这就是：普世价值并不是外在于我们生活的异己之物，它无非就是人类长期生存发展中从自发到自觉地追求的一切有益的、美好的前景的名称。因此，普世价值意味着人的生命普遍性和人类的共同利益，不意味着某种人的个性和特殊利益的绝对统治；意味着人们对自己普遍权利和责任的自觉担当，不意味着取消多元主体和剥夺人的个性；意味着它是人们相互尊重、理解、交流和合作的基础，不意味着它可以成为任何人制造霸权、专制、迷信、强迫和恐惧的借口；意味着“和而不同”，不意味着任何人“唯我独尊”……

由此而得出的推论是，认同普世价值，本质上就是认同自己作为人类成员的普遍权利和责任；认同某一具体的普世价值，就是自觉地担当起自己在追求某一共同目标方面的权利和责任。而且普世价值总是具体的、历史的，并没有简单划一、永远不变的终极样式。对“有益”与“美好”的判断标准和实际把握，只能立足于主体的权利与责任，经过具体问题具体分析，落实于具体权责具体担当。

在当代世界的形势下，这种自觉担当思想和行动，可以具体地表现为：

一是尊重和保持**“和而不同”**的立场。“和而不同”是中国古人在价值问题上确立起来的一种伟大智慧。“和而不同”的本义，是在区分普遍与特殊的基础上，强调在真正普遍性的层次上，多元主体之间要力求保持建设性和协调性（“和”）；而在其下具体特殊性层次上，则要保持主体自己的独立与个性（“不同”）；力求使两者之间达到一种自由的和谐。

在普世价值问题上最容易出现的误区之一，是缺少自觉的主体意识而造成迷失——“和”、“同”不分，要么“以同代和”，要么“因不同而不和”。例如，在某种舆论偏见抢占了普世价值话语权的情况下，有些人已经习惯于把某种特定模式当作普遍性的代表，将普世价值与某种“西方价值”甚至“美国价值”简单地等同起来。这种简单化的思维和立场，往往导致了两种相反的极端态度：一种以为，认同普世价值就是接受西方或美国的价值观，就是要无条件地执行与之相应的整套规则和程序。显然，这是一种“以同代和”的简单化和片面化。另一种态度，同样以为认同普世价值就是接受西方或美国的价值观，但它觉得，要保持自己的独立，就必须拒绝乃至否定普世价值。显然，这是走向了“因不同而不和”的简单化和片面化。不难想象，这两种极端态度的后果，必定是殊途同归的。它们同样会使我们陷入某种迷信或强迫的心理，事实上无视或放弃中华民族对于普世价值的权利和责任。无论对实现我国民族振兴，还是对全球化时代的世界和平与发展来说，这种心理都是极其有害的。

二是认同和谋求**“普遍共赢”**的效果。“普世价值”并不是唯一的价值，严格说来，它是人类价值体系的一个层级，即便是根本或最高的层级，也只是一种特定的价值。本文前面的分析表明，“普世价值”的有效和重点，在于立足人的共同利益和相互依存关系，而去寻求多元主体之间一种共赢的过程和效果。

所谓“共赢”，是指不同主体在同一价值链上的各自分享。“共赢”理念的核心，是主体之间平等互利，各得其所。例如：“共赢”不是要求“全世界的人都穿同一型号的鞋”，而是“全世界的人都穿适合自己脚的鞋”；“共赢”不是只有球赛的输赢，而是共同创造和分享竞技体育的文明；“共赢”不是推行“丛林规则”，任凭弱肉强食、贫富差距加大，而是互惠互利，力促实现共同富裕；“共赢”不是执意于“别国的繁荣将损害我国的利益”，而是谋求“别国的繁荣给我国发展提供更多的机会”；“共赢”不是要全世界都按照某一既定模式去实现人权、民主和正义，而是全世界人民都享有自主地维护人权、民主和正义的权利，使人们在依靠自己努力实现它们的过程中，彼此相互理解和支持……换句话说，“共赢”不是“赢者通吃”，而是“众人拾柴火焰高”。

这样的“共赢”理念显然意味着，要放弃意识形态片面对立的“冷战思维”，走出导致“零和博弈”的两极困境，转而寻求理解、交流、宽容和合作，以此来增进人类的福祉。应该说，这是实践普世价值观的合理途径，也只有这样才能显现普世价值的普遍正当性。

三是倡导和奉行**“公平正义”**的原则。“公平正义”的问题，既是一个老问题，也是一个新问题。“正义”虽然是早已在世界上获得公认的一个基本价值观念，然而在“何为正义，如何实现社会正义”问题上，却经历着艰苦曲折的探索过程。迄今为止，可以说大体上形成了以自由为核心的“自由型正义”和以平等为核心的“公平型正义”两种历史形态。[①] 这两种“正义”形态的区分，既是理论和逻辑上的，更是实践和历史所彰显的。

种种迹象表明，人类的发展已将实现“公平正义”问题推向了普世价值的前沿。回顾文艺复兴提出“自由、平等、博爱”口号以来的历史，可以客观地说，资产阶级革命所带来的进步成果，主要是尽其可能地兑现着以个人为本位的自由。其所实践的资本主义价值体系，以“自由”为核心，突出强调并实施了“自由即正义”原则，代表着一种“自由型”的正义观。因此资本主义也常被看作是“自由主义”的同义语。在实践中，这种核心价值追求固然曾极大地激发了社会发展的活力，但过度的自由竞争必然带来弱肉强食、两极分化、贫富悬殊、社会对立等不公平现象，成为资本主义的致命顽症。这一致命的历史局限，不仅一直被资本主义弊病的批判者们所揭露，也逐渐为一些诚实而敏锐的西方思想家所觉察。例如美国著名政治学者罗尔斯的代表作《正义论》和《作为公平的正义》等，就是力图在自由主义的理论框架内，探讨如何解决资本主义所缺少的公平问题。尽管他的改良主义研究曾被极端自由主义者指责为向马克思主义和社会主义投降，但现实已经把公平问题提升为后资本主义时代的首要问题，这一历史趋势却不容回避。

① 参见李德顺：《法治文化论纲》，载《中国政法大学学报》，2007（1）。

而以“平等、公平”为核心的正义观，从来就是自空想社会主义以来的社会主义体系的核心理念。科学社会主义学说继承了人类的这一崇高理想。马克思通过揭示资本主义剥削和压迫（不平等）的秘密，指明了实现人类解放的根本途径和现实任务，是在尊重和保障自由的基础上，进一步实现以平等、公平为特征的社会正义。在这里，“公平”成为正义的主要内涵和尺度。应该说，追求和实现社会的公平正义，正是社会主义作为后于资本主义、高于资本主义的一个历史阶段所特有的主导价值特征。

如何实现以平等、公平为特征的社会正义，对于当代中国的现代化建设来说，不仅是体现社会主义理想的最大承诺，同时也是实践中最切实、最迫切的任务。如邓小平所说，中国改革开放的目标，就是要通过解放和发展生产力，消灭剥削，消除两极分化，最终实现全体人民共同富裕，即实现人类历史上尚未实现过的新型公平正义。在中国历来讲究公平价值重于其他价值的传统文化氛围里，实现社会公平不仅有社会发展的历史意义，更具有迫切的现实意义。当前，如何通过深化改革和民主法治建设，使社会主义的本质和宗旨在经济、政治、文化和社会各领域体现出新型的公平正义，并使之得到制度和体制实践的保障，正日益成为我国保持社会稳定和体现社会主义性质的敏感标志之一。正因为如此，我国领导人胡锦涛和温家宝近年来多次反复强调了“公平正义”的原则。可见，以“公平正义”为核心的价值理念，不仅反映了中国特色社会主义和中华民族振兴事业的核心价值，也是面向未来的世界性价值取向。

简短结语

经过一番不无繁难的探讨之后，本书关于人类价值现象的理论追溯和现实观照，最终得到的启示是：如何关注人类社会主体形态的历史发展，包括个人、群体、民族、国家和国际共同体等主体形态的新发展，以及它们之间相互关系的新特征、新动向，给出科学的描述和判断，并建立起以尊重主体的权利和责任为核心的价值共识与价值观念，不仅在理论上是一个有待进一步开发的课题，而且在实践上更是当下全球人类的迫切任务。

无数事实已经证明，在解决价值冲突的问题上，一个最重要的关键问题是，要充分理解、尊重人的需要、能力及人的发展的多样性，更要尊重、重视人在生活实践中自己选择创造的权利和责任。解决问题首先要把探索和创造的权利与责任，交还给现实的主体自己，要靠主体实践中的自我创造，不能再寄托和依赖什么新的“救世主”。所以，本书最后的结论是：

一切都必须从承认和尊重主体的权利和责任出发，把人的权利和责任还给人自身。

参考书目

一、外文出版部分：

杜威（J. Dewey）：《评价理论》（*Theory of Valuation* ），芝加哥（Chicago：The University of Chicago Press），1939年版。

伊顿（H. O. Eaton）：《奥地利的价值哲学》（*The Austrian Philosophy of Value*），俄克拉何马（University of Oklahoma Press），1930年版。

艾伦菲尔斯（V. Ehtenfels）：《价值体系》（*System der Werttheorie*），2 vols. 莱比锡（Leipzig：Reisland），1897—1898年版。

艾温（A. C. Ewing）：《善的定义》（*The Definition of Good*），纽约（New York：Macmillan），1947年版。

芬德莱（J. N. Findlay）：《价值与意向：价值论与心灵哲学研究》（*Values and Intentions：A Study in Value Theory and Philosophy of Mind*），伦敦（London：Allen and Unwin），1961年版。

莱尔德（J. Laird）：《价值的理念》（*The Idea of Value*），剑桥（Cambridge：Cambridge University Press），1961年版。

黎波里（R. Lepley）：《价值：一种协作研究》（*Value：A Cooperative Inquiry*），纽约（New York：Columbia University Press），1949年版。

黎波里（R. Lepley）：《价值的语言》（*The Language of Value*），纽约（New York：Columbia University Press），1957年版。

刘易斯（C. I. Lewis）：《知识和评价的分析》（*An Analysis of Knowledge and Valuation*），伊利诺伊（La Salle，Illinois：The Open Court Publishing Co.），1946年版。

迈农（A. Meinong）：《对价值理论的心理—伦理研究》（*Psychologische-ethische Untersuchungen zur Werttheorie*），格拉兹

(Graz：Leuscheru. Lubensky)，1894 年版。

迈农（A. Meinong）：《哲学研究》（*Philosophical Studies*）2d ed. 伦敦（London：Routledge and Kegan Paul)，1958 年版。

摩尔（G. E. Moore）：《伦理学原理》（*Principia Ethica*），伦敦（London：Cambridge University Press)，1903 年版。

培里（R. B. Perry）：《价值通论》（*General Theory of Value*），马萨诸塞（Cambridge，Mass：Harvard University Press)，1926 年版。

培里（R. B. Perry）：《价值的世界：人类文明批判》（*Realms of Value：A Critique of Human Civilization*），马萨诸塞（Cambridge，Mass：Harvard University Press)，1954 年版。

舍勒（M. Scheler）：《伦理学中的形式主义和实质价值伦理学》（*Der Formalismus in der Ethik und die materiale Wertethik*），波恩（Bonn：Francke Verlag)，1954 年版。

舍勒（M. Scheler）：《人在宇宙中的地位》（*Man's Place in Nature*），纽约（New York：the Noonday Press)，1962 年版。

史蒂文森（C. L. Stevenson）：《伦理学与语言》（*Ethics and Language*），纽黑文（New Haven：Yale University Press)，1945 年版。

史蒂文森（C. L. Stevenson）：《事实与价值》（*Facts and Values*），纽黑文（New Haven：Yale University Press)，1963 年版。

乌尔班（W. M. Urban）：《评价：其性质和规则》（*Valuation：Its Nature and Laws*），伦敦（London：Macmillan)，1909 年版。

科勒尔（W. Kohler）：《价值在事实世界中的地位》（*The Place of Value in a World of Facts*），纽约（New York：Liveright Publishing Corp.），1938 年版。

霍尔（E. W. Hall）：《我们对事实与价值的认识》（*Our Knowledge of Fact and Value*），查珀尔·希尔（Chapel Hill：The University of North Carolina Press)，1961 年版。

霍尔（E. W. Hall）：《价值是什么？一部哲学分析的论文》（*What is Value? An Essay on Philosophical Analysis*），伦敦（London：Routledge and Kegan Paul)，1952 年版。

哈特曼（R. S. Hartman）：《价值的结构》（*The Structure of Value*），卡本代尔（Carbondale：Southern Illinois University Press)，1967 年版。

哈特曼（R. S. Hartman）：《善的知识：科学的价值学基础》（*El*

conocimiento del bien：*Fundamentos de la axiologia cientifica*），墨西哥（Mexico），1959年版。

哈特曼（R. S. Hartman）：《价值通论》（*General Theory of Value*），载《中世纪哲学》（*Philosophy in the Mid-Century*：*A Survey*）. Vol. III. Edited by R. Klibansky. Firenze：La Nuova Italia Editrice，1958。

方迪启（R. Frondizi）：《道德规范的价值学基础》（*The Axiological Foundation of Moral Norm*），载《人格论者》（*The Pensonalist*），Vol. 50. No. 2，Spring，1969年版。

方迪启（R. Frondizi）：《自我的本质》（*The Nature of the Self*），纽黑文（New Haven：Yale University Press），1965年版。

拉维烈（L. Lavelle）：《价值的特征》（*Traite des Valeurs*）（两卷），巴黎（Paris：Presses Universitaires de France），1951—1955年版。

帕克（D. W. H. Parker）：《人类的价值》（*Human Value*），纽约（New York：Harper and Bros.），1931年版。

帕克（D. W. H. Parker）：《价值哲学》（*The Philosophy of Value*），安·阿伯（Ann Arbor：University of Michigan Press），1957年版。

雷谢尔（N. Rescher）：《价值论简介》（*Introduction to Value Theory*），新泽西（Englewood Cliffs，N. J.：Prentice-Hall），1969年版。

拜尔（K. Baier）：《道德观点》（*The Moral Point of View*），伊萨卡（Ithaca：Cornell University Press），1958年版。

罗林（L. M. Loring）：《两种价值》（*Two Kinds of Values*），伦敦（London：Routledge and Kegan Paul），1966年版。

卡尔纳普（R. Carnap）：《哲学与逻辑语法》（*Philosophy and Logical Syntax*），伦敦（London：Routledge and Kegan Paul），1935年版。

黑尔（R. M. Hare）：《自由与理性》（*Freedom and Reason*），牛津（Oxford：clarendon Press），1963年版。

波林（R. Polin）：《价值的创造：客观价值学基础之研究》（*La creation des valeurs. Recherches sur le fondemont de l' objectivite axiologique*），巴黎（Paris：Presses Universitaires de France），1945年版。

罗素（B. Russell）：《伦理学与政治学中的人类社会》（*Human Society in Ethics and Politics*），纽约（New York：Simon and Schuster），1955 年版。

奥格登（C. K. Ogden）、里查兹（I. A. Richards）：《意义的意义》（*The Meaning of Meaning*），伦敦（London：Routledge and Kegan Paul），1923 年版。

图尔敏（S. E. Toulmin）：《理性在伦理学上地位之探讨》（*An Examination of the Place of Reason in Ethics*），伦敦（London：Cambridge University Press），1950 年版。

怀特（G. H. von Wright）：《优先逻辑》（*The Logic of Preference*），爱丁堡（Edinburgh：Edinburgh University Press），1963 年版。

怀特（G. H. von Wright）：《善的多样性》（*The Varieties of Goodness*），伦敦（London：Routledge and Kegan Paul），1963 年版。

布莱特曼（E. Sh. Brightman）：《自然与价值》（*Nature and Values*），纽约（New York：Abingdon Press），1945 年版。

杜普伊（M. Dupuy）：《谢勒的哲学——其进展与其统合》（*La philosophie de Max Scheler. Son evolution et son unite*），2 vols. 巴黎（Paris：Presses Universitaires de France），1959 年版。

麦连迪（R. Maliandi）：《价值客观性与实在之经验》（*Wertojektivitat und Realitatserfahrung*），波恩（Bonn：Bouvier u. Co. Verlag），1966 年版。

斯塔乌德（J. R. Staude）：《谢勒传》（*Max Scheler：An Intellectual Portrait*），纽约（New York：The Free Press），1967 年版。

波普尔（S. Popper）：《价值的源泉》（*The Source of Value*），伯克利（Berkeley：The University of California Press），1958 年版。

贝杰克（J. F. Bjelke）：《论价值知识的基础》（*Zur Begrundung der Werterkenntniss*），奥斯陆-玻根（Oslo-Bergen：Universitrtsforlagen），1962 年版。

哈特曼（N. Hartmann）：《伦理学》（*Ethik*），柏林（Berlin：Walter de Gruyter），1926 年版。［英译本］伦敦（London：Allen and Unwin），1932 年版。

《价值探讨学报》（*The Journal of Value Inquiry*），俄亥俄

(Akron, Ohio: University of Akron Press), 自 1968 年起。

二、中文出版部分:

《马克思恩格斯选集》(1995 年版) 1～4 卷。
《毛泽东选集》1～4 卷。
《邓小平文选》1～3 卷。
张岱年:《文化与哲学》,北京:教育科学出版社,1988 年版。
李连科:《世界的意义——价值论》,北京:人民出版社,1985 年版。
李连科:《哲学价值论》,北京:中国人民大学出版社,1991 年版。
袁贵仁:《价值学引论》,北京:北京师范大学出版社,1991 年版。
袁贵仁等主编:《人的价值问题探索》,北京:教育科学出版社,1995 年版。
马俊峰:《评价活动论》,北京:中国人民大学出版社,1994 年版。
李德顺、马俊峰:《价值论原理》,西安:陕西人民出版社,2002 年版。
冯平:《评价论》,北京:东方出版社,1995 年版。
陈新汉:《评价论导论》,上海:上海社会科学出版社,1995 年版。
陈新汉:《社会评价论》,上海:上海社会科学院出版社,1997 年版。
陈新汉:《民众评价论》,上海:上海人民出版社,2004 年版。
陈新汉:《权威评价论》,上海:上海人民出版社,2006 年版。
赵馥洁:《中国传统哲学价值论》,西安:陕西人民出版社,1991 年版。
江畅:《现代西方价值哲学》,武汉:湖北人民出版社,2003 年版。
李从军:《价值体系的历史选择》,北京:人民出版社,1992 年版。
陈筠泉、岩崎允胤主编:《历史观·真理观·价值观》,北京:北京出版社,1995 年版。
刘翔:《中国传统价值观诠学》,上海:上海三联书店,1996 年版。

赵敦华：《人性和伦理的跨文化研究》，哈尔滨：黑龙江人民出版社，2004 年版。

林语堂：《吾国与吾民》，北京：中国戏剧出版社，1990 年版。

韦政通：《中国的智慧》，长春：吉林文史出版社，1988 年版。

傅佩荣：《哲学与人生》，北京：东方出版社，2005 年版。

傅佩荣：《沉思价值观》，台北：名田文化有限公司，2004 年版。

余英时：《从价值系统看中国文化的现代意义》，台北：时报出版公司，1987 年版。

方迪启：《价值是什么？——价值学导论》，台北：台湾联经出版事业公司，1986 年版。

图加林诺夫：《论生活和文化的价值》，北京：三联书店，1964 年版。

图加林诺夫：《马克思主义中的价值论》，北京：中国人民大学出版社，1989 年版。

牧口常三郎：《价值哲学》，北京：中国人民大学出版社，1989 年版。

J. N. 芬德莱：《价值论伦理学》，北京：中国人民大学出版社，1989 年版。

培里等：《价值与评价》，北京：中国人民大学出版社，1989 年版。

W. D. 拉蒙特：《价值判断》，北京：中国人民大学出版社，1992 年版。

A. 塞森斯格：《价值与义务》，北京：中国人民大学出版社，1992 年版。

N. 维坦依：《文化学与价值学导论》，北京：中国人民大学出版社，1992 年版。

弗・布罗日克：《价值与评价》，北京：知识出版社，1988 年版。

L. J. 宾克莱：《理想的冲突》，北京：商务印书馆，1983 年版。

列・斯托洛维奇：《审美价值的本质》，北京：商务印书馆，1984 年版。

弗・冯・维塞尔：《自然价值》，北京：商务印书馆，1982 年版。

让・斯托策尔：《当代欧洲人的价值观念》，北京：社会科学文献出版社，1988 年版。

肯尼恩・阿罗：《社会选择与个人价值》，成都：四川人民出版社，1987 年版。

马斯洛主编：《人类价值新论》，石家庄：河北人民出版社，1988年版。

马斯洛等：《人的潜能和价值》，北京：华夏出版社，1987年版。

约翰·穆勒：《功用主义》，北京：商务印书馆，1957年版。

萨特：《存在主义是一种人道主义》，上海：上海译文出版社，1988年版。

佩鲁：《新发展观》，北京：华夏出版社，1987年版。

马克斯·韦伯：《新教伦理与资本主义精神》，北京：三联书店，1987年版。

A.J. 艾耶尔：《语言、真理与逻辑》，上海：上海译文出版社，1981年版。

J. 杜威：《人的问题》，上海：上海人民出版社，1965年版。

J. 杜威：《新旧个人主义——杜威文选》，上海：上海社会科学出版社，1997年版。

M. 舍勒：《价值的颠覆》，北京：三联书店，1997年版。

莱欣巴赫：《科学哲学的兴起》，北京：商务印书馆，1983年版。

哈尔契夫：《哲学中的价值问题》，北京：科学出版社，1966年版。

B. 罗素：《宗教与科学》，北京：商务印书馆，1982年版。

罗尔斯：《正义论》，北京：中国社会科学出版社，1971年版。

科诺瓦诺娃：《道德与认识》，北京：中国社会科学出版社，1983年版。

M.W. 瓦托夫斯基：《科学思想的概念基础——科学哲学导论》，北京：求实出版社，1982年版。

亚当·斯密：《道德情操论》，北京：中国社会科学出版社，2003年版。

M. 石里克：《伦理学问题》，北京：华夏出版社，2001年版。

A. 麦金太尔：《德性之后》，北京：中国社会科学出版社，1995年版。

R.M. 黑尔：《道德语言》，北京：商务印书馆，1999年版。

第 2 版后记

本书写作于 1986 年，初版于 1987 年。迄今已经 20 年了。这 20 年里，我继续就价值论与价值观念方面的研究和应用做了一些事。其中包括：

（1）在刘继等人的帮助下主编了一套“价值论译丛”，由中国人民大学出版社于 1989—1992 年陆续出版。其中包括：图加林诺夫著《马克思主义中的价值论》，牧口常三郎著《价值哲学》，J. N. 芬德莱著《价值论伦理学》，培里等著《价值与评价》，W. D. 拉蒙特著《价值判断》，A. 塞森斯格著《价值与义务》，N. 维坦依著《文化学与价值学导论》等。

（2）以《价值论》为基础，撰写了一本较通俗的读物《价值新论》，列入中国青年出版社的“社科新论丛书”，于 1991 年出版。该书后来由我重新修订后，以《新价值论》为书名，作为由我主编的“实践价值丛书”之一，由云南人民出版社于 2005 年出版。

（3）在 100 多位作者的积极参与下，主编了《价值学大词典》，由中国人民大学出版社于 1993 年出版。

（4）与孙伟平、李萍合作撰写了《道德读本》，作为“公民读本系列”之一，由吉林文史出版社于 1996 年出版。该书获当年全国“五个一工程”奖。该书后来由我和孙伟平重新修订后，以《道德价值论》为书名，作为由我主编的“实践价值丛书”之一，由云南人民出版社于 2005 年出版。

（5）主编了一套“人生价值丛书”共 11 本：《人与己》（马俊峰著），《生与死》（张志伟、马丽著），《身与心》（张小乔、魏金声著），《善与恶》（孙美堂、黄凯锋著），《美与丑》（黄凯锋著），《情与理》（龙斌著），《爱与恨》（高岩、谭继东著），《命与力》（张军著），《权与责》（冯小平著），《智与愚》（徐飞著），《苦与乐》（卫东海、李新会著），由河北人民出版社于1996年出版。其中《情与理》一书获当年全国“五个一工程”奖。

（6）结合个人经历撰写了《选择的自我——一个哲学家眼中的人生》一书，由北京出版社于1996年出版。该书获得当年“全国优秀青年理论读物”一等奖。

（7）发表了一批有关的论文，其中1998年以前发表的部分文章汇编为《立言录——李德顺哲学文选》，由黑龙江教育出版社于1998年出版。

（8）应几份报刊之邀，以笔名开设杂文短论专栏，大都以关于价值观念辨析为内容。后将其汇集成《话语的圈套——李德顺杂文短论集》一书，由北京出版社于1998年出版。

（9）将价值研究向文化研究扩展，与孙伟平、孙美堂合作撰写《家园——文化建设论纲》一书，由黑龙江教育出版社于2000年出版。该书获当年“国家图书奖”提名奖。

（10）作为在中国社会科学院立项的课题成果，撰写了《邓小平人民主体价值观思想研究》一书，由北京出版社于2004年出版。

（11）主编了一套“实践价值丛书”，由云南人民出版社于2005年出版。第一批已经出版8本，除上面提到的《新价值论》和《道德价值论》外，还有：《审美价值论》（黄凯锋著），《文化价值论》（孙美堂著），《环境价值论》（韩立新著），《生活价值论》（李文阁著），《科学价值论》（费多益著），《军事价值论》（张明仓著）。

其间，我曾获得教育部立项，于1989—1990年间进行了“当代中国人的价值观念”专项社会调查研究，其部分成果分别作为研究报告提交或作为理论文章发表。

在进行上述工作和学术讨论时，我对自己的价值论研究成果也在不断地进行自我检验和反思批判，从而进一步认清了以前工作的得失，并结合新的情况产生了一些新的想法。所以在这次修订时，尽管力求保持原有的层次和风格，也仍然不免做出了较大的改动。较大的改动包括对价值论的哲学定位，对价值观念问题的正面阐述，特别是增加了基本上属于全新内容的最后两章。较小的改动包括一些具体节目和表述的变化，特别是去掉了当时还较明显的认识论色彩和政治批判化语境，以使本文的文风更加本分。当然，这次弥补了初版后我最大的一个遗憾——当时竟然未能提供一个参考书目。

20年后重新修订《价值论》，自己的心情仍然有些激动。因为这等于又重新站出来接受审视和考验。我期待着这个领域的研究走向新的繁荣。

李德顺

2006年12月于北京

第 3 版后记

由于本书第 2 版在市场上已经售罄，按照中国人民大学出版社编辑的建议，现修订后列入中华学术外译项目、作为第 3 版出版发行。

李德顺

2012 年 3 月

图书在版编目（CIP）数据

价值论：一种主体性的研究/李德顺著. --3版. --北京：中国人民大学出版社，2020.10
（当代中国人文大系）
ISBN 978-7-300-27950-3

Ⅰ.①价… Ⅱ.①李… Ⅲ.①价值论（哲学）-研究 Ⅳ.①B018

中国版本图书馆CIP数据核字（2020）第029996号

当代中国人文大系
价值论——一种主体性的研究（第3版）
李德顺 著
JIAZHILUN

出版发行	中国人民大学出版社		
社　　址	北京中关村大街31号	**邮政编码**	100080
电　　话	010－62511242（总编室）		010－62511770（质管部）
	010－82501766（邮购部）		010－62514148（门市部）
	010－62515195（发行公司）		010－62515275（盗版举报）
网　　址	http://www.crup.com.cn		
经　　销	新华书店		
印　　刷	北京联兴盛业印刷股份有限公司		
规　　格	155 mm×235 mm	**版　　次**	2020年10月第1版
印　　张	23.25 插页3	**印　　次**	2023年1月第2次印刷
字　　数	361 000	**定　　价**	98.00元